메타버스, 빅데이터,
코딩, 인공지능, 블록체인,
디지털 트랜스포메이션까지
궁금하지만 잘 몰랐던
IT 지식

궁금한 IT

메타버스, 빅데이터, 코딩, 인공지능, 블록체인,
디지털 트랜스포메이션까지 궁금하지만 잘 몰랐던 IT 지식

궁금한 IT

지은이 김상래
펴낸이 박찬규 엮은이 전이주 디자인 북누리 표지&그림 양은서

펴낸곳 위키북스 전화 031-955-3658, 3659 팩스 031-955-3660
주소 경기도 파주시 문발로 115, 311호(파주출판도시, 세종출판벤처타운)

가격 20,000 페이지 400 책규격 145 x 220mm

1쇄 발행 2022년 11월 23일
2쇄 발행 2024년 01월 03일
ISBN 979-11-5839-376-2 (13000)

등록번호 제406-2006-000036호 등록일자 2006년 05월 19일
홈페이지 wikibook.co.kr 전자우편 wikibook@wikibook.co.kr

IT 전문가 남편이 글을 쓰고 IT 비전공자 아내가 그림을 그린 책
그래서 IT 알못인 아내도 이해할 수 있도록 만든 책

궁금한 IT

글 김상래 / 그림 양은서

위키북스

들어가며

산책길에 만난 사람들

겨울이 지나면 봄이 온다는 것을 알고 있지만 그 사실이 추운 겨울을 춥지 않게 만드는 것은 아닙니다. 하지만 봄에 대한 희망은 춥고 긴 겨울을 견딜 수 있게 도와줍니다.

저에게는 삶에서 '책'이 그런 것 같습니다. 세상의 속도가 버겁습니다. 아찔할 정도로 빠른 세상의 변화와 시간의 속도에서 스스로를 잃지 않으려고 노력하며, 내 삶을 지탱하는 소신과 원칙을 끊임없이 묻고 주변을 예민하게 살피지만 힘에 부칩니다. 세상의 속도와 번잡한 소리에 피로해질 때면 저는 책을 집어 듭니다.

책을 펼쳐 들면 바깥세상의 흐름과 소음에서 벗어나 순간 온전히 혼자가 됩니다. 그리고 책을 읽으며 나만의 페이스로 시간을 통과합니다. 책은 저자가 구현해놓은 멋지고 아름다운 우주를 펼쳐내며 독자를 끌어들이지만, 읽는 사람은 책의 세계를 자신만의 시간과 공간으로 감싸 안습니다. 그저 내 길을 세상의 속도가 아닌 나의 리듬으로 산책하듯 뚜벅뚜벅 걸어갑니다.

그리고 그 세계 속에서 자기 생각과 같은 접점을 발견하면 문득 기뻐하기도 하고, 돌로 뒤통수를 얻어맞은 것 같은 강렬한 영감을 받은 텍스트에서는 눈을 반짝이며 닻을 내려 그 의미를 새기고 빛나는 지혜와 통찰을 길어 올리기도 합니다. 주변 풍경이 온전히 눈에 들어오고 호흡이 평온해지면 잠시 멈추어 밟아온 길을 돌아보기도 하고 아직 도착하지 못한 봄을 미리 노래해 보기도 합니다.

그 산책길에서 저는 여러 가지 풍경과 사람들을 만났습니다. 극단적인 몇몇 사람을 제외하면 사람들은 대부분 선하고 합리적이었습니다. 꾸역꾸역 앞으로 나아가기 위해 애쓰고 노력하며, 치열하게 욕심도 내고, 정의롭기도 하고 비겁하기도 하며, 아름답기도 하고 동시에 추하기도 한, 얼룩덜룩하고 울퉁불퉁한 그저 내 옆에 있는 보통의 존재들이었습니다. 그리고 당신이 지금 손에 잡고 있는 이 책은 그들에게서 시나브로 시작되었습니다.

처음 만난 A는 제가 IT 업계에서 20년을 넘게 일했다는 이야기를 듣고는 이내 자신의 고민을 이렇게 털어놓습니다.

"정보가 부족한 게 아니라 정보가 넘쳐나 폐품처럼 쌓여가는 시대잖아요. 그중 가치 있는 정보는 그 자체가 권력과 권위가 되고요. 그래서 정보기술(Information Technology)을 의미하는 IT가 이제 너무나 중요한 건 알겠는데, 뭔가 복잡하고 어렵고, 게다가 빠르게 변하는 것 같아 쫓아가기도 어렵고, 그래서 뭐가 뿌리이고 핵심인지 모르겠으니 어떻게 비즈니스에 적용하고 활용할지, 내 삶에 어떤 도움이 되는지 올바른 관점을 가지고 올바른 판단을 하기가 무척 어려워요. 굳이 생활 코딩까지는 아니더라도 IT의 기본 개념을 쉽게 이해하고 IT의 큰 숲, 큰 그림을 읽을 수 있으면 좋겠어요."

벤치에서 시원한 생수를 건네준 B는 최근 사회 전반에 불어 닥치고 있는 디지털 트랜스포메이션을 현장에서 생생하게 체험하고 있는 직장인이었습니다. 그는 회계학을 전공한 비즈니스 현업 출신으로 IT 비전공자입니다. 현업에서 나름 조직의 에이스로 불리며 일 좀 한다는 이야기도 자주 들었지만 IT 조직과 함께 일하면서 여러 어려움을 겪으며 많이 위축되어 있었습니다. IT 비전공자가 IT 조직과 함께 처음 일하게 되면 외계어 같은 IT 용어와 생경한 기반 기술 개념 이해에서부터 많은 어려움을 겪을 수밖에 없겠구나, 생각하며 안쓰러운 마음으로 여러 번 그를 바라보았던 것 같습니다.

정치는 대중 인식과의 싸움이며 대중을 아는 사람이 이긴다는 말처럼, 비전공자의 눈높이와 인식, 필요에 맞추어서 IT 기술의 생태계와 같은 큰 그림과 뼈대, 핵심 개념이 쉽고 명확하게 잘 정리되어 있다면 그에게 도움이 되겠다 싶기도 했습니다.

산책길의 끝에서 만난 C는 군대를 다녀온 후 최근 대학에 복학한 학생인데, 진로 문제로 고민이 커 보였습니다.

"기계공학을 전공하고 있습니다. 그런데 내연기관의 시대가 예상보다 훨씬 더 빠르게 끝나가고 있는 듯한 분위기에 착잡함과 위기감이 느껴져요. 최근 IT가 대세인 시대 문맥도 읽히고 해서 향후 취업까지 고려해 전과를 하거나, 아니면 데이터 사이언스나 인공지능과 같은 영역을 복수 전공할까 심각하게 고민하고 있어요. 친구들도 비슷한 생각과 불안을 갖고 있고요."

디지털 세상의 속도와 감각

엄청난 가속도로 내달려가는 디지털 세상은 카랑카랑한 목소리로 힘주어 말합니다. '메타버스'에 어서 올라타라고. 서둘러 탑승하지 못하면 루저가 되는 것처럼 대중의 욕망과 불안을 건드립니다. 그리고 인공지능(AI)이 곧 세상을 완전히 바꾸어 놓을 것이라고 장담합니다. 재택근무, 온라인 수업, 원격진료, 내 마음을 꿰뚫고 있는 듯한 추천 알고리즘, 자율주행 자동차의 실현을 목도하면서 '인공지능'이라는 낯선 존재에 대해 이미 매혹되어 확신을 가진 이들도 적지 않습니다.

그렇지만 이세돌을 꺾은 알파고가 점점 진화해서 인류를 지배하고, 인공지능이 결국 지구의 멸망을 가져올 괴물 로봇이 될 거라는 생각까지는 아니더라도, 인공지능이라는 낯선 존재에 대한 맹목적인 판타지, 오해, 두려움이 동시에 우리 내면에 깔려 있는 것도 사실인 듯 보입니다. 게다가 충분한 양의 잘 정제된 '빅데이터'만 있으면 머신러닝의 예측은 기업 활동의 거의 모든 영역에 적용될 수 있다고 말합니다. 빅데이터와 결합한 인공지능을 통해 용하다는 점쟁이가 미래를 예언하는 것처럼 미래를 예측할 수 있게 되었다고도 자랑스럽게 이야기합니다. 그래서 데이터가 많으면 많을수록 무조건 좋다, 라는 생각을 은연중에 갖게 되는데, 정말 그런지 궁금하기만 합니다.

인공지능이 알라딘의 요술램프가 아니라면, 마법이 아닌 공학이자 과학이라면, 어떤 개념과 어떤 원리로 작동하는지를 알아 어떤 분야에 어떻게 활용할지, 어떤 문제 해결에는 적용할 수 없는지를 판단할 수 있어야 합니다. 사회 전반으로 데이터가 많으면 더 많은 일을 할 수 있다는 서사가 심층에 흐르고 있는 것도 같습니다. 거대한 데이터를 수집하고 모아 어떤 블랙박스 기계에 투입해서 돌리면, 잘못된 답은 저절로 제거되고 문제에 대한 해결이 잘 정리된 정답만 남아 아웃풋으로 짠하고 튀어나오기를 기대합니다. 그런데 데이터는 본질적으로 '과거의 기록'입니다. 미래를 예측하는 일이지만 재료는 과거의 데이터로 그 범위가 한정되어 있습니다. 분명한 것은 과거의 데이터로는 미래 예측에 필요한 변수를 완벽하게 통제할 수 없다는 점입니다.

가령, 미래를 예측하기 위해 아무리 회사의 상품별 판매 예측을 잘해 놓아도 내일 갑자기 경쟁사가 시장 파괴적인 혁신을 한 게임 체인저 제품을 내놓거나, 전쟁 등 국제 정세가 갑자기 변하거나, 제품과 관련된 예상치 못한 사회적 이슈가 생기면 이런 것들은 미리 데이터화할 수 없고, 따라서 예측은 틀릴 수밖에 없습니다. 게다가 빅데이터의 '빅'이라는 말에는 무엇보다 크다거나 무엇보다 작다는 개념이 없습니다. 따라서 '빅데이터 분석 예측'이라는 말에 어색함과 의구심을 갖는 감각이 있어야 합니다.

덧붙여, 세상은 서둘러 디지털로 트랜스포메이션해야 생존할 수 있다고 강조합니다. 그런데 지난 30여 년간 컴퓨터로 우리가 하던 일은 그러면 아날로그였나 하는 자괴감과 황당함이 생깁니다. 그렇다면 '디지털'로 전환한다는 것의 진짜 의미에 대해서도 깊게 고민해봐야 합니다.

이 책은 데이터, 애플리케이션, 인공지능, 블록체인 등 다채로운 IT 기술의 모습을 흥미진진하게 들여다보면서 세상이 움직이는 판을 쫓아가 보는 'IT 교양 입문서'입니다. 세상 여기저기 흩어져 있는 IT 기술과 키워드 중 핵심이고 본질적인 것, 충분히 성숙되어 있는 것, 혹은 아직 구체화되기 전이지만 관심을 갖고 지켜봐야 할 것을 기술의 맥락, 역할, 가치, 관계를 중심으로 정렬하고 카테고리화하여 최대한 이해하기 쉽게 종합적이고 체계적으로 요약하여 흥미로운 이야기로 풀어내는 책입니다. 그 과정에서 어떤 것이 기술의 코어이고 정수인지, 어떤 것이 곁가지인지, 또 어떤 것이 업계의 홍보로 부풀리고 과장된 수사 용어인지를 명확히 확인해 볼 것입니다.

이 책에서 시종일관 강조하고 있기는 하지만, 메타버스, 빅데이터, 인공지능, 디지털 트랜스포메이션(DT 또는 DX)에 대해 그 가치와 관계를 중심으로 간략히 먼저 정리해 보면,

"디지털은 컴퓨터가 이해할 수 있는 0과 1 같은 이산적인 숫자 데이터를 일반적으로 의미하지만 그 본질은 현실 세계 아날로그의 물리적

인 것에 대한 상대적인 복제 개념입니다. 그래서 디지털 트랜스포메이션의 핵심은 디지털과 현실 세계를 별개로 보지 않고 하나의 시스템으로 생각하는 것입니다. 실물이 가상화, 디지털화되고 현실은 탈현실화, 온라인화되면서 오프라인과 온라인 공간의 경계가 흐릿해지고 있고 하드웨어는 점점 더 소프트웨어화되고 있습니다.

과거에는 우리가 일상에서 주목하는 대상의 99%가 물리적인 현실 환경이었습니다. 그런데 그러한 물리적 환경의 비중이 TV가 나오면서 85%, 컴퓨터의 등장으로 70%, 다시 스마트폰으로 50%로 낮아졌습니다. 그렇다면 그다음에 무엇이 있을까? 메타버스는 온라인 게임 속 아바타가 아니라 이런 것들에 대한 이야기입니다.

사물과 현실 세계를 개념화, 디지털화해 하나의 시스템으로 인식한다는 것은 현실 세계의 빅데이터를 수집해 AI로 분석, 예측하여 다시 현실의 문제를 해결하는 데 이를 반영하는 등 디지털로 현장이 변화하고, 변화된 현장의 상태 정보를 다시 디지털 데이터로 포착하는 일련의 순환 사이클을 의미합니다. 결국, 빅데이터, AI, DT, 메타버스는 한 방향을 향하고 있습니다. 그래서 우리도 그 맥락과 방향을 주목해야 합니다.”

이 책의 특징

이 책은 IT 비전공자를 위한 IT 교양 입문서를 컨셉으로 합니다. 일반 대중을 위한 IT 입문서지만, 수박 겉핥기식 혹은 백과사전의 단편적, 주입식 지식 나열을 지양하고 해당 주제에 대해 최대한 쉽고 깊게 다루려고 노력했습니다. 쉬운 설명과 깊은 내용은 듣는 이가 아닌 설명하고 이야기하는 사람에게는 사실 서로 충돌하는 딜레마 난제이기도 합니다. 그럼에도 불구하고 최고는 아닐지라도 최선을 다했다고 감히 말씀드릴 수 있을 것 같습니다. 그리고 IT 지식에 대한 가이드 북이지만, 개발자가 알아야 할 것만 같은 구체적이고 디테일한 기술은 다루지 않습니다. 어쨌거나, 입문서이지만 '깊게 제대로' 다루고 있다는 점을 다시 한번 강조하고 싶습니다.

이 책은 IT 기술과 개념의 핵심이고 본질적인 것을 다루는 데 집중합니다. IT 관련 뉴스, 트렌드, 키워드, 기술은 제각각인 듯 보이지만, 복잡하게 서로 얽혀 있어 사실 전문가조차도, 가령 B라는 기술은 A의 곁가지구나, C라는 트렌드는 잠시 지나가는 바람이겠구나, E라는 기술은 기술 D를 완전히 대체하는 게임 체인저겠구나, 라고 기술을 꿰뚫어 보면서 체계적이고 종합적으로 이해하고 통찰하기가 어렵습니다. 그러니 일반 대중은 더더욱 그럴 것입니다.

새의 날갯짓은 앞으로 나아갈 동력을 제공하는 것이지 그 자체가 비행의 원리는 아닙니다. 비행의 원리는 날개 모양과 위아래로 가해지는 공기의 압력차에 있는 것처럼 세상 여기저기 흩어져 있는 IT 기술과 개념을 데이터와 애플리케이션을 뼈대로 그 근본 뿌리를 읽을 수 있도록 정성껏 준비했습니다.

그리고 배경지식이 전혀 없는 IT 비전공자도 쉽고 재미있게 이해할 수 있도록 비유와 스토리를 통해 '외계어 없이' 중요한 개념을 책에 담았습니다. 사실 저는 비유와 은유를 좋아합니다. 저를 포함한 대부분의 사람은 그 자신의 인생 경험치와 배경 지식을 가지고, 즉 자신이 알고 있는 내용을 기반으로 새로운 사실과 지식을 이해하고 받아들입니다.

경영학의 아버지 피터 드러커는 딱딱한 회사의 조직을 스포츠에 비유해 이렇게 쉽게 설명하기도 했습니다.

"조직에는 세 종류가 있다. 야구팀 같은 조직, 축구팀 같은 조직, 복식 테니스 같은 조직이 있다. 야구팀은 각자의 역할이 분명하다. 아무리 바빠도 투수 대신 외야수가 공을 던지지는 않는다. 축구팀 역시 역할이 분명하지만 때로는 수비도 공격에 가담한다. 복식 테니스는 역할이고 자시고가 없다. 볼이 오면 가까이 있는 사람이 쳐내야 한다."

비유는 확실히 힘이 세고 강력합니다. 사실 책의 제1 독자는 저 자신이기 때문에 제 자신도 흥미를 느낄 만한 책이어야 했습니다. (책의 수정과 보완을 위해 동일한 글을 몇십 번 읽어내야 하니까요.) 텍스트가 흥미로우려면 잡지나 소설처럼 그 안에 '이야기'가 담겨야 한다고 생각합니다. 사람들은 스토리에 쉽게 매혹됩니다. 그래서 이 책의 모든 챕터는 IT를 잘 아는 '잘알씨'와 IT를 알지 못하는 '알못씨'의 흥미로운 대화로 열리고 챕터의 주제와 관련된 저자의 소소한 에세이로 닫힙니다. 잘알씨와 알못씨의 대화는 해당 챕터의 주제를 압축해서 드러내며 일상생활 소재를 중심으로 무엇(what)이나 어떻게(how)보다는 왜(why)를 다룹니다. '왜'를 이해한다는 것은 명확한 목적의식을 가지고 행동하며, 변화하는 환경에서도 흔들리지 않는 근본적인 기준에 따라 판단하고 응용할 수 있게 됨을 의미하기 때문입니다.

덧붙여, '백문이 불여일견'이라고 한 번 보는 것이 백 번 듣는 것보다 낫다고 했습니다. 스토리텔링과 더불어 이미지의 힘 역시 강력한 것을 잘 알기에 텍스트의 내용을 압축하고 요약해서 보여주는 적절한 '삽화'를 충분히 담았습니다. 삽화 이미지는 패션디자인을 전공한 제 아내가 직접 그렸습니다. 그러니까 이 책은 남편인 제가 글을 쓰고 아내가 그림을 그린 부부가 함께 지은 책입니다. 개인적으로도 여러모로 의미가 깊은 작업이었고 소중한 책입니다.

이 책은 IT 비전공자를 타깃으로 하면서 비전공자의 관점, 인문학적인 시선과 철학적인 깊은 사유, 개발자의 고단한 마음과 입장까지도 담으려고 애썼습니다. 욕심을 좀 더 내보자면 IT 업계에 종사하는 분들로부터도 마치 어른들을 위한 동화처럼 읽고 좋았다, 여러 가지가 정리된 기분이다, 라는 말을 들을 수 있으면 하고 바라봅니다.

끝으로, 이 책은 모두 9개의 챕터로 구성되어 있고 9개의 챕터는 논리적으로 데이터, 애플리케이션, 인공지능 등 3개의 영역으로 크게 구분할 수 있습니다. 각 챕터는 나름의 완결성과 독립성을 갖추고 있기 때문에 관심이 큰 곳, 궁금함이 많은 곳을 먼저 펼쳐 놓고 읽어도 무방합니다만, 6장(소프트웨어)과 5장(애플리케이션 개발), 8장(인공지능)과 7장(원인과 결과)은 서로 긴밀하게 연결되는 내용이라 이 점은 충분히 참고하셨으면 합니다.

아무쪼록 주의사항까지 숙지했으니, 이제 출발입니다. 독자 여러분의 건투를 빕니다.

목차

1 메타(META)
메타버스, 메타인지, 메타데이터, 도대체 메타가 뭐야?

2 빅데이터
빅데이터는 데이터일 뿐이다.

3 데이터베이스
데이터베이스 시스템은 왜 이렇게 널리 사용되는가?

4 비트코인·블록체인
암호화폐, '신세계'인가 '신기루'인가?

5 애플리케이션 개발
중요한 건 프로그래밍 언어나 코딩이 아니다

6 소프트웨어
장난감 레고 블록처럼 만드는 소프트웨어

7   원인과 결과
개발 패러다임의 대전환(저물어가는 프로그래밍의 시대)

8 인공지능(AI)
인공지능은 어떤 개념과 원리로 작동하는가?

9 디지털 트랜스포메이션(DT)
디지털 전환은 한마디로 논리와 물리의 통합이다

1

메타(META)

" 지금이 아니면 늦어요!!
빨리 메타버스에 올라타요!! "

서둘러 올라타지 못하면 루저가 될 것이다, 메타버스
데이터의 핵심에 가장 빠르게 도달하는 길, 메타데이터
태그(메타)와 검색이 세상을 지배하기 시작했다
핵심은 실물의 개념화, 가상화, 메타화
메타, 어떻게 활용할 것인가

메타버스, 메타인지, 메타데이터, 도대체 메타가 뭐야?

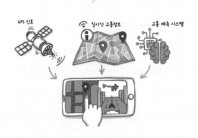

선배님, 요즘 메타버스나 메타인지 같은 단어를 주변에서 많이 듣는데요. 도 대체 '메타'가 뭔가요?

알못씨

네, 요즘 가장 뜨거운 단어 중 하나죠. 특히 가상, 초월, 상위를 뜻하는 Meta 와 우주를 뜻하는 Universe의 합성어인 메타버스(Metaverse)에 관심이 집중되고 있는 것 같아요. 메타버스는 현실세계와 유사한 사회, 경제, 문화 활동이 이루어지는 가상의 초월 세계를 의미한다고 통상 얘기하는데, 저는 한마디로 우리가 지금 경험하고 있는 '인터넷'의 다음 단계라고 말하고 싶 어요.

잘알씨

다음 세대의 인터넷에 대한 이야기라니 궁금해지네요. 사실 저는 메타버스 의 버스가 Bus인 줄 알았어요.

알못씨

뭐랄까? 지금보다 더 '몸'으로, '공간'으로, 입체적으로 경험하는 인터넷인 거예요. 그리고 디지털에서의 삶이 실제 물리적인 현실의 삶보다 중요해지 는 시점, 즉 '시간'의 개념으로도 메타버스를 볼 수 있어요. 가령, 직장은 공 장에서 사무실 노트북으로, 회의는 물리적인 회의실에서 모바일 회의인 줌 zoom으로 옮겨가는 그런 거죠.

잘알씨

생각해 보면 아이들은 운동장이 아니라 포트나이트 같은 게임을 하며 온라인에 모여서 더 즐겁게 놀고 있는 게 현실인 것 같아요. 사실 지방에 계신 부모님과 이제 음성 통화보다 카톡을 통해 더 자주 만나고 있고요.

알못씨

맞아요. 대화라는 것도 우리가 한 공간에서 얼굴을 마주 보면서 하는 게 훨씬 해상도도 높고 감정 전달도 풍부하잖아요. 하지만 이제는 사람들이, 저조차도 나의 존재를 인스타그램instagram으로 보여주고, 연락은 DMDirect Message으로 받는 게 직접 사람을 만나서 대화하는 것보다 편한 거예요. 음성 통화보다 모바일 문자가 편하죠.

잘알씨

네, 우리 삶에서 중요한 많은 것들이 디지털로 이동하고 빨려 들어가고 있구나 싶긴 해요.

알못씨

과거에는 우리가 일상에서 주목하는 대상의 99%가 물리적인 현실 환경이었어요. 그런데 TV가 나오면서 85%, 컴퓨터는 70%, 다시 스마트폰은 50%로 낮추어 버렸죠. 그렇다면 그다음에는 무엇이 있을까? 메타버스는 그것에 대한 이야기예요.

잘알씨

서둘러 올라타지 못하면 루저가 될 것이다, 메타버스

　요즘 우리 사회에서 가장 팬시fancy한 단어 하나를 꼽으라면 아마 '메타'가 아닌가 싶습니다. 메타버스, 메타인지, 메타학습, 메타언어, 메타데이터 등 '메타'를 키워드로 다양한 개념이 쏟아져 나오고 있습니다. 페이스북으로 성공한 마크 저커버그는 아예 사명을 메타(META)로 변경하며 제2의 도약을 꿈꾸고 있기도 합니다.

　미디어, 세미나 등 여기저기서 '메타버스에 서둘러 올라타라(탑승하지 못하면 루저가 될 것이다)'라고 대중의 감정과 행동을 부채질하니 무심한 어떤 이는 신기술로 무장한 새롭고 빠른 신형 버스가 조만간 도입되나 보다, 라고 생각했다는 우스갯소리도 있습니다. 아무튼, 언젠가부터 이곳저곳에서 메타, 메타 하면서 사람들의 욕망과 불안을 건드리는데, 도대체 '메타'는 무엇을 말하는 것일까요? 그리고 왜 그렇게 '메타'에 열광하는 걸까요? 사람들이 모여서 웅성거리는 곳에는 대부분 이유가 있게 마련입니다. 백화점에서 중년 어머니들이 한 방향으로 뛰어가면 경험상 함께 달려가는 게 좋습니다. 행사장에서 한정 수량 노마진 원가 세일과 같은 빅 이벤트가 진행되고 있을지도 모르거든요.

" 지금이 아니면 늦어요!! 빨리 메타버스에 올라타요!! "

메타meta는 '더 높은, 초월한, 상위의'라는 의미를 가진 접두어입니다. 여행, 전복죽, 현무암, 섬이라는 네 단어를 들려주었을 때 무엇이 연상되느냐고 주변에 물어보면 대부분 그냥 툭 튀어나오는 말이 '제주도'일 겁니다. 이처럼 직접적인 언급이 없더라도 기술된 내용을 보면 자연스레 생각나는, 범위를 아우르는 개념이 '메타언어'입니다. 대상을 직접 설명하는 언어 그 자체를 다시 언급하는 한 차원 높은 상위의 언어가 메타언어입니다.

유사한 맥락으로, 미국의 심리학자 존 플라벨Flavell이 처음 사용한 '메타인지'는 인지cognition, 즉 생각에 대한 생각으로 자신이 아는 것과 모르는 것을 스스로 정확히 파악하는 능력을 말합니다. 역시, '더 높은', '초월한'의 의미를 가진 메타와 '인식', '생각', '판단'을 의미하는 인지가 결합되어 어떤 사실을 한정된 관점에 가두지 않고 이를 상대화, 객관화해 한 차원 높은 수준에서 해석해 내는 '상위인지', '초인지'의 개념입니다. '내가 모른다는 것을 안다'라는 철학적 자기 성찰을 심리학에서는 오래전부터 메타인지라고 불렀습니다. 이는 자기계발서에서 자주 다루는 '자기 객관화'라는 개념과도 일맥상통합니다. 그래서 '내 자식에 대해 아는 것이 별로 없다는 것을 알고 있다'는 부모의 태도가 제대로 된 자녀교육의 시작이라는 생각에도 쉽게 고개가 끄덕여집니다.

앎의 시작은 어쩌면 스스로의 무지를 아는 것부터인지도 모릅니다. 일단 뭘 모르는지를 깨달아야 무엇을 알 수 있는지, 어떤 것을 알아야 하는지를 짐작할 수 있습니다. 그리고 그러기 위해서는 우리의 삶이나 우리 자신에 대해서 끊임없이 질문을 던져봐야 하는 것이겠죠. 올바른 대답은 올바른 질문에서 시작합니다. 이 책을 집어 들고 바깥세상의 소음과 흐름에서 벗어나 책 속에 구현된 저자의 생각 속으로 막 뛰어든 당신에게 질문 한 가지를 드립니다. 앞서, 여행, 전복죽, 현무암, 섬을 언급했을 때 제주도가 자연스레 연상되었던 그 '사고 과정'에는 무엇이 있었던 걸까요? 머릿속에서 순간 어떤 일들이 벌어져서 '제주도'라는 말이 튀어나올 수 있었을까요?

뇌과학자, 인지심리학자들은 오랜 연구를 통해 여행, 전복죽, 현무암, 섬에 해당하는 개인의 경험이나 지식 같은 데이터베이스가 먼저 충분히 축적되어 있어야 한다고 말합니다. 그리고 그런 경험, 지식 요소의 '연결'을 통해 나만의 메타언어가 하나 탄생한다는 식으로 이를 설명합니다. 디렉터리directory와 같은 계층 구조에서 인간을 비롯해 개, 고양이, 호랑이는 젖을 먹여 새끼를 키우는 포유류다, 라는 식으로 상위 범주의 지식과 하위 범주의 개념을 트리tree 형태의 층layer으로 나누듯, 하위의 언어 개념이 '제주도'라는 상위의 공통 개념으로 머릿속에서 범주화되었다는 말입니다.

> "사실, 방금 설명한 개념, 지식의 계층 구조와 이것의 변화, 그리고 이 변화를 동인하고 있는 '메타데이터'라는 개념이 당신을 위해 오래도록 준비한, 소중하게 전하고 싶은 첫 번째 이야기입니다."

지식정보화 사회, 빅데이터 기반 의사결정, 인공지능(AI) 자동화, 디지털 전환을 통한 가상화, 탈현실화라는 말이 언젠가부터 세상에 범람했습니다. 그리고 그 말에 떠밀리고 휩쓸려 멀리 떠내려온 어떤 이는 젖은 옷을 말리며 이렇게 혼잣말을 합니다.

> "IT가 이제 중요한 건 알겠는데, 뭔가 너무 복잡하고 어렵구먼. 무슨 외계어는 이리도 많은지. 게다가 빠르게 변하는 것 같아 쫓아가기도 어렵고 그

래서 뭐가 중요한지 정말 모르겠네. 그러니 어떻게 비즈니스에 적용하고 활용할지, 당장 내 삶에 어떤 도움이 되는지도 알 수가 없는 거겠지."

그래서 우리는 데이터, 정보, 지식, 디지털이라는 반짝반짝 빛나지만 막연하고 추상적인 세계를 '메타'라는 키워드를 중심으로 구체적으로 살펴보려고 합니다. 이 책에서 지향하는 목표이기도 합니다만, 기술의 맥락, 역할, 목표, 가치, 관계를 중심으로 정렬하고 카테고리화하여 당신이 기술의 큰 숲, 생태계를 체계적으로 제대로 바라볼 수 있게 되기를 바랍니다. 여러 주제와 개념의 뿌리를 깊게 읽어낸 당신이 당신만의 소박한 정원에서 아름다운 잎과 꽃을 피워내기를 기대해 봅니다. 그리고 산책길에서 우연히 마주친 아름다움에 제 발걸음이 잠시 멈춘 곳이 당신의 정원이길, 그래서 인생의 어딘가에서 당신과 다시 닿을 수 있는 행운을 얻기를 바랍니다.

강남 대로변에 공실이 늘어나는 이유

메타라는 조금은 낯선 세계로 떠나는 여정, 그 첫 번째 목적지는 '메타버스'입니다. 메타버스Metaverse는 현실 세계와 유사한 사회, 경제, 문화 활동이 이루어지는 가상의 초월 세계를 의미한다고 일반적으로 알려져 있습니다. 지금 내가 살고 있는 이 세상 위에 중첩된 세상이라고나 할까요? 사실, 우리는 실제로 이런 초월 공간을 경험해 본 적이 있습니다. 닌텐도의 포켓몬GO 때문에 한동안 사람들이 현실에 나타나는 포켓몬을 잡기 위해 미친 듯이 돌아다니면서 서로 부딪히기도 하고 실제 세상 속에 게임 세상이 합쳐져서 놀았었죠. 초기 수준이기는 하지만 메타버스의 대표적인 예로 볼 수 있습니다. 혹은 어린이날 에버랜드를 찾아가기 위해 차에 올라탄 후 목적지를 검색했더니 내비게이션에서 현재 그곳으로 '2,415대 가는 중'이라고 안내되어 나들이 장소를 변경했던 것과 비슷한 경험이 있다면 이 역시 거울 세계Mirror World라고 분류되는 메타버스의 한 사례로 이해할 수 있습니다.

현실의 오프라인 공간과 대비해서 인터넷을 '가상공간'이라고도 부르는데, 처음에는 받아들이기가 조금 어려웠던 기억이 있습니다. 지금이야 온라인 커뮤니티나 온라인 공간이라는 개념이 너무나 익숙하지만 인터넷 초창기에는 물리적인 현실 공간이 아닌 가상공간을 상상하고 이해하는 것은 어려운 일이었습니다. 인터넷 커뮤니티를 통해 생각이나 정보를 나누는 공동체로서 온라인이라는 세계와 공간을 느끼고 받아들이게 되었고, 데스크톱 PC를 통해 모니터에 나타난 하나의 평면을 보지만, 클릭하고 또 클릭하면서 그다음 페이지로 넘어가면서 나타나는 각각의 페이지를 조합해서 하나의 큰 '공간'을 '상상'할 수도 있게 되었습니다.

이러한 상상력은 기술 발전이 더해져 현실 공간의 부동산 지도까지 변화시키고 있는데요. 장소와 상관없이 정보에 접속만 가능하면 요즘 사람들은 구석구석 다 찾아갑니다. '음식이 맛있고 엔틱한 분위기가 인스타 감성 터진다'는 입소문을 타고 간판이 없는 빈티지한 가게인데도 사람들의 발걸음이 끊이지 않는 곳들도 수두룩합니다. 옛날에는 도심 대로변에 쉽게 노출되는 코너의 목 좋은 땅이 장사가 잘되는 곳이었습니다. 정보에 노출될 수 있는 빈도가 높기 때문이었죠. 하지만 요즘은 인스타그램과 같은 이미지 중심의 SNS에 언급만 많이 되면, 다른 사람의 경험을 SNS를 통해 간접(가상) 경험한 뒤 취향에 맞는 곳을 선택하는 사람이 많아지다 보니, 간판이나 목 좋은 입지는 더 이상 중요한 핵심 요소가 아니게 되었습니다. 정보 노출이 많이 되는 곳이 사실상 현실의 도심 속 대로변 목 좋은 곳이 되는 시대입니다. 사람들은 온라인을 통해 장소에 대한 정보를 미리 얻고 그곳에 갈지 말지를 결정합니다. 최근 서울 강남 대로변에 늘어나는 공실이 유독 눈에 띄는 이유가 바로 여기에 있습니다.

경기 침체와 높은 임대료 문제도 있겠지만, 온라인 가상공간이 오프라인 공간에 분명 영향을 주고 있는 것이죠. 그러니까, 빌딩 숲이 있는 도시의 오프라인 공간이 있으면 그 위에 온라인 공간이 평행하게 존재하고 우리는 이 공간을 끊임없이 왔다 갔다 하면서 생활하고 있습니다. 따라서,

> " 현재 우리 삶의 모습은 온라인과 오프라인이 딱 붙어서 서로에게 적잖게 영향을 주고 받고 있다, 라고도 이해할 수 있습니다. 온라인에서 정보 노출이 많이 되는 곳이 오프라인의 도심 대로변 목 좋은 곳인 셈입니다. "

또 하나의 현실, 메타버스

메타버스는 학문적, 산업적으로 아직 걸음마 단계고, 그래서 개념과 이론이 제대로 정립되지 않은 상황이라 다양한 의견과 관점이 있을 수 있지만, 개념적으로 크게 가상현실Virtual Reality(VR), 증강현실Augmented Reality(AR), 라이프로깅 Life Logging, 거울 세계Mirror World라는 4가지 형태로 분류할 수 있습니다.

9

가상현실은 실제 세상과는 다른 스크린, 스마트폰, 컴퓨터 속 세계를 의미합니다. 증강현실은 그 가상의 세계가 현실에 조금 더 들어와서 현실에 무언가 유용한 정보를 입혀 놓은 것입니다. 앞서 언급한 포켓몬GO가 대표적인 증강현실 게임입니다. 현실 세계를 기반으로 정보가 추가되는 증강현실(AR)과 배경 자체가 가상의 세계인 가상현실(VR)은 분명한 차이가 존재합니다. 라이프로깅은 인스타그램이나 유튜브 등 온라인에 순간순간 업로드되는 삶의 스냅숏이자 복제입니다. 마지막으로, 거울 세계는 실제 세상과 똑같은 거울 같은 복제품이 온라인 세상에 압축, 요약된 형태로 존재하는 것입니다. 간단한 예로 내비게이션, 구글 맵, 카카오 맵을 쉽게 떠올릴 수 있습니다.

메타버스에 대해 의심과 회의를 품으며 관련 업계의 지나친 홍보의 일환으로 생겨난 마케팅 용어 정도로 생각하는 사람도 분명 많습니다. 실제 기술 발전도 더딘 상황에서 성공 사례도 드물고 일부 엔터테인먼트, 게임 분야에서 활용될 뿐 전 산업적으로 확산될 것인지에 대해서는 깊은 의구심이 든다면서 실체 없는 허상이고 신기루, 말장난일 뿐이라며 메타버스를 평가절하하고 비판합니다. 메타버스를 신기루라 생각하며 그 유행에 회의적인 사람들은 입소문을 만들어 가는 벤더와 거기에 편승해서 강연이나 책 출판 등 돈 될 것을 찾고 자신의 인지도를 높이고자 하는 지식인 집단이 함께 만들어가는 실체 없는 시장에 대해 상당히 냉소적입니다.

일견 이해도 되지만 메타버스라는 '탈현실화'는 시간의 문제이지, 곧 도래할 미래라고 생각하는 이들도 적지 않습니다. 구글, 애플, 아마존 등 글로벌 시가총액 상위 10위 기업 중 8곳이 메타버스를 연구하면서 미래 세상을 준비하고 있다고 알려져 있습니다. 메타버스 자체의 기술 성숙도와 산업별 활용 수준이 아직 기초 수준에도 이르지 못했다는 것은 사실입니다. 메타버스의 현재 시장 상황은 걸음마를 막 떼기 시작한 유아기에 불과합니다. 사실, 대부분 새로운 패러다임이나 신기술은 초기에 시장에 안착하는 데 상당한 시간을 필요로 합니다. 물론, 논쟁의 여지도 많습니다만, 전문가들은 MZ 밀레니얼 세대는 오프라인 세상과 별개로 온라인 그 자체를 또 하나의 공간과 세계로서 받아들이고 일상을 영위할 것이라고 진단하고 있습니다.

추가 설명 탈현실화

아날로그 현실이 아니라 디지털 현실에서 상품을 광고하고 거래하듯이 디지털 현실로 삶의 무게중심이 이동하는 것을 의미한다. IT 기술의 발전이 탈현실화를 견인하고 영향을 미치는 것도 크지만, 팬데믹으로 인해 대면 회의가 거의 불가능해지고 아날로그 현실에서 사회적인 관계를 유지하기가 힘들어진 상황과 무관하지 않다.

미래의 모습이 구체적으로 어떤 형태일지 단언할 수 있는 사람과 기업은 많지 않겠지만, 그 새로운 풍경이 어떤 모습으로 펼쳐질지에 대한 낙관과 비관이 뒤얽힌 가운데,

" 메타버스는 앞서 언급한 가상현실, 증강현실, 라이프로깅, 거울 세계라는 4가지 개념이 진화, 혁신되고 이들이 점진적으로 혼합되고 결합되어 통합된 모습으로 성장할 것이라 짐작할 수 있습니다. "

오프라인 공간과 온라인 공간은 평행하게 존재하며 이제는 거의 맞닿아 있어서 어디까지가 오프라인의 물리적 현실 세계이고 어디부터가 온라인의 초월적 가상 세상인지 구분하기가 어려워지고 있습니다. 우리가 살아갈 미래는 실제 세계와 가상 세계가 결합되고 섞인 혼합적mixed 다중 현실로 나타날 것이라고 생각해 볼 수도 있습니다. 아니, 어쩌면 그 현실은 이미 우리 곁에 와 있는지도 모릅니다. 우리가 현재 가진 기술로는 아날로그 현실에 대응하는 디지털 현실을 완벽하게 구현할 수는 없습니다. 기술적으로는 아직 조악하고 허접한 수준입니다. 그럼에도 불구하고 이미 우리가 경험하고 있듯이 코로나 이후 디지털 온라인 공간으로의 탈현실화가 급격하게 가속화되고 있는 것도 분명 사실입니다.

영화 아바타avatar에서 하반신을 쓸 수 없는 주인공이 기계 안에 들어가서 다른 세계의 아바타가 되어 자유롭게 활동하는 것을 본 적이 있습니다. 인간 감각의 입력과 출력적 변화, 그리고 이로 인해 어떤 새로운 소통이 가능한지를 상상해 볼 수 있었던 경이로운 영화로 기억되는데요. 가상현실 속에 아바

타를 만들어 놓고 어느 순간 뇌가 착각을 일으켜서 내가 진짜 저 존재 안에 들어가 있다고 믿게 만드는 실험이 현재 진행 중입니다.

유체 이탈 실험Out-of-Body Illusion이라고 하는 이 실험이 흥미로운 것은 사람들을 실제 내 몸이 아닌 아바타라는 다른 몸에 넣어 놓았을 때의 놀라운 경험입니다. 실제 인종차별주의자인 백인을 유색 인종의 몸 안에 넣어놓고 그 아바타를 경험하게 했더니 뇌가 잠시 동안 착각을 일으켜 가상현실 속에서의 유색 인종으로서의 강렬한 경험이 인종 차별과 혐오를 줄여놓았다는 사례도 있습니다. 마치 동화 크리스마스 캐럴에서 구두쇠 스크루지 영감이 눈 내리는 크리스마스이브 오전에 죽은 동업자 말리의 유령을 만나 하룻밤 동안 겪게 되는 일들을 통해 자신이 얼마나 차갑고 인색한 사람인지를 깨닫게 되는 것처럼 말이죠. 그러니까 가상 세계에서의 경험이 실제 세상의 차별을 바꿀 수 있는 힘과 능력을 보여준 것입니다. 그래서 메타버스를 통해 기대할 수 있는 가치 중 하나는 다양한 사람, 다양한 문화, 다른 인종, 다른 성별을 경험하고 이해하는 새로운 가능성에 있다고도 사람들은 말합니다.

미래를 예측하는 최선의 방법은 그 미래를 창조하는 것이다, 라고 말한 컴퓨터 공학자 앨런 케이의 통찰이 큰 울림을 주었듯, 세상이 움직이고 변화하는 큰 판을 이해해 나는 어떤 생각을 하고, 어떤 방향을 향하며, 무슨 행동을 해야 할지 헤아려볼 필요가 있습니다. 그러려면 현재 일어나는 모든 디지털 경험의 총합으로써 메타버스를 바라봐야 합니다.

디지털, 비대면, 온라인이 곧 메타버스를 의미하지는 않습니다. 메타버스에는 동시성, 현장성, 순간성이라는 중요 요소를 기반으로 사람들이 교류하고 경험한다는 특징이 있습니다. 세계 최초로 메타버스 ETF를 상장시킨 실리콘 밸리 벤처 캐피탈리스트이자 에필리온코 CEO인 매튜 볼Matthew Ball은 메타버스는 적어도 다음과 같은 조건들을 충족해야 한다고 구체적으로 정의하고 있습니다. 디지털 경험의 총합으로 메타버스를 이해한다는 것도 이런 의미입니다.

"첫째, 물질세계와 가상현실을 연결한다. 둘째, 공유되고 지속되는 인터넷
공간을 지닌다. 셋째, 사용자들의 경험이 서로 연결된다. 넷째, 경제적인
거래가 가능하다. 다섯째, 몸을 통한 상호작용이 가능해야 한다."

이 주장을 충족시키려면 결국 메타버스는 기차, 버스를 타고 내리기 위해
사람들이 모여드는, 지역의 거점이 되는 정거장처럼 본질적으로 플랫폼이어
야 하며, 현재의 기술로는 아직 갈 길이 멀다는 점은 분명해 보입니다. 그렇
다면 앞으로 어떤 일이 벌어질까요? 그리고 그 벌어질 일들은 비가 오면 땅이
젖는 것처럼 시간이 흐르면서 자연스럽고 마땅하게 경험하게 되는 것일까요,
아니면 어떤 동인이 있어야만 견인될 수 있는 불확실한 미래일까요?

코로나 팬데믹과 같이 인류 사회와 현대 문명을 뒤흔드는 '사회적 변화'와
애플의 아이폰 개발과 같은 혁신적 '기술 개발'이 함께 수반된다면 빠르면 5
년 내, 늦어도 10년 이내에 우리는 메타버스라는 새롭고 매혹적인 유니버스
를 경험할 수 있을 거라 생각합니다. 여러 기술 리포트에 따르면, 메타버스가
현실이 되려면 가트너 그룹의 경우 8년 정도, 실리콘밸리에 있는 많은 기업은
3~5년 정도 걸릴 것이라고 얘기하고 있습니다.

추상적이고 모호한 메타버스의 실체를 알기 위해서라면 어쩌면 메타버스
라는 결과보다 그 과정과 이유를 이해하는 것이 더 중요할지 모릅니다.

"그래서 탈현실화를 가속화하는 핵심 동인으로서 팬데믹과 같은 큰 '사회
적 변화'와 아이폰 같은 '기술 혁신'이 어떤 의미인지를 제대로 아는 것이
중요합니다."

코로나 팬데믹과 같은 강력한 사건, 그로 인한 사회적 변화, 그리고 애플의
아이폰 같은 혁신적 기술이 탈현실화를 급격히 가속시키는 변화 시점, 즉 티
핑 포인트Tipping Point가 되는 맥락을 알아보겠습니다.

인터넷의 다음 단계

10년 전부터 온라인 교육(학교)을 해야 한다, 재택근무(회사)를 해야 한다고 이야기했습니다. 언젠가는 말입니다. 그러나 시작하지 않았죠. 왜일까요? 그 필요성을 간절하게 느끼지 않았기 때문입니다. 대면 강의가 가능하고 회사로 출근해서 일할 수 있는데 '굳이', 라고 생각했던 것이죠. 게다가 회사의 리더와 관리자들은 부하 직원들이 회사가 아닌 집에서 일하는 것을 견디기 어려워합니다. 재택근무 시 직원에 대한 관리와 통제, 커뮤니케이션의 제약이 아무래도 있다 보니, 이런 감정이 확대되어 어린아이처럼 분리불안으로 발전하는가 싶기도 합니다. 물론, 온라인 수업과 재택근무에 필요한 기술이 충분하지 않던 것도 이유이기는 할 겁니다.

그런데 코로나 팬데믹으로 대면 수업이 도저히 불가능해지자 2020년 3월 봄 학기에 거의 일주일 만에 온라인으로 모든 수업이 전환되었습니다. 물론 처음 몇 달 동안은 엉망이었습니다. TV에도 몇 차례 나왔을 만큼 시스템은 자주 오작동했고 수업이 가능하지 않은 날도 많았습니다. 그러나 몇 달이 지나고 나자 시스템은 점차 업데이트되었고 교수와 학생들은 새로운 환경에 적응하기 시작했습니다. 1년이 지난 후에는 거의 모든 것이 꽤 매끄러워졌습니다. 기술의 발전도 중요하지만, 이렇듯 오프라인 활동이 무기력해지는 것과 같은 사회적인 분위기 변화와 계기도 필요합니다. 온라인 강의나 재택근무를 위한 기술이 완벽하지는 않더라도 어느 정도는 준비되어 있었지만 사회가 그 기술로 급격히 빨려 들어가지는 못했는데, 팬데믹이라는 강력한 사건이 변곡점이자 폭발 지점이 되어 그 변화가 가속화되었던 것이죠.

기술 혁신의 대명사가 되었던 애플 최초의 아이폰인 iPhone 1세대(2007년)를 잠시 떠올려 볼까요? 아이폰이 혁신적인 기술로 평가받고 있는 여러 이유가 있지만, 데스크톱 PC를 사용할 때 필요한 '마우스'라는 중간 매개체를 없애고, 손가락이라는 사람의 '신체'와 정보를 제공하는 휴대폰 '디바이스'를 하나로 붙여서 손가락으로 터치하고 문지르는 행동에 디바이스가 인터랙티브하게 반응하도록 만든 것에 그 핵심이 있다고 생각합니다. 그러니까, 더 많은 사람이 인터넷 속으로 들어가도록 만든 것에는 기존에 앉아서 정보에 접속하던 데스크톱이라는 물리적 한계를 벗어나 스마트폰이라는 휴대가 가능한 디바이스를 통해 원하기만 하면 언제 어디서나 정보에 접촉할 수 있는 환경 접근성을 만들었다는 기술 혁신이 있었습니다. 하지만 그 못지않게 신체(손가락) − 매개체(마우스) − 정보(PC)라는 기존의 정보 접근 구조에서 매개체를 제거하고 신체(손가락) − 정보(스마트폰)로 단순화하여 하나로 붙여놓은 점도 주요했다고 봅니다. 인간은 인터랙티브한 반응을 통해 그 전보다 인터넷을 좀 더 실감하고 몸으로 경험하게 된 것입니다.

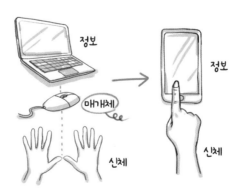

사람들은 애플이 성공한 것이 디자인 때문이라고 말합니다. 아이팟이, 맥북이, 아이폰이 너무 예뻐서 성공했다는 건데요. 그렇게 추상적으로 뭉뚱그려 설명해서는 안 된다고 생각합니다. 그 디자인의 구체적 내용이 무엇이냐를 생각하면, 바로 심플함과 터치touch였습니다. 매개체와 버튼을 최소화하면서 심플한 디자인을 추구한 결과, 사람들은 아름답다고 느꼈고, 만지고 건드리면서 촉감을 느끼는 터치에 매혹되기 시작했습니다. 만지고 문지르는 아이팟과 아이폰은 버튼을 누르고 클릭해야 하는 경쟁자들을 모두 보내 버렸습니다. 인간은 본능적으로 누르는 것보다 만지고 문지르는 것을 좋아한다고 합니다.

앞서 매튜 볼이 정의한 메타버스의 개념에도 포함되어 있듯이 전문가들은 사용자 경험, 몸을 통한 상호작용이 가장 중요하다고 강조합니다. 궁금한 뇌 연구소 대표이자 다수의 TV 프로그램에 출연해 과학 커뮤니케이터로 이름을 알리고 있는 뇌 과학자 장동선 박사는 이렇게 말합니다.

> " 저에게 메타버스가 한마디로 뭐야, 라고 묻는다면, 저는 우리가 지금 경험하고 있는 인터넷의 다음next 단계로서 인간이 '몸'을 통해 경험하는 인터넷이라고 말하겠습니다. "

인터넷 초창기에, 그러니까 국가기관이나 연구소에만 존재했던 컴퓨터가 PC라는 이름의 개인용 컴퓨터로 가정에 보급된 이후, 모뎀에서 랜선으로 '연결'이 보편화되고 확산되었던 1990년대 초에 사람들은 질문하기 시작했습니다. 도대체 인터넷이 뭐야, 온라인이 뭐야, 그 안에서 무얼 할 수 있어, 라며 궁금해했습니다. 마치 지금의 우리가 메타버스가 뭐야, 가상현실이 뭐야 라고 궁금해하는 것처럼 말이죠. 상상도 하지 못했지만 지금은 일상처럼 사용하고 있는 연결 혁명의 시작이었던 겁니다.

그 연결 혁명은 PC가 아닌 스마트폰으로, 랜선이 아닌 와이파이(무선인터넷)를 통해 언제, 어디서나 특별한 제약 없이 인터넷 공간으로의 접속이 가능한 모바일 인터넷 세상으로 우리를 데려다 놓았습니다. 그렇지만 손바닥 크기의 작은 스마트폰을 통해 사진을 보내고, 이야기를 나누고, 영상을 보고, 물건을 구입하는 일은 사실 불편합니다. 스마트폰이 인간에 최적화되어 있지 않아 7인치 내외의 조그마한 스마트폰 화면을 통해 소통하고 온라인 공간을 경험하다 보면 허리가 아프고, 입력하느라 손가락도 바쁘고 무엇보다 목과 어깨가 저릿하고 피곤합니다.

메타버스는 이 지점에서의 불편, 부정적 경험, 고민거리, 즉 페인 포인트 pain point를 뛰어넘습니다. 어떻게 넘냐고요? 정보를 보는 것과 생각을 입력하는 것에서의 혁신을 통해서입니다.

지금은 주머니에서 휴대폰을 꺼내어 액정 화면을 바라보는 데 약간의 노력이 들어갑니다. 곧 기업들은 하루 종일 우리 눈앞에 정보가 디스플레이되는 스마트 글라스를 만들어 낼 것입니다. 운행 중인 차의 앞 유리에 HUD^Head Up Display가 적용되어 운전자가 편해진 것처럼 말이죠. 바로 그 시점이 메타버스가 본격적으로 시작되는 때라고 보는 견해도 많습니다.

스마트폰의 작은 액정 화면을 통해 정보를 전달받고, 키보드나 다를 바 없는 비좁은 입력 화면을 통해 커맨드를 입력하는 것이 아니라, 선글라스, 헤드셋과 같은 웨어러블^wearable 디바이스를 통해 좀 더 몸으로 경험하는 인터넷 공간을 만나게 되는 것이죠. 애플이 야심 차게 준비하고 있는 애플 글라스는 자율주행차 등에서 주변의 사물을 인지하기 위해 탑재하는 라이더 센서를 장착해 사람의 손짓과 발짓, 손가락의 움직임까지 정확히 포착해 사람의 몸짓과 손짓만으로 입력 명령을 받게 개발되고 있다고 합니다. 그렇게 되면 우리가 '본다'라고 하는 경험이 완전히 바뀔 것이고, 꼭 작은 액정 화면을 통해서가 아니라 내 몸을 써서 편하고 자유롭게 생각을 '입력'하는 미래가 펼쳐질 것입니다.

> " 미디어에서 자주 보는 것처럼 게임 속 세상, 아바타, 가상 현실이 메타버스의 전부는 아닙니다. 그것은 메타버스의 일부일 뿐입니다. 결국, 메타버스는 일상에서 움직이면서 내 몸을 통해 경험하는 인터넷 세상, 디지털 공간 경험의 총합으로 이해하는 것이 적절합니다. "

인간의 핸드 제스처를 섬세하게 인식(입력)하고 그 행동에 따라 원하는 정보를 언제 어디서나 디스플레이(출력)할 수 있는 기술적 기반이 구현된다면, 즉 정보의 입력과 출력 등 시각적 구현에 사실상 제약이 없어진다면, 인간의 자아가 디지털 현실로 확장될 준비가 모두 갖추어져 또 하나의 현실로서 메타버스라는 또 다른 삶을 인간이 꿈꾸고 경험할 수 있으리라 생각합니다.

이 책은 메타에서 출발해 디지털 트랜스포메이션Digital Transformation에 대해 살펴보면서 마무리합니다. 책의 마지막 챕터에서 자세히 알아보겠지만, '디지털 전환'의 본질은 디지털과 현실 세계를 별개로 보지 않고 하나의 시스템으로 생각하는 것입니다. 우리 삶에서 중요한 많은 것이 디지털로 이동하고 빨려 들어가고 있습니다. 과거에는 우리가 일상에서 주목하는 대상의 99%가 물리적인 현실 환경이었습니다. 그런데 TV가 나오면서 85%, 컴퓨터가 70%, 다시 스마트폰이 그 비중을 50%로 낮춰 버렸습니다.

흐릿해진 온라인과 오프라인의 경계에서 가상과 현실, 논리와 물리, 개념과 사물을 넘나들거나 분리해서 인식하며 다시 이를 통합할 수 있는 능력이 필요한 시대입니다. 이는 이 책의 처음에 언급한 '메타버스'를 자연스레 다시 떠오르게 만듭니다. 그러니까 이 책의 마지막은 이 책의 처음과 연결되어 있습니다. 메타버스에 대한 이야기는 그래서 이 책의 마지막에 비로소 완전하게 끝을 맺게 됩니다. 그러니 남겨진 이야기를 기대하며 이제 메타버스에서 내려 데이터 세계의 지도map인 메타데이터로 이동해 보겠습니다.

데이터의 핵심에 가장 빠르게 도달하는 길, 메타데이터

그리스어 $\mu\varepsilon\tau\alpha$로부터 유래되었다고 알려져 있는 '메타'는 '더 높은', '상위의', '초월beyond'이라는 의미와 함께 '스스로self', '관하여about' 등의 의미도 가지고 있습니다. 앞서 메타언어는 언어에 대한 상위 언어였고, 메타인지는 생각에 대한 생각이라고 설명했습니다. 특히 철학의 한 부문으로 인간 인식의 기원과 본질을 연구하는 인식론에서 메타는 '~에 대해서'라는 접두어로, 어떤 매체(대상)가 그 스스로의 범주에 대해 재귀적으로recursively 설명하는 경우를 지칭합니다. 정의가 좀 어렵죠? 가령 어떤 영화가 있는데, 그 영화의 주제와 내용이 영화 자체에 대한 이야기를 다루는 것이라거나 좋은 책들을 소개하는 책에 관한 책이 있다면 우리는 그것을 메타 영화나 메타 책이라고 부를 수 있습니다.

IT 분야에서 메타는 지금부터 자세히 살펴볼 '메타데이터'라는 의미로 주로 사용되어 왔습니다. 새로운 '온라인 신도시'로의 이주를 스케치하고 있는 메타버스와 함께 앞으로의 미래를 상상하는 것도 의미 있고 흥분되지만, 메타데이터의 개념과 가치를 잘 이해한 후 충분히 활용하는 일도 무척 중요하다고 생각합니다. 메타데이터는 데이터 분석, 정보의 지식화, 콘텐츠 검색과 추천, 인공지능(AI) 모델, 가상화 등의 개념적 기초가 되고 IoT라고 부르는 사물인터넷, 디지털 트윈, 더 나아가 디지털 트랜스포메이션과 연결되어 결국 메타버스에 이르기 때문입니다.

데이터를 설명하는 데이터

원천 데이터에 대한 각종 정보를 담고 있는 것이 메타데이터입니다. 그러니까 메타데이터는 데이터를 설명하는 데이터입니다. 예를 들어, 결혼 적령기의 두 남녀가 소개팅으로 만날 때 서로에 대해 가장 궁금한 정보는 아마도 다음과 같은 것들일 겁니다.

나이, 성별, 직업 등은 개인을 '설명'할 때 보편적으로 언급되는 데이터입니다. 개개인 역시 네이버 메일, 카톡 등 거대 시스템 속에서는 하나의 '데이터'로 존재하기에, 결국 이것들은 인간이라는 데이터에 대한 데이터, 즉 메타데이터입니다. 나이, 직업, 거주지, 연봉이라는 메타데이터는 대상화된 인간에 대해 많은 것을 설명하고 드러냅니다.

그래서 사람들은 자연스레 그것들을 눈여겨보고, 관심을 갖고, 주의를 기울이게 됩니다. 소개팅에 나온 상대방이 웃으며 무심히 지나가는 말처럼 '고등학교는 어디 나오셨어요?'라고 물었다면 그(그녀)는 고수일 확률이 높습니다. 졸업한 대학을 초면에 묻는 것은 부담스럽기에 가볍게 고등학교를 물으면서 특목고 여부, 상대방이 성장한 동네, 그 동네의 분위기와 부의 정도, 사회적 계급을 빠르게 추측할 수 있기 때문입니다. 출신 고등학교도 개인을 탐색할 때 여러모로 의미 있는 메타데이터인 셈입니다.

사실, 대부분의 문서, 정보, 데이터에는 메타데이터라고 하는 고유의 내적 구조가 존재합니다. 이메일에는 보내는 사람과 받는 사람, 그리고 메일의 제목과 발송 날짜와 같은 구조가 있습니다. 휴대폰으로 찍은 사진 데이터에는 사진을 찍은 날짜, 사진의 크기, 사진의 해상도, 사진 촬영 시점의 렌즈 조리개 값, 심지어 사진이 찍힌 위치에 대한 GPS(위도, 경도) 데이터까지 다양한 구조가 있습니다. 넷플릭스에서 서비스되는 영화 한 편에도 다양한 메타데이터가 붙어 있습니다. 일례로 2016년에 개봉해 화제를 모았던 영화 '라라랜드'에는 〈상영시간: 127분, 개봉연도: 2016년, 장르: 뮤지컬/멜로, 감독: 데미언 샤젤, 주연: 엠마 스톤/라이언 고슬링〉과 같은 메타데이터가 존재합니다.

한 편의 영화에 대한 메타데이터는 영화를 설명하는 부가적인 속성으로, 산더미처럼 쌓여있는 콘텐츠 속에서 내가 원하는 것을 적시에 찾아내어 즐길 수 있게 도와주는 고마운 도구가 되기도 합니다. 넷플릭스 시청을 위해 매월 꼬박꼬박 구독료를 지불하면서 필요한 영상을 찾을 수 없고 재생되는 영상이 어떤 영상인지 알 수 없다면 그건 그냥 무의미한 이진수 데이터의 집합체일 뿐일 겁니다. 그러니까 넷플릭스, 디즈니 플러스와 같은 OTT^Over The Top 환경 안에서 메타데이터의 역할은 소비자 입장에서는 서비스되는 대용량 데이터 안에서 원하는 대상 데이터를 제대로 검색할 수 있게 하고, 관리자 입장에서는 보유 중인 데이터의 분류, 저장, 관리를 체계적으로 할 수 있게 하는 것입니다. 라라랜드라는 영화가 너무 인상적이어서 감독인 데미언 샤젤이 궁금해졌고, 그래서 그의 전작이자 데뷔작인 〈위플래시〉를 몇 번의 클릭만으로 쉽게 검색해서 볼 수 있게 되었다면 메타데이터라는 구조 덕분입니다.

메타데이터는 비단 넷플릭스와 같은 거대 플랫폼만의 유물이나 도구는 아닙니다. 개인의 일상생활에서도 메타데이터는 생산되고 참조되고 활용됩니다. 개인이 메타데이터를 활용하는 소비자일 수도 있고 주체적인 생산자일 수도 있습니다.

휴대폰의 사진 촬영 버튼을 누르면 휴대폰이라는 영민한 디바이스는 원본 사진 외에도 사진 촬영 시의 여러 가지 정황 정보를 함께 담습니다. 앞서 언급한 사진 촬영 일시, 사진 이미지(픽셀)의 넓이와 높이, 촬영 위치에 대한 GPS 정보 등을 말이죠. 물론 휴대폰이 생성한 사진의 촬영 날짜, 위치 등의 메타데

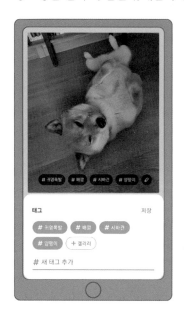

이터를 이용해 우리는 휴대폰 속에 저장된 수천 장의 사진 중에서 가령 작년 봄 경주 여행 사진을 단 몇 초 만에 쉽고 빠르게 찾아낼 수 있습니다. 여기서 한발 더 나아가, 경주 여행 사진 중 특히 벚꽃이 만개했던 첨성대 앞에서 찍은 사진이 무척 마음에 들어 해당 사진에 #경주, #첨성대, #벚꽃이라는 태그로 메타데이터를 직접 등록해 두었다면 '첨성대'라는 키워드만으로 해당 사진을 나중에 손쉽게 찾을 수도 있습니다.

데이터에 대한 지도

상업적으로 판매하는 상품에 대한 선전과 홍보를 목적으로 그림과 설명을 덧붙여 만든 안내서를 '상품 카탈로그'라고 합니다. 상품 자료 목록인 상품 카탈로그라는 은유를 통해 메타데이터를 좀 더 깊이 들여다보겠습니다.

상품에는 상품명, 가격, 판매처, 제조처, 상품 분류(카테고리)와 같은 상품의 비즈니스적인 의미와 속성을 설명하는 데이터가 존재하게 마련입니다. 더불어 상품의 이미지, 크기, 재질, 무게, 주성분, 원산지와 같이 상품의 재료적인 관점 혹은 기능과 기술적인 측면의 데이터도 있습니다. 반면, 상품에 대한 평가, 리뷰, 함께 자주 조회되거나 구매한 상품 관계 등 상품의 운영, 환경적 특성에 대한 데이터도 생각해 볼 수 있습니다.

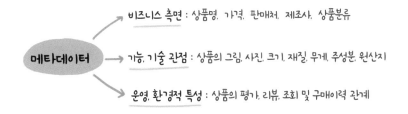

메타데이터
→ 비즈니스 측면 : 상품명, 가격, 판매처, 제조사, 상품분류
→ 가능, 기술 관점 : 상품의 그림, 사진, 크기, 재질, 무게, 주성분, 원산지
→ 운영, 환경적 특성 : 상품의 평가, 리뷰, 조회 및 구매이력 관계

상품 카탈로그의 가치는 안내서로서 상품에 대한 다양한 정보와 설명을 제공함으로써 고객이 쉽고 빠르게 원하는 제품을 찾거나 관심을 갖고 그것을 구매 및 소비하게 하는 것입니다. 상품 카탈로그가 상품에 대한 안내서이듯이, '메타데이터'라는 '데이터의 카탈로그'는 원천 데이터에 대한 설명서 역할을 합니다. 메타데이터는 어떤 대상 데이터를 '설명'하는 태생적 근본 특성 때문에 그 대상을 '찾기' 위한 중요한 이정표 도구도 됩니다. 메타데이터가 잘 정의되어 있어야 키워드로 검색하기가 쉽습니다.

" 이러한 구조적, 설명적 특성 때문에 메타데이터는 데이터의 관리, 검색, 활용과 깊이 관련되어 있습니다. 그런데 더 흥미로운 점은 메타데이터가 소통을 위한 '약속'이자 표준 '프로토콜protocol'이기도 하다는 점입니다. "

'프로토콜'은 서로 다른 컴퓨터 간에 데이터를 주고받을 때의 통신 방법에 대한 규칙과 약속입니다. 사람과 사람이 대화를 할 때도 같은 언어에, 공통의 대화 맥락 속에서, 단어에 대한 같은 개념 정의와 해석이 있어야 매끄러운 커뮤니케이션이 가능하듯이 서로 다른 두 개체 컴퓨터 시스템이 통신을 원활하게 하고 싶다면 통신 '표준'인 프로토콜이 명확히 정의되어 있어야 합니다.

지금도 수많은 정보시스템이 저마다의 목표를 위해 서로 복잡하게 연결되어 다양한 데이터를 주고받고 있습니다. 그리고 그런 시스템을 통해 사람들이 원하는 서비스를 혼선이나 장애 없이 제공받을 수 있는 이유는 데이터가 명명, 의미, 포맷 형식 등에서 '표준화'된 방식으로 공유, 전달, 통합되고 있기 때문입니다.

KBS 방송시설국 제작시설부 임태현 감독은 'KBS 방송영상 메타데이터 표준'에 대해 이렇게 설명합니다.

> "방송국의 메타데이터에는 보통 방송 타이틀, 내용, 길이, 크기, 제작진, 저작권, 방송일, 촬영일, 제작일, 매체, 식별기호 등과 같이 다양한 정보가 미디어 제작 회사별로, 시스템별로 제각각 존재한다. (중략) 이에 따라 세계 유수의 공영방송사들은 자사에 맞는 전사적인 메타데이터 체계를 수립하여 활용하고 있다. KBS에서도 일관성 있는 메타데이터 공유를 위해 사내 제작 시스템, 보도 시스템, 편성/송출 시스템, 아카이브 시스템을 아우르는 전사적인 메타데이터 체계를 수립하고 각 사내 시스템들은 서로 표준화된 메타데이터를 통해 방송 정보를 호환성 있게 공유하고 활용하고 있다."

위 설명을 좀 더 쉽게 해설해 보면, 가령 방송국 내 '제작' 컴퓨터 시스템은 제작된 영상의 유형을 예를 들어 스포츠는 sports, 드라마는 drama, 예능은 entertainment로 관리하고, '아카이브' 시스템에서는 이를 코드화하여 10, 20, 30으로 저장할 경우 이 둘이 대화하기 위해서는 중간 번역이 필요합니다. 즉, 두 시스템이 영상 데이터를 서로 주고받기 위해서는 아카이브 시스템의 '10'과 제작 시스템의 'sports'가 같은 의미인지를 알고 있어야 하며, 데이터를 전달하고 공유 받을 때마다 번역을 위한 노력 등 비용이 발생합니다.

그래서 같은 의미는 같은 형태로 정의해서 서로 주고받자고 프로토콜로 합의하고 표준화하는 사전 약속 과정이 필요합니다. 그리고 실제 이런 메타데이터에 대한 약속 과정을 거쳐 현대의 컴퓨터 시스템들은 서로 분주하게 데이터를 전달하고 공유 받습니다. 그러니까, 메타데이터는 약속이고 프로토콜이며 표준입니다.

> "이렇듯 메타데이터는 데이터의 활용과 검색을 위한 이정표이고, 나침반이며, 지도입니다. 더불어 메타데이터는 데이터의 공유와 전달을 위한 표준입니다. 그래서 메타데이터는 원천 데이터의 '본질', 즉 핵심 속성에 가장 빠르게 도달하는 지름길입니다."

그런데 메타데이터는 여기서 멈추지 않고 더 많은 꿈을 꿉니다. 메타데이터에는 보다 많은 의미가 부여됩니다. 메타에 대해 좀 더 탐구해 보겠습니다.

인스타 해시태그도 메타데이터

상품이 아닌 데이터를 생산하는 '데이터 공장'이라고 불리는 구글이나 아마존까지는 아니더라도, 업종 분류상 IT 회사가 아니더라도, 이제는 대부분의 회사가 '데이터 기업'이 되어가고 있습니다. 오프라인 매장에는 상품이 없고 온라인에서만 판매하는 온라인 온리online only나 온라인에서 먼저 신상품의 선을 보이는 온라인 퍼스트online first 제품이 점점 늘어나고 있습니다. 이제 기업들은 오프라인 온리 마케팅이나 데이터 분석 없는 영업은 상상조차 할 수 없습니다.

기업만 그런 것도 아닙니다. 개인의 삶도 데이터로 뒤덮여 있습니다. 만약 당신이 어떤 일 때문에 한 달 전 어느 날 주말 오후에 무엇을 했었는지를 급히 구체적으로 기억해 내야 한다면 어떤 방법이 있을까요? 가장 효과적인 방법 중 하나는 그날의 카드 결제 데이터를 빠르게 확인해 보는 것입니다. 편의점 구매 내역, 택시에서 지불한 요금, 카페 결제 내역, 식당 이름이 찍힌 데이터를 바라보면서 오랜만에 만났던 친구와의 반나절이 금세 선명하게 떠오를지도 모릅니다. 내가 먹은 것이 곧 나다(I am what I eat)라는 말이 있듯이, 내가 어떤 것에 주로 돈을 쓰는지만큼 나의 취향과 기호, 행적과 일상을 잘 설명하는 것도 없어 보입니다(I am what I pay).

> " 공장에서 제조한 상품이든, 개인의 일상생활 속 디테일이든 모든 것이 데이터화되고 있는 삶 안에서 데이터에 대한 데이터는 두말할 것 없이 마땅히 중요합니다. "

자신의 SNS에 업로드한 사진과 그림이 쉽게 그리고 자주 검색되게 하기 위해 사람들은 태그^{tag}를 붙이는데요. 해시태그(#)는 일종의 연관 검색어 같은 것입니다. 가령 제주 여행 중 해가 저물어 갈 때쯤 방문한 애월의 해변 카페에서 해가 진 직후 밤의 짙은 푸른색과 낮의 뜨겁던 붉은색이 만나 일렁이다 이내 푸르스름한 어둠으로 변해가던 그 시간을 추억하기 위해 커피를 마시는 사진을 올리고는 이와 연관 있는 각종 키워드, 예를 들면 제주여행, 애월카페, 개와 늑대의 시간 등을 태그로 붙여놓는 식입니다.

> " SNS 속 태그도 메타데이터입니다. 업로드한 게시물이 소중한 만큼 해당 게시물을 압축, 요약하는 키워드가 무엇인지, 업로드한 것을 매력적으로 드러내기 위해 해시태그로 무엇을 넣을까 고민하는 것도 중요해졌습니다. 메타는 이미 우리 일상 속으로 깊이 배어들어 있습니다. "

데이터는 테이블이다

메타데이터에 대한 깊은 이해를 위해 데이터의 근본에 대해 잠시 생각해보죠. 데이터는 무엇이냐는 다소 추상적이고 도전적인, 철학적인 질문을 받으면 저는 종종 '데이터는 테이블입니다.'라고 이야기를 시작합니다. 데이터는 구체화^{normalization}해보면 행^{row}과 열^{column}의 표 모양인 테이블^{table} 형태가 됩니다.

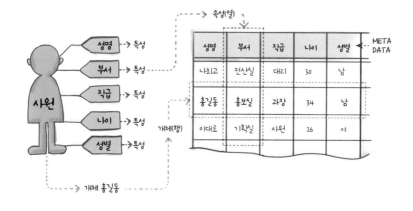

회사에 근무하는 사원의 데이터가 2차원의 표 구조에 각각 담겨 있습니다. 회사 직원들의 소속 부서, 직급 등 다양한 속성attribute이 테이블의 행과 열로 표현되어 있습니다. '홍길동'이라는 직원은 나이는 34세, 소속 부서는 홍보실, 직위는 과장, 성별은 남자임을 알 수 있습니다. 그러니까 홍길동이라는 사원을 설명하는 다양한 '속성'들은 세로 '열'로 표현되고, 테이블의 가로 한 '행(줄)'은 직원 '개체' 한 명에 해당합니다.

사실, 이러한 테이블 구조와 형태는 우리에게 무척 익숙합니다. 엑셀excel과 같은 스프레드시트spreadsheet 오피스 프로그램을 자주 사용한다면 열은 데이터에 포함된 속성을, 그리고 행은 그런 속성을 갖는 개별 개체에 해당된다는 것을, 따라서 테이블은 우리가 관심을 갖는 대상의 다양한 속성을 요약한다는 것을 쉽게 이해할 수 있습니다. 물론 모든 데이터가 반드시 테이블로 존재하는 것은 아닙니다만, 우리가 일상이나 회사에서 비즈니스 목적으로 관심을 갖는 데이터의 절대다수는 테이블 형태를 띠거나 테이블 형태로 변환될 수 있습니다. 데이터는 곧 테이블이라고 말하는 그 추상abstraction에 공감할 수 있으면 그것으로 충분합니다.

추상은 사물이나 개념의 핵심적인 특성이나 속성을 의미한다. 추상은 추상화라는 과정을 통해 얻을 수 있는데, 추상화는 어떤 양상, 세부 사항, 구조를 좀 더 명확하게 이해하기 위해 특정 절차나 물체를 의도적으로 생략하거나 세부 사항을 감춤으로써 복잡도를 극복하는 방법이다. 따라서 추상은 현실에서 출발하되 불필요한 부분을 도려내 가면서 사물의 본질을 드러나게 하는 과정의 결과물이며 추상화 과정에서 의도된 목적을 위해 생략된 것에 집착하게 되면 추상을 오도할 수 있음에 주의해야 한다.

사원 데이터가 담긴 테이블의 '첫 행'에 잠시 집중해 보기 바랍니다. 테이블의 첫 행은 여느 다른 행과는 분위기가 사뭇 다릅니다. 테이블의 첫 행에는 해당 테이블의 여타 각 행에 담기는 데이터의 의미와 속성을 '설명'하는 특별한 데이터가 기술되어 있습니다. 데이터를 설명하는 데이터가 '메타데이터'라는 사실을 우리는 이미 알고 있으니, 테이블의 첫 행은 바로 메타데이터입니다.

> "그러니까 데이터는 테이블이고, 테이블의 첫 행은 메타데이터입니다. 테이블의 첫 행이 부정확하게 잘못 기술되면 그 이하 행에 담기는 데이터의 '의미'는 온전히 정확하게 해석될 수 없게 됩니다. 당연하게도 메타데이터는 의미에 대한 기준 정보로서 명확하게 정의하고 엄격하게 관리해야 합니다."

사원 '홍길동'의 '나이'를 34세라고 이해할 수 있는 것은 홍길동이라는 사원 개체의 행과 나이라는 속성 열이 만나는 지점의 데이터 값이 34이기 때문입니다. 이를 반대로 해석해 보면, 34라는 값이 데이터로서 비즈니스적인 가치를 가지려면 그 값을 해석하는 맥락context이 명확해야 한다고 볼 수 있습니다. 34라는 값이 사원 나최고의 작년 업무 고과 평가 결과가 아닌 홍길동의 현재 나이로 제대로 해석되려면 그 '맥락'에 해당하는 메타데이터로서 사원 번호나 성명, 나이라는 속성의 의미 정의가 무척 중요합니다. 34라는 데이터는 혼자서 독립적으로 해석될 수 없습니다. 반드시 관련된 설명이 있어야 합니다.

> "결국, 메타데이터는 데이터의 '의미'를 설명하고 규정하며 '맥락'으로서 기능한다는 사실을 아는 것이 핵심입니다."

정보와 지식, 의미와 맥락

이후의 깊은 논의를 위해 새삼스럽기는 하지만 우리가 관성적으로 말하는 데이터, 정보, 지식에 대해 잠시 개념 정리를 해보겠습니다.

우리 집에서 도보로 3분 거리에 마트 A가 있고, 5분 거리에 마트 B가 있습니다. 저는 평소 집에서 가까운 마트 A를 즐겨 다녔고 제가 좋아하는 과자가 마트 A에서는 1,500원, 마트 B에서는 1,000원에 판매되고 있다는 사실을 최근 알게 되었습니다. 따라서 저는 앞으로 과자를 사기 위해 마트 A보다 500원이 저렴한 마트 B에 가려고 합니다. 더 나아가 다른 대부분 상품도 마트 B가 저렴하지 않을까 생각되어 앞으로 장은 마트 B에서 보려고 마음을 먹었습니다.

과자가 마트 A에서 1,500원, 마트 B에서 1,000원에 판매되고 있다는 '사실'은 '데이터'입니다. 반면, 마트 B의 과잣값이 마트 A보다 500원이 저렴하다는 사실에 '자극'을 받아 과자를 구입하러 앞으로는 마트 B에 가겠다고 '판단'한 것은 데이터가 '정보'로 기능하는 것입니다. 건조한 데이터에 작은 '의미'가 부여된 것이죠. 나아가 내가 좋아하는 과자뿐만 아니라 다른 상품들도 전반적으로 마트 B가 더 저렴할 수 있겠구나, 라며 '맥락'을 추론해서 행동의 변화를 일으켰다면 이 지점은 지혜이자 '지식'의 영역입니다.

문화심리학자 김정운 교수는 그의 책 ≪에디톨로지≫(21세기북스, 2018)에서 정보와 지식, 의미와 맥락에 대해 다음과 같은 흥미롭고 놀라운 통찰을 보여줍니다.

> " 이토 히로부미 살해 사건이 한국에서는 '안중근 의사'가 조선 침략의 원흉을 '응징'한 사건이 되고, 일본에서는 안중근이라는 '조선의 테러리스트'가 현대 일본 건국 지도자를 '암살'한 사건이 된다. 이렇게 '맥락'에 의해 해석 가능한 '구체적 의미'가 부여될 때 '정보'는 비로소 '지식'이 된다. 결국 정보는 그것이 속한 지식의 맥락에 따라 의미가 변할 수밖에 없다. "

안중근이 이토 히로부미를 살해한 사건이 한국 사회에서는 당연하게도 일본 제국주의의 원흉을 안중근 의사가 처단한 영웅적 사건으로 의미 부여가 되지만, 일본에서는 조선 테러리스트에 의한 건국 지도자 테러 사건으로 해석됩니다. 하나의 사건이자 현상에 대해 양국은 서로 다른 맥락으로 이를 해석하고 의미 부여를 했습니다. 김 교수는 이에 대해 이렇게 설명합니다.

> " 지식knowledge은 정보가 사회문화적 맥락 혹은 이론적 맥락에 의해 구체적 의미가 부여된 정보라고 할 수 있다. 간단하게 표현하자면 '지식은 정보와 정보의 관계'라고 정의할 수 있다. 하늘 아래 새로운 것은 사실 없다. 새로운 지식은 정보와 정보의 관계가 달라지는 것을 의미한다. 지식이 정보와 정보의 관계라면, 지식을 구성하는 정보information는 또 무엇인가? 정보는 인간이 세상에 일어나는 셀 수 없이 많은 사건과 사물 중에서 '의미'를 부여한 최소한의 단위이다. 즉, 정보는 의미가 부여된 자극이다. 세상에는 무수히 많은 사물과 사건이 존재한다. 인간이 이 모두를 기억하고 인식하는 것은 불가능하다. 이 모든 것을 지각하며 살다가는 정신분열증에 걸리게 되어 있다. 인간은 자신에게 의미 있다고 여겨지는 중요한 것들만 지각한다. 그러니까 인간은 자신이 필요로 하는 자극만 받아들이고 자신이 지각한 자극에 의미를 부여한다. 해석은 곧 의미 부여의 행위다. 이렇게 해석을 통해 의미가 부여된 자극을 정보라고 부른다. "

세상에는 수많은 살인 사건이 일어납니다. 우리는 그중 의미 있고 기억할 만한 살인 사건만 기억합니다. 안중근이라는 사람이 이토 히로부미를 살해한 사건은 수많은 살인 사건 중에서 의미 있게 기억됩니다. 그러나 의미 있게 기억된다고 해서 그 정보가 곧바로 지식이 되는 것은 아닙니다. 안중근이 한국에서는 의사martyr이고 일본에서는 테러리스트terrorist가 되는 맥락, 그 사회문화적 배경과 관계를 알아야 합니다. 이렇게 맥락에 의해 해석 가능한 구체적인 의미가 부여될 때 '안중근이라는 사람이 이토 히로부미를 살해한 사건'이라는 정보는 한국에서는 '안중근 의사가 조선 침략의 원흉을 응징한 사건'이라는 지식, 일본에서는 '조선의 테러리스트가 건국 지도자인 이토 히로부미를 암살한 사건'이라는 또 다른 진실로 남게 되는 것입니다.

그러니까, 지식의 본질은 발견하는 것이 아니라 정보의 조합으로 만들어내는 것입니다. 새로운 지식이란 지구의 끝 저 어느 구석에서 생전 듣지도 보지도 못한 것을 찾아낸 결과가 아닙니다. 물론, 이렇게 형성된 지식은 보다 더 넓은 문맥에서는 정보로서 기능할 수 있고, 마찬가지로 정보는 다시 데이터로서 참조될 수 있습니다. 중요한 것은 정보와 지식은 혼자서 저절로 만들어질 수 없다는 사실입니다. 사람의 지각과 생각은 항상 어떤 맥락, 어떤 관점 혹은 일련의 내적 평가 기준이나 가정하에서 일어납니다.

> " 정보와 지식은 의미와 맥락에서 출발하며, 앞서 테이블을 살펴보면서 언급했듯이 의미와 맥락은 결국 메타데이터로 설명된다는 것이 중요합니다. 물론, 의미와 맥락은 주어진 자극을 해석하는 생각의 틀^{frame}이 됩니다. "

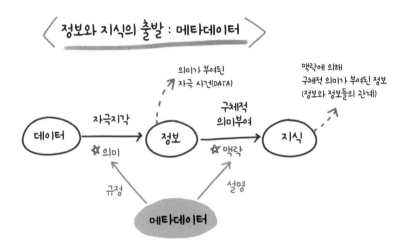

이쯤이면, '메타데이터'라는 녀석이 심상치 않은 놈이구나 서서히 실감이 될 텐데요. 조금 더 속도를 높여보겠습니다. 앞서 잠깐 언급했던 태그^{tag}라는 메타데이터는 기존의 지식 시스템, 즉 지식의 체계와 구조를 뒤흔들고 있는데요. 이것이 어떤 의미인지를 계층적 지식 구조와 네트워크 형태의 지식 체계를 비교하면서 살펴보겠습니다. 인터넷이 대중화되고, 태깅 방식의 메타데이터 정의, 검색이 보편화되면서 수천 년간 당연시되며 이어져 온 권력적인 지식 구조가 뒤흔들리고 있습니다. 흔들리는 판 위에서 지식인의 정의도 바뀌고 있고, 사람들이 일하는 태도, 돈을 버는 방식 자체도 변하고 있습니다.

태그(메타)와 검색이
세상을 지배하기 시작했다

트리 구조와 네트워크 구조

우리에게 아주 익숙한 지식체계는 트리tree식의 계층적 지식 구조입니다. 학교에서 배웠던 대부분의 지식이 소수의 상위 범주와 다수의 하위 범주 분류 체계를 갖는 계층적 지식 체계이기 때문입니다. 척추동물은 어류, 조류, 양서류, 파충류, 포유류로 나뉜다는 분류가 대표적인 계층적 지식 체계입니다. 대부분의 도서관에서 책을 구분하고 보관할 때 사용하는 분류체계인 문헌 분류법도 오랜 시간 동안 축적된 인류의 지식 체계입니다. '누가 누구를 낳고…'가 반복되는 성경의 족보 역시 트리식 계층적 분류 방식입니다.

그런데 트리식으로 구조화된 상·하위의 계층적 지식 체계에는 대부분 '권력 체계'가 반영되어 있습니다. 아니, 지식에 무슨 권력이냐고요? 지식은 보편적 합리성, 객관적 과학성 등의 개념을 만들어 냈고, 그래서 지적 활동 자체가 권력성을 가지고 있습니다. 가령 과학적 근거가 있다고 말하면 사람들은 쉽게 고개를 끄덕입니다. 지식은 힘이고 권위입니다.

대다수의 사람이 저항 없이 공통으로 수용하는 어떤 체계, 구조는 결국 '표준'인데, 표준은 항상 권력자의 몫이었습니다. 사실 표준이라는 것의 본질은 표준으로 정의된 것과 그렇지 않은 것을 엄격히 규칙으로 구분하고 표준으로 정의된 것만을 기준으로 따르고, 표준이 아닌 것은 배제하도록 하는 일종의 강제이고 '폭력'입니다. 당연히 힘과 권력을 가진 강자만이 이 일을 할 수가 있었겠죠. 최초로 중국을 통일했던 진시황이 도량형을 일찌감치 통일하고 표준으로 관리했다는 사실도 같은 맥락입니다. 국제 간의 결제나 금융거래의 기본

이 되는 통화를 기축통화^{key currency}라고 합니다. 현재 기축통화는 미국 달러화이며, 이 역시 세계 경제 권력의 패권이 지금까지 누구였는지를 방증합니다.

심지어, 어떤 기업의 세부 조직도도 지식 체계입니다. 앞서 인용했던 김정운 교수는 기업의 조직도, 지식, 권력의 관계 역시 다음과 같이 날카로운 시선으로 설명하고 있습니다.

> "기업도 지식이다. 기업의 각 세부 조직은 시장에 대응하는 경영자의 지식
> 이 반영된 결과다. 조직 개편은 그 지식의 재구조화다. 같은 분야의 기업이
> 라도 그 기업의 조직도를 보면 경영자가 시장을 파악하는 지식이 한눈에
> 들어온다. 예를 들어 기업금융을 주로 하는 은행과 가계금융을 주로 하
> 는 은행의 조직은 다르다. 분위기도 사뭇 다르다. 시장에 대응하는 기업의
> 경영 지식이 조직도에도 그대로 반영된 결과다."

회사에서 대리보다는 부장이 힘이 세고, 부장보다는 이사, 사장이 높습니다. 지위가 높아질수록 보다 상위 지식 체계와 정보를 다룹니다. 지식의 체계적 관리를 담당하는 대학에서도 마찬가지입니다. 교수, 학과장보다 힘이 센 학장도 총장의 허가를 받아야 움직일 수 있습니다. 아는 것이 힘이 아니라, 힘이 있는 만큼 아는 것도 많아집니다.

그런데 컴퓨팅 파워가 엄청난 속도로 발전하고 인터넷이 대중화되면서 수천 년간 당연시되며 이어져 온 권력적인 지식 구조가 흔들리고 있습니다. 계층적 지식 권력이 더 이상 세상을 지배하지 않게 되었습니다. 네트워크로 연결되는 전혀 다른 지식 체계가 나타났기 때문입니다.

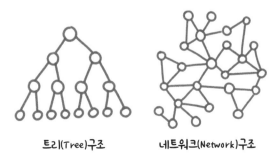

트리(Tree)구조   네트워크(Network)구조

구글의 검색 결과, 네이버 지식iN 서비스의 집단지성, 사용자 참여의 온라인 백과사전 위키피디아, 그리고 하이퍼텍스트, 하이퍼링크를 통해 이리 튀고 저리 튀면서 복잡하게 연결된 웹web이 네트워크형 새로운 지식 구조입니다. 더 이상 지식은 중앙 집중형으로 통제되어 관리되지 않습니다. 유연하게 확장되고 연결되는 네트워크를 통해 지구 반대편 저 멀리 어떤 이의 지식이 순식간에 나에게로 전달되고, 나의 생각도 금세 저 멀리로 날아갈 수 있습니다. 사실, 트리 형태의 계층적 지식은 이해하기 쉽고 견고하며 안정적인 구조지만 그만큼 변화에 대응하기 어렵다는 한계가 있습니다.

세계 최대의 온라인 참고 사이트로 성장한 위키피디아Wikipedia를 혹시 아시나요? 누구나 자유롭게 글을 쓸 수 있는 사용자 참여형 온라인 백과사전이라서 대부분 한두 번 이상 접속해서 유용한 정보를 얻었거나 아니면 이름 정도는 아실 거라 생각됩니다.

위키피디아에 접속해서 검색하다 보면 그 자체가 하나의 작은 우주라는 생각이 들기도 합니다. 위키피디아에서 모르는 것을 클릭하고 또 클릭하다가 인터넷 창을 닫을 때 즈음이면 이상한 나라의 앨리스가 떨어졌던 토끼굴에 빠져 한참을 헤매다 나온 기분이 들기도 합니다. 다른 사람들이 나보다 먼저 안 사실, 나는 잘 몰랐으나 다른 사람들은 중요하다고 생각해서 열심히 적어둔 지식에 너무 놀라 도대체 여긴 어디인가, 라며 어안이 벙벙해집니다. 그러면서 이건 마치 살아있는 유기체 혹은 수평적이고 민주적이면서 자발적인 정보의 생태계가 아닐까, 라는 생각이 들기도 합니다. 전혀 다른 지식의 체계이자 우주라고 해도 과언이 아닐지 모릅니다.

네트워크 구조와 메타

PC의 '폴더'에 파일을 저장하는 익숙한 방식에서 출발해서 메타데이터의 하위 개념이라 할 수 있는 '태그'로 이동해 보려고 합니다. 연결 중심의 네트워크형 지식 구조를 제대로 이해하기 위해 메타라는 개념이 다시 한번 호출되어 무대로 오릅니다.

트리 구조의 폴더에 파일을 저장하는 것은 많은 사람에게 데이터를 구성하는 일반적이고 보편적인 방법일 겁니다. 그런데 이런 방법으로 작업을 자주 해 본 사람이라면 누구나 'PC의 폴더별 파일 저장 방식'이 여러 단점을 가지고 있다는 것을 자연스레 깨닫게 됩니다.

폴더 내에서 콘텐츠를 구성할 때 필연적으로 발생하는 몇 가지 문제를 살펴보겠습니다. 첫째는 계층적 폴더 구조를 정의하는 것 자체의 어려움입니다.

가령 당신이 직장인이고 새로 부임한 임원으로부터 '당신 부서에 들어오는 정보는 전체적으로 어떤 것이 있는지 구조화해서 가져와 보시오.'라는 업무 지시를 받았다고 해보겠습니다. 당신은 다양하고 방대한 정보를 어떻게 체계적으로 정리해서 설명할 것인가를 고민합니다. 이런 경우, 가장 효과적인 방법 중 하나는 부서에 들어온 정보를 전체 집합으로 보고, 이 전체 집합을 누락이나 중복 없이 어떤 부분 집합으로 나눌 수 있는지를 생각해 보는 일일 겁니다. 그러니까 전체를 부분으로 잘게 쪼개어 '카테고리화'하는 방법이며, 결국 'MECE 분류'입니다. MECE는 Mutually Exclusive and Collectively Exhaustive의 머리글자를 모아 만든 말로, '어떤 사항을 중복 없이, 동시에 누락 없는 부분의 집합체로서 파악하여 분류하는 것'을 의미합니다.

PC에 저장될 콘텐츠 전체를 종합적으로 고려해 해당 파일들을 PC에 저장할 때 어디에 보관해야 할지 모호하고 애매한 상황을 만나지 않으려면 MECE를 염두에 두고 폴더 구조를 체계화해야 하는데, 부서에 들어오는 모든 정보를 중복과 누락 없이 분류하는 것이 쉽지 않듯이, 폴더 구조를 정교하게 정의하는 일은 무척 어려운 일입니다. 개인 PC에 폴더 구조를 만들면서 고심하다가 이내 난감해하며 뒤로 미뤘던 경험이 한 번씩은 있을 거라 생각되는데요. 그 곤란했던 감정의 근본 원인은 '분류의 어려움'이었습니다.

게다가 파일을 폴더로 관리할 경우, 파일과 폴더가 많아질수록 깊어진 폴더의 숲에 빠져들어 콘텐츠가 어디에 있는지 보이지 않는 경우가 많습니다. 이 폴더에 저장했겠지, 하면서 찾아 들어가 보지만 막상 파일은 없고 반복적으로 헷갈려서 폴더의 숲에서 길을 잃기 십상입니다. 그런데 여기서 끝이 아닙니다. 복잡한 주제를 구성할 때 흔한 일 중 하나는 콘텐츠 파일이 두 개 이상의 주제나 카테고리로 분류될 수도 있다는 점입니다. 물리적인 하나의 폴더에 파일을 위치시켜야 하는 폴더 구조에서는 이를 해결하기가 어렵습니다. 하나의 파일을 관련된 두 개 이상의 폴더에 동일하게 저장한다고 해도 이후 파일이 수정될 때마다 지속해서 개별적으로 동기화해 주어야 하는 문제도 뒤따릅니다.

이럴 때 효율적으로 사용하면 좋은 것이 '태그'입니다. 태그를 사용하면 물리적인 폴더의 위치와 상관없이 관련 콘텐츠를 쉽고 빠르게 찾아낼 수 있습니다. 게다가 폴더 구조로는 해결할 수 없었던 하나의 콘텐츠에 둘 이상의 카테고리를 적용하고 연결하는 것도 가능해집니다.

예를 들어, 주말에 돼지고기가 듬뿍 들어간 김치찌개를 만들기 위해 마트에서 돼지고기, 양파, 대파, 두부, 생수 등을 사 온 경우를 생각해 보겠습니다. 김치찌개 요리라는 목표만을 단편적으로 생각했을 때는 냉장고의 한 공간에 몽땅 함께 넣어두는 것이 편하겠지만, 재료의 신선도 유지 등 저장을 위해 각각 냉동실, 신선 야채 칸, 생수통 등 재료를 층별로 구분해서 분리 보관하는 것이 일반적입니다. 그리고 주말에 김치찌개를 만들 때는 각 층과 칸에 보관되어 있던 '관련' 재료들만 꺼내어 요리를 시작하게 됩니다.

효율적인 저장을 위해 재료의 특성을 고려하여 비슷한 것들을 같은 칸에 보관했습니다. 그러다 보니 김치찌개 재료는 냉장고 안 이곳저곳에 분산되어 보관되고, 나중에 김치찌개를 준비할 때는 관련된 재료를 다시 일일이 찾아내야 하는 수고가 뒤따릅니다. 여기서 냉장고는 PC, 냉장고의 각 층은 폴더, 마트에서 장 봐온 재료들은 파일의 메타포metaphor입니다. 냉장고의 각 칸은 재료의 특성별로 신선하게 재료를 보관하고 꺼내어 쓸 수 있다는 장점을 가지고 있기는 하지만, 김치찌개라는 하나의 목표, 주제와 관련된 연관성 측면에서는 분명 아쉽습니다. 마찬가지로 PC에서 자료 파일을 폴더 구조로 구분해 놓는 방법은 분명 큰 장점이 있지만 자료와 자료 간에 커다란 칸막이를 쳐 놓은 것과 같이 정보의 연결성을 끊는 단점을 가지고 있기도 합니다. 여기서 주말 김치찌개 요리의 재료라는 꼬리표, 레이블이 바로 태그라고 생각하면 됩니다. 재료의 레이블, 즉 태그를 사용하면 냉장고의 각 층에서 김치찌개 재료를 쉽고 빠르게 찾을 수 있습니다.

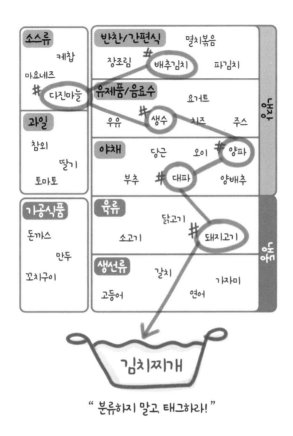

" 분류하지 말고 태그하라! "

그러니까 태그 검색을 하면 사방에 흩어져 있던 데이터가 해당 태그 아래 일렬종대로 줄을 서게 됩니다. 마치 횡으로만 분류되어 있던 자료를 종으로도 꿰어낼 수 있는 방식이라고 할까요? 태그라는 메타데이터를 활용하면 밋밋하던 평면을 입체적인 3차원 공간으로 사용할 수 있습니다. 수고스럽더라도 파일을 저장할 때 관련된 여러 개의 태그를 달아 둔다면 그 파일이 아무리 깊숙한 폴더에 숨어 있더라도 빠르게 찾아낼 수 있습니다.

태그는 데이터를 설명하는 데이터인 메타데이터의 하위 범주라고 할 수 있습니다. 정보를 검색하기 위해 물리적인 하나의 콘텐츠에 논리적이고 연관 지향적인 다수의 인덱스^{index}를 만드는 메타데이터는 대부분의 검색 서비스에서 사용하는 핵심 기술이 되었습니다. 계층적 구조를 갖는 전통적인 분류학을 의미하는 택소노미^{taxonomy}가 '위계적'이라면, 태그를 기반으로 메타데이터로 검색하는 오늘날의 분류체계는 '관계적'입니다.

이제 우리는 트리식 계층구조를 위에서부터 일일이 헤집고 찾아 들어가지 않아도 됩니다. 심지어 그 계층구조가 마음에 들지 않으면 내 방식대로의 분류체계인 태그를 정의하면 됩니다. 그러니까 변혁의 시작은 태그^{tag}와 검색^{search}이었습니다. 전통적인 지식 구조가 트리 형태의 고정되고 정적이며 수직적인 분류체계라면,

> " 연결 중심의 네트워크형 지식 구조는 메타데이터로서의 태그^{tag}를 중심으로 지식을 어렵고 복잡하게 구조화·범주화하는 대신 지식의 핵심만을 꼬리표, 라벨로 붙여서 정보와 지식의 관계가 고정적이지 않고 유동적으로 계속 편집되고, 수평적이고 역동적으로 유연하게 확장될 수 있게 합니다. "

그래서 그저 간단한 단어의 입력만으로 원하는 지식을 죄다 건져 올릴 수 있게 되었습니다. 우리는 검색된 정보를 연구하고 연결하고 편집해 나만의 새로운 지식의 네트워크를 만들면 됩니다. 물론 나만의 방식으로 태그를 붙여서 말이죠. 노파심에 여기서 말하는 태그는 단순히 해시태그(#)만을 의미하지는 않습니다. HTML, XML 등의 문서 포맷에도 꼬리표를 의미하는 태그가 무수히 사용됩니다. 나만의 분류 체계화를 위한 도구로서의 태그를 이야기하고 있는 것입니다.

따라서 지식인^{intellectual}은 그 정의가 이제 조금 달라져야 할 것 같습니다. 이제 지식인은 정보와 정보의 관계를 잘 엮는 사람, 자신만의 시선과 통찰로 분류하고 태깅하는 사람이 아닐까 싶습니다. 지식은 정보와 정보의 관계다, 지식은 정보의 조합으로 만들어지는 것이라는 생각에 공감한다면 지식인은 남들과 전혀 다른 방식과 감각, 통찰로 이를 멋지고 새롭게 연결시키는 사람이 아닐까요?

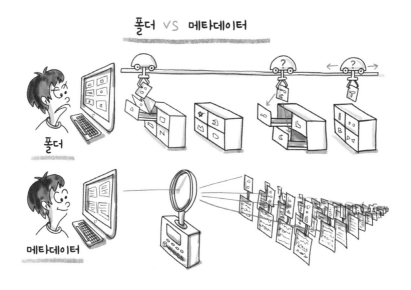

핵심은 실물의 개념화, 가상화, 메타화

메타포metaphor가 어떤 사물이나 대상에 대한 은유이자 '함축적 의미'이듯이, 메타에는 실물과 대비되는 뜻으로서의 '개념'이라는 측면도 존재합니다.

지금까지 살펴본 메타의 의미에 새로운 것이 하나 더 추가되는 것이라기보다는 상위, 초월beyond이라는 의미의 연장선상에서 '어떤 것의 범위나 경계를 초월하거나 아우르는 것'이라는 뜻입니다. 그래서 메타는 구체적인 실물에 대응하여 그 실물 대상을 일반화하고 추상화하는 특징 등 상대적인 '개념'을 표현한다고 이해하는 것이 바람직합니다.

" '실물'과 대응하는 '개념'으로서의 메타가 중요한 이유는 메타화, 개념화, 대상화, 데이터화, 객관화, 가상화, 디지털화라는 키워드가 모두 동일한 문맥context 안에 있기 때문입니다. "

최근 사회와 국가 전반의 '디지털 혁신'이 화두입니다. 물리적인 세계의 사물이나 사건을 디지털로 변환하여 가치를 만들어 내고, 디지털 가치를 물리적인 세계에 다시 적용해 사회와 비즈니스를 변화시키겠다는 것이 디지털 혁신과 전환입니다. 그리고 그 핵심은 실물의 개념화, 물리적인 것의 가상화와 데이터화입니다. 디지털은 결국 데이터입니다. 현실의 개념화, 가상화, 데이터화를 기반으로 현실 세상과 디지털 세계의 경계선을 모호하게 만들어 이 둘을 하나의 시스템으로 인식하고, 돌아가게 만드는 것입니다. 현실 세계와 가상 세계가 긴밀하게 결합되어 우리가 발 딛고 있는 아날로그적인 현실 세계를 움직이고 최적화하는 것이 궁극의 목표입니다.

> **추가 설명** 가상화
>
> 보통 '가상'이라는 말을 들으면 실체가 없는 허상을 떠올리게 되지만, IT 용어로 사용하는 가상화virtualization는 물리적 실체와는 다르지만 실질적으로는 오리지널 존재와 같은 역할을 실현하는 구조를 의미한다.

이런 배경과 맥락으로, 디지털 전환의 선언격으로 정부에서 발표한 '디지털 뉴딜' 정책이 있습니다. 5G, AI, 클라우드 기반 지능형 정부를 구축하고 사회간접자본SOC을 '디지털화'한다는 방안인데, 구체적으로는 실제 도로에 CCTV와 IoT(사물인터넷) 센서를 추가 설치하고 도로 등 구조물을 최대한 가상화하여 통합 지도를 그리고, 가상 공간에 현실 공간과 사물의 '디지털 트윈'을 구현해 실시간 모니터링과 제어 관리를 할 수 있는 체계를 구현한다는 게 큰 줄거리입니다.

> **추가 설명** 디지털 트윈
>
> 컴퓨터 속에서 현실 세계에 대한 디지털 가상 복제본을 만들고, 현실 세계에서 발생할 수 있는 변화를 가상 세계에서 시뮬레이션해 결과를 예측하는 기술이다. 디지털 트윈을 통해 현실과 가상이 서로 교감하여 정밀하게 현실을 시뮬레이션할 수 있다. 그러기 위한 핵심 기반이 되는 것은 현실 세계의 실물을 그대로 디지털 세계로 가져와 데이터화하고 가상화하는 것이다.

해당 체계를 활용하여 가상의 시뮬레이션 등을 통해 현실을 분석하고 예측하겠다는 담대한 목표가 있는데, 여기서 주목할 것은 '가상화'를 위해 실제 물리 환경에 대응하는 모델과 같은 '개념'을 설계한다는 점, 그리고 도로 현황 등을 실시간으로 파악할 수 있도록 정보 수집을 위한 센서를 SOC 차원에서 세팅한다는 점일 겁니다.

" 디지털트윈은 메타를 기반으로 한 실물의 개념화, 가상화의 실현이다. "

물질세계와 가상현실을 연결한다. 실제 세상과 유사한 거울 같은 가상의 복제품 모델을 온라인 세상에 구축한다는 이야기를 들으니 메타버스가 금세 떠올랐다면, 당신은 메타버스를 훌륭하게 이해한 것입니다. 행여 SOC나 디지털 뉴딜이 너무 거대한 담론이라 정부와 공무원들의 일이겠거니 하며 충분히 와닿지 않을 수도 있을 겁니다. 일상생활의 경험 가까이에 있는 '현실 지형과 지도'라는 관계를 잠시 살펴보겠습니다.

도로와 건물이 있는 현실 세계의 실제 '지형'이 '실물'이라면 이 지형의 디테일을 강조하거나 생략해서 표현한 '지도'는 '개념'에 대응합니다. 만약 지도라는 요약된 도구와 개념이 없다면 어떤 낯선 장소를 찾기 위해 현실 세계의 지형을 두 발로 샅샅이 뒤져야만 할 겁니다. 물론 이 과정에서 시행착오는 거의 필수로 따라옵니다.

현실 지형의 정확하고 완전한 울퉁불퉁한 표면 확인이 직접 필요할 때도 있지만, 그보다는 전체의 얼개와 큰 그림, 경로를 알아야 할 때가 많습니다. 그러니까 실물의 디테일보다 압축된 개념이 사용하는 데 좀 더 편리하고 유용합니다.

길 찾기 지도 맵에서 우리는 확대와 축소 버튼을 누르면서 위치를 자주 탐색합니다. 이 모든 일이 '개념'에 해당하는 '지도'가 없이는 불가능한 일입니다. 정확히는 국토 지리에 대한 지도 메타데이터 덕분입니다.

> " 내비게이션을 통해 모르는 길을 찾는 일이 쉬워진 이유는 맵이라는 개념
> 때문입니다. 인공위성에서 보내주는 GPS 신호가 논리적인 가상의 개념인
> 지도^{map}와 물리적인 현실 지형을 연결해 줌으로써 길 찾기라는 기능과 서
> 비스를 완성합니다. 그리고 지도라는 개념의 실체는 결국 지도 메타데이
> 터라는 데이터입니다. 결국, 가상화와 디지털화의 핵심은 현실의 물리적인
> 실물의 논리·개념화와 메타화입니다. "

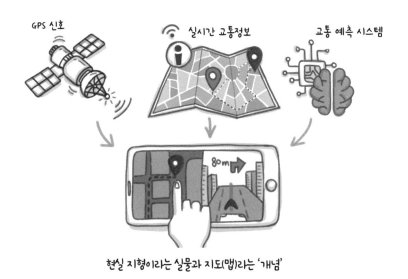

GPS 신호　　실시간 교통정보　　교통 예측 시스템

현실 지형이라는 실물과 지도(맵)라는 '개념'

보고 만지고 감촉을 느낄 수 있는 '실물'과 메타라는 '개념'으로 조응하는 이 두 가지 세계는 IT 개발 현장 곳곳에서 그 흔적을 발견하기 쉽습니다. 일례로, 실력 있는 개발자는 프로그램에 문제가 생기면 실제 소스 코드를 보기 전에 '이 부분에 문제가 있을 거야'라고 추측해서 정확하게 맞추곤 합니다. 몇천 줄씩 되는 방대한 프로그램 코드가 모두 머릿속에 암기된 것도 아닌데 어떻게 이것이 가능한 것일까요? 그것은 개발자의 머릿속에 해당 프로그램의 모델이 '개념'으로 존재하기 때문입니다.

머릿속에 프로그램의 모델이 있어서 개발자는 코드의 처음부터 끝까지 암기하지는 못하지만, 해당 코드의 핵심 구조를 기억하고 어떤 부분에 문제가 있으면 어떤 현상이 발생하는지를 머릿속에서 빠르게 '시뮬레이션'할 수 있기 때문입니다. 결국, 모델이나 개념은 어떤 대상의 핵심이나 근본과 깊게 관련되어 있습니다. 개념이 있어야 시뮬레이션하고 테스트하기도 쉽습니다. 아이들 공부에 개념과 원리 이해가 중요하듯이, IT에서도 실물 구현 못지않게 개념 설계가 핵심입니다. IT에서 '개념화'는 여러 가지 맥락과 갈래가 있겠습니다만, 지금까지 살펴본 '메타화'라는 배경으로 읽어내는 것이 효과적일 수 있습니다.

추가 설명 모델

모델은 현실 세계의 어떤 사물 혹은 현상을 잘 관찰하여 그 핵심 특성과 메커니즘, 즉 뼈대만 추려 간략하게 표현한 모형이다. 모델의 역할은 현실의 모방과 요약이다. 현실 지형(실물)과 지도(개념)의 관계처럼, 모델은 실물에 해당하는 구현된 프로그램의 압축이자 개념으로 추상화의 결과물이라 할 수 있다. IT 개발을 위한 모델의 특징에 대해서는 이후의 빅데이터와 소프트웨어의 설명에서 깊이 있게 다룬다.

이제 이야기를 마무리할 시간입니다. 이 책의 첫 이야기를 통해 전하고자 했던 메시지를 간략히 정리해 보겠습니다. 현실 세계의 사물이나 사건을 디지털 데이터로 만들어 내는 것, 그 데이터로 현실 세계를 정확하게 파악하는 것, 그래서 현실 세계와 IT가 일체된 사회를 실현하는 것, 그리고 다시 현실 사회나 비즈니스를 움직이고 변화시키는 것이 바로 '디지털 트랜스포메이션'입니다. 디지털 전환은 근본적으로 현실 세계의 사물과 사건을 디지털 데이터로 획득하는 일에서 출발하며, 메타를 기반으로 한 실물의 개념화, 데이터화, 가상화의 실현이 이를 지탱하는 핵심 기술이자 힘이 됩니다.

메타, 어떻게 활용할 것인가

개인적으로 제가 일상생활에서 메타데이터를 활용하는 노하우를 소개하면서 메타라는 세계의 여정을 마무리해보겠습니다. 정보를 정리하는 방법론으로 가볍게 참고하시면 좋겠네요.

앞서 정보는 세상의 수많은 사건이나 자극 중 나에게 중요하게 이미가 부여되는 것이라고 정의했습니다. 저는 대부분의 정보를 인터넷이나 SNS, 독서를 통해서 얻는 편입니다. 가끔은 TV 예능의 자막에서 큰 영감을 얻기도 하는데요. 깊은 공감을 주거나 도끼로 머리를 한 대 맞은 것 같은 강렬한 자극, 인사이트를 주는 정보는 가능한 메모를 하려고 노력합니다. 특히 의미 있는 대부분의 정보를 얻게 되는 매체인 책의 경우에는 꼭 기억해 두고 싶은 표현이나 잠시 마음을 뒤흔들었던 문장은 밑줄 쫙 긋거나 포스트잇으로 해당 페이지를 인덱싱해 두기도 합니다.

그런데 읽었던 책에 밑줄을 긋거나 중요한 페이지에 라벨을 붙이는 작은 수고에는 분명한 한계가 존재합니다. 읽었던 부분을 나중에 다시 찾아보려고 할 때 어떤 책이었는지 기억해 내기도 어렵고 심지어는 내가 그 책을 읽었다는 사실조자 기억하지 못할 때도 있습니다. 그래서 그런 정보를 PC에 타이핑해서 저장하는 노력을 잠시 해보기도 했는데, 결국 실패였습니다. 제 경험상 정보를 축적하는 것 자체에 시간을 많이 들여야 해서 그것 자체로 일이 되면 성가셔서 지속하기가 어렵습니다. 쉽고 간편해야 계속해서 이어나갈 수 있고, 그래야 지속 가능한 일상의 습관이 되는 것 같습니다.

그래서 언젠가부터는 에버노트Evernote와 같은 '메모 앱'을 사용해 간략히 노트하거나 아예 책의 해당 페이지를 사진 촬영해서 이미지로 저장하고 있습니다. 저장할 때는 해당 콘텐츠에 대한 '메타데이터'를 최대한 명확하고 의미 있게 등록하려고 노력합니다. 물론 메타데이터는 해당 콘텐츠의 주제와 성격을 압축해서 핵심을 반영하는 키워드들로 정의하는 편입니다.

가령 영화 평론가 이동진의 책 ≪밤은 책이다≫(위즈덤하우스, 2011) 중 아래의 한 부분을 읽고 저는 #추상화, #생략, #키스라는 태그를 정의했습니다.

" 소설을 쓰면서 작가가 사랑에 빠진 남녀가 키스하는 모습을 장면마다 묘사하면, 그 소설은 곧 육체적 접촉의 지루한 나열로 변해버립니다. 많은 사람들이 창작물 속에서 묘사된 것에만 관심을 기울이지만, 사실 그 창작물에서 묘사된 것이 빛을 발하는 것은, 그 묘사를 도드라지게 하기 위해 생략된 수많은 것이 있기에 가능해지는 것이지요. 그러니까 정말 훌륭한 예술가는 잘 묘사하는 사람이기도 하지만 동시에 잘 생략하는 사람이기도 한 것입니다. "

추상화abstraction라는 것은 어떤 대상에서 사소한 요소를 제거하고 핵심을 뽑아내고 드러내는 것으로, IT에서도 중요한 개념 도구로 자주 사용됩니다. 본질과 핵심 드러내기라는 그 깊은 개념에 대해 건조하게 사전적으로 테크니컬하게 설명한 정의는 많지만, 핵심을 잘 '묘사'하기 위해서는 오히려 부수적인 것을 잘 '생략'해야 한다는 사실을 문학적으로 입체감 있게 효과적으로 강조한 글은 처음 만난 것 같아 에버노트에 흥분된 마음으로 담아두었던 기억이 생생합니다. 물론, IT 추상화 기술을 설명하는 몇 번의 강의 도입부에서 효과적으로 활용하기도 했습니다. 이렇듯 메타데이터를 잘 활용하면 새롭게 얻은 내용을 잘 보존하다가 상황에 맞게 적절하게 꺼내어(에버노트에서 추상화 혹은 키스로 검색) 이용할 수 있습니다.

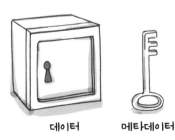

데이터   메타데이터

그런데 여기서 좀 더 강조하고 싶은 것은 메타데이터를 통한 정보의 '연결'입니다. 메타데이터를 활용해 정보를 연결하고 조합하면 자신만의 개념, 나만의 지식과 이론을 구축할 수 있습니다. 이질적인 다른 소스에서 얻어진 정보에 공통 속성이 있어서 같은 메타데이터(태그)를 붙임으로써 서로 나란히 서게 되고, 일정한 연결점이 생기면서 새로운 아이디어로 조합된다는 의미입니다. 스티브 잡스는 창조라는 것이 '새로운 무엇인가를 만들어내는 것'이 아니라 '새로운 조합을 만드는 것'이라고 지적했습니다. 사실 창조성이라는 것은 '무엇인가를 서로 연결하는 것'입니다.

" 스마트폰에서 방점은 '스마트'와 '폰' 중 어디에 있을까요? 현대의 스마트폰은 휴대가 가능한 '폰'이라기보다는 휴대가 쉬운^{portable} '컴퓨터'에 가깝습니다. 따라서 '스마트'에 좀 더 본질이 담겨 있습니다. 비행기를 타고 외국에 도착해 스마트폰의 전원을 켜면 가장 먼저 디바이스가 하는 일은 무엇일까요? 바로 네트워크를 찾는 것입니다. 로밍이 안 되어 네트워크에 접속되지 않는 스마트 디바이스는 아시다시피 빈 껍데기와 다를 바 없습니다. 그래서 '스마트하다'라는 의미는 '커넥션을 유지한다'는 것이기도 합니다. 연결이 안 되면 스마트란 개념은 애시당초 의미가 없습니다. "

스마트함은 곧 커넥트, 연결됨을 의미한다는 설명의 위 문장은 저의 에버노트에 저장된 콘텐츠 중 '연결'이라는 메타데이터를 가지고 길어 온 몇 가지 정보를 연결해 구성한 텍스트입니다. 연결이라는 메타데이터를 활용해 스마트함과 커넥션을 유지한다는 것을 나란히 세운 후 이를 결합해 새로운 조합을 만들어 냈습니다. 메타데이터를 잘 활용하여 정보를 연결하고 재구성하면 당신만의 이야기를 창의적으로 만들 수 있습니다.

메타인지를 통한 자기 객관화, 부끄러움에 대하여

교육학에서는 자신의 인지적 활동에 대해 자기 스스로 '자기 객관화'를 하는 것을 '메타인지'라고 합니다. 즉, 내가 무엇을 알고 무엇을 모르는지를 아는 것이 무엇보다도 중요하다고 강조합니다. 고대 그리스 델포이의 아폴론 신전 기둥에 새겨진 '너 자신을 알라'라는 말도 같은 의미의 철학적인 워딩이라고 할 수 있겠죠. 오래전 그리스의 철학자들은 생각에 대한 생각인 메타 생각의 가치를 이미 충분히 알고 있었던 것 같습니다.

대학에서 학생들을 가르치는 제 친구 녀석은 한국 공교육의 가장 큰 문제점은 문제의 해법이 담긴 지식만 가르치고, 아이들이 문제를 해결하기 위해 스스로 생각하는 방법을 가르치지 않는 것에 있다고 말한 적이 있는데, 저도 충분히 고개가 끄덕여지더군요. 어떤 강연에서 '교육은 자신만의 눈으로 세상을 볼 수 있는 생각의 틀을 만들어 가는 것이라고 생각합니다'라는 말을 들었을 때 격하게 동의가 되기도 했습니다.

자기 객관화라는 인식 능력에 대해 이야기하면 자연스레 저는 '수치심'이라는 감정이 연상됩니다. 저는 기성세대, 어른들의 특히 싫은 모습 중 하나가 자신의 말과 행동에 부끄러움이 조금도 없는 무개념 아저씨와 아줌마들의 염치없는 낯 두꺼운 뻔뻔함입니다.

인간은 그가 속한 사회가 암묵적으로 규정한 일정한 기준과 규범에 맞춰 행동해야 하는데, 그렇게 하지 못하는 모습이 드러날 때 창피해합니다. 타인들이 나에 대해 무엇을 기대하는지를 어느 정도 알고 있는데, 그것과 실제 자신과의 괴리에서 오는 긴장이 수치심인 것이죠. 그래서 저는 성숙한 사회란 법을 어기는 정도까지는 아니더라도 평균적인 사회 인식, 약속, 예의, 상식을 벗어나는 행동과 일에 대해 사회 구성원 대다수가 암묵적인 비난을 보내며 건강한 여론을 형성하고, 반대로 개인은 예의와 염치를 알고 체면을 구기지 않기 위해 이를 지키도록 노력하고 조심하는 사회라고 생각합니다. 서로 선을 넘지 않는 것, 지킬 것은 지키면서 서로의 삶에 방해가 되지 않는 범위 내에서 개인의 삶을 자유롭고 아름답게 가꾸어 가는 것, 선을 넘었을 때는 수치심을 가지고 재빨리 제자리로 돌아오는 것, 타인이 이해가 되지는 않지만 마음에 들지 않고 불편해도 가능하면 참아 주는 것, 그것이 그렇게 잠시 스치듯 머물다 가는 지구별 위에서 공존을 위해 서로가 해줄 수 있는 최선이 아닐까 싶기도 합니다.

인간의 주요 감정을 인문학적으로 조명한 ≪인간다움의 조건≫(사이언스북스, 2012)이라는 책에서는 '수치심'을 다음과 같이 설명합니다.

> " 자신의 처신이나 상황에서 불명예스럽거나 우스꽝스럽거나 불미스러운 것을 의식할 때, 혹은 자신의 품위나 체통을 훼손시키는 상황 속에 있다는 것을 의식할 때 생기는 고통스러운 감정이라고 정의 내린다. "

따라서 수치심을 느끼기 위해서는 자신을 객관화할 수 있는 또 다른 자아가 독립되어 있어야 할 겁니다. 이에 대해 사회학자 짐멜은 다음과 같이 설명합니다.

> " 우리는 우리에 대한 다른 사람의 판단, 감정을 대신하도록 자신의 일부를 스스로에게서 분리시킨다. 마치 제삼자가 그렇게 하듯이 자신을 관찰하고 판단하고 판결을 내릴 때 부끄러운 감정을 불러일으키는 타인의 예리한 이목을 이제 우리 자신 안에서 인식한다. "

유체 이탈하듯이 타인의 시선으로 자기를 바라볼 수 있어야 한다고 생각합니다. 그래야 부끄러운 줄 알 수 있으니까요. 늙어 죽을 때까지 '불완전한 존재'로서 인간을 이해하고, 인간은 선하기도 하고 악하기도 하며, 정의롭기도 하고 비겁하기도 하며, 아름답기도 하고 추하기도 하다는 것을 받아들이며, 다른 인간에 대해 깊이 이해하거나 내가 이해받으려고 노력하는 것이 어쩌면 가장 '인간적인' 것 아닐까 싶습니다. 어쩌면 '인간'의 삶, 인간다움을 탐구하는 인문학에 '사람'들이 관심을 갖고 매료되는 것도 지극히 '메타적'이다, 라고 할 수 있겠네요.

2

빅데이터

" 타깃은 어떻게
소녀의 임신 사실을 먼저 알았을까? "

타깃은 어떻게 10대 소녀의 임신 사실을 그녀의 부모보다 먼저 알았을까?
구글은 정말 독감을 예측했던 걸까?
빅데이터의 빅이라는 수사는 불필요하고 해롭다
데이터 과학(Data Science)이라는 신흥종교
분석 모델을 만드는 방식의 변화, 패러다임 혁명
바보야, 중요한 건 데이터라는 수단이 아니라니까!

빅데이터는
데이터일 뿐이다

선배님, 빅데이터 기반 분석… 이런 말이 여기저기에서 쏟아져 나오는데, 당장 관련 업무를 하는 건 아니지만 뭐라도 준비하고 공부해야 하는 게 아닐까 하는 조바심이 생겨요.

알못씨

빅데이터, 인공지능, 이런 트렌디한 말들에 아무래도 시선이 가죠. 그런데 알못씨는 '빅데이터'가 뭐라고 생각해요?

말 그대로 크고 많은 데이터겠죠. 데이터가 많으면 많을수록 좋지 않을까요? 데이터가 많을수록 뭔가 더 정확하게 문제를 분석하고 예측할 수 있지 않나요? 예를 들어, 여론조사를 할 때 표본으로 삼는 조사 대상이 클수록 실제 민심을 잘 반영한다고 하잖아요.

잘알씨

알못씨

알못씨 생각에는 '부분'으로 '전체'를 추론한다는 통계학의 관념이 겹쳐 있는 것도 같네요. 가령 일상생활에서 된장찌개를 끓여서 국물 맛이 좋은지 아닌지를 판단할 때 된장찌개 전체를 먹어보지 않고 한 숟가락 떠먹어 보고 그것으로 맛있으면 괜찮다고 이해하는 것과 비슷하죠.

네, 된장찌개의 양념과 재료가 잘 섞여 있다면 한두 숟가락의 부분이 전체의 맛을 반영하니까요. 대통령이나 국회의원 선거 때 선거 출구 조사 결과를 가지고 TV 방송사들이 당선 여부를 빠르게 예측하는 것도 마찬가지겠죠. 그런데 제 말과 통계학이 어떤 관련이 있다는 거죠?

잘알씨

알못씨

통계적 기법으로 부분으로 전체를 추정한다는 건 분명히 과학적이고, 조사 대상이 클수록 안정적으로 현실을 반영한다는 것도 틀림없죠. 그런데, 이 지점에서 사람들이 흔히 혼동하는 게 있어요. 통계 추정을 위해, 가령 선거 당선 여부를 추측하기 위해 출구 조사 표본을 충분히 확보하는 것이 필요한 것은 분명히 맞죠. 그래서 그런지 이런 통계학의 정서에서 출발해서 '데이터가 많으면 많을수록 무조건 좋다'라는 생각을 은연중에 갖게 되는 경우가 많은데, 그건 아니라는 거예요.

잘알씨

표본 샘플 집단이 충분히 확보되어야 전체를 제대로 추정할 수 있다는 통계적 관념 때문에 데이터가 많을수록 많은 일을 할 수 있다, 더 제대로 할 수 있다고 생각하는 건 지나친 비약이라는 말씀이시죠?

알못씨

네, 데이터 앞에 '빅'이라는 수사가 붙어서 크고 대단히 많은 것이 인풋input되면, 거창하고 올바른 정답이 아웃풋output될 거라는 막연한 믿음 같은 것을 심어주는데, 그건 아니라는 겁니다.

잘알씨

사실, 저도 빅데이터 기술은 무언가 엄청난 걸 가지고 대단히 특별하고 완전히 새로운 인사이트를 줄 거라는 기대 같은 게 있었던 것 같아요. 생각해 보면 분석할 데이터가 폭발적으로 증가하고 비대해지면 그걸 처리하기 위한 비용은 늘어나고 속도는 느려지기 마련일 텐데 말이죠.

알못씨

저는 '빅'이라는 키워드보다는 '데이터'에 방점이 찍혀야 한다고 봐요. 데이터 그 자체의 중요성과 매력에 대해 사회적으로 관심이 집중되고 있는 요즘 분위기는 참 환영할 만하다고 생각해요. 각자의 경험과 지식 안에서만 이루어지던 판단이 데이터를 중심으로 좀 더 체계적이고 객관적으로 수행되는 것도 주목할 만하고요. 아무튼 '빅'이라는 말에 현혹되기보다는 경험과 직관, 주관으로만 하던 이른바 '뇌피셜'이 데이터를 중심으로 '오피셜'로 전환되는 것, 그게 정말 중요하다고 생각합니다. 빅데이터의 사실과 오해에 대해 좀 더 이야기를 나누어 볼까요?

잘알씨

타깃은 어떻게 10대 소녀의 임신 사실을 그녀의 부모보다 먼저 알았을까?

화가 잔뜩 난 듯 보이는 한 중년 남성이 대형마트에 들어서자마자 '매니저 나와!'라며 소리를 지릅니다. 그의 손에는 마트에서 딸에게 우편으로 발송한 아기 옷과 분유 등 유아용품 쿠폰이 들려 있었습니다.

'내 딸은 아직 고등학생인데 이런 쿠폰을 보내다니, 임신을 권하는 거냐, 마트 직원들이 제정신이냐'며 그는 분노했습니다. 영문을 몰랐던 매니저는 우선 남성을 진정시키고 사과한 후 그를 돌려보냈습니다. 그런데 며칠 뒤 매니저와의 통화에서 그 남성은 뜻밖의 말을 합니다. 딸이 임신한 사실을 뒤늦게 알게 되었다며 이번에는 소녀의 아버지가 사과를 한 것입니다.

이 이야기는 미국 전역에 퍼져 있는 대형 할인 마트 중 하나인 타깃target의 미니애폴리스 점포에서 실제로 일어났던 일입니다. 뉴욕 타임스가 보도해 화제가 되었던 이 이야기에서 흥미로운 점은 10대 소녀가 임신했다는 사실이 아니라, '어떻게 대형 마트 타깃이 아버지보다 먼저 딸의 임신 사실을 알았을까'에 있습니다. 해답은 빅데이터에 있었습니다.

" 타깃은 어떻게 소녀의 임신 사실을 먼저 알았을까? "

사실, 빅데이터 분석의 놀라운 힘을 보여주는 대표적인 사례로 자주 인용되는 이 수수께끼 같은 이야기의 해답은 의외로 간단합니다.

대학 진학, 취업, 결혼, 출산처럼 인생에서 중요한 변화를 겪을 때 사람들은 기존의 구매 패턴에서 벗어나 완전히 새로운 구매 습관을 형성하기 때문에 유통업계에서는 이 지점에 주목합니다. 가령 한 가정이 새로 태어날 아기를 위해 많은 것을 준비하는 과정에는 엄청난 세일즈 기회가 공존하는 것이죠. 그리고 이 기회를 제대로 포착하려면 임신처럼 새로운 구매 경험과 습관을 형성하는 결정적 사건을 예측할 수 있어야 합니다. 타깃은 어떤 방법으로 10대 소녀의 임신을 예측할 수 있었던 걸까요?

핵심적인 두 가지 요소가 있었습니다. 첫째는 임신 여성에게서 보이는 특별한 '구매 패턴'이 있다는 것입니다. 예를 들어, 가임기 연령대 여성이 갑자기 무향 화장품을 많이 구매한다거나 평소 구매하지 않던 철분, 칼슘, 마그네슘 등의 영양제를 갑자기 사들인다든가 하는 구매 행동을 보이면 몇 달 후 출산하는 경우가 많다는 사실입니다. 또 다른 하나는 임신한 고객을 구별할 수 있도록 타깃은 쇼핑몰의 신생아 등록 할인 판매 이벤트를 열었습니다. 이벤트 참여 고객은 큰 폭의 할인율을 적용받고자 자신이 임신했다는 정보뿐만 아니라 출산 예정일까지도 적었습니다. 참고로, 타깃이 임신을 예측한 그 10대 소녀는 이벤트에 참여한 적이 없었습니다.

타깃의 데이터 분석가들은 신생아 이벤트에 등록한 고객 데이터와 다른 일반적인 소비자 데이터를 모두 모아 이를 근간으로 상당히 정확한 예측 모델을 생성해 냈습니다. 그리고 이를 활용하여 일반 소비자들을 대상으로 꽤 높은 정확도로 임산부 고객 여부를 판단할 수 있었습니다.

> " 이벤트를 통해 정확히 식별된 임신 여성들의 독특한 구매 '패턴'을 바탕으로 다양하고 방대한 소비자의 구매 행동을 데이터로 읽어 소비자 중 임산부일 확률이 높은 사람들을 구분한 것이죠. "

그 결과, 태어날 아기를 위해 많은 것을 준비해야 하는 사람들을 정밀하게 마이크로 타겟팅한 후, 효과적인 마케팅을 수행할 수 있었던 것입니다.

물론, 사람들은 난데없이 본인의 임신 여부를 눈치채고, 관련 용품의 할인 쿠폰을 보내오는 상황에 불편하기 마련입니다. 그래서 타깃은 좀 더 영리한 방법을 취했습니다. 예를 들면 임산부용 비타민 할인 쿠폰을 보내더라도 가전제품 광고나 화장품 할인 쿠폰 등과 함께 보냄으로써 무작위로 보낸 것 같은 느낌이 들게 하는 것입니다.

사실, 대부분의 사람은 데이터에 별 관심이 없습니다. 데이터는 그저 기록된 사실 혹은 숫자로 이루어진 거대하고 건조하고 따분한 덩어리처럼 느껴집니다. 각각의 데이터는 '나 방금 남자친구한테 옷 선물 받았어!' 같은 트윗이나 마트에서 장 본 물건들의 가격이 찍혀 있는 영수증처럼 지극히 평범한 것으로 보입니다. 하지만 '데이터'는 우리가 주목하고 집중해야 할 매혹적인 대상입니다. 타깃의 빅데이터 분석 사례처럼 매 순간 쏟아지는 데이터에는 어떤 흔적과 자취, 패턴이라는 무늬가 존재할 수 있기 때문입니다. 그래서 데이터를 '읽는' 힘이 곧 경쟁력이고 전략입니다.

구글은 정말 독감을 예측했던 걸까?

구글 신은 모든 것을 알고 있다?

빅데이터가 미래를 예측해 준다는 믿음과 주장의 근거로서 자주 인용되는 논문이 하나 있습니다. '구글의 독감 예측 시스템' 관련 논문이 그것인데요. 구글의 독감 예측 시스템은 말 그대로 온라인에서 독감을 예측하는 시스템입니다. 구글이 보유하고 있는 검색 빅데이터를 분석해서 독감의 확산 지역, 시기 등을 예측하는 독감 트렌드 분석 서비스입니다.

2008년, 미국의 독감 사망자가 늘어나며 사망자 수가 질병의 '유행 단계' 기준을 넘는 수치가 되자 이내 미국 보건당국은 독감 주의보를 발령했습니다. 하지만 구글은 이보다 2주 빨리 독감의 확산 위험을 알렸고 이 일로 구글의 독감 예측 시스템, 나아가 구글의 빅데이터 분석은 큰 이목을 끌게 되었습니다. '구글 신은 모든 것을 알고 있다.'라는 말이 나오며 빅데이터 신드롬이 형성되기 시작했습니다.

2009년 저명하고 권위 있는 과학 학술지 네이처^{Nature}에 실렸던 구글의 독감 예측 논문의 제목은 "Detecting influenza epidemics using search engine query data(검색엔진 쿼리 데이터를 이용한 인플루엔자 유행 감지)"였습니다. 논문의 제목에 '예측'을 의미하는 'predicting'이나 'forecasting'이 아닌 '감지', '진단'을 의미하는 'detecting'이라는 단어가 사용되었다는 것에 주목해야 합니다. 논문의 제목만 그런 것이 아니라 논문의 본문에도 예측이라는 말은 한 번도 사용되지 않았습니다. 사실 이 논문은 미래의 예측을 논의하는 논문이 아니었습니다. 그저 이미 발생한 독감 환자들의 온라인 대화와 독감 관련 검색 추이를 감지하여 독감이 어느 정도 퍼져 있는지를 '추정'하는 논문이었습니다.

> **추가설명** 구글 독감 예측
>
> 국내에서 흔히 구글 독감 예측 시스템으로 번역되었던 해당 서비스의 이름은 'Google Flu Trends'로, 구글 독감 트렌드가 정확한 표현이다. 독감 트렌드는 현재 서비스가 종료된 상태다.

추정은 데이터를 분석해서 그 데이터가 발생한 과거의 그 시간에 전체 인구의 몇 퍼센트가 독감에 걸렸는지 보여줄 뿐입니다. 과거의 데이터를 가지고 미래를 예측하는 것이 아니라, 확보한 부분을 가지고 전체를 탐색하고 추론하는 정도라는 것이지요. 그러니까 이 논문을 작성한 구글 엔지니어들은 구글의 빅데이터 분석이 미래를 예측할 수 있다고 말한 적이 없습니다. 하지만 이들의 논문은 빅데이터 분석이 가장 강력한 미래 예측 도구라는 주장의 근거로 이용되고 포장되어 확산되었습니다.

앞선 타깃의 임신 예측과 구글의 독감 예측에는 공통점이 두 가지 있습니다. 한 가지는 빅데이터 예측 분석의 강력함을 설명하는 사례로 여전히 자주 활용되고 있다는 점이고, 또 다른 한 가지는 아이러니하게도 두 사례 모두 사실 '예측'과는 직접적인 관련성이 없다는 점입니다.

타깃은 10대 소녀의 미래 임신을 예측한 것이 아니라 소녀의 최근 구매 데이터를 분석해서 소녀가 현재 임신했을 가능성이 높다는 것을 추론한 것이고, 구글은 독감의 미래 확산을 예측한 것이 아니라 구글 검색어로 유입된 빅데이터를 분석해 독감의 현재 확산 정도를 추정하고, 이에 대한 위험을 경고한 것입니다.

데이터로 미래를 예측하는 일에 대하여

그러면 여기서 '예측'이라는 말을 정확히 이해할 필요가 있어 보입니다. 우리가 빅데이터에 열광하는 이유는 아마도 많은 양의 데이터를 통해서 시장을 예측하고, 경제를 예측하고, 소비자의 성향을 예측해서 보다 정확한 미래 전략을 구축할 수 있다는 믿음 때문일 겁니다. 그런데 많은 사람이 마음에 품고 있는 그 믿음은 안타깝게도 무당의 예언처럼 비현실과 환상에 가깝습니다. 사실, 데이터 분석 영역에서 흔히 사용하는 '예측'이라는 표현은 모호하고 분명하지 않은 측면이 많습니다. 엄밀하게 얘기하면 데이터를 기반으로 한 미래 예측은 사실상 불가능하다는 것이 현실적이고 실재적인 입장과 태도입니다.

예측이라고 하면 신통한 점쟁이가 미래를 예언하는 것처럼 미래를 예측하는 이미지를 떠올릴 수 있는데, 예측 분석은 그런 것이 아닙니다.

> " 예측이라는 말의 보편적인 느낌과는 다르게 예측 분석에서의 예측은 미래를 향해 있지 않고 미래에 대한 분석도 아닙니다. 예측 분석의 정확한 실체는 과거와 현재의 분석입니다. 과거의 데이터를 가지고 '패턴' 등을 찾아내어 '현재를 설명'하는 일이기 때문입니다. 그래서 일단 예측 분석이라고 할 때는 미래라는 시간 개념을 버리고 이해하는 것이 바람직합니다. "

물론, 미래의 회사 매출액 예측, 미래의 상품 수요 예측 등과 같은 시계열적 time series 미래 예측은 모든 기업에서 필요한 일입니다. 이럴 때는 분석의 초점이 분명히 미래를 향해 있습니다. 구체적으로 예를 들면, 우리 회사의 주력 제품인 상품 A의 가격을 5% 올릴 때 1개월 후 판매량 예측, 상품 용량을 10% 줄였을 때 3개월 후 판매량 예측처럼 각 요인과 예측값 간의 관계에 초점을 맞추는 것입니다. 그러니까 과거의 데이터를 기반으로 현재를 설명하는 것이 아니라 그 이상을 가보려는 시도인데, 이 시도는 마치 실험실 속 진공 상태의 이론처럼 한계와 제약, 가정이 많아 무척 어려운 작업입니다.

어떤 현상을 관찰하여 얻은 값을 시간의 차례대로 늘어놓은 것으로, 특정 대상의 시간적 변동을 계속 관측하여 얻은 자료에 근거해 그 변동의 원인을 파악하고 미래를 예측하기 위한 분석을 시계열 분석이라고 한다.

왜냐하면 미래를 예측하는 일이지만 그 재료는 과거의 데이터로 범위가 한정되어 있기 때문입니다. 게다가 미래를 예측하기 위해 아무리 개별 상품별 판매 예측을 잘해 놓아도 내일 갑자기 경쟁사가 시장 파괴적인 혁신을 한 게임 체인저game changer 제품을 내놓거나 전쟁 등 국제 정세가 갑자기 변하거나 제품과 관련된 예상치 못한 사회적 이슈가 생길 수도 있습니다. 이런 것들은 예측하는 시점에 미리 데이터화할 수 없고 따라서 예측은 틀릴 수밖에 없습니다.

따라서 미래를 알고자 하는, 미래를 향해 있는 예측 분석은 이론상으로만 가능하고, 현실에 발 딛고 있는 예측 분석은 미래가 아닌 현재의 잘 모르는 것에 대해 과거 데이터에서 '패턴'을 찾아 설명하는 것이라고 이해해야 합니다.

" 패턴은 시간의 영향력이 적지만 재현성이 강한 특성 때문에 앞으로 일어날
일들에 대한 결과를 추측한다는 면에서 예측과 닮은 구석이 많습니다. "

사실, 타깃의 임신 예측과 구글의 독감 예측 모두 과거의 데이터를 기반으로 패턴을 찾아 미래가 아닌 과거와 현재를 분석한 것이었습니다. 타깃은 10대 소녀의 미래 임신을 예측한 것이 아니라, 소녀의 최근(과거) 구매 데이터를 분석해서 소녀가 '현재' 시점에 임신했을 가능성이 높다는 것을 추론하고 설명한 것입니다. 물론 이 과정에는 임신 여성에게서만 보이는 특별한 구매 '패턴'이 결정적인 역할을 했습니다.

'대형 마트의 구매 내역 데이터로 10대의 임신을 예측하다니 재미있네!'라며 포털의 가십 기사를 읽듯이 그냥 넘어가지 말고 이 이야기가 전하는 메시지를 붙잡고 있어야 합니다. 그리고 이런 의문도 가져야 합니다.

◉ 데이터는 힘이 세다. 어떤 흔적과 패턴, 무늬가 그 안에 존재하기 때문이다. 그래서 데이터를 '읽는' 힘, 데이터 분석력이 곧 경쟁력이고 전략이다.

◉ 예측 분석의 정확한 실체는 미래가 아닌 현재의 분석이다. 예측 분석은 시간이 개입되어 재현성이 그때그때 달라지는 시간 영향력을 배제하기 위해 시간의 영향력이 없거나 작은 패턴에 집중한다. 즉 시간에 거의 관계없이 조건에 따라 다시 나타나는 재현성이 중요하다. 예측의 의미에 대한 정확한 전제와 인식이 필요하다.

◉ 그런데, 여기서 말하는 데이터는 꼭 빅데이터여야만 하는 것일까? 그리고 '빅'의 크다는 것은 도대체 어느정도 크기를 말하는 걸까?

뒤에서 좀 더 살펴보겠지만, 빅데이터 분석을 통해 인간의 행적, 행동 패턴, 나아가 욕망까지 읽어낼 수 있습니다. 그렇다면,

> " 빅데이터에서 패턴과 연관성이 관찰되면 그다음에는 무엇을 할 수 있을까요? 더 근본적으로는 데이터 속 '패턴'은 어떤 방법으로 읽어낼 수 있을까요? 그리고 빅데이터란 과연 무엇일까요? 우리가 일상적으로 접하던 (스몰) 데이터와는 어떤 차이가 있는 걸까요? 빅데이터 처리를 위해 IT 기술은 어떤 방향으로 움직이고 있고, 그 핵심 개념은 무엇인가요? "

큰 것에 대한 판타지, 큰 것이 이긴다는 신화

언제부턴가 우리 사회에 빅Big 데이터 바람이 불어왔습니다. 유용한 정보를 뽑아내기 위해 방대한 데이터를 취급하는 것인데, '빅'의 명확한 기준은 정해져 있지 않지만 데이터 집합set의 규모가 표준적인 크기의 컴퓨터 서버 한 대로 다 처리하지 못할 만큼 크다면 '빅'이라고 볼 만합니다.

빅데이터라는 말은 분명 새롭고 매력적인 말입니다. 다루기에 너무 큰too big to handle 데이터, 즉 빅데이터가 있으면, 그러니까 데이터가 아주아주 많으면 뭔가 대단하고 멋진 것을 꺼낼 수 있지 않을까, 그동안 우리가 모르거나 할 수 없던 일을 할 수 있지 않을까, 라는 관념에서 출발한 것인데요. 여기에 데

이터 기반data-driven이나 데이터 과학data science과 같은 트렌디하고 매력적인 말의 수사rhetoric가 추가되고, 새로운 데이터 처리 기술이 결합되어 세상이 어떻게 돌아가는지 이해하고 미래까지 예측하겠다는 거침없는 주장도 들립니다. TV 뉴스에서는 '빅데이터 분석을 통해 전국 성인남녀 블라블라...'라며 '빅' 데이터 분석을 했다고 강조합니다.

한편으로는 이를 보며 기존의 통계 데이터 분석과 무엇이 다른지 궁금하기만 합니다. 사람들은 어리둥절해하며 불안과 기대를 동시에 품고 뭔가 새로운 세상이 열리겠구나 짐작합니다. 눈치가 빠른 사람은 앞으로 주어질지 모르는 새로운 기회를 생각하며 무엇을 준비해야 할까 고심하고, 세상 이치에 밝은 또 어떤 사람은 데이터가 크고 많으면 정말 많은 문제가 해결될 수 있을까, 라며 근본적으로 의심하고 회의doubt하기도 합니다.

사람마다 느끼는 온도 차가 있겠습니다만, 사회 전반으로 데이터가 많으면 더 많은 일을 할 수 있다는 서사가 심층에 흐르고 있는 것도 같습니다. 거대한 데이터를 수집하고 모아 어떤 블랙박스 기계에 투입해서 돌리면, 잘못된 답은 저절로 제거되고 문제에 대한 해결solution이 잘 정리된 정답만 남아 아웃풋으

로 짠하고 튀어나오기를 기대하고 있습니다. 사실 이 지점에는 통계학의 핵심 관념이 오버랩되어 있습니다. 즉 데이터가 많으면 많을수록, 그러니까 표본집단^{sample}이 충분히 확보될수록 통계 추정은 현실과 가까울 가능성이 높아진다는 것이죠. 물론 이는 지극히 사실이지만, 그렇다고 데이터가 크고 많으면 더 많은 일을 할 수 있고, 막연히 문제를 더 잘 해결할 수 있을 거라 생각한다면 지나친 비약이고, 공상이자 오해입니다.

사람들은 큰 것을 좋아합니다. 차도, 집도, 크면 좋다고 생각합니다. 한 여대생은 남자 키가 작으면 루저라고 과감하게 발언해 한동안 화제와 비난의 대상이 되기도 했습니다. 큰 것은 승리를 의미하고 작은 것은 콤플렉스와 패배를 의미하는 듯합니다. 큰 것에 대한 숭배, 큰 것이 이긴다는 것은 어느 정도 자연스러운 이해라고도 볼 수 있겠지만, 큰 것에 대한 판타지이자 신화적 관념입니다. 장어 꼬리를 먹으면 몸에 좋다는 속설이 있습니다. 장어의 꼬리 힘이 강하기 때문에 그걸 먹으면 그것을 받아들이고 흡수한 나도 힘이 세어질 수 있다는 통념일 텐데, 사실 과학적 근거는 찾기 어렵습니다. 강한 것을 먹는다고 곧바로 힘이 세어지지는 않듯이, 크고 많은 데이터가 입력된다고 반드시 대단한 결과가 아웃풋으로 나올 거라고 단정할 수 없습니다.

" 데이터가 크고 많다고 항상 좋은 결과를 낳는 것은 아니다. "

중앙대 공공인재학부 김동환 교수는 빅데이터의 본질에 대해 다음과 같이 명쾌하게 설명합니다.

"데이터는 숫자일 수도 있고 문자일 수도 있고 사진이나 동영상이나 소리일 수도 있다. 또한 목적에 맞게 분류된 정형 데이터일 수도 있고, 그렇지 못한 비정형 데이터일 수도 있다. 어떤 형태로 존재하든 상관없이 빅데이터는 근본적으로 데이터이다. 빅데이터도 결국에는 데이터란 말이다. 데이터가 많다고 해서 데이터 자체의 특성이 달라지는 것은 아니다. 모래가 많다고 해서 물이 되는 것은 아니듯 말이다. 모래는 모래고, 물은 물이다. 많다고 변하는 것은 아니다. 빅데이터는 데이터다.

그렇다면 데이터란 무엇인가? 데이터는 '과거의 기록'이다. 어떤 형태를 지니는 데이터이든 모든 데이터는 과거의 기록이다. 즉, 데이터는 '과거'라는 특성과 '기록'이라는 특성을 지닌다. 이 두 가지가 데이터의 본질이다. 데이터는 미래에 발생하는 것이 아니다. 데이터는 이미 지나간 것이다."

> " 아무리 크다고 해도 빅데이터는 본질적으로 데이터입니다. 데이터 자체는 아무리 많이 쌓여도 아무것도 아닙니다. 데이터는 그저 과거의 기록일 뿐 그 자체로 미래를 예측해 주지는 못합니다. "

과거의 사건과 경험과 기록이 계절이 순환하며 반복되듯이, 미래에 되풀이되고 재현될 것이라는 믿음은 과거의 주식 차트를 읽어 내일의 주가를 확실하게 예측하겠다는 생각만큼 판타지에 가깝습니다.

데이터에서 세상을 읽어내려면 데이터가 만들어내는 독특한 무늬와 패턴, 그 관계를 읽고 해석할 줄 알아야 합니다. 그것을 가지고 이론을 검증하고 추론하여 미래를 조심스럽게 추측하고 탐색할 수 있습니다. 고객 분석을 통해 우리 회사 고객이 왜 점점 이탈하는지 알아보고 이탈 방지를 위한 방안을 수립한다거나 고객의 상품 구매 패턴 분석으로 맥주를 기저귀 옆에 진열하여 매출을 올리거나 고객의 임신 여부를 추측하여 관련 마케팅을 적극적으로 수행할 수도 있겠습니다. 이때 데이터가 꼭 '빅'이어야만 문제를 해결할 수 있는지,

정말 중요한 것은 무엇인지, 의구심을 가지고 진지하게 함께 생각해 보았으면 합니다. 날씨 좋은 봄밤, 동네 산책하는 가벼운 기분으로 빅데이터의 세계로 함께 걸어가 보죠.

빅데이터의 빅이라는 수사는 불필요하고 해롭다

뇌피셜에서 오피셜로

SK텔레콤 데이터 사이언스 담당 정도희 상무는 그의 저서 '인공지능 시대의 비즈니스 전략'에서 대상이 아닌 '수단'으로서의 빅데이터에 대해 이렇게 말합니다.

"데이터 앞에 '빅'이라는 말을 붙여서 얻는 효용이 무엇일까? 전혀 없다. 오히려 해롭다. '빅'라는 말은 오해를 만들고, 데이터 분석 방향에 혼돈을 주고, 기대 수준에 대한 차이를 만든다. 빅데이터 분석은 그냥 데이터 분석과는 다른 어떤 멋진 것이라는 허황된 기대 말이다. '빅'이란 말의 원래 뜻인 '크다'라는 의미를 전달한다는 측면은 어떨까? 이것도 별로 의미가 없다. '빅'이라는 말 자체는 기준 정보를 담고 있지 않기 때문이다. 무엇보다 크다는, 무엇보다 작다는 개념이 없다. 누구에게는 큰 데이터가 누구에게는 작은 데이터일 수 있다. 이제 사업을 막 시작한 작은 스타트업에게는 너무 커서 버거운 데이터가 대기업에게는 작은 데이터일 것이다. 한국에서는 이동통신사, 포털 사이트

등이 큰 데이터를 가지고 있지만 미국의 이동통신사나 구글 입장에서는 그렇게 크지 않을 것이다. 그래서 빅데이터는 데이터의 크기를 표현하는 의미로서도 가치가 없다."

빅데이터를 그저 '크다'라는 볼륨 대상으로만 보는 것은 아무런 의미가 없으며, 오히려 여러모로 해롭다는 저자의 인식에 깊이 공감합니다.

앞서 빅데이터 만능주의를 경계하고자 다소 냉소적이고 비판적인 시각으로 빅데이터를 이야기해 보았습니다. 근본적으로 데이터는 기록된 과거라서 빅데이터를 분석해서 과거에 어떤 일이 있었는지를 자세히 분석할 수 있다고 한다면 수긍할 수 있지만, 과거의 기록인 빅데이터를 가지고 미래를 예측할 수 있다는 단정적인 주장과 기대는 경계해야 합니다. 그렇다고 빅데이터의 가능성과 가치를 폄하하고자 하는 것은 아닙니다. 빅데이터라는 용어에서 아무래도 직관적으로 다가오는 것은 다름 아닌 데이터의 '크기'일 겁니다. 그렇다 보니 빅데이터의 본질이 대용량 데이터를 처리하는 기술이고, 그러한 기술만 도입되면 엄청난 데이터를 저절로 처리해 줄 거라고 꿈꾸는 것은 빅데이터를 바라보는 바람직한 접근법이 아님을 강조하고 싶습니다. 빅데이터는 본질적으로 데이터이고, 데이터는 스스로를 설명하고 변호하는 일이 절대 없습니다. 데이터를 대신해 우리가 중요한 그 의미를 말해야 합니다.

사실, 문제를 해결하는 데 있어서 큰 것이 반드시 더 좋은 것만은 아닙니다. 사공이 많으면 배가 산으로 간다는 속담도 있듯이, 많아지면 그 안에 골라내야 할 불순물도 늘어나고 살펴보아야 할 대상의 복잡도도 급격히 증가합니다. 데이터와 정보가 하나둘 많아지면 오히려 불필요한 '소음'도 늘어나 데이터 속에서 유용한 '신호'를 걸러내기가 어려워지게 마련입니다. 스몰small 데이터로 충분한 일이면 군이 빅데이터일 필요는 없습니다.

'의견은 됐고 데이터로 말하라'라는 구글의 캐치프레이즈처럼 데이터의 크기와는 무관하게

> "그동안 경험과 직관, 관행으로 일했던 방식이 데이터로 객관화되고, 썰에
> 머물던 많은 가정과 가설을 데이터로 검증하고, 그중 최선의 안으로 합의

할 수 있게 되면 충분합니다. 즉, 데이터를 기반으로 뇌피셜이 오피셜로 전환되는 것만으로도 마땅히 혁신적이라 말할 수 있습니다. "

추가 설명 뇌피셜

신체 부위인 '뇌'와 '공식적인'을 뜻하는 영단어 '오피셜(official)'을 합쳐 만든 신조어로, 공식적으로 검증된 사실이 아닌 개인적인 생각을 뜻한다.

이런 배경으로, 최근 미국의 구인 구직 전문 사이트 글래스도어에서 데이터 과학자Data Scientist가 인기 직업 1위로 선정되기도 했습니다. 데이터 사이언티스트는 컴퓨팅 기술을 활용해 데이터를 수집 및 처리하고, 통계학이나 머신러닝으로 분석한 후, 의사결정과 상품 개발까지 수행하는 일련의 흐름을 효과적으로 처리하는 기능을 가진 사람을 일반적으로 가리킵니다. 더불어, 데이터 과학은 데이터를 통해 실제 현상을 이해하고 분석하는 데 수학, 통계학, 데이터 분석, 머신러닝과 연관된 방법론을 통합하는 개념으로 정의되기도 합니다.

최근 시장의 관심은 데이터 간의 '관계'와 '상호 영향성'을 규명하여 사업 모델을 제시할 수 있는 개인과 조직의 역량에 집중되고 있습니다. 컴퓨팅 파워와 빅데이터 처리 기술의 발전으로 기존의 방법으로 분석하기에 '너무 큰' 데이터를 이제는 비교적 수월하게 다룰 수 있게 된 것에도 영향이 있어 보입니다. 가령 10년 전에 어떤 문제에 대해 시뮬레이션해서 검증해 보기 위해 그 당시 기술로 1년이 걸린 일이 이제는 1주일 이내에 해결된다면 보유한 빅데이터 자체가 큰 무기가 됩니다.

빅데이터 처리 기술

빅데이터 처리를 이해하기 위해 꼭 알아둬야 할 개념이 있습니다. '대용량 고속 분산처리'가 그것입니다. 앞서 언급한 미국의 대형 마트 타깃은 방대한 고객 데이터를 어떤 방식으로 저장하고 분석할까요? 직원이 엑셀 파일을 열어서 분석하지는 않을 겁니다. 데이터가 너무 크고 많아서 아무리 고성능 컴퓨터라 하더라도 한 대로는 분석은커녕 저장조차 무리입니다. 대용량 데이터에 대한 분산처리distributed processing에 해답이 있습니다.

< 분산병렬처리 >

컴퓨터가 읽는 데 100초쯤 걸리는 아주 큰 파일이 있다고 하겠습니다. 개인 PC에 저장된 파일 중 파일 크기가 커서 여는 데 3~4초쯤 걸리는 파일에 대한 경험이 대부분 있을 겁니다. 디스크에서 읽는 데 100초쯤 걸리는 이 거대한 파일을 100개의 조각으로 나누어 100개의 하드디스크에 분산 저장하는 것만으로 파일을 읽는 속도를 획기적으로 높일 수 있습니다. 이 파일을 각각의 하드디스크가 동시에 병렬적parallel으로 불러들이면 읽는 속도는 1/100인 1초로 줄어듭니다. 불러들인 100개의 조각을 하나로 연결하고 묶는 데 드는 시간을 고려하더라도 파일을 읽는 속도는 이전과 비교할 수 없이 빨라집니다. 여기서 아주 큰 파일을 대용량 작업Big Job이라고 이해해도 좋습니다.

　　" 대용량의 큰 작업을 다수의 기계server가 동시에 병렬적parallel으로 나누어
　　처리함으로써 고속으로 일을 분산해서 처리하는 구조에 빅데이터 처리의
　　비밀이 있습니다. "

말하자면 한 명이 하던 일을 동시에 백 명이 나누어서 하는 것이죠. 빅데이터를 분할해서 표준 크기의 저렴한 컴퓨터에 할당하여, 이 컴퓨터들이 동시에 일제히 데이터 분석에 들어가 모든 컴퓨터가 작업을 완료하면 이 결과를 통합해 최종적인 답이 도출되는 것입니다. 백 명이 해도 일이 버거우면 다시 백 명을 추가로 투입합니다. 대용량 데이터의 분산 처리를 위해 서버를 추가하는 등의 확장scale up은 비교적 저렴하고 수월한 편입니다.

구글은 이러한 개념을 바탕으로 IT 종사자들에게는 이미 유명한 맵리듀스 MapReduce라는 알고리즘을 탄생시켰습니다. '맵' 단계는 표준 크기의 서버에 데이터를 분산해서 고속으로 처리하는 것이고, '리듀스' 단계는 분산 처리된 결과를 취합하는 것이라고 보면 됩니다.

사실, 분산 처리된 조각을 하나로 묶어 통합하는 리듀스 단계에 기술이 집약되어 있습니다만, 빅데이터 플랫폼을 개발하는 엔지니어가 아니라면 개념적으로 이 정도 이해하면 충분합니다. 참고로, 인기 있는 빅데이터 도구인 하둡Hadoop도 맵리듀스를 이용하고 있습니다. 타깃 외에도 넷플릭스, 이베이 등 많은 글로벌 기업이 하둡을 이용한다고 알려져 있습니다.

◉ 빅데이터 : 빅데이터는 데이터의 규모가 방대하고(volume), 생성 주기도 짧고(velocity), 형태도 다양한(variety), 3v를 갖는 대규모 데이터를 말한다고 일반적으로 정의하나 빅이라는 수사는 모호하고 불필요하며 해롭다. 오히려 빅데이터라는 말에 어색함을 느끼고 데이터의 볼륨을 강조할 필요가 있을 때 수사적 표현으로 제한적으로 사용되어야 한다.

◉ 분산 병렬 처리 : 대용량의 큰 작업을 중앙집중식이 아닌 다수의 서버 환경에 작은 조각으로 분산해서 동시에 병렬식으로 수행하는 컴퓨팅 방식이다.

◉ 맵리듀스 : 대용량 데이터 처리를 위해 구글이 고안한 분산 병렬 처리 기법이다.

◉ 하둡 : 대용량 데이터를 분산 처리할 수 있도록 지원하는 오픈소스 플랫폼으로 맵리듀스는 하둡의 한 부분이다. 하둡은 다양한 구성 요소로 이루어져 확장되고 있어 하둡 생태계라고 부르기도 한다.

빅데이터의 의미와 의의 (커피에 대해 데이터로부터 배우기)

분산 처리 기술을 근간으로 빅데이터 영역은 특히 자연어 처리에서 괄목할 만한 발전을 이어가고 있는데요. 현재 만들어지는 정보의 대부분은 문자나 사진, 동영상과 같은 비정형 데이터입니다. 이제 우리는 길게 두서없이, 심지어 맞춤법도 조금 틀리게 써 내려간 한국어 텍스트를 수집하고 분석해 측정 가능하고 구조화된, 의미 있는 데이터를 산출할 수 있습니다. SNS에 어떤 키워드가 나왔는지, 그것이 늘었는지 줄었는지, 어떤 키워드와 연관돼 있는지 등을 측정해 사람들의 생각이 어떻고 어디로 흘러가는지를 추출할 수 있게 되었습니다.

자연어 처리

컴퓨터를 이용해 인간의 자연어를 분석하고 처리하는 기술이다. 인간의 언어를 이해해 데이터로 처리하여 요청에 대한 응답을 제공하는 챗봇을 떠올리면 이해하기 쉽다. 트위터와 같은 SNS상의 텍스트를 수집해 분석하는 SNS 텍스트 분석도 자연어 처리 및 빅데이터 분석의 한 유형이라고 볼 수 있다. 다만 SNS 텍스트 분석이 곧 빅데이터 분석의 전부인 것처럼 이해하는 것은 바람직하지 않다. 대중이 직접 생산한 데이터를 통해 대중의 관심사가 어떻게 변하고 있는지를 읽을 수 있고, 기업이 가지고 있는 데이터만으로는 알 수 없는 트렌드를 분석할 수 있는 등 SNS 텍스트 분석은 분명 큰 효용이 있다. 그렇지만 빅데이터 분석은 자사의 판매, 재고 데이터와 같이 기업 스스로가 가지고 있는 데이터가 1차 타깃이어야 한다.

다음소프트의 부사장을 지냈으며, 인터넷 빅데이터 자연어 분석의 개척자라는 평가를 받고 있는 송길영은 그의 저서 ≪상상하지 말라≫(북스톤, 2019)에서 데이터를 통해 인간의 욕망을 관찰하고 마케팅에 연결시키는 방법을 일상생활의 풍부한 사례를 통해 서술하고 있습니다. 그중 '커피'와 관련된 이야기를 소개해 보겠습니다. 데이터를 통해 사람들이 보통 커피를 하루 세 번 마신다는 것을 알 수 있습니다. 오전 9시경에 한 번, 1시경에 한 번, 오후 4시경에 한 번. 그런데 이 세 타임의 커피는 같은 것이 아니라는 흥미로운 이야기인데요.

저도 아침에 커피부터 찾을 때가 있습니다. 상당수 직장인이 아침에 출근하면 커피 마시는 게 습관처럼 돼 있습니다. 잠을 많이 못 잤거나, 아침을 못 먹어서 커피로라도 뇌를 깨우려는 것입니다. 아침의 커피는 오전의 각성제입니다.

두 번째 커피는 오후 1시의 커피인데, 서울 사대문 안쪽 빌딩가에서 누구나 선망할 법한 회사의 직원들은 구내식당에서 밥을 먹고, 커피전문점에서 커피를 테이크아웃해 회사 앞을 산책합니다. 가만히 보면 그들의 목에 하나같이 회사의 사원증이 인식표처럼 걸려 있습니다. 그들이 식후 마시는 커피는 단순한 커피가 아니라, 내가 아직은 주류사회에서 잘 버티고 있다는 사실을 주변에 자랑하며 잠시 위안을 얻는 일종의 제례 의식 같은 것입니다.

세 번째 오후 4시의 커피입니다. 빌딩가의 약간 후미진 곳에 조용한 카페가 하나씩 있죠. 인테리어도 그저 그래서 저런 데가 장사가 될까 싶은데, 의외로 단골이 많습니다. 거기에 누가 있느냐면, 회사의 35세 미만 대리급 이하 직원들이 모여 있습니다. 이유는? 빤하지 않나요, 상사들 흉보는 겁니다. '우리 부장 미친 것 같아. 아침부터 사이코처럼 꼰대질해.' 하루 종일 회사 상사가 저지른 온갖 불합리한 행위에 대한 뒷담화가 이루어지는 것이죠.

커피는 단순히 카페인이 아닙니다. 아침에는 각성, 1시에는 휴식과 위안, 4시에는 해우소라는 감성을 커피에 비유한 것에 불과합니다. '커피 한잔하자'고 할 때의 커피는 얘기 좀 하자는 뜻입니다. 커피는 감정과 이야기의 메타포일 뿐이죠. 사정이 이런데 커피를 팔겠다면서 원두의 품종과 맛에만 신경 쓰는 것은 현명한 판단이라고 할 수 없겠죠.

똑같이 '커피 한잔해요'라는 말도 연인 사이에서는 데이트를 의미하지만, 직장 상사가 하면 뭔가 심각한 이야기의 예고편일 수 있습니다. 오전 9시의 각성, 점심 식사 이후의 휴식, 오후의 해우소라는 감정의 메타포로 커피가 사용되고 있다는 생각이 무척 흥미롭습니다. 그래서 카페를 창업하면서 커피 원가와 그에 맞는 가격만을 계산하고 있는 사람은 커피라는 상품을 한참 잘못 이해하고 있는 것입니다. 이제는 물성을 넘어선 사람의 마음까지 보고 읽을 줄 알고 배려해야 실패하지 않습니다.

" 빅데이터의 의미와 의의는 이렇듯 '사고의 확장'에 있습니다. 내 주변 세계에 대한 이미지의 해상도를 높인다고나 할까요? 높아진 해상도 덕분에 커피는 이제 단순히 카페에서 마시는 음료가 아니라, 사람들의 욕망이고 이야기임을 이해하게 됩니다. "

그러니까 늘어난 데이터의 양과 크기가 절대 효용을 가져다주는 것은 아니지만, 그 넓이를 통해 더 깊게, 더 높이서 볼 수 있습니다. 뭐랄까, 시각의 고도라고도 할 수 있는데요. 숲을 제대로 보려면 숲속에서 나오거나 산 위로 올라가야 합니다. 마찬가지로 의미 있는 통찰을 얻으려면 시각 자체를 더 위로 올려야 합니다. 고도가 높을수록 더 멀리, 더 많이 볼 수 있습니다.

미국의 범죄율이 1990년을 기점으로 급격히 감소한 이유

급격한 증가 추세였던 미국의 범죄율이 드라마틱하게 줄었던 시기가 있습니다. 바로 1990년을 전후로 한 시점입니다. 단순히 한두 가지 범죄가 아니라 강력범죄, 재산범죄, 절도, 폭행, 살인 등 모든 범죄가 이 시기를 변곡점으로 해서 크게 감소했습니다. 이를 둘러싸고 미국인들은 많은 가설을 상정합니다. 경제성장으로 실업률이 줄었기 때문이다, 총기 취득 규정을 강화해서 범죄자가 무기를 살 수 있는 기회를 제한한 것이 주효했다, 노령 인구 증가 때문에 사회 역동성이 떨어졌을 수 있다 등 다양했습니다. 그런데 이 모두가 근본 원인과는 무관한 것으로 밝혀집니다.

괴짜 경제학의 저자 스티븐 더브너Stephen J. Dubner는 1970년대 '낙태 합법화'가 강력한 원인이라며 굉장히 불편한 주장을 합니다. 그러니까 10대 미혼

모 자녀의 경우 범죄에 노출될 개연성이 높아지는 등의 환경적 요인으로 범죄율을 증가시킨다는 주장입니다. 물론 이에 대한 반론도 있습니다만, 어쨌거나 20년 전 정책 결정이 20년 후 사회적 변화에 큰 요인이 되었다는 것을 데이터로 증명하려고 노력했다는 점이 핵심입니다.

우리가 일반적으로 생각할 때 관련성이 무척 낮아 보이는 것, 연결성 자체가 직관적이지도 않고 심지어 그 기간이 수십 년 걸리는 작업도 그것들 사이의 연관성을 분석해 데이터를 통해 이해할 수 있다면, 우리 사회의 여러 가지 변화와 그 이유를 알 수 있지 않을까, 그래서 사회 문제를 해결할 수 있지 않을까, 라는 생각에 괴짜 경제학의 범죄율 이야기는 훌륭한 관점과 시선을 제공합니다.

> " 그래서 결과에 영향을 미치는 요인 변수를 찾아내고, 그 다양한 요인의 우선순위는 무엇일까, 유사한 행위가 과거에 발생했다면 미래에도 그렇게 되지 않을까를 조심스럽게 예측해 본다거나, 더 나아가 행동이나 의사결정을 할 때 데이터를 기반으로 과학적으로 사고하는 것이 데이터 기반 의사결정 Data Driven Decision Making입니다. "

그냥 직관적이거나 습관적으로 판단하는 것이 아니라, 보다 과학적이고 이성적인 의사결정을 데이터로 이뤄내는 것이 목표인 것입니다.

데이터 과학(Data Science)이라는 신흥종교

아이스크림 판매량과 익사 사고와의 관계

어떤 일을 오랫동안 하다 보면 대체로 경험이 쌓이고 지식이 늘어납니다. 이에 따라 관련 감각과 직관이 발달하게 되고, 일에 대해 깊이 고민하고 관찰하는 과정에서 그 일의 구조와 전형적인 패턴에 대한 날카로운 통찰이 생기기도 합니다. 대형마트 관리자인 X는 업무 경험치를 바탕으로 대학생들이 맥주와 감자칩, 콜라와 콘칩을 함께 구입하는 등의 '구매 패턴'을 잘 이용하면 판매량 증가에 도움이 될 거라고 생각합니다.

예를 들어 물품 A, B가 자주 함께 구매된다고 가정해 보겠습니다. 그렇다면 A를 구입한 사람을 B의 광고 대상으로 타겟팅할 수 있습니다. 혹은 한 물건을 사는 사람이 다른 물품도 구매하게 유도하기 위해 A와 B를 같은 공간에 진열할 수도 있습니다. 더 나아가 A와 B를 결합해 새로운 통합 상품을 만들 수도 있을 겁니다.

이처럼 상품들이 서로 어떻게 관련되었는지를 이해하고 있을 때, 즉 상품의 결합 유형에 따른 판매량 변화처럼 '연관된 규칙'을 알면 마트의 판매 수익 증대를 위한 마케팅에도 적극 활용할 수 있습니다. 그뿐만 아니라 이를 일반화하면 다른 여러 분야에서 유용할 수 있습니다. 가령 의료 분야라면 연관 규칙을 활용해 합병증에 대해 심도 있는 연구가 가능해지고, 유튜브와 같은 콘텐츠 서비스라면 사용자의 의도나 취향에 부합하는 적절한 연관 콘텐츠를 지속적으로 추천할 수 있게 됩니다.

사실 연관성을 넓게 해석하면 업종과 회사에 관계없이 비즈니스의 중요한 곳 여기저기에 활용할 수 있습니다. 연관성의 사전적 의미는 사물이나 현상, 개념이 일정한 관계를 맺는 특성이나 성질입니다. 즉, 관계성입니다. 따라서 조건에 따라 재현되는 패턴도 관계로 이해할 수 있습니다. 즉, 비가 오면 땅이 젖는다는 현상처럼

" 조건에 따라 다시 나타나는 재현성, A라는 조건이 충족되면 B라는 결과가 생긴다는 구조도 연관성입니다. "

잠시 후 이런 구조를 분석 모델이라는 모형으로 만드는 과정에 대해 살펴봅니다.

앞서 언급한 마트에서의 상품 구매 패턴과 관련해서는 IBM이 영국 백화점 막스앤스펜서에서 시도한 '장바구니 분석'과 월마트의 사례가 유명합니다. '기저귀와 맥주 사례'로도 알려져 있는 이 실험은 매주 수요일 저녁 시간대에 월

마트에서 유독 기저귀와 맥주의 매출이 함께 높아지는 묘한 상황의 관찰에서 출발했습니다. 그래서 기저귀와 맥주의 진열대를 의도적으로 가깝게 붙여 놓았더니 놀랍게도 두 제품의 매출이 전날보다 5배가 늘었습니다.

그 이유는 퇴근길에 아내의 부탁으로 마트에서 기저귀를 사면서 보상심리로 남편들이 맥주도 함께 구매했기 때문이라는 의견도 있고, 애당초 맥주를 사러 가는 길에 아내의 잔소리를 피하기 위해 기저귀도 사 온다는 흥미로운 추측도 있습니다. 사실, 정확한 이유는 밝혀진 바 없습니다.

지금도 마찬가지지만 사회 과학자들은 사회 현상이나 어떤 사건의 '인과 관계'를 찾기 위해 많은 노력을 기울입니다. 기저귀와 맥주의 진열 위치와 이들의 매출 상승은 어떤 관계가 있는 걸까, 맥주를 사는 사람들이 기저귀를 함께 사는 이유는 무엇일까에 대한 답을 찾기 위해 애쓰는 것도 같은 맥락입니다.

" 어떤 현상이 발생했을 때 그 뒤에 숨어있는 원인을 알아내어 유사한 원인이 주어졌을 때 비슷한 상황이 발생하리라고 합리적, 경험적으로 예측하는 힘을 갖게 되는 것이죠. "

그런데 무엇이 무엇 때문이다, 무엇이 어떤 것의 원인이다, 라고 규정하는 일은 생각보다 무척 어려운 일입니다.

혹시 당신은 '흡연'이 '폐암'의 원인이 된다는 데 동의하시나요? 현재 의학계는 흡연이 폐암의 원인이 된다는 데 동의했지만, 의사들이 이 결론에 도달하기까지는 수십 년이 걸렸습니다. 흡연자 대부분이 폐암에 걸리지는 않으며, 비흡연자 중 일부도 폐암에 걸리기 때문입니다. 따라서 담배를 피운다면 담배를 피우지 않는 경우보다 폐암에 걸릴 가능성이 더 커진다고 말할 수 있을 뿐입니다.

한 명의 데이터 분석가가 권태가 가득한 표정으로 PC 모니터에 뿌려진 아이스크림 판매량의 연중 증감 추이를 확인하고 있습니다. 그런데 우연히 연중 익사 사망자의 변화 추이를 옆에 함께 놓고 분석했더니 그 결과는 놀라웠습니다. 아이스크림 판매량이 급증하는 동안 익사 사망자 수도 함께 증가하고 있었고, 판매량이 감소하면서 익사 사망자 수도 감소하는 무서울 정도로 명확한 상관관계가 나타나고 있었던 것입니다. 이 연구자는 몸서리를 치면서 다음과 같은 결론을 내립니다. "익사 사망자의 증감은 아이스크림 판매량과 관련성이 높다."

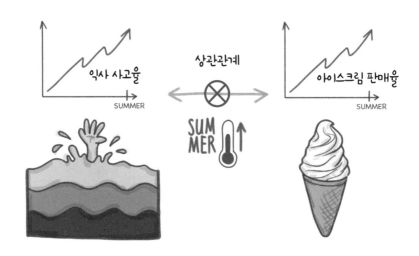

사실 아이스크림 판매와 익사 사고 간의 높은 상관성은 둘 다 '날씨'라는 잠재적 혼동 요인(통계학에서는 교란 특성 변수)에 영향을 받았기 때문입니다. 여름철 '기온'이 올라가면 아이스크림을 다른 계절보다 많이 찾게 되고, 물놀이 횟수 역시 확연히 증가해 익사 사고로 연결될 개연성은 커지는 것이죠. 이처럼 기온이 혼동 요인이라면 기온이 거의 같은 날, 아이스크림 판매량과 익사율 간의 관계를 추가로 연구해야 마땅합니다. 그러니까 아이스크림 판매와 익사 사고는 아무런 관련성이 없습니다. 비슷한 이유로, 교황의 평균 수명이 일반인의 평균 수명보다 더 긴데, 대주교라는 직책, 종교인이라는 특성이 장수에 도움이 된다는 주장은 전혀 논리적이지 않습니다. 교황은 가톨릭교의 최고위 성직자로, '아직 사망하지 않은 사람 중'에서 비교적 늦은 나이에 선출되기 때문입니다.

사람들은 눈앞에서 일어난 일들을 원인과 결과로 성급하게 설명하고 이해하고자 하는 근원적 욕구를 가지고 있는 것 같습니다. 그래서 이해하기 위해 끊임없이 그 '이유'를 묻습니다만,

> " 현실 세계에서 일어나는 모든 흥미로운 일들 저변에 깔린 복잡성과 변동성을 고려한다면 정말 확신을 가지고 무엇이 무엇의 원인인지 절대적이고 결정적인 이유를 알아내는 것은 무척 어려운 일입니다. "

인과관계를 조심스럽게 다루려는 태도는 그래서 꽤 오랜 역사를 지니고 있고 인과관계의 적절한 취급은 통계학에서 여전히 뜨거운 논쟁거리이기도 합니다.

추가 설명 인과관계

IT의 중요한 많은 개념이 원인과 결과, 즉 인과에 기반하고 있다. 가령, 함수는 입력값이라는 원인에 대한 출력값, 즉 결과에 대한 규칙이다. 원인과 결과에 대해서는 별도의 챕터에서 더 자세하게 다룬다.

이런 배경으로, 데이터 분석을 위해서는 '관계가 이유보다 중요하다'라고 이야기합니다. 근본적인 원인과 이유를 알기도 어렵거니와, 알지 못하더라도 우리는 관계성을 통해 데이터를 분석하여 현재를 이해하고 미래를 추측할 수 있으면 충분합니다.

그런데 어떤 현상 내 '특성' 요소 혹은 조건들과 의미 있는 결과 사이에 일정한 '관련성'이 있다는 것에 주목하고, 이를 객관적으로 밝혀내어 구체적으로 표현하고 공유하여 유용하게 활용하려면 구체적인 기준이나 공식적인 표현 방법이 필요할 수 있습니다. 가령 마트의 상품 중 맥주와 고등어가 1 정도의 연관성이 있다면, 맥주와 기저귀는 이의 10배 강도인 10의 관계가 있다, 따라서 맥주와 기저귀를 묶어서 마케팅하는 게 판매량 증가라는 결과를 위해 좋겠다는 것과 같은 구조 말이죠. 여기서 우리는 데이터 분석 모형(모델)이라고 하는 중요한 개념과 마침내 만나게 됩니다.

데이터 패턴을 모형화하여 추정하기

어린아이들을 위한 장난감 자동차 '모형'은 도로 위의 차와 분명 다르지만, '바퀴로 굴러가고 움직인다'라는 본질적인 목적을 달성할 수 있도록 중요한 '특성'만 추출하여 만듭니다. 그리고 아이들이 자동차로 인식해 가지고 놀 수 있고 부모들이 마트에서 큰 고민 없이 지갑을 열 수 있게 가볍고 저렴하게 만듭니다.

그러니까 모델(모형)은 현실 세계의 어떤 사물을 잘 관찰하여 그 핵심만 추려 간략하게 표현한 것입니다. 혹은 어떤 현상의 본질인 메커니즘을 흉내 내고 모방한 것입니다. 왜? 장난감 자동차처럼 모델은 작고 가벼워 이것저것 테스트하고 시뮬레이션해보기 위해서라면 실제 물건이나 현상보다 다루고 통제하기에 수월하고 비용도 저렴하기 때문입니다.

화가 조르주 쇠라는 "나는 스케치를 그려봄으로써 전체 그림의 구도를 가늠한다. 캔버스에 수십만 개의 색점을 찍는 고통스러운 작업에 들어가기에 앞서 예상되는 문제들을 점검했다."라고 말합니다. 쇠라가 스케치를 한 목적은 자신의 생각을 '줄여' 일정한 물리적 크기 안에 담아내는 데 있습니다. 모형은 보는 사람이 즉각 인식할 수 있도록 실제를 축약합니다. 모형은 해당 대상의 구조와 기능에서 가장 중요하고 결정적인 요소만을 추출한 것입니다.

우리가 데이터를 분석하는 이유는 분석하고자 하는 대상인 어떤 사물, 사건, 현상에서 그것의 흔적인 데이터를 수집하고 분석하여 그 대상이 어떤 구조로 이루어져 있고 어떤 규칙과 패턴으로 움직이는지를 이해하고 이를 제어하고 앞으로를 예측하기 위함입니다. 그러니까,

> " 어떤 현상의 '메커니즘'을 객관적인 방법으로 밝혀내고, 그래서 데이터로
> 미래를 예측하고 싶어 합니다. 이럴 때 데이터 분석 모델이 필요합니다.
> '모델'의 역할은 현실의 '모방'입니다. 현실을 잘 흉내 내어 만들어진 모델
> 은 현실과 거의 유사한 데이터 패턴을 만들어 냅니다. "

전 직원을 대상으로 퇴사 영향 요소를 파악하여 '이직 위험 점수'를 매긴 HP(휴렛팩커드)의 인사관리 사례를 통해 모델이 현실을 모방하고, 나아가 무언가를 추론하고 예측한다는 것의 의미를 충분히 이해해 보겠습니다.

글로벌 IT 회사인 HP는 직원들의 높은 퇴사율로 고심하다가 어느 직원이 조직을 떠나갈 가능성이 높은지를 예측하기 위해 전 직원에게 '이직 위험 점수'를 매겼습니다. HP는 회사 내 데이터분석 부서를 활용해 과거 몇 년 동안 전 직원의 급여, 임금 인상, 직무평가, 직무순환 같은 방대한 직원 데이터를 모았습니다. 그러고는 각각의 직원 기록마다 그 사람의 퇴사 여부에 대한 꼬리표를 달았습니다. 그러니까 조직이 경험한 데이터의 분석과 학습을 통해 퇴사 여부를 예측할 수 있는 밑그림을 그린 것이죠. 다시 말해, 회사를 그만둘 가능성이 높은 유형의 직원을 구분할 수 있는 '특성' 요소들의 조합이 어떤 것인지를 파악하는 데 집중했습니다.

전문가들에 의해 분석된 데이터는 '이직 위험'이 예상 가능한 몇 가지 요소들과 연관성이 매우 높다는 것을 보여주었습니다. 예를 들어 더 높은 임금을 받고 임금 인상액이 더 많고 업무평가 결과가 긍정적인 직원은 확실히 더 적

게 그만둡니다. 그리고 직무순환을 많이 한 직원일수록 회사에 더 오래 다니는 경향이 있었습니다. 반면, 승진이 언제나 좋은 것만은 아니라는 놀라운 사실도 밝혀졌습니다. 전반적으로 승진은 분명히 이직 위험을 줄이지만, 승진에 따른 임금 인상이 상대적으로 적은 경우 오히려 역효과가 나는 것으로 드러났습니다. 지금보다 훨씬 더 많은 임금 인상이 뒤따르지 않는 한 여러 번 승진을 한 직원일수록 일을 그만둘 가능성이 더 높았습니다.

HP는 이 밖에도 업무 강도, 번아웃 지수, 출퇴근에 소요되는 시간, 조직 생활 성향, 조직 내 인간관계 등 정량화하기 어려운 특성 요소들도 대부분 수치화하여 최종적으로 개인별 이직 위험 점수를 산출하는 스코어링 분석 모델 scoring model을 만들어냈습니다. 그리고 실제 퇴사 예측 등 의사결정을 지원하는 도구로 활용하고 있다고 알려져 있습니다. 물론 평가 요소들은 끊임없이 변화하는 현실의 변수들을 반영하기 위해 지속적으로 업데이트를 하면서 말이죠.

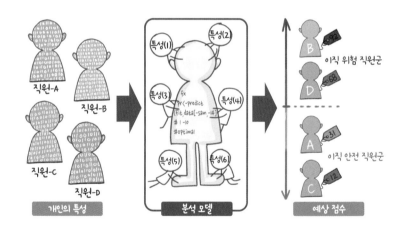

그러니까 직원의 이직 위험 점수 모델은 한 개인의 '특성들'을 오로지 퇴직 가능성이라는 관점에 집중해 종합적으로 고려하는 도구입니다. 각 특성별로 중요도에 따라 가중치를 부여하기도 하고, 밝혀진 규칙들을 분석 모델의 로직으로 반영하기도 합니다.

만약 우연히 복잡한 분석 모델의 속살을 들여다볼 기회가 주어져 그 안을 세심히 살펴본다면 개념적으로는 다음과 같은 모습입니다. 참고로 모델 예시는 이해를 돕기 위해 규칙의 일부를 단순화해서 개념적으로 간략히 표현한 것으로, 실제 현장에서 사용되는 분석 모델의 내부 모습과는 분명 차이가 있음을 전제해야 합니다. 분석 모델의 실제 내부는 수식과 로직 처리를 위한 코드로 꽉 차 있습니다.

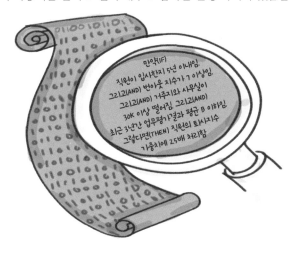

만약(IF)
직원이 입사한지 5년 이내임,
그리고(AND) 번아웃 지수가 7 이상임,
그리고(AND) 거주지와 사무실이
30K 이상 떨어짐, 그리고(AND)
최근 3년간 업무평가 1결과 평균 B 이하임,
그렇다면(THEN) 직원의 퇴사지수
가중치에 25% 처리함

분석 모델 개념 정리

사실 HP의 이직 위험 점수 추정처럼 어떤 현상 내 '특성' 요소들과 그 결과 사이에 일정한 '관련성'이 있다는 것에 주목하고, 이를 객관적으로 밝혀내어 구체적으로 모델로 표현하고, 모델을 활용하여 여러 가지 추론을 하는 방식은 아주 오래전부터 인류가 다양한 학문 분야에서 사용하던 표준적인 방법론이기도 합니다. 인간 사회의 여러 현상을 체계적으로 탐구하는 '사회과학'에 '과학'이 자연스레 붙어있는 이유도 이 때문입니다. 논문을 쓰는 절차도 유사합니다. 논문은 이론을 정립하는 것이고, 이론은 결과를 일으키는 원인을 분석하는 것이기 때문입니다. 물론, 그 이론을 통해 미래를 확률적으로 예측할 수 있습니다.

" 여기서 강조하고 싶은 것은 결과를 추론하고 추정하는 일뿐만 아니라 결과가 나오는 '과정'을 '이해'하는 일이 무엇보다 중요하다는 점입니다. 이해는 지금까지 일어난 일을 분석적으로 설명해 주고, 또 우리가 앞으로 해야 할 일을 알게끔 해줍니다. "

논어의 〈위정〉 편에서 공자의 말로 유명한, 옛것을 익히고 '그것을 미루어서' 새것을 안다는 의미의 '온고지신(溫故知新)'은 데이터 분석에 대한 놀라운 통찰을 보여주는 것도 같습니다. 결과가 나오는 과정을 이해해 이 메커니즘을 표현한 것이 바로 '모델'입니다.

그런데 분석 모델이 복잡한 현실 세계와 현상의 압축이고 모방이기 때문에 현실과 모델에 대해 몇 가지 가정이 필요합니다.

분석 대상인 현실을 데이터 생성 시스템으로 일단 전제합니다. 일반적으로 시스템이라고 하면 IT 정보 시스템이나 넓게는 제도, 구조 같은 것을 의미하는데, 데이터 분석의 대상을 시스템이라고 전제하면 여러모로 편리합니다. 이때 시스템이란 '주목해야 할 대상의 근본 속성, 특성, 행동, 주변 개체와의 관계, 사건 등 관련 요소의 집합체'입니다. 가령 관심을 갖는 사회 현상이나 고객 행동을 '시스템'으로 대상화하는 것입니다. 그리고 이렇게 상상해 보기 바랍니다. 어떤 거대한 항아리 같은 것이 있어서 '같은 현상의 데이터는 모두 같은 항아리에서 나온다'고 말이죠. 가령 선거라는 사건이라면 항아리 자체가 개표소 전체라고 상상하면 이해하기 쉽습니다. 우리가 분석하는 현실을 이 가상의 항아리, 즉 시스템이라고 하겠습니다. 그러니까 이 시스템은 현실의 데이터를 정확하게 누락 없이 또박또박 찍어내는 기계인 셈입니다.

그리고 다시, 이 시스템을 잘 모방하여 만들어진 모델은 현실과 거의 유사한 데이터 패턴을 만들어 냅니다. 이것이 첫 번째 가정입니다. 그리고 또 다른 한 가지 전제는 완벽한 모델은 없다는 것입니다.

분석 모델은 장난감 자동차 모형처럼 현실을 단순화하고 압축합니다. 그래서 모델은 현상을 흉내 내고 근사한 것에 지나지 않는다고 말하기도 합니다. 실제 현실에서 생겨나는 문제를 다룰 때 주목해야 할 대상과 관련된 요소의 전체 집합, 즉 시스템을 완벽하고 정확하게 나타낼 수 있는 모델은 심지어 세상에 존재하지 않는다고 얘기하는 전문가도 많습니다. 그저 현실에 가깝게, 현실을 모방한 모델을 만들려고 노력하는 것이죠.

현실에 근접하게 만들어진 모델은 당연하게도 현실과 동일한 데이터 패턴을 생성합니다. 앞선 HP의 사례라면, 분석 모델이 만들어진 후 실제 100명의 직원이 퇴사를 했는데 모델이 이 중 90명의 위험 점수를 높게 평가했다면, 이 모델은 90% 정도의 정확도로 현실 시스템을 반영하고 있다고 말할 수 있습니다. 따라서,

> " 모델은 현실 시스템에 대한 '가정'이기도 합니다. 모델을 가정한 후에는 시스템과 모델이 최대한 같은 데이터를 내놓을 수 있게 지속적으로 모델을 조정해야 합니다. 완벽한 모델은 모델이 모방하고 있는 시스템, 즉 현실밖에 없습니다. "

그 결과, 잘 만들어진 좋은 모델은 현상의 본질적인 구조를 정확히 파악하고 있어서 그 현상을 재현할 수도 있고 데이터를 조금 비틀어 다른 상황을 만들어 그 상황의 결과를 예측해 보기도 쉽습니다. 예를 들어, HP에서 공을 들여 3년 전 경쟁사에서 스카우트한 직원 Y의 현재 이직 위험 점수가 85점으로 상당히 높은 편이라 다른 특성 요소를 변경하면 점수가 어떻게 변하는지 시뮬레이션하면서 급여를 드라마틱하게 높여준다든가 하는 중요한 인사적 의사결정의 참고 자료로 활용할 수 있습니다.

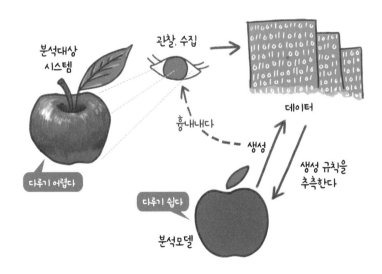

'키가 크면 체중이 무거워진다'라는 일반적 인식도 모델로 표현할 수 있습니다. 키가 크면 몸무게도 통상 많이 나간다는 사실을 우리는 경험적으로 알고 있습니다. 그래서 키가 클수록 체중도 늘어나는 경향이 있다는 뻔한 지식도 일종의 '모델'입니다. 이 모델을 가지고, 즉 키와 체중의 보편적인 상관관계를 기반으로 키를 관찰해 몸무게를 추측할 수 있습니다.

앞서 모델의 특성 요소라고 설명했던 것의 보다 명확한 기술적 표현은 모델 '변수'입니다. 변수는 그 대상이 되는 시스템의 상태, 성질, 양 등을 숫자나 문자로 표현한 것을 말합니다. 그리고 변수는 모델 안에서 주어지는 역할에 따라 설명변수와 목적변수로 구분됩니다. 키의 크기 정보를 사용해 체중을 추측(계산)한다고 했을 때 계산에 사용되는 키를 설명변수, 계산되는 체중을 목적변수라고 합니다. 혹은 설명변수를 독립변수, 목적변수를 종속변수라고 말하기도 합니다. 앞선 HP의 이직 점수 모델에서라면, 직원의 급여, 번아웃 지수 등의 특성이 설명변수이고, 계산된 직원의 이직 점수가 목적변수에 해당합니다.

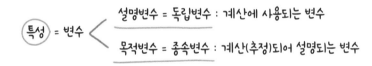

분석 모델의 유형은 수학 방정식 모델에서부터 정규분포나 회귀분석과 같은 전통적인 확률·통계 모델, 그리고 최근 가장 뜨거운 머신러닝 모델에 이르기까지 광범위하고 다양합니다. 데이터 분석 전문가들은 분석 대상 특성에 가장 잘 맞는 모델 형태를 템플릿처럼 선택해 구체적인 모델을 만듭니다.

모델의 형태와 특징, 역할과 사용 목적은 제각각 다양하고 꽤 복잡합니다. IT 교양을 위해 이 책을 읽고 있는 독자분들이 당장 그 모델들을 알 필요는 없습니다만, 한 가지는 꼭 기억했으면 합니다.

"바로 분석 모델의 뼈대는 주목할 변수들 사이의 연관성이 정교하게 표현된 것이다, 라는 점입니다. 여기서 연관성이란 설명변수와 목적변수 간의 관계, 설명변수 간의 관계를 모두 포함합니다. 결국, 데이터의 관계성이 모델로 구체화되는 것입니다."

분석 모델을 만드는 방식의 변화, 패러다임 혁명

모델을 만드는 전통적인 방식, 경험과 규칙

사실, 앞서 설명한 이직 위험 점수 모델에서 제대로 다루지 않은 게 하나 있습니다. 혹시 눈치채셨나요? 모델을 만드는 목적과 관련 기초 용어 등 '개념'은 터치했지만, 모델을 만드는 '방식'은 다루지 않았습니다. 모델을 만드는 방법이 코어core이고 핵심입니다. 조금 더 깊이 들어가 보겠습니다.

분석 모델을 만들기 위해서는 분석 대상의 여러 특성인 변수와 그들의 연관성에 대한 경험과 지식이 무척 중요할 것이라는 데는 이견이 없을 것 같습니다. 분석 모델은 잘 정리된 규칙의 체계, 즉 이론이라고도 할 수 있습니다. 그런 배경으로 해당 분야를 가장 잘 아는 전문가domain expert들이 저마다의 경험을 바탕으로 로직을 만들어 시스템에 반영하는 것이 가장 일반적입니다. 가령 HP의 이직 위험 모델이라면 인사담당자들의 '급여 인상률이 낮을수록, 고과 평가 결과가 나쁠수록 퇴직하는 경향이 큰 것 같아요.'와 같은 의견을 정형화하고 정량화하는 것이죠(전문가 시스템). 그리고 데이터를 분석해서 승진 등 직급 상승이 있더라도 급여 인상 폭이 작으면 오히려 이직 위험도가 커지는 특이한 경향성 및 패턴을 보인다는 것을 발견하기도 합니다(데이터 마이닝). 그러면 이를 규칙화하여 시스템으로 만듭니다(규칙 기반 시스템).

자연스럽고 합리적인 방식이라고 고개를 끄덕일 수도 있겠지만, 사실 이 방법론에는 큰 함정이 하나 있습니다. 태생적인 한계라고도 할 수 있는 그것은, 이 방법의 중심에는 인간이 있고 인간의 생각과 판단 범위 안에서 일이 이루어진다는 점입니다. 경험 기반이든, 데이터 마이닝과 같은 데이터 분석 기반이든, 데이터 시각화를 하든, 어쨌거나 인간이 이해할 수 있게 변환한 후에 직접 눈으로 보면서 패턴을 찾아내는 식입니다. 무슨 일을 해도 결국은 인간의 능력 범위 안입니다. 결국 인간이 얼마나 똑똑하고 통찰력이 있느냐에 일의 성패가 달려 있습니다. 인간이 이해하는 범위 안에서만 일이 벌어집니다.

인간의 가정과 가설을 기반으로 인간의 부족한 계산과 인지능력 범위 안에서 이루어지는 일은 인간 두뇌 중심의 사고를 벗어나기 어렵습니다. 구체적인 사례를 하나 보겠습니다.

예를 들어 어떤 회사에서 판매하는 상품이 100개, 판매 영업조직이 10개, 프로모션 유형이 20개, 판매 리테일 채널이 100개라고 가정하면 그날의 현황을 알기 위해 살펴봐야 할 조합의 수가 2백만 개에 달합니다. 게다가 전일, 전주, 전월, 전년과 비교하려면 복잡도는 폭발적으로 증가합니다. 과연 인간이 이 모든 경우의 수를 빠짐없이 정확하게 계산하고 분석할 수 있을까요? 인간의 판단과 규칙 기반에는 그래서 분명한 한계가 존재합니다.

아직도 인간이 데이터를 열심히 분석해서 인사이트를 얻고 이를 의사결정에 사용하는 것이 데이터 활용이라거나, 인간의 경험과 지식, 통찰, 발견된 규칙, 이론을 모조리 투입해서 분석 모델을 만드는 것이 데이터 분석이다, 라고 생각하는 사람은 구시대적 관념에 갇혀 있는 IT 구석기인이라고 말하는 급진적이고 위험한 사람들이 등장했습니다. 바로 인공지능이라는 새로운 세계를 경험하고 돌아온 사람들입니다.

모델을 만드는 새로운 방식, AI와 빅데이터의 만남

뒤에서 별도의 챕터로 충분히 다루지만 현대의 인공지능(AI)을 한마디로 말해본다면, 빅데이터에 대한 분산처리 IT 기술을 바탕으로 데이터에 숨은 패턴과 규칙을 찾아 분류하거나 예측하는 일을 의미합니다.

예를 들어 고양이 이미지를 인식한다고 해보겠습니다. 지금까지의 일반적이고 전통적인 전문가 시스템, 규칙 기반 시스템의 구현 방식은 사람이 고양이의 특징을 정교하게 모두 입력했습니다. 귀가 어떻게 생겼고, 코가 이렇고,

수염이 저렇다 하는 방식이죠. 그런데 이런 방법으로는 아무리 노력해도 한계가 있었습니다. 예외가 너무 많기 때문입니다. 사실 지금까지 설명한 분석 모델은 대부분 이런 방식으로 규칙과 로직을 한 땀 한 땀 조립하여 만들어져 있습니다.

그런데 모델을 만드는 이런 전통적인 방식이 변하고 있습니다. 패러다임의 전환이라고 할 만큼 혁명적인 변화가 우리 눈앞에서 일어나고 있습니다. 인공지능(AI) 때문입니다. 앞서 언급한 고양이의 특징은 아무리 자세히 규정한다고 해도 예외가 너무 많아 규칙화하기 어렵습니다. 그래서 고양이 이미지 인식률은 좀처럼 나아지지 않았습니다. 그런데 머신러닝의 한 영역이자 딥러닝으로도 불리는 인공신경망 방식은 특징을 잡아내는 작업부터 아예 통째로 인공지능에 다 맡겨버립니다. 개념적으로 다음과 같은 절대적인 차이점이 있습니다.

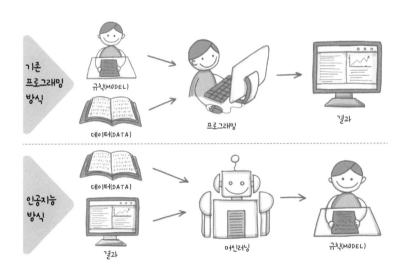

그러니까 전통적인 프로그램은 인간이 컴퓨터에게 일을 시킬 때는 컴퓨터가 어떻게 하도록 지시를 내립니다. 이것을 먼저 하고 그다음에는 저것을 하고, 이런 경우에는 이렇게, 저런 경우에는 저렇게 하라고 사람이 규칙을 정하여 프로그래밍하고, 사람이 프로그램의 실행 결과를 보며 규칙을 조금씩 수정

합니다. 반면에 머신러닝은 컴퓨터가 데이터에서 스스로 방법, 규칙, 로직을 찾기 때문에 인간이 일일이 지시할 필요가 없습니다. 사람이 만든 프로그램이기는 하지만 규칙을 스스로 찾아 수정합니다. 규칙을 찾아 수정하는 과정을 데이터 학습이라고 부릅니다. 컴퓨터가 발명된 이래로 무수히 많은 기술적 진보가 있었지만 컴퓨터 사용의 근본 개념을 바꾸었다는 점에서 혁명적이라 할 만큼 큰 의미가 있습니다.

놀랍게도 머신러닝은 방대한 빅데이터를 학습해서 규칙과 패턴으로 구성되는 모델을 스스로가 작성하는 것이죠. 이 지점에 빅데이터의 가치가 존재합니다. 빅데이터는 인공지능과 결합해서 큰 의미를 만들어 냅니다. 빅데이터는 인공지능의 재료이자 인풋입니다. 그리고 인공지능은 강력한 분산 컴퓨팅 기술을 바탕으로 한 새로운 데이터 활용법입니다. 인공지능을 무슨 인격체 같은 것이라거나 영화 속의 로봇 비슷한 것으로 생각하면 안 됩니다. 인공지능은 데이터의 새로운 활용법입니다.

노파심에 말씀드리자면, 전통적인 규칙 기반의 방식은 낡았고 인공지능 학습 방식이 무조건 우월하다고 생각한다면 옳지 않습니다. 인공지능의 무궁무진한 가능성을 염두에 두고 상상력을 넓혀야겠지만, 현재까지 인공지능이 더 잘 해내는 영역이 있고 그렇지 못한 영역도 있습니다. 가령 데이터에 강한 패턴이 존재할 경우, 그러니까 이미지나 음성과 같이 특성이 강한 데이터에는 인공지능이 무척 강력하지만 그렇지 않은 경우에는 기대에 못 미치는 경우도 허다합니다. 특히 인공지능 마니아들에게서 그런 편향이 강하게 보이는데, 인공지능 모델이 인간이 이론과 규칙을 가지고 섬세하게 만든 모델보다 우월하다고 생각하는 것도 큰 잘못입니다. 오히려 전문가들은 딥러닝 모델이 더 열등하다고 경고하기도 합니다. 인공지능이 빅데이터를 읽어 만들어낸 모델은 일반적으로 인간이 이해하고 추적하고 배우기 어렵고, 그래서 유연성도 떨어져 활용 가능한 영역도 제한적이며, 계산 비용 역시 그래픽 카드를 수백 개씩 써야 하는 등 높은 편입니다.

어쨌거나, 빅데이터는 본질적으로 데이터이며, 과거의 데이터입니다. 그렇지만 이를 읽어 들여 인간 혹은 특정 집단의 다이내믹하고 독특한 행동 패턴을 찾아낼 수 있다면 그 쓸모는 충분합니다. 대형 마트 체인 타깃에서 10대 소녀의 임신을 부모보다 먼저 알아냈다는 예시처럼 판매 중인 상품의 종류가 다양하고, 그 상품을 구매하는 패턴이 특정 부류에 공통으로 발생한다는 통찰을 얻으려면 빅데이터라는 인풋과 머신러닝이라는 프로세서가 필요합니다. 이런 점에서 빅데이터와 머신러닝의 만남은 운명적이라 할 수 있습니다.

바보야, 중요한 건 데이터라는 수단이 아니라니까!

막대한 예산을 투입해 개발한 상품을 최근 시장에 출시했지만 부진을 면치 못해 누군가는 책임을 져야 한다는 험한 소리가 나오고 있는 한 기업에 데이터 전문가가 투입되었습니다. 그리고 그는 한참의 데이터 분석 후 다음과 같은 결과를 설명했습니다.

"해당 상품에 대한 소비자의 반응은 A 건이고, 만족도는 B 퍼센트이며, 월별 매출 감소율은 C 퍼센트…"

당신이 이 제품의 담당 마케터라면, 이 회사의 사장이라면 어떨까요? 이런 자료라면 회의가 끝난 후 곧바로 문서 파쇄기에 넣어버릴 것 같지 않나요? 대부분의 사람들은 이런 자료를 원하지 않을 겁니다.

안 팔리는 제품이 있다면 '이 제품이 안 팔리는 이유는 이것이고, 사람들의 생각이 이러하니 다음과 같은 목표와 원칙과 전략과 방안을 마련해야 합니다.'라는 스토리와 결론이 필요한 것이지, 만족도가 몇 퍼센트라는 식의 지엽적인 숫자는 아닐 겁니다. 매출 감소율과 같은 '결과'에 대한 수치화에만 머물 뿐, 매출 감소가 유발된 '원인'에 대한 수량화는 하지 못했다면 원인을 모르는 결과를 분석한 셈이니 얻을 게 없는 것이죠.

'데이터'라는 말에는 으레 '분석'이라는 말이 따라붙습니다. 데이터 활용이 곧 데이터 분석인 것처럼 생각하는 사람도 많습니다. 물론 매출 총액, 고객 구매 건수 등의 데이터를 가지고 구매 추이가 어떻게 변하고 있는지 등의 분석도 중요합니다. 그러나 그러한 분석 행위가 매출 증대와 같은 실질적 이익에 직접적인 영향을 줄 수 있는 것은 아닙니다. 사실 간접적인 영향이라도 줄 수 있는 의미를 찾아내는 경우도 매우 드뭅니다. 따라서 데이터를 분석하는 것에 머무를 것이 아니라 가지고 있는 데이터를 통해 더 가치 있는 데이터를 만들어 내는 것에 집중해야 합니다. 기존에 쌓여 있던 데이터를 통해 전에 없던 새로운 가치를 갖는 '이직 위험 데이터'를 만들어 낸 HP의 이직 위험 점수 산정처럼 말이죠.

사실 데이터 분석이라고 하면 분석을 통해 의사결정을 지원해야 한다고는 말하지만, 현실에서는 데이터를 분석해서 의사결정을 지원하는 것이 아니라, 이미 정해진 의사결정에 대한 근거 자료 마련을 위해 데이터 분석을 할 때가 많습니다. 결국, 인간의 경험과 거친 직관, 판단 범위 안에서 이루어지게 마련인 데이터 분석보다는 데이터 활용이 중요하고, 가장 좋은 데이터 활용 방법 중 하나는 데이터를 통해 더 가치 있는 데이터를 만들어 내는 '데이터 가치화'라고 말할 수 있습니다.

데이터 가치화에는 머신러닝, 딥러닝과 같이 '데이터 패턴'을 읽어내는 데 압도적인 힘을 가진 인공지능이 뛰어난 활약을 보이고 있습니다. 그래서인지 다른 회사들은 무슨 플랫폼으로 무얼 한다고 얘기가 많은데, 우리 회사도 빅데이터나 인공지능으로 뭘 좀 해야 하는 거 아닌가, IT에서 시스템을 멋들어지고 근사하게 만들어야 하는 거 아닌가 하는 이야기를 주변에서 들을 때가 많습니다. 그러면 "어떤 업무에 무엇을 분석하는 데 많은 데이터가 필요하신 걸까요? 기존의 분석 도구와 시스템으로 어려움을 겪었다면 어떤 이유 때문이었나요? 그래서 필요한 시스템은 어떤 시스템인가요?"라고 묻는데, 그러면 대부분 놀라운 대답이 돌아옵니다. "그런 것도 IT에서 고민해야지요. 컨설팅도 받고 해서 무엇을 할지 좀 정하고 말이죠."

데이터와 정보시스템은 문제를 해결하기 위한 수단이지 그 자체가 목적일 수는 없습니다. 무엇을 왜 해야 하는지를 따져야 합니다. 문제를 명확히 정의할 줄 알아야 '어떻게'를 제대로 고민할 수 있습니다.

데이터와 시스템이라는 수단에 매몰된 나머지 무엇에 쓰는 물건인지, 그 본질적인 쓰임새를 잊지 말아야 합니다. 즉 문제가 먼저고, 문제를 해결하기 위한 솔루션은 나중입니다. 기존의 분석 방법론과 스몰 데이터로 먼저 해보는 것, 그래서 '작음'의 제약과 한계를 뛰어넘기 위해 '빅데이터'와 관련 기술이 필요하다는 것이 올바른 접근이고 방법론이라 생각됩니다.

데이터라는 미묘하고 위대한 우주에 접근하는 법: 프리토타이핑

구글 최초 엔지니어링 디렉터이자 실리콘밸리 창업자들의 구루^{guru}로서 혁신적인 시장조사 전문가인 알베르토 사보이아의 프리토타입^{pretotype}을 잠시 소개해 볼까 합니다.

프로토타입(prototype)이 '우리가 이걸 만들 수 있나'를 시험해 보고, 그 결과로 자신감을 얻어 최종 목표물을 생산하기 위해 만들어본 시제품 같은 물건이라면, 프리토타입(pretotype)은 특정 서비스나 제품, 공간을 만들기 전에 '이것이 시장에서 원하는 게 맞나?', '시장에서 먹힐까?'를 빠르게 확인하는 소비자 테스트라고 할 수 있습니다.

프리토타입이 흥미로운 것은 일종의 페이크^{fake} 테스트라는 점입니다. 제품이 실제 세상에 존재하는 것처럼 살짝 속여서 필요한 시장 데이터를 얻는 실험인 건데요. 시장 반응을 보기 위해 꼭 완벽한 시제품을 만드느라 시간과 에너지를 쏟을 필요가 없다는 것이 특징입니다.

예를 들어, 코인 세탁소에서 옷을 개는 기계를 생각해 보겠습니다. 개발자와 투자자는 옷 개는 사람을 세탁 기계 안에 숨겨놓고 고객 반응을 살핍니다. 옷 개는 로봇 시제품을 개발하는 데 수백만 달러를 투자하기 전에 고객이 그 서비스를 원하는지를 알아내는 거죠. 세탁과 건조에 2달러를 지불하는 고객들이 옷 개어주는 데 1달러를 지불할 것인가에 대한 데이터를 손쉽게 얻어내는 겁니다. 또는 유튜브 프리토타입을 이용해 영상 기술로 마치 해당 제품이 진짜 만들어진 것처럼 표적 시장에 영상을 공유하고 시장 반응을 살피는 겁니다. 마지막에 원한다면 제품 구매 대기 명단에 올릴 이메일을 보내 달라는 자막을 넣습니다.

"이것이 고객이 원하는 게 맞나? 시장에서 먹힐까?"

사실 시장에 새롭게 뛰어든 기업들이 대부분 실패하는 이유는 계획했던 새로운 제품을 만들지 못해서가 아니라, 시장이 그 제품에 관심이 없어서입니다. 따라서 시장의 니즈를 빠르게 데이터로 얻을 수 있는 프리토타이핑은 무척 매력적인 방법론이죠.

일단 간단한 웹사이트부터 만들고 시장 반응부터 확보한 대표적인 기업이 에어비앤비와 우버였습니다. 그런데 개인정보와 사생활 보호를 중시하는 서양인들이 어떻게 사적 공간을 함께 쓰는 비즈니스를 시도할 수 있었을까요?

우리는 자녀에게 낯선 사람의 자동차에 타지 말라고 자주 말합니다. 그런데 수백만 명의 사람들이 우버를 통해 매일 낯선 사람의 자동차에 오르고 있습니다. 사람들은 생각과 달리, 현실에서 '두려움'보다 '실리'를 선택하고 있었고, 우버와 에어비앤비가 했던 일은 프리토타이핑 기법을 이용해 빠르고 저렴하게 이런 현실의 생생한 데이터를 모은 겁니다. 원하는 데이터에 접근하고, 이를 수집하여 문제 해결에 활용하는 방법이 이렇듯 새롭고 놀라울 수 있다는 것도 마음에 담아 두셨으면 합니다.

당신은 취미가 무엇인가요? 취미를 물으면 가장 흔한 게 독서나 영화 감상이니, 일단 영화 감상이라고 짐작해 보죠. 어떤 영화를 좋아하냐고 다시 물으면 내가 어떤 영화를 좋아하더라 하면서 잠시 머뭇거릴 겁니다. 그런데 요즘은 넷플릭스나 왓챠 플레이 리스트를 달라고 하면 거기에 개인의 취향과 선호, 선택이 모두 있습니다. 데이터는 거짓말을 하지 않거든요. 나중에 왓챠 플레이 리스트 기반의 데이트 주선 사업Dating Agency도 가능할 것 같습니다. 좋아하는 장르와 감성이 비슷하니 당신과 당신은 잘 맞네, 이럴 수도 있다는 것입니다. 내가 봤던 모든 흔적이 남고, 그 데이터를 기반으로 추천리스트가 뜨기 때문에 오히려 짝짓기 성사 확률은 결혼정보회사보다 영화 콘텐츠 제공 서비스인 OTTOver The Top가 더 높을 수도 있다는 낯선 생각을 한번 해보는 것, 데이터라는 위대하고 아름다운 우주에 접근하는 멋진 방법 한 가지일지도 모르겠습니다.

3

데이터베이스

" 정말 감사합니다!
괜찮다면 당신의 호의를 제 데이터베이스에 저장해도 될까요? "

데이터베이스의 본질은 데이터 저장소가 아니다
DBMS의 전통적 강자, 관계형 데이터베이스
데이터베이스 관리시스템(DBMS)의 놀라운 역할
왜 세상을 행과 열로 이루어진 테이블로만 어색하게 표현해야 하나요?

데이터베이스 시스템은
왜 이렇게 널리 사용되는가?

선배님, 저 창피한 질문인 거 아는데요. DB(DataBase)와 서버의 차이가 뭐예요? 굉장히 헷갈리네요.

알못씨

일단 서버server는 말 그대로 서빙을 하는 녀석이에요. 클라이언트가 요청하는 정보를 제공하는 컴퓨터를 우리는 서버라고 하죠. 가령 식당에서 손님(클라이언트)이 어떤 음식(정보)을 주문하면 식당(서버)은 요청에 따라 음식을 만들어 제공하잖아요. 이때 식당이 서버인 셈이에요. 그리고 흥미롭게도 컴퓨터 서버는 지금처럼 요청된 정보를 제공하는 서비스 주체로서의 역할도 하지만, 어떤 경우에는 다른 컴퓨터에게 정보를 요청하는 클라이언트의 역할도 할 수 있죠.

중국 음식점에서 사용하는 양파가 떨어져서 식자재 납품하는 업체에 양파를 주문 요청하면 이번에는 식당이 클라이언트고 식자재 납품 업체가 서버가 되는 그런 거죠?

잘알씨

알못씨

네, 맞아요. 그런데 문제는 DB 서버라는 말도 있어서 DB는 뭐고, DB 서버는 또 뭐지 싶은 거잖아요? 알다시피 DB는 데이터베이스를 줄여서 부르는 말입니다. 사전적 정의로는 여러 사람이 사용할 목적으로 통합 관리하여 공유하는 데이터의 모음이죠. 그리고 식당은 한식을 파는 식당도 있고 중식, 일식을 제공하는 식당도 있듯이, 어떤 서버는 메일 정보를 제공하고, 또 어떤 서버는 이미지 정보, 또 다른 서버는 DB 정보를 제공합니다. DB 정보를 제공하는 서버를 DB 서버라고 부르는 것이죠.

잘알씨

아, 서버가 제공하는 콘텐츠의 성격과 주제에 맞게 이름을 붙인 거군요. 그런데 DBMS는 DB와 어떻게 다른 건가요? DBMS가 DB를 관리하는 소프트웨어 시스템이라는 것은 들어서 알고 있는데, 정확히 뭐 하는 녀석인지 머릿속으로 그림이 안 그려져서요.

알못씨

네. DBMS를 충분히 제대로 이해하는 건 만만치 않아요. DBMS를 정확히 아는 일이 사실은 데이터베이스라는 세계를 제대로 이해하는 일이라고 생각도 되고요. 앞선 식당의 경우라면 식당의 요리사가 DBMS라고 일단 이해하면 쉬울 것 같아요. 사실 DBMS가 설치된 서버를 통상 DB 서버라고 하죠. 오늘 점심 약속 없으면 식사 같이하면서 좀 더 이야기 나눌까요?

잘알씨

데이터베이스의 본질은
데이터 저장소가 아니다

IT 분야에서 20년을 넘게 보내면서 프로그래밍 언어나 플랫폼, 개발 패러 다임 등 많은 것이 변하는 모습을 지켜봤지만 그동안 변하지 않은 한 가지가 바로 '데이터베이스에 데이터를 저장하는 것'입니다. 여기에는 많은 도전자가 있었고 일부는 틈새를 공략하는 데 성공하기도 했지만, 전반적으로 봤을 때 데이터는 당연히 데이터베이스에, 그중에서도 대세인 관계형 데이터베이스에 저장하는 것이었고, 어떤 데이터베이스 소프트웨어 제품을 선택할 것인지를 고민만 하면 되는 분위기였습니다. NoSQL이라는 새로운 도전자가 나타나기 전까지는 말이죠.

> **추가 설명** 데이터베이스 소프트웨어
>
> 문서 작성을 위해 아래아한글hwp이나 워드word와 같은 소프트웨어를 설치해야 하듯이, 기 업 환경에서 데이터베이스를 사용하기 위해서도 전문 소프트웨어가 필요하다. 이때 사용하 는 소프트웨어가 데이터베이스 소프트웨어다.

> **추가 설명** NoSQL
>
> NoSQL에 관해서는 관계형 데이터베이스의 개념과 함께 이 챕터의 뒷부분에서 별도로 다 룬다.

우리가 온라인 쇼핑몰에서 몇 년 전에 구매한 상품의 내역을 확인할 수 있는 것이나 휴대폰으로 해외 주식 거래가 가능한 것, 작년 여름휴가 때 머물렀던 리조트에서 할인 쿠폰이 전송되는 것도 모두 이와 관련된 데이터가 데이터베이스에 등록되어 관리되고 있기 때문입니다. 이런 온라인 거래와 서비스에 핵심적인 기술로 대부분의 사람은 가장 먼저 '인터넷'을 이야기합니다만, 컴퓨터를 사용하는 우리 대부분이 잘 알진 못하지만 거의 모든 온라인 거래는 정교한 데이터베이스 기법을 근간으로 처리됩니다.

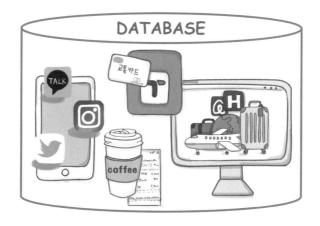

카톡으로 주고받는 메시지나 인스타그램에 공유한 사진, 온라인 쇼핑과 결제, 모바일로 즐기는 동영상 콘텐츠 서비스, 카페에서 마신 아이스 아메리카노 영수증, 버스와 지하철에서 찍은 교통카드 모두에 데이터베이스가 관련되어 있습니다. 우리의 삶은 데이터로 덮여 있고 모든 애플리케이션은 정보, 즉 데이터베이스를 기본으로 합니다. 모든 것이 데이터화되는 시대는 모든 곳에 데이터베이스가 존재하고 모든 것이 데이터베이스로 관리되는 시대를 의미합니다.

대용량 데이터를 생성하고 효율적으로 저장 및 관리하는 기술. 즉 IT 시스템을 지탱하는 핵심 기반 기술이 바로 데이터베이스에 있습니다. IT 시스템의 코어core인 데이터베이스를 충분히 알아볼 필요가 있습니다. 그래야 IT라는 세계를 제대로 조망할 수 있습니다.

데이터베이스란 무엇인가

그럼 이 데이터베이스란 무엇일까요? 데이터베이스라는 용어를 처음 들어 보는 사람은 그리 많지 않겠지만, 데이터베이스가 무엇인지 질문을 받았을 때 구체적인 이미지를 떠올릴 수 있는 사람 역시 많지는 않은 것 같습니다. 이는 데이터에 대한 관심은 전에 없을 정도로 높아졌지만 대다수 사람이 주목하는 것은 데이터 그 '자체'라서, 데이터를 담는 '그릇'에 해당하는 데이터베이스라는 존재와 역할까지는 시선이 닿지 않는 것에도 그 배경이 있어 보입니다. 게다가 IT 현업 담당자들에게도 그렇지만, '데이터베이스'라는 용어가 다양한 의미와 맥락으로 쓰이고 있는 것에도 분명 영향이 있습니다.

주변 사람들에게 데이터베이스를 어떻게 이해하고 있냐고, 데이터베이스라고 말했을 때 머릿속에서 재생되는 이미지가 무엇이냐고 물어보면 대개는 다음과 같이 이야기합니다.

〈 데이터베이스에 대한 다양한 이해 〉

X 데이터의 묶음. 자료의 집합이요. 도서 데이터베이스를 구축했다라고 할 때의 그런 정리된 정보의 느낌요. 연관된 자료들을 잘 모아두어서 나중에 찾기 쉽게 만들어 놓은 자료의 집합체라고 생각해요.

Y 데이터를 안전하게 보관하기 위한 데이터 저장소 아닌가요? 데이터의 리포지토리로 데이터를 정확하게 저장하고 공유하고 참조하기 위한 정보 공유 저장소라고 생각합니다.

Z 데이터베이스는 정리된 관련 정보의 모음이지만, 현업에서 데이터베이스라고 하면 보통 DBMS라고 하는 데이터베이스 소프트웨어를 생각합니다. 데이터베이스 소프트웨어는 데이터 저장, 조회 시 발생할 수 있는 수많은 문제들을 묵묵히 성실하게 처리하는 아주 고마운 녀석이죠.

X는 데이터베이스를 관련 데이터를 잘 정리한 묶음, 정보의 집합체라는 관점으로 바라보며, 데이터베이스를 정보와 지식의 축적 개념으로 이해합니다. 물론 훌륭한 인식입니다. Y는 데이터 공유를 위한 저장소와 인프라로 데이터베이스를 해석하고 있습니다. 아주 좋습니다. 반면 Z는 X가 이해하고 있는 데이터베이스라는 개념을 Y가 생각하는 방식으로 구현하기 위해 이미 상용화되어 널리 사용 중인 오라클, MySQL, DB2와 같은 데이터베이스 관리 시스템

과 그 시스템이 내부에서 관리하고 있는 데이터 집합 전체를 데이터베이스로 넓게 설명하고 있습니다. 모두 아주 훌륭합니다.

살펴본 것처럼 데이터베이스를 연관된 데이터의 집합으로 정의한다면, 이런 데이터베이스를 관리하고 운영하는 소프트웨어 시스템을 DBMS^DataBase Management System라고 합니다.

데이터베이스는 관련 데이터의 묶음, 즉 집합체로서 검색과 갱신이 쉽도록 관리되고 공유되어야 한다는 것에 동의하고, 뒤에서 자세히 살펴보겠지만 이를 위해 DBMS라는 시스템이 필요하다는 사실에도 공감하고, 데이터베이스와 DBMS는 구분해서 인식해야 하는 다른 개념인 것도 이해해야겠지만, 여기에 보태고 싶은 중요한 것 한 가지가 있습니다.

> " 정보를 저장하는 여타 방식으로부터 데이터베이스를 구별하는 핵심 속성은 데이터베이스에 있는 정보가 사전에 약속되고 정의된 '구조'를 가진다는 점입니다. "

그러니까 데이터베이스는 정보의 단순한 묶음과 축적이 아니라 구조화, 체계화, 정형화된 데이터의 집합입니다. 여기서 구조화, 체계화가 뜻하는 바를 이해하려면 이와 상반되는 개념부터 살펴보면 됩니다. 즉, 구조화되지 않은 정보의 예를 확인해 보겠습니다. 아래아한글로 아래와 같은 텍스트가 작성되어 있다고 하겠습니다.

이는 A와 B는 친구다, 그리고 B와 C도 친구다, 따라서 C가 업로드한 게시물에 A가 관심을 가지고 '좋아요'를 누를 확률도 높다, 라는 추론을 위해 페이스북이나 인스타그램과 같은 SNS에서 사용자 정보를 저장하는 기본 틀frame입니다. 물론 인스타그램이 정보를 실제 이런 텍스트 형식으로 저장하지는 않습니다. 다음과 같이 구조화된 포맷으로 표현해서 관리합니다. 행과 열로 구성된 이런 유형의 구조를 '테이블'이라고 합니다. 이 예에서처럼 구조화되지 않은 텍스트보다 구조화된 형태의 테이블에 있는 데이터를 사람과 컴퓨터가 다루기에 훨씬 더 쉽습니다.

성명	나이	친구
봄	27	가을
여름	30	가을, 겨울
가을	28	봄, 여름, 겨울
겨울	32	여름, 가을

여기서 컴퓨터가 다루기 쉽고 효율적이라는 것은 비정형 텍스트 정보보다는 정형화된 테이블 구조가 '프로그램'으로 처리하기가 수월하다는 의미로, 정확히는 '기계'가 읽을 수 있다Machine Readable는 뜻입니다. 기계가 읽을 수 있다는 것은 다시 기계가 자동으로 처리를 할 수 있다는 뜻입니다. 즉, 구조화된 structured 데이터 포맷을 쓰면 컴퓨터가 스스로 알아서 처리할 수 있게 됩니다. 반면, 아래아한글로 작성된 문서는 정해진 구조가 없는 비정형 텍스트 데이터라서 사람이 읽고 의미를 확인할 수는 있지만 컴퓨터가 읽을 수 있는 데이터는 아닙니다. 기계가 자동으로 처리할 수 없는 문서는 결국 버려지는 문서라는 뜻이기도 합니다.

앞으로의 논의를 위해 학문적 정의와 대중의 인식, 데이터베이스의 핵심 속성 등을 종합적으로 고려해 데이터베이스를 정의해 보겠습니다.

＜ 데이터베이스란 ＞

- '연관'된 데이터의 '집합체'로 나름의 약속, 정의된 '구조'를 가지고
- 여러 명의 사용자나 응용프로그램과 '공유'되고
- '동시'에 접근이 가능해야 하고, 검색과 갱신이 쉽도록 통합되어 관리되어야 한다.
- 이를 위해, 대용량의 데이터를 다루어야 하는 기업에서는 DBMS라는 별도 소프트웨어를 사용한다.

이 정의에 따르면, 마이크로소프트사의 엑셀과 같은 프로그램은 데이터의 집합을 관리하고 운영한다는 차원에서는 DBMS로 볼 수도 있겠지만, 대용량 데이터를 관리하거나 여러 사용자와 공유하는 개념과는 거리가 있어 DBMS라고 부르지 않습니다.

참고로, 이 책에서는 DBMS와 DBMS 내부의 데이터 집합인 데이터베이스를 포괄하는 의미로 데이터베이스라는 용어를 넓게 사용합니다. 그리고 그 둘의 엄격한 구분이 필요한 경우에 한해 DBMS나 데이터 집합이라고 명시적으로 표현하겠습니다.

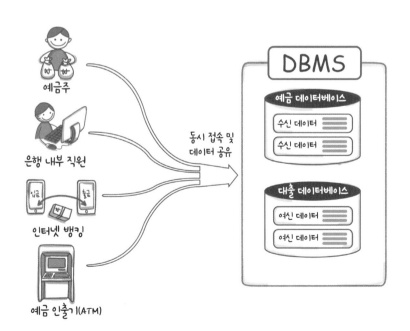

내가 주문한 내역은 어떻게 관리되고 있을까?

새삼스러운 질문이지만, '데이터'가 뭘까요? 복잡하게 학문적으로 생각하지 말고 일상의 언어로 이야기해 보죠. 어제 신형 아이패드를 결제한 쿠팡과 새벽 배송을 기대하며 조금 전 늦은 밤 장보기를 마친 마켓컬리와 같은 국내 쇼핑몰을 떠올려 보겠습니다.

상품 주문이라는 하나의 행위에는 누가(고객), 언제(일시), 무엇을(상품), 어떻게(결제), 어디로(배송) 같은 다양한 속성이 함께 '관계'됩니다. 따라서 고객 ID, 상품 주문일시, 주문 상품명, 상품 결제금액, 결제 카드, 배송지 등이 데이터가 됩니다.

실제로 그럴 리는 절대 없겠지만, 쿠팡이 이런 데이터를 여러 개의 텍스트 파일로 관리한다고 가정해 보겠습니다. 쿠팡은 이커머스 시장에서 점유율 1위 자리를 꾸준히 지켜내던 네이버 쇼핑의 자리를 빼앗았을 만큼 큰 기업입니다. 따라서 상품 주문과 관련된 데이터는 헤아릴 수 없이 많아 이를 관리하는 텍스트 파일이 현재 천만 개 정도 있다고 해보겠습니다.

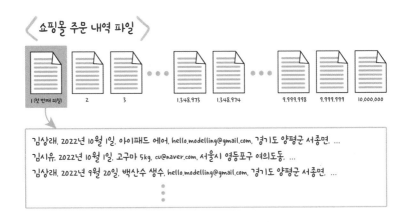

'김상래'라는 고객이 쿠팡에 등록된 기존 이메일 주소를 바꾸기 위해 회원 정보에서 수정 버튼을 방금 눌렀습니다. 그러면 쿠팡의 시스템 내부에서는 어떤 일이 벌어질까요?

쿠팡의 시스템은 상품 주문 내역이 기록된 첫 번째 텍스트 파일부터 마지막 천만 번째 파일까지 순차적으로 '김상래'를 찾을 겁니다. 그렇게 모든 파일을 돌아다니며 김상래의 모든 주문내역에 붙어있는 메일 정보를 수정합니다. 백만 개의 파일을 읽고 수정하는 데 걸리는 시간이 1초라면 전체를 처리하는 데는 10초가 걸립니다. 만약 최근 이사한 '고객' 김시유가 집 주소를 수정하면 역시 마찬가지 방식으로 파일을 전체 스캔^{Full Scan}하게 됩니다.

이런 방식은 본능적으로 뭔가 효율적이고 정확한 것과는 거리가 제법 있다는 느낌이 듭니다. 당연히 쿠팡이 이런 방식으로 일을 처리한다면 고객들은 기다리지 못하고 금세 쿠팡을 떠날 겁니다.

> " 그럼 쿠팡, 마켓컬리, 네이버, 아마존은 엄청난 양으로 쏟아지는 구매 내역 데이터 등을 실제로는 어떻게 다루는 걸까요? 데이터베이스에 그 해답이 있습니다. "

데이터베이스의 대표 격인 관계형 데이터베이스에 대해 알아보면서 그 비밀을 자세히 알아보겠습니다. 그 전에 데이터를 '공유'한다는 것의 이면에 일렁이고 있는 그림자를 잠시 주목해 보겠습니다. 그 그림자의 존재를 정면으로 응시하고 제대로 인식하는 것이 데이터베이스를 올바르게 이해하는 지름길입니다. 데이터베이스의 필요와 가치는 바로 이 지점에서의 고민으로부터 출발했기 때문입니다.

공유의 비극

기업들은 다양하고 방대한 정보시스템을 개발하여 운영합니다. 가령 공장을 가진 제조업이라면 주문 시스템, 생산 시스템, 배송 시스템, 재고관리 시스템, 고객관리 시스템 등 업무와 기능별로 필요해 의해 독립적으로 만들어진 다수의 단위 시스템을 운영하고 관리합니다. 이상적으로는 처음부터 통합되고 일관된 방식으로 작동하는 단일 시스템이 있을 것이라고 생각할 수도 있겠지만, 아주 작은 기업조차도 현실은 그렇지 않습니다.

어떤 업무는 외부에서 개발한 완제품 형태의 패키지 솔루션을 도입하기도 하고 또 다른 업무는 시장에 그런 소프트웨어 제품이 없거나 조직의 프로세스와 맞지 않아 제로베이스의 내부 인하우스 개발을 해야만 합니다. 시스템은 다양한 목적과 배경으로 서로 다른 기술을 사용하고 서로 다른 시간에 다른 프로그래밍 언어와 플랫폼으로 구현되기도 합니다.

그 결과 다양한 '시스템 사이의 정보공유'라는 걱정거리가 생깁니다. 이때 가장 간편하고 쉬운 방법은 파일을 이용해 시스템 간 정보를 전달하고 공유하는 것입니다. 사실 '파일'은 컴퓨터 시스템을 통해 사용할 수 있게 내장된 가장 범용적인 저장 메커니즘이기도 합니다. 시스템 A는 시스템 B가 필요로 하는 정보를 포함한 파일을 생성합니다. 파일은 사전에 약속된 정보 동기화 주기interval에 따라 정기적으로 생성되고 이를 수신한 시스템 B는 이 정보를 읽어 업무 처리에 활용합니다.

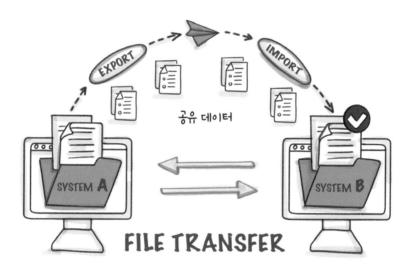

그런데 파일 전송 방식에는 파일의 변경update 사항이 시스템들 사이의 동기화 작업 지연 등으로 인해 제대로 처리되지 않을 경우 심각한 문제가 발생할 수 있는 리스크가 내재되어 있습니다. 가령 고객관리 시스템이 매일 밤 고객의 주소 변경을 반영하는 갱신 파일을 생성하는 경우, 미처 주소를 갱신하

지 못한 배송 시스템은 변경이 발생한 날의 이전 주소로 상품을 배송할 수 있습니다. 동기화 불일치는 분명 문제입니다.

한 시스템은 파일을 쓰고 다른 시스템은 나중에 파일을 읽는 이런 구조는 또 다른 문제를 내포하고 있습니다. 시스템들은 파일 이름과 위치, 파일 포맷, 파일을 읽고 쓸 시간, 그리고 누가 파일을 삭제할지 상호 간에 동의해야 하며, 어떤 변화에 의해 이런 디테일한 약속 중 하나라도 깨어지면 심각한 문제가 발생할 수도 있습니다.

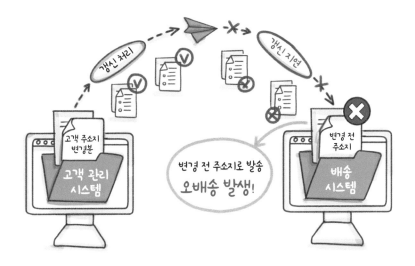

현실 세계의 많은 문제는 충분히 복잡하고 시급해서 사람들은 시스템이 파일을 쓰고 전달하고 다시 다른 시스템이 이를 읽어내기 위한 시차와 지연에 따른 주문 상품 오배송 등 매끄럽지 못한 서비스를 견디지 못합니다. 파일 기반의 접근 방법은 태생적으로 적시성timeliness이 부족하여 변경 사항이 신속하게 관련 시스템에 전달되지 않으면 동기화되지 않은 데이터로 인해 문제가 발생할 가능성이 커집니다.

" 따라서 필요한 것은 시스템들이 공유하는 중앙의 통합된 데이터 저장소입니다. 더 빠르게 실시간으로 데이터를 참조하면서 약속된 데이터 포맷을 사용하는 '공유 데이터 저장소'가 갱신 파일을 동기화하는 체계보다 매력적으로 느껴집니다. "

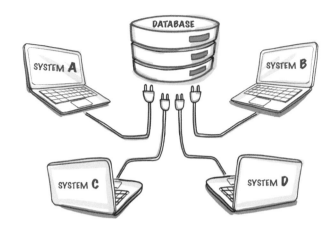

　사실, 사람들이 데이터베이스에 대해 일반적으로 가지고 있는 관념과 이미지는 데이터에 대한 공유 저장소repository인 듯합니다. 데이터를 공유 데이터베이스에 저장하고 개별 시스템이 업무 처리를 위해 필요로 하는 보편적인 데이터 구조를 정의해 지체됨 없이 함께 활용하는 방식은 분명 효율적이고 강력합니다. 데이터베이스라는 기술은 이런 배경으로 출발했고, 그래서 지금도 데이터 저장과 공유를 위한 대표적인 도구로 데이터베이스가 널리 사용되고 있는 것이죠. 모든 데이터를 움켜쥐고 있는 데이터베이스는 IT 시스템의 심장이나 다름없습니다. 그런데,

> " 공유라는 달콤함은 '동시성'과 '일관성'이라는 두 가지 또 다른 묵직한 숙
>   제를 동시에 우리에게 안겨주었습니다. "

동시성·일관성을 위한 여정

　복수의 사람들이 '동시에' 같은 데이터를 참조하거나 갱신해도 '모순 없이 일관되게' 데이터가 처리되어야 한다는 '데이터 일관성'이라는 무척 중요한 개념을 몇 가지 구체적인 사례를 통해 알아보겠습니다. 조금은 낯설고 복잡한 이야기일 수도 있지만 호기심 많고 현명한 당신이라면 충분히 쫓아올 수 있을 겁니다.

IT에서 데이터가 모순되었다거나 일관되지 못하다는 의미는 보통 데이터가 불일치해 데이터의 정합성이 깨진 상태를 말합니다. 데이터를 관리하는 실무자에게는 최악의 상황인데요. 불일치가 어떻게 발생할 수 있는지를 앞선 친구 테이블에 약간의 변화를 줘 알아보겠습니다.

성명	나이	친구
봄	27	여름
여름	30	가을

테이블의 첫 행에 따르면 봄은 여름과 분명 친구입니다. 그러나 두 번째 행을 확인하면 여름은 봄과 친구 관계가 아닙니다. 이는 두 사람이 동시에 서로 친구가 되어야 하는 친구 관계의 기본 규칙을 위반하여 두 사실(테이블의 두 행)이 이치상 어긋나서 서로 맞지 않는 모순된 상태를 의미합니다. 친구 관계가 좀 꼬였네, 라면서 가볍게 넘길 수도 있을지 모르겠지만, 맥락을 좀 더 확장해 보면 아주 심각한 상황이라고 할 수 있습니다. '친구' 관계라는 개념을 '결혼'이라는 개념으로 바꾸어 보겠습니다. 그러면 봄은 여름과 결혼했지만 여름은 봄이 아닌 가을과 결혼했다는 사실에 이릅니다. 이는 실제로 많은 국가에서 불법입니다. 만약 국가가 관리하는 전자정부 시스템에서 가족관계 정보를 이렇게 관리한다면 문제는 더 심각해집니다.

사실, 예시로 삼은 데이터 일관성 문제는 DBMS를 사용하여 관리하면 비교적 쉽게 피할 수 있습니다. 컴퓨터는 규칙을 처리하는 데 탁월해서 '봄이 여름과 결혼했다면 여름도 봄과 결혼한 상태여야 한다'라는 규칙을 따르도록 데이터베이스를 설정하면 됩니다. 그러면 누군가 이 규칙을 위반하는 새로운 데이터를 추가하려고 할 때 컴퓨터가 오류 메시지를 띄우고 입력은 실패 처리됩니다. 그러니까 〈여름, 30, 가을〉이라는 새로운 행^{row}을 입력하려고 하면

DBMS가 이미 설정된 규칙을 읽어내어 새로운 해당 행의 데이터베이스 등록을 필터링해서 막아내는 것이죠.

추가설명 설정

데이터 일관성 확보를 위한 규칙 설정은 일반적으로 데이터베이스 관리시스템DBMS에 하면 된다. 바로 이어서 설명하겠지만, DBMS의 핵심 역할은 바로 이처럼 데이터를 일관성 있게 정확하고 정교하게 관리할 수 있게 하는 데 있다.

데이터가 일관되게 읽히지 않는 또 다른 사례를 살펴보겠습니다. 오피스 프로그램으로 자주 사용하게 하는 엑셀은 사용하기 무척 편리하지만, 일반적으로 저장한 파일을 한 번에 한 명의 사용자만 열어서 작업할 수 있습니다. 개인이 자기 노트북에서 혼자 파일 작업을 할 경우에는 전혀 문제 될 것이 없습니다만, 여러 명이 함께 작업할 경우 예상치 못한 문제가 발생할 수도 있습니다.

어떤 중요한 엑셀 파일을 회사의 같은 팀 팀원인 A, B, C가 공동 작업을 하고 있다고 해보겠습니다. 그리고 해당 엑셀 파일은 공동 작업을 위해 팀에서 파일 서버로 관리 중인 컴퓨터에 존재합니다. A가 B에게 문서의 가독성을 높이기 위해 파일 내 다수의 시트에 작성된 문구 중 '인공지능'을 모두 'AI'로 바꾸는 등의 수정 작업을 요청합니다. B는 파일 서버의 해당 파일을 수정 작업하다가 점심 식사를 하러 나가기 위해 수정 사항을 일단 저장합니다. 이후 오전 반차 휴가였던 C가 출근해서 전날부터 C의 개인 로컬 PC에서 작업 중이던 해당 파일을 마무리한 후 서버 컴퓨터에 다시 갱신합니다. 당연히 C는 오전에 있었던 B의 변경 작업 내역은 알지 못하는 상태입니다. C가 작업하던 내용으로 최종 갱신되면서 중간에 B가 처리 중이던 변경 내역이 온전히 휘발되었습니다.

이 상황이 우리에게 전해주는 교훈은 공유하는 자원을 변경하는 행위에는 세심한 접근이 필요하다는 것입니다. 그리고 데이터베이스는 이런 문제를 트랜잭션transaction이라는 개념으로 해결합니다. IT 부서가 고가의 DBMS를 구입해서 사용하는 이유로는 성능과 관리의 편의성 등 여러 가지 측면이 있지만, 무엇보다도 트랜잭션 처리 능력이 가장 기본적이고 핵심적인 요소라 할 수 있습니다.

"트랜잭션은 여러 개의 관련 수정 작업이 하나의 작업처럼 전부 덩어리로 처리되거나 아예 전부 처리가 안 되도록 All or Nothing으로 처리되게 하는 것입니다."

예를 들어 은행 업무의 '계좌이체'는 하나의 예금 계좌에서 인출하여 다른 예금 계좌에 입금하는데, 이 두 작업은 하나의 단위로 함께 수행되어야 합니다. 두 작업이 모두 성공하지 못할 경우, 그러니까 두 작업 중 하나라도 문제가 있을 경우, 전체가 실패되게 처리해야 합니다. 다른 계좌로 입금은 되지 않고 내 계좌에서만 금액이 인출되었다면 해당 은행은 금방 문을 닫아야 할 겁니다.

계좌이체라는 하나의 거래 행위는 물리적으로는 계좌 인출, 타 계좌 입금이라는 2개 단위 거래의 조합으로 구성됩니다. 그 두 가지 작업은 한 몸처럼 완벽하게 결합되어 처리되어야 합니다. 따라서 논리적으로는 하나의 처리 단위가 되어야 합니다. 이를 위해 DBMS는 트랜잭션이라는 개념과 이 개념을 구현한 기능을 제공하는 것입니다. 트랜잭션은 데이터베이스의 상태를 변경하는 논리적인 작업의 단위입니다.

주변에서 실제 있었던 사례인데, K가 회사 근처 ATM 기기에서 잔고가 충분한 것을 확인하고 계좌이체를 시도했는데 '잔고가 부족합니다'라는 메시지를 받은 적이 있습니다. 순간 당황했지만, IT 직종에 근무하는 덕에 K는 금방 원인을 짐작할 수 있었습니다. 아내에게 전화를 걸어 확인해 보니 아내도 역시 같은 시각에 집 근처 은행에서 동일 계좌의 현금을 인출하고 있었던 것입니다. 물론, 잔고 금액 값이 잘못 갱신되지는 않았으므로 데이터 처리 측면에서는 문제가 없었지만, 업무적인 관점에서 좀 더 세심하게 해당 은행이 트랜잭션을 제어했더라면 사용자는 의아한 상황을 굳이 마주하지 않을 수도 있었을 겁니다.

예컨대 계좌이체라는 트랜잭션을 정의할 때 최초에 현금 잔고를 확인하고 이체 비밀번호를 입력받아 최종 이체가 완료되는 순간까지를 포함해서 넓게 트랜잭션을 정의했다면 당황스러운 일은 발생하지 않게 됩니다. 물론, 그럴 경우 K가 잔고를 조회하고 이체를 시도하던 시점에 아내는 동시에 출금할 수는 없게 됩니다. 왜? DBMS의 정밀한 데이터베이스 트랜잭션 컨트롤 때문입니다. '트랜잭션'이라는 섬세한 개념을 이해하기 위해 흥미로운 상황을 한 가지만 더 살펴보겠습니다.

오라클 데이터베이스가 가장 많이 사랑받은 이유

K가 이번에는 은행들의 통합계좌 조회 서비스를 통해 A, B, C 은행에 있는 본인의 계좌 잔고의 총합을 계산해 보려고 관련 통합 조회 서비스를 클릭했습니다. 그랬더니 관련 계좌 데이터를 순차적으로 모두 읽어 전체 계좌의 잔고 총합계를 계산하는 처리를 수행하기 위한 트랜잭션 하나가 시작되어 A 은행 계좌는 읽기를 완료했고 B 은행 계좌를 현재 읽는 중이라고 가정해 보겠습니다.

이 처리가 진행되는 굉장히 짧은 순간, 이번에도 공교롭게 K의 아내가 K의 C 은행 계좌에 입금을 했다고 하겠습니다. 만약 입금된 새로운 데이터가 지금처럼 통합 계좌 조회 트랜잭션이 아직 처리 전인 영역이라면 잔고 총합계에 포함되겠지만, 이미 읽고 지나간 위치에 삽입되면, 가령 C 은행이 아닌 A 은행 계좌 입금이었다면 총합계에서 누락될 수도 있습니다. 데이터가 입력되는 시점이나 위치에 따라 총합계가 달라진다면 이는 데이터 처리(읽기) 일관성이 없는 것이 됩니다. 역시 DBMS는 특별한 장치와 기법을 사용해 완벽한 일관성을 보장합니다. DBMS는 이를 어떤 방식으로 처리할까요? 이런 상황에서 DBMS가 취하는 입장과 처리 방식은 크게 두 가지입니다.

대개의 DBMS는 잔고 총합 집계라는 '읽는' 행위 트랜잭션(K의 통합계좌 잔고 조회) 도중에 신규로 유입 발생된 트랜잭션(아내의 입금) 데이터는 잠시 무시하고 별도로 고립시킬 수 있게 처리합니다. 즉, 신규 유입된 트랜잭션을 잠시 고립시키면서 기존 트랜잭션의 읽기 일관성을 유지하며 해당 트랜잭션을 먼저 처리합니다.

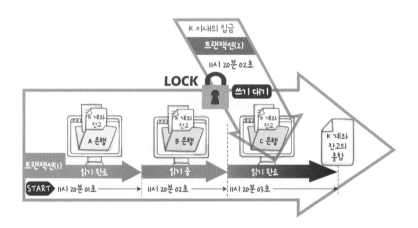

여기서 '고립화'는 잠시 해당 트랜잭션을 잠근다Lock 혹은 대기시킨다Wait 라는 의미입니다. 따라서 경합하고 충돌하는 두 트랜잭션을 모두 안전하고 일관성 있게 처리하기 위해 아내의 입금 처리를 위한 트랜잭션은 남편인 K의 통합계좌 잔고 조회를 위한 트랜잭션이 완전히 종료될 때까지 짧은 순간일지라도 지연해서 처리합니다. 다시 말해 K의 아내가 수행한 입금 처리는 은행 앱에서 잠시 홀딩 되거나 오류가 발생하면서 실패합니다.

반면, 또 다른 방식은 트랜잭션이 시작된 시점을 기준으로 데이터를 읽어 들이게 처리하는 것입니다. 즉, 트랜잭션이 시작된 이후 변경된 데이터는 무시하고 그 전의 데이터를 읽는 것입니다. K의 통합계좌 잔고 조회 트랜잭션에 대입해보면 해당 트랜잭션이 시작되기 전에 데이터베이스에 이미 반영된 데이터만 읽고, 그 이후 갱신된 변경 사항은 읽어 들이지 않는 방식입니다. 따라서 아내의 입금 처리로 인해 나중에 반영된 데이터의 변경 사항은 K의 계좌 잔고 조회 시에는 절대 반영되지 않게 됩니다.

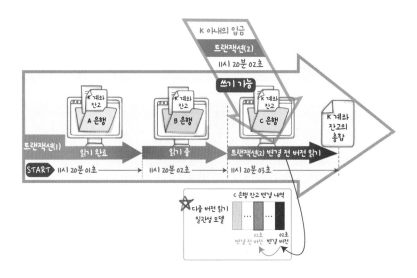

대표적인 데이터베이스 제품인 오라클oracle이 이런 방식으로 데이터의 일관성을 지킵니다. 앞선 방식과 비교했을 때 이 방식은 경합하는 트랜잭션을 고립화시키면서 잠시 자물쇠로 잠그는 락을 전혀 사용하지 않기 때문에 데이터 일관성을 위한 데이터 동시성 측면에서 지연 처리가 거의 없습니다. 이런 배경으로 국내 기업에서는 대용량 데이터의 처리를 위해 오라클 제품이 가장 선호되어 왔습니다.

추가 설명 오라클

오라클은 다중 버전 읽기 일관성 모델이라는 독특한 메커니즘을 사용한다. 트랜잭션이 시작된 이후 변경 반영된 데이터를 읽지 않는다는 원칙을 지키려면 변경 반영 전의 데이터를 정확히 찾을 수 있어야 하며, 다중 버전 읽기 일관성 모델은 이를 추적 및 관리하기 위한 정교한 메커니즘이라고 이해하면 된다. 참고로, 다중 버전 읽기 일관성 모델에서 관리하는 변경 내역 히스토리 데이터를 스냅숏^{snapshot} 데이터라고 부른다.

이제 공유의 비극으로부터 시작된 긴 이야기를 정리해 보겠습니다.

" 데이터베이스는 데이터 '공유'에서 출발했습니다. 그리고 데이터 공유는 다중 사용자가 같은 데이터를 동시에 접속하고 액세스하는 '동시성'이라는 문제를 필연적으로 가져오고, 그래서 자신이 발생시킨 데이터 변경 사항과 다른 트랜잭션의 변경 사항을 포함해 일관성 있는 상태로 데이터를 관리하는 '일관성' 관리가 데이터베이스의 핵심 기술이 되었습니다. "

공유 ──→ 동시성 ──→ 일관성 제어 ──→ 데이터베이스의 핵심 기술

결국, 데이터베이스는 데이터를 공유하는 저장소이며, DBMS는 데이터 일관성을 수호하는 수호신입니다. 오라클^{oracle} 데이터베이스도 그 이름에서 '신'을 의도합니다.

DBMS, 트랜잭션, 일관성, 동시성 등 낯설고 어려운 용어와 개념이 한꺼번에 밀려와 어리둥절하고 버거웠을지도 모르겠습니다. 사실 이 장에서 언급한 내용은 IT 개발자들에게도 결코 쉽지 않은 난이도가 있는 개념입니다.

동시성, 일관성을 위한 여정에서의 핵심은 데이터의 '공유'는 익명의 동시 사용자가 같은 데이터를 동시에 조회 및 갱신하는 '동시성' 문제를 필연적으로 가져오기에 그 처리가 그리 간단하지 않다, 섬세하게 관리하지 않으면 데이터 '일관성'은 깨지기 쉽다. DBMS는 이런 문제를 사전에 방지하면서 데이터베이스를 안전하게 지킨다, 데이터베이스의 진정한 가치는 바로 여기에 있다고 이해하고 정리하면 좋겠습니다.

이제 데이터베이스계의 최강자인 관계형 데이터베이스에 대해 알아보겠습니다.

DBMS의 전통적 강자, 관계형 데이터베이스

자동차 동호회와 데이터베이스

자동차 동호회 '굴러간당'의 운영자인 A는 온라인 공간에서뿐만 아니라 오프라인 모임에도 적극적으로 참여하는 우수·성실 회원의 명부를 체계적으로 관리하기 위해 고민 중입니다. 회원의 성명, 연락처와 같은 개인 정보와 보유 차종에 대한 정보를 관리하여 '굴러간당 회원들은 흰색 차량을 가장 선호하네요'와 같은 흥미로운 분석 결과를 제공하거나 '오늘밤 시울 강시 OO셀프세차장에서 MINI 차주분들의 세차 번개가 있습니다'와 같은 정보를 공지해 동일 차종을 보유한 회원끼리 커뮤니티를 형성해 유용한 정보가 공유되고 순환될 수 있게 하기 위함입니다.

추가 설명 자동차 동호회

이 책에서 설명하는 자동차 동호회 사례는 필자가 출간한 ≪프로젝트 성패를 결정짓는 데이터 모델링 이야기≫(한빛미디어, 2015)의 '데이터 모델링은 일상 가까이 존재한다' 부분을 발췌했다. 데이터베이스에 대해 좀 더 깊이 있게 공부하고 싶은 분들께 추천드린다.

표-1) 굴러간당의 회원 정보표

성명	나이	우편물 수령주소	E-MAIL	휴대폰 번호	보유차량 제조사	차종	색상	년식
노현호	25	서울시 관악구 대학동	no@gmail.com	010-1111-1234	현대	아이오닉	SILVER	2022
김남훈	36	강원도 양양군 양양읍	hun@gmail.com	010-2222-5678	기아	쏘렌토	RED	2020
김주현	42	경기도 수지구 죽전동	ju@naver.com	010-3333-2345	BMW	MINI	WHITE	2018

A는 회원의 차량 정보를 성명, 이메일 주소 등과 함께 [표 1]과 같이 정리하다가 이내 애매한 상황과 마주칩니다. 노현호 씨는 소유한 차가 두 대라서 이를 관리하기 위해서는 [표 2]와 같이 정보를 두 개의 행으로 표현해야 합니다.

표-2) 보유 차량 수만큼 개인정보가 중복되는 회원 정보표

성명	나이	우편물 수령주소	E-MAIL	휴대폰 번호	보유차량 제조사	차종	색상	년식
노현호	25	서울시 관악구 대학동	no@gmail.com	010-1111-1234	현대	아이오닉	SILVER	2022
노현호	25	서울시 관악구 대학동	no@gmail.com	010-1111-1234	테슬라	모델3	WHITE	2020

그런데 이처럼 차가 두 대 이상인 회원을 여러 행으로 관리한다면 이메일 주소와 휴대폰 번호 등의 개인 정보가 차량 대수만큼 '반복'될 수밖에 없습니다. 회원이 보유한 차량 수만큼 개인 정보가 반복되거나 중복되는 것도 문제지만, 원래 의도했던 회원 명부라는 관점보다는 회원의 차량 정보가 우선시되는 것 같아 꺼림칙합니다.

" 표에서 한 줄을 차지하는 '정보의 단위'가 개별 회원이 아닌 회원이 소유한 차량이 되었기 때문입니다. "

한참을 고민한 A는 이것이 성격이 다른 두 정보를 '함께' 관리하려다 보니 일어난 현상임을 깨닫고 다음과 같이 개인 정보(표 3)와 보유 차량 정보(표 4)를 각각의 표로 '분리'하기로 했습니다.

표-3) 회원 개인 정보표

성명	나이	우편물 수령주소	E-MAIL	휴대폰 번호
노현호	25	서울시 관악구 대학동	no@gmail.com	010-1111-1234
김남훈	36	강원도 양양군 양양읍	hun@gmail.com	010-2222-5678
김주현	42	경기도 수지구 죽전동	ju@naver.com	010-3333-2345

표-4) 개인 정보에서 분리된 회원 보유차량 정보표

성명	보유차량 제조사	차종	색상	년식
노현호	현대	아이오닉	SILVER	2022
노현호	테슬라	모델3	WHITE	2020
김남훈	기아	쏘렌토	RED	2020
김주현	BMW	MINI	WHITE	2018

보유 차량 정보표에는 소유자를 확인할 수 있게 소유자의 성명을 함께 입력해서 회원 개인 정보표와의 '연결고리'로 활용하기로 했습니다.

문제를 해결하고 표를 좀 더 정리하다 보니 이번에는 이름이 똑같은 회원이 나타났습니다. 회원 개인 정보의 성명 속성만으로는 동명이인인 그들을 구분할 수 없게 되었고, 더 큰 문제는 보유 차량 정보의 차량 역시 누구의 소유인지 정확히 알 도리가 없게 되었습니다. 성명과 나이를 묶어 구분할 수도 있겠지만, 나이까지 같지 말라는 법이 없으니 궁극적인 해결책은 되지 못할 것입니다. 결국 회원을 명확히 식별하기 위해 A는 회원번호라는 새로운 속성을 관리하기로 마음먹습니다.

표-5) 회원 번호가 추가된 회원 개인 정보표

회원번호	성명	나이	우편물 수령주소	E-MAIL	휴대폰 번호
10001	노현호	25	서울시 관악구 대학동	no@gmail.com	010-1111-1234
10002	김남훈	36	강원도 양양군 양양읍	hun@gmail.com	010-2222-5678
10003	김주현	42	경기도 수지구 죽전동	ju@naver.com	010-3333-2345
10004	김남훈	28	서울시 강남구 서초동	hun2@gmail.com	010-4444-3456

표-6) 성명 대신 회원 번호를 사용한 보유차량 정보표

회원번호	보유차량 제조사	차종	색상	년식
10001	현대	아이오닉	SILVER	2022
10001	테슬라	모델3	WHITE	2020
10002	기아	쏘렌토	RED	2020
10003	BMW	MINI	WHITE	2018
10004	아우디	A6	SILVER	2017

그런데 보유 차량을 제대로 분석하려면 '아우디'와 'AUDI'가 같은 제조사이며 동일한 의미임을 알아야 합니다. 그러기 위해서는 제조사 이름 표기를 표준화해야 합니다. 표준화되지 않고 조금씩 다르게 표현되면 분석하고 집계하여 의미 있는 정보로 만들 때 어려움을 겪습니다. 가령 엑셀의 필터 설정 기능으로 데이터를 간편하게 분류하려고 할 때 아우디와 AUDI는 같은 카테고리로 그루핑되기 어렵습니다. A는 가급적 한글화해서 정보를 입력하자고 생각해 아우디로 통일하기로 했습니다.

이제 얼추 정리되어가나 싶더니 최근 들어 동호회가 활성화되면서 튜닝 용품, 타이어 샵, 자동차 외장 관리 업체 등 관련 업체들이 광고와 홍보를 위해 동호회에 들어오기 시작한 것이 생각났습니다. 이들 업체 정보도 관리할 필요성을 느껴 회원 개인 정보표에 담으려 하다가 이내 생각을 바꾸었습니다. 협력업체 정보를 개인회원 정보로 등록하기에는 다소 이질적이라 느껴서 별도의 표로 관리하기로 했습니다. 협력업체를 위한 별개의 표를 새로 만든 후 데이터를 입력하고 A는 작업을 마무리합니다.

표-7) 협력업체 정보표

업체명	업체주소	업종	대표자명	연락처
튜닝팩토리	서울시 양천구 목동	튜닝	이민아	02-1234-4321
용산타이어	서울시 용산구 원효로	타이어	양혜원	02-3322-7777
드림카오디오	경기도 하남시 신장동	카오디오	양준혁	02-787-6666
디테일링세차	경기도 양평군 서종면	세차장	노오경	031-999-9876

데이터베이스는 테이블 놀이다

지금까지 자동차 동호회의 회원과 보유 차종이라는 지극히 일상적인 생활의 데이터를 어떻게 관리해야 할지 고민하는 과정에서 스스로 인지하지는 못했지만, 우리는 사실 '데이터베이스를 설계'해 봤습니다. IT 전문가들만이 번듯하게 해낼 것 같은 데이터베이스 설계가 자동차 동호회를 위해 잠시 고민하

며 끄적거린 결과물과 같다는 사실이 의아할 수도 있겠지만, 동호회 회원과 보유 차량 데이터를 관리하기 위해

> " 관련된 속성을 하나의 표로 정의했고 이질적인 속성과 중복·반복되는 값
> 들은 분리하여 별도의 표에 저장되게 했습니다. 즉, 행과 열의 2차원 표 구
> 조에 데이터를 어떻게 담는 것이 좋을지를 지극히 상식적이고 일상적인 관
> 점에서 생각해 보았는데, 이 과정이 바로 '데이터베이스 설계'입니다. "

지난 20여 년간 가장 일반적으로 사용되면서 시장을 지배하게 된 데이터베이스인 **관계형DBMS**^{Relational DBMS}는 데이터를 2차원 '표'에 담습니다. 관계형 데이터베이스는 엑셀의 스프레드시트처럼 보이는 '테이블'을 데이터를 인식하고 조작하는 기본 모델로 사용합니다. 행^{row}과 열^{column}로 구성된 표 구조를 테이블이라 부르며, 데이터를 '테이블'이라는 직관적인 구조로 표현하고 관리합니다.

테이블의 열은 데이터에 포함된 다양한 속성을, 행은 그런 속성을 갖는 개별 개체를 의미합니다. 즉, 테이블은 우리가 관심을 갖는 대상의 다양한 속성을 표현하고 요약합니다.

추가 설명 관계형DBMS

DBMS는 크게 데이터를 표 구조로 관리하는 관계형과 비관계형 DBMS로 구분할 수 있다. 비관계형 중 대표적인 것은 그래프 DBMS로, 테이블 중심의 관계형과 달리 데이터를 무엇과 무엇의 관계 중심으로 표현한다. 비관계형DBMS에는 다양한 하위 유형이 존재하는데, 이를 포괄하는 의미로 NoSQL DBMS라고 부르기도 한다. NoSQL에 대해서는 이 챕터의 마지막 부분에서 별도로 다룬다. 관계형 DBMS 상용 제품에는 오라클, MySQL, SQL Server 등이 있으며 NoSQL DBMS 제품으로는 Neo4J, MongoDB 등이 있다. 역시 이 책에서 관계형 데이터베이스라는 표현은 해당 DBMS와 DBMS 내부의 데이터 집합 전체를 포함하는 의미로 사용한다.

사실 IT 개발을 오래 한 사람 중에서도 오해하는 분이 많습니다만, 관계형 데이터베이스의 관계^{relation}는 관련성이나 연결을 전혀 의미하지 않습니다. 관

계형 데이터베이스의 '관계'는 '테이블'을 의미하는 수학적 표현입니다. 관계형 데이터베이스는 데이터를 릴레이션, 즉 테이블로 정리해서 표현하는 데이터베이스입니다.

그래서 데이터는 결국 테이블이다, 라고 주장할 수 있습니다. 데이터를 구체화normalization해보면 대부분 테이블 형태가 되기 때문입니다. 한 개인이 일상생활에서 다루어야 하는 데이터의 대부분은 엑셀 시트sheet와 같은 표 구조에 담을 수 있습니다. 사실 비정형 데이터의 반대말인 정형 데이터는 엑셀 표와 같은 테이블 구조에 담을 수 있는, 즉 관계형 데이터베이스로 관리할 수 있는 데이터라고 이해하면 틀림이 없습니다. 반대로 엑셀에 담기 어려운 데이터라면 비정형 데이터라고 구분해도 무리가 없습니다.

추가 설명 관계형 데이터베이스

Relational DBMS를 우리말로 번역하면서 관계형 데이터베이스라고 무리하게 옮긴 것이 현재 고착화되어, 용어가 사람들의 개념 이해를 어렵게 만드는 측면이 있다. 의미상으로는 '테이블 지향 데이터베이스'가 적절해 보인다.

추가 설명 릴레이션

수학의 집합론, 관계 대수에서 릴레이션은 데이터 집합을 의미한다. 사실상 테이블과 동일한 의미다.

이렇게 데이터를 테이블로 생각하면 데이터와 관련된 다른 개념을 쉽게 이해할 수 있습니다. 빅데이터는 단지 행과 열이 굉장히 많은 테이블입니다. 또한 데이터 관련 대부분의 IT 작업은 테이블을 만들고, 테이블이라는 형식(구조)에 데이터라는 콘텐츠(값)를 입력하고 갱신하는 등의 처리를 하고, 저장된 데이터를 적절한 형태로 가공하여 분석하는 일입니다.

" 쉽게 말해서, 데이터를 테이블로 생각하면 데이터베이스 관련 작업은 '테이블 놀이'로 볼 수 있습니다. "

'데이터베이스는 결국 테이블 놀이다'라는 직관에 공감해 보기 위해 앞서 언급했던 쿠팡의 주문배송 시스템에 데이터베이스를 적용해 보겠습니다. 복잡도를 줄이기 위해 쿠팡의 고객과 고객의 배송지 주소를 테이블로 관리하는 구조에만 집중해 보죠. 먼저 고객 테이블입니다.

고객 테이블에는 방대한 고객 데이터가 저장되어 있습니다. 여기서 우리가 관심을 갖는 질문이 가령 전체 매출액 중 20, 30대 젊은 여성의 구매가 차지하는 비중이라고 해보겠습니다. 이런 질문에 대한 해답을 얻기 위해서는 다음 그림에서와 같이 해당 속성인 나이, 성별, 구매 총합계 등을 선택하여 관련된 데이터 행(개체)^{row}만을 집계하면 됩니다. 이처럼 테이블의 각 열(속성)^{column}은 데이터 분석을 위한 고유의 관점^{view}을 제공합니다. 테이블에서 대상 개체(행)를 설명하는 특성이 바로 칼럼(열)이기 때문입니다.

〈 고객 테이블 〉

고객 ID	성명	•••	나이	성별	•••	구매 합계
10001	한애옥		76	여		73,200
10002	김옥주		29	여		183,000
10003	양은정		39	여		116,000
10004	김남민		45	남		441,000
10005	노오경		31	여		9,000

그렇다면 고객의 '배송지 주소'는 테이블에서 어떤 형태로 관리해야 할까요? 실무에서 배송지 주소는 실제로 대부분 다음과 같은 형태로 관리됩니다. 인터넷으로 상품을 주문할 때 집으로 배송을 요청할 수도 있지만 회사를 배송지로 지정하여 직장에서 물건을 받을 수도 있습니다. 고객별로 시스템에 저장하여 자주 사용하는 배송지는 2개 이상일 수 있고, 따라서 배송지 테이블에는 한 개인에 대해 여러 개의 행으로 집, 회사 등 개별 배송지 주소가 저장되어야

합니다. 물론, 여러 개의 배송지 중 '기본 배송지'를 구분하기 위해 '기본배송지여부' 칼럼을 정의하여 해당 칼럼의 값이 YES를 의미하는 'Y'인 행을 기본 default 배송지로 확인하여 주문 상품을 발송할 수 있습니다.

< 고객 배송지 테이블 >

고객 ID	일련번호	기본 배송지 여부	주소
10001	1	Y	제주도 제주시 애월읍 ~
10001	2		서울시 강남구 역삼동 ~
10002	1		강원도 강릉시 노암동 ~
10002	2	Y	강원도 양양군 양양읍 ~
10002	3		경기도 용인시 수지구 죽전동 ~

지금까지 설명한 대부분의 예에서 데이터베이스는 테이블 하나만으로 구성되었습니다. 그런데,

" 데이터베이스 기술의 강력한 힘은 다수의 테이블을 가진 데이터베이스에서 시작됩니다. 핵심 컨셉은 각 테이블이 서로 다른 정보의 집합을 저장하지만 다양한 테이블에 있는 대다수 개체는 어떤 식으로든 서로 연결된다는 것입니다. "

쿠팡의 상품 주문 화면에서 내가 별다른 입력을 하지 않았음에도 기본 배송지 정보가 모니터 화면에 정확히 뿌려질 수 있는 이유도 바로 여기에 있습니다. 쿠팡 시스템이 재빨리 '고객' 테이블에서 주문·결재 중인 김상래와 '배송지' 테이블의 김상래 관련 배송지를 연결해서 읽었기 때문입니다. 그리고 이 중 기본 배송지 여부 칼럼의 값이 'Y'인 행의 주소를 배송지 주소로 알아서 선택한 것입니다.

데이터베이스의 모든 정보는 고정된 개별 테이블에 저장되지만, 데이터베이스는 필요할 때마다 관계 연결을 위해 테이블 사이를 돌아다니며 기존의 데이터를 결합하고 합쳐 완전히 새로운 정보를 일시적으로 생성할 수 있습니다. 이때 연결의 기본 아이디어는 고객 테이블의 김상래와 배송지 테이블의 김상래 관련 배송지를 연결하기 위해 고객 ID 칼럼의 값이 같은 행을 참조하는 것입니다. 즉,

> " 두 테이블에 모두 있는 칼럼을 이용해 해당 칼럼을 연결고리로 활용하여
> 한 테이블의 각 행을 다른 테이블에서 대응하는 행과 결합하는 것입니다. "

이를 IT에서는 데이터베이스의 연결 연산을 의미하는 조인join이라는 용어로 부릅니다.

⟨ 고객 테이블 ⟩

고객 ID	성명	...	나이	성별	...	구매 합계
10001	한애옥	...	76	여		73,200
10002	김욱주		29	여		183,000
10003	양은정		39	여		116,000
10004	김남민		45	남		441,000
10005	노오경		31	여		9,000

⟨ 고객 배송지 테이블 ⟩

고객 ID	일련번호	기본 배송지 여부	주소
10001	1	Y	제주도 제주시 애월읍 ~
10001	2		서울시 강남구 역삼동 ~
10002	1		강원도 강릉시 노암동 ~
10002	2	Y	강원도 양양군 양양읍 ~
10002	3		경기도 용인시 수지구 죽전동 ~

관계형 데이터베이스 정리

과학의 많은 위대한 발상과 진보가 대부분 그러하듯이 관계형 데이터베이스도 돌이켜 보면 무척 단순한 컨셉을 가지고 있습니다. 테이블이라는 심플하고 효율적으로 조직된 표 구조에 데이터를 정형화해서 저장하고, 연관된 정보가 필요할 때는 서로 다른 테이블로 존재하지만 '관계'가 있는 데이터를 '연결'하기 위해 DBMS가 데이터베이스 안에서 관계 사이를 열심히 돌아다니는 작업을 합니다. 이때 중요한 것은 성격이 유사한 밀접한 것을 하나의 표에 '집약'시키는 것입니다. 그리고 관계없고 이질적인 것은 따로 떼어내고 분리합니다. 그래야 테이블의 성격과 정체성이 명확해져 데이터를 쉽게 조회하고 분석, 활용하기도 좋아집니다.

> " 결국, 관계형 데이터베이스의 '테이블'은 데이터 속성의 유사성을 기준으로 관련 데이터를 묶고, 이질적인 것들은 분리한 '분류'의 결과입니다. 관계형 데이터베이스는 유사한 것끼리 모으고 독립적인 것은 분리하는 과정을 통해 나의 정보는 내가 집약해서 갖고, 남의 정보는 굳이 중복해서 보유하지 않으며, 필요할 때 관계를 통해 찾아서 원하는 데이터 집합을 만들어내는 체계입니다. "

이와 같은 관계형 데이터베이스의 컨셉과 구조는 기술적으로 여러 가지 장점을 가집니다. 고객 '김상래'가 쿠팡에 등록된 기존 이메일 주소를 바꾸거나 고객 '김시유'가 이사로 바뀐 집 주소 때문에 배송지를 변경하기 위해 시스템에서 '수정' 버튼을 클릭하더라도, 시스템은 번잡한 작업 없이 관련 테이블에서 그저 연관된 해당 행 하나만 수정하면 충분합니다. 앞서 살펴본 텍스트 파일로 평면적으로 관리되던 쇼핑몰 주문 내역과 달리, 관계형 데이터베이스는 중복을 최소화하면서 관련 정보만을 테이블이라는 단위로 응집하고 '집약'해서 관리하기 때문입니다.

즉, 데이터의 성격과 정체성에 맞게 적절히 구조화된 테이블을 중심으로 중복을 최소화하고, 그러면 정보 저장량 역시 최소로 되기 때문에 데이터 '변경'이라는 변화에 대응하기도 쉬워지는 것입니다. 이는 DBMS가 제공하는 조인^{join}이라는 연결 연산을 통해 원하는 데이터 집합을 그때그때 즉시 생성해 얻기 쉽기 때문에 데이터 중복이 최소화되는 것인데, 데이터를 중복해서 저장하지 않도록 구조화하는 것이 관계형 데이터베이스의 핵심입니다. 자동차 동호회 굴러간당의 사례 역시 관계형 데이터베이스의 이런 지향을 압축해서 보여주고 있습니다.

저장 구조의 심플함, 데이터 연결의 유연함과 같은 특징으로 관계형 데이터베이스는 근 30년 이상 대세가 되었고, 아직도 시장을 지배하고 있습니다. 관계형 데이터베이스의 아성에 도전하는 데이터 저장 기술이 점점 많아지고 있기는 하지만, 관계형 데이터베이스는 앞으로도 가장 일반적으로 사용되는 데이터베이스가 될 것입니다. 왜냐하면,

" 데이터 활용을 위해 데이터는 저장 및 공유되어야 하고, 데이터 '공유'는 필연적으로 다중 사용자의 동시 접속, 데이터 액세스라는 '동시성' 문제를 가져오고, 그래서 데이터 '일관성' 관리라는 이슈를 만들며, 이 문제 해결을 위해 수십 년간 쌓아 올린 기술이 바로 현재의 관계형 데이터베이스이기 때문입니다. 게다가 대부분의 기업에서 다루는 중요한 핵심 업무 데이터는 '정형 데이터'이고, 정형 데이터를 데이터 일관성을 확보하며 정교하게 다루는 데 테이블 단위의 물리적 저장과 이들의 논리적 연결이라는 지향만큼 효율적인 방식이 없기 때문입니다. "

" 정말 감사합니다! 괜찮다면 당신의 호의를 제 데이터베이스에 저장해도 될까요? "

데이터베이스 관리시스템(DBMS)의 놀라운 역할

앞서 전제했듯이, 이 책에서는 DBMS와 DBMS 내부의 데이터 집합인 데이터베이스를 포괄하는 의미로 데이터베이스라는 용어를 넓게 사용하고 있습니다. 데이터 집합으로서의 데이터베이스는 체계적으로 축적된 정보의 묶음이고 기업 정보 서비스의 핵심이라고도 할 수 있지만, 그 자체만으로는 거의 아무것도 못 합니다.

위키피디아wikipedia에서는 화물과 크레인의 비유를 통해 데이터베이스와 데이터베이스 관리 시스템인 DBMS를 이해하기 쉽게 다음과 같이 설명하고 있습니다.

> "간단히 비유하자면 데이터베이스 자체는 화물(데이터)을 저장할 수 있는 창고 그 자체의 역할만 수행하고, 화물을 적재하거나 적재된 화물을 처리할 수 있는 능력은 없다. 이 때문에 DBMS라는 관리자들을 고용하여 화물을 적재하거나 이동시키는 등 크레인과 같은 여러 가지 업무를 수행하게 하는 것이다."

앞서 데이터베이스 혹은 관계형 데이터베이스의 특징을 설명하면서 다룬 대부분의 내용은 사실 DBMS라는 관리시스템의 역할이었습니다. DBMS라는 강력한 엔진은 번잡한 여러 가지 일을 분주하고 빠르고 정확하게 수행합니다. 그중 핵심적인 몇 가지만 정리 차원에서 추려 보겠습니다.

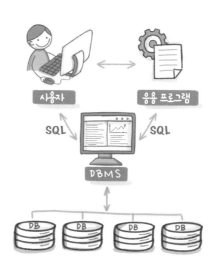

125

DBMS는 여러 사람과 응용 프로그램 등에 의해 공유되어 사용될 목적으로 통합하여 관리하는 데이터 집합이라는 '데이터베이스'의 근본 취지와 목표를 위해 공유 저장소repository 역할을 수행합니다. DBMS의 가장 중요한 임무는 다양한 시스템이 공유하는 '중앙의 통합된 데이터 저장소'입니다.

데이터가 충분히 공유되어 쉽고 편하게 참조되고, 이를 근간으로 정보가 활용, 확산되어 창의적 지식이 개인과 조직의 발전과 성공의 원천이 되는 것은 물론 무척 아름다운 풍경입니다. 그렇지만 데이터 '공유'는 다중 사용자나 응용 프로그램이 동시에 데이터를 조회하고 변경하는 '동시성'이라는 문제를 필연적으로 가져옵니다. 동시성 자체가 문제가 아니라 동시성을 위해 데이터 '일관성' 관리라는 섬세한 처리가 필요하다는 것이 중요했습니다.

모바일 인터넷 환경에서는 많은 사람이 동시에 같은 데이터를 보고 수정할 수 있습니다. 대부분은 데이터의 다른 영역을 작업하지만, 가끔씩 같은 데이터 조각을 조작하기도 합니다. 따라서 호텔 방이 이중으로 예약되는 것 같은 사태를 피하려면 이런 상호작용을 조율하는 것에 대해 깊이 고민해야 합니다. 이러한 일관성이 제대로 관리되지 않을 경우 데이터 사용자에게 어떠한 모순과 문제가 발생하는지 구체적인 몇 가지 사례도 살펴보았습니다. 그리고 DBMS는 이를 '트랜잭션'이라는 개념과 관련 기술로 정확하고 효율적으로 처리하고 있음을 확인했습니다.

그리고 관계형 데이터베이스의 핵심 특징인 세상을 행과 열로 이루어진 스프레드시트 상의 데이터, 즉 테이블로 표현하고, '연관된 정보가 필요할 때'는 서로 다른 테이블로 존재하지만 '관계'가 있는 데이터를 그때그때 즉시 '연결'한다는 컨셉을 구현하기 위해 DBMS는 연결join 요청이 있을 때마다 데이터베이스 안에서 관계 사이를 열심히 돌아다니며 서로 다른 테이블의 행과 행을 관계를 중심으로 연결하는 작업도 수행합니다.

여기까지는 이미 우리가 알고 있는 내용입니다. DBMS의 중요한 역할 한 가지를 마지막으로 더 알아보겠습니다.

관계형 데이터베이스는 데이터를 행과 열을 가진 표 모양을 한 '테이블' 형태로 저장한다고 설명했고, 그래서 당신은 그렇게 이해하고 믿고 있습니다.

그런데 놀랍고 당혹스럽게도 이는 사실이 아닙니다. 관계형 데이터베이스가 '테이블'을 데이터를 인식하고 조작하는 기본 개념이자 모델로 사용하는 것은 분명 맞지만, 실제로 데이터베이스의 데이터가 하드디스크에 행과 열의 구조 그대로 물리적으로 저장되지는 않습니다.

이게 도대체 무슨 말인지를 이해하기 위해 윈도우의 '디스크 조각 모음'이라는 행위를 떠올려 보죠. 하드 디스크 내의 자료가 여러 조각으로 나뉘는 것을 의미하는 단편화 현상을 제거하기 위해 디스크 조각 모음을 수행하면 컴퓨터 속도가 일반적으로 상당히 빨라집니다. 이런 경험이 있다면 사람이 파일 기반의 컴퓨터 시스템에서 정보의 최소 단위로 인식하는 '파일'이 실제로는 디스크의 여기저기에 물리적으로 흩어진 '블록 조각'의 모음이라는 사실을 이해할 수 있습니다. 연속적이지 않은 연관된 데이터의 블록들을 컴퓨터의 운영체제OS가 묶어서 하나의 논리적인 파일로 인식할 수 있게 도와주는 것이죠.

> **추가 설명** 연속적이지 않은 블록
>
> 컴퓨터가 파일을 저장하고 갱신할 때 연속적이지 않은 블록 구조를 사용하는 이유는 연속적인 구조보다 파일 쓰기write 작업에 효율적이기 때문이다. 디스크에 데이터를 쓰는 작업은 컴퓨터 시스템 내에서 가장 시간을 많이 소모하는 환경이라서 컴퓨터는 비연속적인 블록 쓰기를 통해 파일 저장 시 시간을 최소화하고 최적화한다.

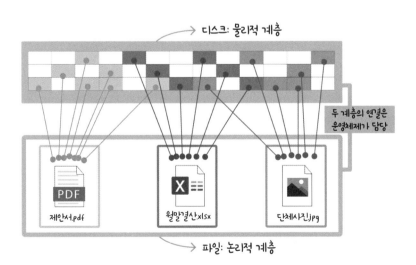

사실 우리가 물리적으로 존재한다고 생각하는 파일은 물리적 실체가 모호합니다. 디스크에 할당되어 데이터가 저장된 블록만이 실재할 뿐입니다. OS 덕분에 파일이 물리적으로 단일한 실체로 존재한다고 믿게 되는 것입니다. 결국 파일은 논리적인 개념입니다. 블록들의 모음으로서의 '파일'이라는 단위 개념이 상위에 존재하기 때문에 우리는 로우low 레벨의 블록 수준을 인지하지 않고, 이해할 필요도 없이 훨씬 더 수월하게 자료를 복사하고 삭제하는 등의 작업을 할 수 있는 것이죠.

마찬가지로, 관계형 DBMS 덕분에 우리는 하드디스크 레벨의 복잡한 내부 데이터 저장 구조를 알 필요 없이 쉽고 단순한 '테이블 구조'를 데이터를 인식하고 저장 및 조작하는 기본 모델schema로 이해하고 사용할 수 있는 것입니다. 그러니까 실제로 관계형 데이터베이스의 데이터가 디스크에 행과 열을 갖춘 테이블 형태로 물리적으로 차곡차곡 저장되는 것은 결코 아니라는 뜻입니다.

자동차 운전자는 차가 내부적으로 어떻게 구성되어 있고, 엔진과 미션이 어떤 원리로 연결되어 움직이는지 구체적으로 몰라도 자동차를 운전하는 데 아무런 문제가 없습니다. 운전자는 단지 자동차가 제공하는 핸들, 엑셀, 브레이크와 같은 인터페이스 장치를 이용해 자동차를 운전하는 방법만 알고 있으면 충분합니다.

> "즉, 자동차 인터페이스는 자동차 내부의 복잡함을 감추고 운전에 필요한 최소한의 요소만 운전자에게 노출시키고 있는 것이죠. 'DBMS'는 자동차의 핸들, 엑셀, 브레이크라는 '인터페이스'와 무척 닮았습니다."

데이터가 필요한 사용자와 응용 프로그램은 데이터베이스에 직접 접근이 '불가능'합니다. 오직 DBMS라는 관리자를 통해 필요한 정보를 요청하고 제공받을 수 있습니다. 가령 테이블을 만들어주세요(create table), 데이터를 데이터베이스에 입력하고 저장해 주세요(insert into table), 저장된 데이터를 갱신해 주세요(update table set), 조회한 데이터를 제공해 주세요(select from)라고 요청하면 DBMS가 요청된 처리 작업을 마친 후 그 결과를 응답하고 리턴하는 식입니다. 그리고 이렇게 DBMS와 커뮤니케이션하기 위한 문법이자 언어가 바로 SQL입니다.

말, 그림, 글, 손짓·발짓, 심지어 표정 등 풍부한 의사소통 수단을 이용해 요청하고 응답할 수 있는 인간의 세계와 달리, 데이터베이스 세계에는 오직 SQL^Structured Query Language이라는 한 가지 의사소통 수단만 존재합니다.

DBMS에 의해 데이터베이스의 내부와 외부는 확연히 구분되고 분리됩니다. 외부에서 내부로의 접근은 오직 DBMS만 할 수 있고, 요청된 데이터를 제공하기 위한 구체적인 처리 방식은 데이터베이스 내부의 사적인 영역에 속합니다. 그런 의미에서 DBMS는 데이터베이스에 대한 게이트웨이^gateway, 관문 ^portal입니다.

결국, 관계형 DBMS를 통해 DBMS라는 엄격한 관리자를 경유해 우리는 데이터를 테이블로 논리적으로 인식하며 DBMS가 직접 컨트롤하는 데이터베이스 내부의 물리적인 데이터와는 간접적으로 상호작용하는 것입니다. 다시 말해 DBMS는 디스크라는 스토리지 레벨에서 내부적으로 데이터를 저장하고 처리하는 복잡한 방법을 감추면서,

" 데이터베이스 사용자^client인 인간과 응용 프로그램이 '테이블'이라는 개념으로 데이터 저장 구조를 쉽게 이해할 수 있게 추상화^abstraction하여 서비스하고 있는 것입니다. "

핸들, 엑셀, 브레이크라는 자동차 '인터페이스'의 사용법을 익히기만 하면 차의 내부 구조나 동작 방식을 몰라도 쉽게 자동차라는 대상을 조작하거나 운전자의 의도를 전달할 수 있듯이, DBMS가 외부로 제공하는 인터페이스인 테이블이라는 개념, SQL이라는 테이블 생성과 데이터 입력/수정/삭제 언어를 통해 우리는 데이터베이스 내부의 복잡함에 압도되지 않으면서 쉽고 편하게 데이터베이스를 다룰 수 있는 것입니다.

정리해 보겠습니다. 데이터베이스의 실질적인 관리자인 DBMS는 1) 데이터 공유 저장소, 2) 데이터 동시성 · 일관성 제어, 3) 테이블이라는 조각 데이터를 관계를 통해 연결하여 관련 정보 집합을 동적으로 생성, 4) 데이터베이스를 테이블이라는 구조로 인식하고 처리할 수 있는 추상화된 모델 제공, 5) 공유 데이터베이스에 접근하기 위한 SQL이라는 언어 및 체계 지원 정도로 그 핵심 역할을 요약해 볼 수 있겠습니다. 이제 마지막으로 NoSQL이라는 신흥 세력에 대해 간략히 알아보겠습니다.

왜 세상을 행과 열로 이루어진 테이블로만 어색하게 표현해야 하나요?

'SQL'은 관계형 데이터베이스에 데이터를 입력하거나 수정하는 등의 처리를 위해 데이터베이스의 관리자인 DBMS에 이를 요청(질의)하는 데 사용하는 커뮤니케이션 '언어'입니다.

관계형 데이터베이스는 앞서 살펴본 것처럼 트랜잭션을 통해 데이터를 안전하고 정확하게 관리하기 위한 강력한 도구입니다. 앞으로도 수십 년은 더 사용되겠지만 이제 '관계형 데이터베이스만' 사용하던 시대는 저물고 있는 것 같습니다. 관계형 데이터베이스를 데이터 저장소에 대한 여러 가지 옵션option 중 하나의 선택사양으로 사람들이 생각하기 시작했습니다. NoSQL이라는 대립적인 꼬리표가 붙은 새로운 도전자가 나타났기 때문입니다.

NoSQL은 SQL의 대척점에 있는 또 다른 언어라기보다는 몽고DB^{MongoDB}, 네오4J^{Neo4J}, 카산드라^{Cassandra}와 같이 최근에 개발된 비관계형 데이터베이스를 통칭하는 데 사용됩니다. 여기서 '비관계형'이라는 것은 데이터를 행과 열을 갖는 2차원의 표 형식, 즉 테이블 구조로 표현하지 않는다는 의미입니다. NoSQL은 일반적으로 Not-Only SQL(SQL뿐 아니라)이라고도 불립니다. 그러니까 다들 사용한다는 이유로 무작정 관계형 데이터베이스와 SQL을 선택하는 대신, 관계형 이외의 형식도 있다는 것에 주목해야 합니다.

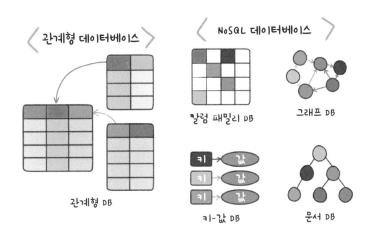

미국의 실시간 데이터 관리 전문 기업 데이터스택스^{Datastax}의 최고 데이터 책임자(CDO) 데니즈 고즈넬은 NoSQL의 한 유형인 그래프 데이터베이스의 활용을 강조하며 이렇게 말합니다.

"그래프로 세상을 이해하고 표현하는 그래프 씽킹은 사람이 보고 듣고 행동하는 방식과 데이터를 이용해 현명하게 판단하는 방식 사이의 격차를 줄인다. 세상을 행과 열로 이루어진 스프레드시트상의 데이터로 표현하고 이를 이용해 결정을 내린다고 상상해 보자. 대부분 사람이 어색하게 느낄뿐더러 생산성과도 거리가 멀다. 행과 열 데이터로 이루어진 세계는 컴퓨터에게 친숙한 환경일 뿐이다. 실생활에서 사람들은 관계를 통해 삶을 탐색하고 추론한다."

이 책에서 그래프 데이터베이스를 포함해 NoSQL 데이터베이스에 대해서는 간략히만 다루지만, 데이터를 테이블이라는 단 하나의 모델로만 인식하지 않고 이처럼 개체와 개체 간의 관계 중심의 관점으로도 인식하고 다룰 수 있다는 점이 의미 깊습니다. NoSQL 데이터베이스는 이처럼 데이터를 저장하는 관점과 그 모델이 그래프graph, 문서document, 키–값key-value 등 다양합니다.

" 저장하고 활용하려는 데이터의 특성이 어떤지, 그래서 이 데이터를 어떻게 조작하고 싶은지에 따라 각 상황에 맞는 데이터 저장소를 선택해 사용하면 되는 것입니다. 꼭 관계형 데이터베이스일 필요는 없습니다. "

관계형 데이터베이스는 저장된 데이터를 엄격하게 관리해 일관성이나 정합성을 유지하는 데 분명 강하지만, 데이터를 분산 처리하는 데 약점이 있어 빅 데이터 시나리오에는 오히려 NoSQL이 더 적합하다는 것이 중론입니다. 이는 관계형 데이터베이스는 일반적으로 한 내의 장비에서 실행되게 설계되었고, 시장은 빅 데이터를 다루기 위해 작고 값싼 장비 여러 대로 구성되는 확장형 분산 컴퓨팅 환경으로 점차 이동하고 있고, 따라서 이 지점에서 부조화가 생기면서 기업들은 데이터 저장을 위한 다른 대안을 고려하기 시작한 것입니다.

어쨌거나 NoSQL 데이터베이스를 사용할 때 가장 명확한 변화는 관계형 모델로부터 멀어진다는 점입니다. 그리고 관계형 데이터베이스가 제공하는 데이터의 일관성 및 무결성 관리를 위한 강력한 트랜잭션 기능도 무척 아쉬울 수 있습니다. NoSQL은 다양한 유형의 데이터를 처리할 수 있는 비교적 가벼운 데이터베이스들을 포괄하는 이름이기도 합니다. 데이터의 정확성과 일관성이 엄격하게 요구되지는 않지만, 대용량 처리를 위해 클러스터에서 잘 작동하는 데이터베이스가 필요하면 NoSQL은 충분히 좋은 선택이 될 수 있습니다.

> **추가 설명** 클러스터
>
> 각기 다른 서버를 하나로 묶어서 하나의 시스템같이 동작하게 함으로써 고속 분산 처리 등 높은 가용성의 서비스를 제공하는 것을 말한다.

참고로, NoSQL은 기존 관계형 데이터베이스를 대체하고자 도입된 개념으로 보기는 어렵습니다. NoSQL은 정확성과 일관성이 보장되어야 하는 정교한 업무 데이터 처리에는 분명한 한계를 가질 수밖에 없습니다. 애초 설계 목표가 그렇습니다. 따라서 관계형 데이터베이스와 NoSQL 데이터베이스는 서로 경쟁하기보다는 각자의 영역에서 상호 보완적인 조화를 이루며 발전할 것이라고 예상할 수 있습니다.

정형 데이터의 엄격하고 정확한 트랜잭션 관리가 꼭 필요하다면 관계형 데이터베이스를 사용하면 되고, 엄격한 데이터 관리보다는 대용량 처리를 위해 분산 환경에서 잘 동작하는 것이 중요하다면 굳이 관계형에 얽매이지 말고 용도에 맞는 NoSQL 데이터 저장소를 사용하면 된다고 정리할 수 있겠습니다.

건축과 IT개발

집을 짓는 건축과 IT 소프트웨어 개발은 비슷한 점이 많아 자주 비교됩니다. 역사가 비교적 짧은 IT 개발 용어 중 일부는 준공, 감리와 같은 건축 공학의 언어를 그대로 차용하고 있기도 한데요. 실제로 건축주와 건축가의 관계는 클라이언트와 IT 개발자의 모습과도 꽤 닮았습니다. 집 짓는 이야기와 비유를 통해 IT를 기술이 아닌 문제 중심으로 잠시 응시해 보겠습니다.

건축과 인간에 대한 이해가 깊은 섬세한 건축가는 건축을 의뢰하는 건축주에게 어떤 집을 짓기를 원하는지 물으면서 어떻게 살기를 원하는지, 어떤 삶을 꿈꾸고 있는지도 함께 묻습니다. 대중은 아름다운 집, 잘 지은 집, 좋은 집을 시각적으로만 받아들이는 경향이 강합니다. 그래서 집을 지으며 집 짓는 기술이나 방법, 화려한 공간과 소재, 재료를 먼저 택하기 쉬운데, 그게 아니라 '삶의 방식'을 먼저 물어야 합니다. 그리고 건축주는 그것에 대해 깊이 생각해 보아야 합니다. 집은 거기서 사는 사람이 일로 지친 몸을 달래고, 기운을 얻고, 일상을 영위하고, 내일을 꿈꾸는 생활과 삶의 공간이기 때문입니다.

잡지에서 본 어떤 집은 참 매끈하고 벽에는 간접 조명으로 곳곳이 밝았지만, 따뜻하게 느껴지진 않았습니다. 왜 빛이 있는데도 차갑게 느껴지는 걸까 싶었죠. 옷깃이 바짝 세워져 있고 다림질이 매섭게 되어 줄이 딱 잡힌 옷을 입은 변호사나 의사를 만나면 그 사람과 비즈니스를 함께 하고 싶을지는 몰라도 저녁에 편하게 식사를 함께하며 수다를 떨고 싶지는 않은 게 사람 마음입니다. 마찬가지로 카페와 같은 상업 건물이 아니라 사람이 씻고 밥 먹고 누워 자는 집은 매끈하거나 세련된 것이 오히려 불편할 수 있습니다. 그것이 우리가 마음 한켠에 간직한 편안한 상태의 모습, 울퉁불퉁한 삶의 정서와 멀리 떨어져 있기 때문은 아닐까 생각되었습니다. 팬시fancy하고 보기에 예쁜 집이 꼭 살기 편하고 좋은 집은 아닐 수 있습니다.

IT 개발 현업에서 오랫동안 일하면서 '어떻게 짓는가보다 어떻게 사는가를 먼저 묻는 게 건축'이라고 여긴다고 했던 TV 속 어느 건축가의 인터뷰가 저는 종종 생각납니다. 별다른 이유 없이 무심코 결정한 사항들이 집주인 마음이 바뀔 때마다 건축 설계가 흔들리는 병을 앓듯이, 정보시스템 개발도 사용자 요구사항의 뒤늦은 변경에 따라 프로젝트가 연쇄적으로 요동치는 일이 허다합니다.

결국, 누가 어떤 목적으로 이 시스템을 사용하게 될 것인지가 본질입니다. 그러려면 소프트웨어 개발의 욕망과 꿈을 클라이언트 스스로가 충분히 이해하고 있어야 합니다. 그런데 현장에서는 무엇을 왜 만들려고 하는지는 정확히 알지 못한 채 어떻게 구현할지부터 고민하고 있는 놀라운 풍경을 자주 볼 수 있습니다. 집에 방이 몇 개인지도 모른 채 벽지와 커튼 디자인부터 고민하고 있다고나 할까요. 어떻게(How)보다는 무엇(What)과 왜(Why)가 먼저입니다.

요즘은 정보시스템 개발 실패로 소송까지 가는 사건도 많습니다. 시스템 개발에 실패하는 이유는 반드시 개발 전문가들의 실수가 원인이 아니라, 사업에 책임이 있는 당사자나 클라이언트 발주사가 최소한의 IT 상식조차 없이 통째로 내맡겨 버린 것이 원인인 경우도 많습니다. 잡지 속 모델 하우스처럼 그냥 넓고 예쁜 집을 만들어달라는 것도 문제고, 이탈리아 남부에서 본 오래된 저택과 지중해의 풍광을 연출해달라는 식의 요구도 답답합니다. 자기 삶의 방식을 성찰하지 않은 집 짓기의 욕망이 문제이듯, 생각과 고민이 부족한 시스템 개발 착수도 위험합니다. 시스템으로 무엇을 해결하고 싶은지, 무엇을 실현하고 싶은지를 구체적으로 결정해야 합니다. 그리고 그 일은 IT 개발자가 아닌 클라이언트 당사자만이 제대로 할 수 있습니다.

사는 사람과 새로 지은 집이 겉돌지 않게 하려면 건축주도 건축에 대해 많이 공부하고 이해해야 합니다. 가령 '이런' 건축 재료가 있고 그 재료는 이런 단점이 있어서 '저런' 재료를 많이 사용하는데 저런 재료는 단가는 비교적 낮지만 내구성이 약해서 타협해서 '그런' 재료를 현실적으로 선택한다는 스토리 같은 것입니다.

건축 재료 중 회색빛의 육중한 모습을 한 '노출 콘크리트'가 있습니다. 인더스트리얼한 느낌 때문에 카페 등 트렌디한 공간에서 많이 활용되기도 하지만, 사는 일이 우선하는 집이라는 공간에는 콘크리트라는 드러나는 재료가 포근하기보다는 차갑고 불편한 재료가 될 수도 있습니다. 좀 더 욕심을 내보면 건축주는 집을 짓기 위한 소재의 이런 특성에 대한 이해와 눈썰미, 감각도 필요합니다. 요즘 유행이라고 막무가내로 노출 콘크리트를 주택에 요구하는 것은 바람직하지 않습니다.

IT 입문 교양서에 트랜잭션, DBMS 등 데이터베이스에 대한 이런 깊은 이야기가 꼭 필요할는지 고민이 많았습니다. 이 책을 읽는 당신이 IT로 무엇을 실현하고 싶은지뿐만 아니라 건축의 주요 재료에 대한 눈썰미처럼 IT 핵심 기반 기술의 근본 속성에 대해 넓고 깊은 이해를 갖기를 바랍니다.

단순히 이런 기술, 저런 솔루션이 있다가 아니라, 현재 세상에는 이런 문제가 있고, 이런 문제를 풀기 위해 어떤 기술이 쓰일 수 있다는 관점과 시선이 중요합니다. 기술은 그 자체가 아니라 그 기술이 어떤 문제를 해결할 수 있느냐에 따라 가치가 결정되기 때문입니다. 우리는 DBMS를 만들거나 기술적으로 구현하는 사람들이 아닙니다. 그러니 DBMS가 어떤 문제를 해결하는지 이해하고, 데이터베이스의 가치에 대해 아는 것이 더 중요합니다. 그래서 해결할 문제와 주어진 상황에 가장 적절한 데이터 저장소를 선택할 수 있으면 됩니다. 소 잡는 데 닭 잡는 칼을 사용할 수 없고, 닭 잡는 데 굳이 소 잡는 칼을 사용할 필요는 없습니다. 남들이 다 사용한다고 꼭 관계형 데이터베이스일 필요는 없습니다.

4

비트코인·블록체인

암호화폐,
'신세계'인가 '신기루'인가?

알못씨, 뭘 그렇게 열심히 뚫어져라 보고 있어요? 재미있는 기사라도 있나요?

잘알씨

아, 얼마 전 친한 친구가 코인으로 대박이 났거든요. 청약 당첨된 아파트 잔금을 치를 정도로 벌었다고 하더라고요. 솔직히 많이 부럽고 배도 좀 아프고 해서 비트코인, 가상화폐가 뭔지 찾아보고 있었어요.

알못씨

현재 암호화폐 투자 시장은 그리 건전하지는 못한 것 같아요. 그래, 좀 살펴보니 이해할 만하던가요?

잘알씨

주로 투자 관점에서 가격이 얼마 올랐다거나 어떤 호재가 있다거나 하는 정보 위주고, 암호화폐나 블록체인 같은 기술이 실제로 어떤 문제를 해결할 수 있는지, 그 본질은 무엇인지에 대한 정보는 찾기 힘들더라고요. 어렵게 찾은 정보는 전문용어가 많아 이해하기 어려웠고요.

알못씨

맞아요. 배경지식이 없는 보통 사람이라면 관련 글을 열심히 읽어봐도 외계어 같은 설명에 질려 나중에는 '분산 장부', '채굴', '탈중앙화' 같은 어려운 단어 몇 개만 기억날 뿐, 여전히 이해하기 쉽지 않죠.

잘알씨

네, 그럼에도 불구하고 개인적으로는 IT가 바꾸는 사회와 경제 구조에 관심이 많은 편이라 천천히 살펴보려고 합니다. 암호화폐 시장은 폭락과 폭등을 거듭하며 조작, 광풍, 작전, 사기, 해킹이 난무하는 어수선한 묻지 마 투기판 상황으로 보이긴 하지만, 대중에게 잘 알려진 기업들도 패러다임의 변화를 직감하고 블록체인 프로젝트를 시작하거나 전담팀을 꾸렸다고 하니 분명 뭔가는 있는 것 같다는 생각이 들거든요.

알못씨

암호화폐와 블록체인이 학문적으로나 산업적으로 아직 걸음마 단계고, 그래서 개념도 제대로 정립되지 않은 상황이라 다양한 의견과 관점이 있을 수 있다고 생각해요. 여러 논쟁과 시행착오는 새로운 기술이 안착하는 데 있어 통과하고 거쳐야 할 하나의 과정이라 생각하고요. 그 과정에서 거품과 껍데기라 생각되는 것들은 잘 구분할 줄도 알아야겠죠.

잘알씨

네, 새로운 기술에 대해 묻지 마 식 찬양과 일방적인 비난은 지양해야겠지만, 건전한 목소리와 평가는 귀담아듣고 발전시켜 나가야겠죠. 그러려면 무엇보다 그 기술의 작동 원리뿐만 아니라 그 기술이 태어난 배경과 이유, 목적, 가치 지향점을 잘 캐치해야 하지 않을까 싶어요.

알못씨

비트코인·블록체인의 탄생 배경

비트코인은 역사상 가장 난해하고 우아한 사기인가?

비트코인 가격의 하락세(보합)가 이어지면서 한풀 꺾인 느낌은 있습니다만, 비트코인 가격은 여전히 사람들의 대화에 자주 등장합니다. 불과 4~5년 전만 하더라도 200$~300$였던 것이 순식간에 10,000$, 신고가를 찍었던 2021년 10월에는 60,000$였으니, 사람들의 관심과 이목을 끄는 것도 어찌 보면 당연해 보입니다. 비트코인을 조금이라도 알았던 사람들은 그때 비트코인을 샀어야 했는데, 라며 뒤늦은 후회를 하고, 전혀 관심이 없던 사람들도 비트코인, 그리고 비트코인과 함께 이야기되는 블록체인이 대체 뭐야, 라며 궁금해합니다.

비트코인과 블록체인이 아름답고 향긋한 장밋빛 전망을 쏟아내며 반짝거리는 수식어로 세상의 이목을 집중시키고 투자자의 관심을 받고 있는가 하면, 다른 한편으로는 역사상 가장 난해하고 우아한 사기이고 타짜들이 설치는 투기판이라며 비아냥과 조롱의 대상이 되기도 합니다.

그런데 이런 세간의 관심과 집중에 비해 비트코인과 블록체인을 정확히 이해하고 제대로 설명하는 사람은 많지 않은 것 같습니다. 아무래도 개념적으로 생소하고, 블록 연결 등의 IT 저장 기술이라든가 암호학 기반의 기술 요소, 화폐와 같은 금융 시스템 등 여러 가지 지식이 복합적으로 그 기술적 배경이 되고 있기 때문일 겁니다. 그래서 여기서는 복잡한 기술적 개념의 디테일보다는 기술의 작동 원리를 거시적으로 대략 이해한 후, 이를 활용해 그 기술이 현재 세상의 어떤 문제를 풀 수 있는지의 관점으로 살펴보겠습니다.

스마트폰을 잘 쓰기 위해 모바일 컴퓨터 아키텍처를 진지하게 공부할 필요는 없습니다. 인터넷으로 비즈니스를 하기 위해 굳이 네트워크의 계층 구조와 프로토콜을 이해할 필요도 없습니다. '기술'은 그 자체가 아니라 그 기술이 어떤 '문제'를 해결할 수 있느냐에 따라 가치가 결정됩니다. 수단이 목적을 삼켜버릴 수는 없습니다. 중요한 것은 기술보다는 그 기술이 문제를 해결하는 데 어떻게 사용될 수 있는지에 대한 '컨셉'입니다. 해당 기술이 지향하는 가치와 철학이 무엇인지를 이해하는 것이 세세한 암호 기술을 아는 것보다 의미 있습니다.

사실 투기와 사기, 도박으로 변질된 측면도 많습니다만, 비트코인과 블록체인은 현재의 현금 거래 제도에 대항하기 위한 좋은 취지로 세상에 나왔습니다. 어떤 배경에서 어떤 생각으로 비트코인과 블록체인이 개발되었는지를 알아보기 위해 다소 엉뚱하지만, 잠시 구석기 시대로 이동해 보겠습니다.

제3자 신뢰기관의 필요성

원시시대에는 의식주 해결을 위해 인간의 기본적인 욕망을 충족시켜주는 대부분의 물건을 자급자족으로 해결하거나 아니면 주변 이웃과 제한된 범위에서 교환 거래를 했습니다. 당연히 그 이웃은 잘 알거나 신뢰할 수 있는 사람이었습니다. 시간이 흘러 산업 혁명 시기의 영국에 도착했다고 해보겠습니다. 거래 품목도 다양해지고 거래 대상도 넓어집니다. 거래 당사자는 주변 이웃이 아니라 복잡한 세상 속 익명의 시민으로 바뀝니다. 이때 어떻게 거래의 신뢰를 보장할까, 라는 문제가 발생합니다. 온라인 중고 거래를 통해 물건을 구입했더니 택배 박스 안에는 황당하게도 벽돌이 들어 있었다는 뉴스를 접해 본 적이 있습니다. 내가 모르는 사람을 도대체 어떻게 '신뢰'할 수 있을까요?

거래에서 가장 중요한 요소는 '신용'입니다. 어떻게 상대방을 신뢰할 수 있느냐가 중요합니다. 거래 당사자 간 신뢰를 보장하는 데 한계가 있기 때문에 거래 당사자 간의 신뢰를 중간에서 대신 보장해 주는 '중개자'가 등장합니다. 안전 거래^{escrow} 결제 시스템 등 그 형태는 다양합니다만, 어쨌든 일반적으로 중간에서 신뢰를 담보해 주고 일정액의 수수료를 가져가는 중개자라는 제3의 존재가 문제 해결사가 됩니다.

경제활동을 하면서 새로운 투자 자금이나 부족한 생활비를 위해 돈을 빌리려는 사람이 생기고 반대로 여윳돈이 생겨 돈을 굴리려는 사람도 있게 마련입니다. 돈의 수요자와 공급자가 직접 만나서 거래하는 것은 위험 부담이 큰 편입니다. 상대방이 누구인지도 모르고 돈을 갚을지 여부도 확신할 수 없기 때문입니다. 이런 거래를 담당해 줄 수 있는 제3의 신뢰 기관이 바로 은행과 같은 금융기관입니다.

거래의 증명을 위해 거래 계약서를 작성했는데, 계약서를 몰래 위변조하는 사례가 발생하거나 계약 이행을 차일피일 미루는 문제가 발생할 수 있습니다. 따라서 거래와 같은 특정한 사실 또는 법률관계의 존재를 공적으로 증명하거나 보장하는 제3의 신뢰 기관이 필요합니다. 바로 공증 사무소입니다. 비슷하게, 주택 매매 과정에서 매도인과 매수인이 직접 움직이는 것보다는 부동산 거래를 중개하고, 믿고 거래를 담당해 줄 수 있는 별도의 신뢰 기관이 있으면 편리합니다. 바로 부동산 중개소입니다.

개인 간 거래에서는 상대방에 대한 신뢰가 담보되기 어려워 매우 소극적인 거래만 이루어졌습니다. 하지만 제3의 신뢰 기관 덕분에 다양한 대규모 거래가 활성화될 수 있었습니다.

제3자 신뢰기관의 불편한 진실

당신에게는 홍콩 여행 중인 절친 탕이라는 친구가 있습니다. 탕이에게 방금 연락을 받았는데, 마카오 카지노에 놀러 갔다가 며칠 만에 전 재산을 탕진해서 100만 원만 급히 송금해달라는 전화였습니다. 처음에는 보이스 피싱인가 의심했지만 내 친구 탕이가 분명했습니다. 마음 같아서는 마카오로 당장 날아가서 혼쭐을 내주고 싶었지만, 마음이 착한 당신은 계좌이체를 위해 스마트폰 은행 앱을 구동합니다. 탕이의 계좌 정보와 송금할 금액인 100만 원을 입력하고 보안 절차를 거쳐 금세 이체에 성공합니다. 당연하게도 탕이의 계좌에는 100만 원이 더해지고 당신의 계좌에서는 100만 원이 차감됩니다.

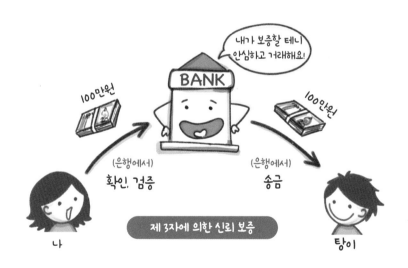

그런데 이때 뚝딱하고 그냥 송금이 처리된 것은 아니라는 사실이 중요합니다. 당신이 은행을 통해 100만 원을 이체하던 순간, 은행은 당신의 계좌

에 100만 원이 있는지 확인 및 검증하고 상대방의 계좌로 100만 원을 전달합니다.

> " 이 과정에서 은행이라는 제3자는 나와 탕이라는 둘만의 내밀한 거래 과정에 중개자로서 참여하고, 은행 장부에 이체 내역을 정확히 기입합니다. 이로써 내가 탕이에게 돈을 전달했다는 것을 보증하는 것입니다. "

은행은 누가 누구에게 얼마를 보냈고 받았다는 내용을 모두 기록한 원장 ledger이라는 장부를 가지고 있습니다. 모든 사람은 은행이 그 장부를 잘 관리하고 있을 것이라고 믿고 적어도 무슨 일이 생기면 은행이 정당한 책임을 진다고 생각합니다. 즉, 제3자인 은행이 개인 간 거래를 검증, 기록해 주고 개인이 이 제3자를 모두 신뢰하기 때문에 현대 금융 시스템이 작동하는 것입니다. 이러한 모든 절차는 공인된 금융기관인 은행의 원장에만 기록 및 저장되며 절대 외부로 공개되지 않습니다.

시시콜콜한 은행 업무는 알지 못하더라도 대략 모르던 이야기는 아니었고 그럼 된 거 아닌가, 라고 생각할 수도 있겠지만, 이 과정에는 분명 문제점이 존재합니다. 바로 둘만의 거래를 제3자에게 '의존'한다는 것입니다.

물론 어떤 이는 신뢰할 만한 정부와 정부가 예금자를 보호까지 해주는 은행이라는 공인된 제3자가 왜 문제가 되나, 은행의 개입 없이 어떻게 돈을 이체할 수 있다는 말인가, 라며 오히려 이 의구심이 이상한 것 아닌가 하는 입장일 수도 있습니다. 그러나 제3의 신뢰 기관에 의한 거래 방식은 거래 상대방에 대한 신뢰를 보장하기 위한 효율적이고 강력한 체계임에도 불구하고 몇 가지 문제를 가지고 있습니다.

비트코인과 블록체인은 왜 세상에 나왔나

마을 주민이라고는 50명이 전부인 강원도의 작은 마을이 있습니다. 그곳의 주민 A는 주민 B의 딱한 사정을 듣고 B에게 100만 원을 급히 빌려줍니다. 물론 이때 'YY년 MM월 DD일에 A가 B에게 100만 원을 빌려줌'이라는 차용증을 2부 작성하고 A와 B가 나누어 갖습니다. 그런데 나중에 알게 된 사실이 B가 차용증에서 0을 하나 지워 10만 원을 빌린 것으로 문서를 감쪽같이 위조했고, 이로 인해 A와 B는 시끄럽게 다투게 됩니다.

사실 A와 B 당사자 간의 현금 거래라서 실체적인 진실은 두 사람 외에는 알 방도가 없습니다. 마을에서 이런 불미스러운 일이 발생한 것이 못마땅했던 마을 이장은 이 사건 이후 마을 주민들에게 마을 내에서 돈을 빌려주고 갚는 거래가 혹시 있을 경우, 앞으로는 마을 이장인 본인에게도 차용증을 한 부 건네 달라고 합니다. 이장이 은행이자 공증인의 역할을 하겠다는 선언입니다.

그로부터 한 달 후 마을 주민 C가 D에게 500만 원을 빌려주었고 이장의 요청대로 차용증은 C와 D, 그리고 이장이 함께 보관하게 됩니다. 그런데 돈을 빌린 D와 마을 이장이 친인척 관계였고 D가 이장에게 술을 거하게 사고는 이장과 D가 보유하고 있던 차용증에서 함께 0을 하나 지웁니다. 결국, C만 D에게 500만 원을 빌려준 사실을 보관하게 되었고, D와 이장은 50만 원을 빌려주었다고 기록된 차용증을 C에게 들이밉니다.

이 이야기가 전하는 메시지는 C의 억울함이나 돈을 빌려주는 것의 위험성이 아니라 '믿을 수 없게 된 제3자의 역할'입니다. 그런데 이 제3자가 작은 시골 마을의 이장이라는 개인이 아니라 신용평가기관, 은행, 정부와 같은 신뢰할 만한 존재라면 문제없는 것 아닐까요? 꼭 그렇지는 않다는 게 지금부터 하고자 하는 이야기의 불편한 결론입니다. 그리고 이 이야기는 블록체인 기술의 탄생 배경과도 밀접하게 관련되어 있습니다.

2008년 미국에서 서브 프라임 모기지 사태가 발생해 전 세계가 휘청거렸습니다. 무분별했던 부동산 담보 대출이 사태의 직접적인 원인이겠지만, 전문가들은 신용평가기관들을 사태의 근본적인 원인으로 지적하기도 합니다. 참고로, 투자자들이 투자를 위해 투자 대상의 신용 상태를 직접 점검하는 것은 무척 어렵고 비효율적이기 때문에 해외 라면 무디스, S&P, Fitch, 국내는 NICE신용평가사 등 제3의 신뢰 기관인 '신용평가기관'을 통해 이를 점검하고 투자를 결정합니다.

  채권 발행기관들은 신용평가 회사에 일정 금액의 자문료와 수수료를 지급하고 증권에 대한 등급을 결정하여 증권을 발행합니다. 등급이 높을수록, 다시 말해 신용등급이 좋은 것으로 평가될수록 수수료가 비싸게 책정되는 구조라서 신용평가기관은 높은 등급을 주고 기관의 수익을 최대화하려는 유혹에 노출될 수밖에 없습니다.

  그리고 이렇게 뻥튀기된 신용등급을 근간으로 금융사들은 채권, 즉 파생상품을 마구잡이로 발행했습니다. 그 결과 서로 복잡하게 얽힌 대출 구조에서, 그것도 위험도를 제대로 평가하지 않은 상황에서는 한 곳의 부실이 터지면 연쇄적으로 공동으로 피해를 볼 수밖에 없었습니다.

> " 서브프라임 사태는 정교하고 탄탄한 기반 위에 자리하고 있을 거라고 생각했던 금융시장과 시스템이 사실은 굉장히 연약하고 취약한 구조 위에 있음을, 그 초라한 민낯을 세상에 드러나게 만들었습니다. "

  2008년 10월 미국 하원 청문회에서 무디스 직원들의 이메일이 공개되었습니다.

  "우리는 매출을 위해 우리의 영혼을 악마에게 팔았다."

S&P 신용평가사의 내부 메일도 공개되었는데, 거기에는 이렇게 쓰여 있었습니다.

"모기지 사태가 발생하기 전에 모두 부자가 되어 은퇴하기를 바란다."

역시나 믿기 힘들지만, 우리나라에 IMF가 터지기 직전까지 세계적인 신용평가기관들은 우리나라에 투자 '적격' 등급을 부여했었습니다. 그런데 우리나라가 IMF에 구제금융을 신청하자마자 무디스는 6단계, S&P는 10단계, Fitch는 12단계를 강등시킵니다. 신뢰를 평가하는 신용평가 회사들을 신뢰할 수 없다는 아이러니가 씁쓸하기만 합니다.

IMF 외환위기가 터지자 환율은 2,000원 가까이 수직 상승하며 국제 외환시장에서 평가절하됐습니다. 현대의 법정화폐 시대에서 화폐에 대한 신뢰의 근간은 '중앙정부'에 대한 막연한 신뢰입니다. 화폐는 필요한 물건을 살 수 있는 수단이며 화폐의 가치는 물건을 구매할 수 있는 '구매력'을 의미합니다. 그리고 화폐를 가지고 필요한 물건을 얼마든지 구입할 수 있다는 것은 화폐가 구매할 물품만큼의 가치가 있어야 한다는 것을 전제합니다. 가령 금처럼 '내재적 가치'가 있어야 합니다. 사실 우리가 사용하는 10,000원짜리 지폐는 아무런 내재적 가치나 담보 가치가 없습니다. 그런데도 우리는 돈을 가치 있게 여깁니다. 발행된 화폐가 아무런 내재적 가치가 없더라도 국가와 법이 보장하기 때문에 그 '신뢰'를 기반으로 화폐를 사용할 수 있는 것이죠. 즉, 돈은 그 자체로서 가치가 있는 것이 아니라, 내가 속한 공동체가 그것이 가치 있다고 '신뢰'하고 '보증'해주기 때문에 가치가 있습니다.

그런데 중앙정부에 대한 믿음과 신뢰가 흔들리기 시작하면 어떻게 될까요? '설마 나라가 망하겠어?'라는 생각이 IMF와 같은 큰 위기를 통해 '이러다 정말 나라가 망하겠어!'라는 심각한 불신으로 바뀌면 자연스럽게 화폐에 대한 신뢰도 순식간에 떨어지는 문제가 발생합니다.

" 우리가 당연하게 받아들여서 그렇지, 경제 시스템의 핵심 요소인 화폐에 대한 신뢰의 기반을 중앙정부와 연동시키는 것은 어찌 보면 매우 위험한 일이라 할 수 있습니다. "

IMF 외환위기가 무척 이례적인 상황이라서 굳이 국가를 못 믿을 게 뭐가 있냐고 생각할 수도 있겠습니다만, 정부와 정치인은 화폐 발행이라는 유혹에 근본적으로 취약합니다. 선출직인 정치인은 정권을 연장하고 단기간에 가시적인 성과를 올리기 위해 근본적인 문제 해결보다는 금리 인하나 양적 완화를 언급하며 화폐를 계속 찍어내고 싶은 욕망이 있습니다. 화폐량이 늘어나면 가치가 떨어지기 때문에 가치를 유지하기 위해서는 화폐 발행량도 섬세하게 통제되어야 하는데, 그렇지 못할 경우 자연스럽게 화폐의 가치와 구매력은 떨어지고 물가가 상승하는 인플레이션을 초래해 우리의 소중한 자산을 갉아먹으며 잠재적으로는 하이퍼 인플레이션과 같은 큰 문제를 낳습니다. 내 소중한 자산이 정권과 정치와 국가에 의해 좌지우지된다는 것도 어찌 보면 난센스라 할 수 있습니다.

일례로 현재 최악의 인플레이션을 겪고 있는 아르헨티나도 인플레이션을 관리하는 중앙은행이 있지만, 중앙은행 총재가 화폐 발행에 반대하다가 결국 해고되었습니다. 즉, 중앙은행은 정부로부터 독립적인 위치에서 정부를 견제해야 하지만 중앙은행의 정치적 독립성을 보장받지 못하는 경우가 대부분입니다.

화폐 발행은 한국은행과 같은 중앙은행만 가능하다고 생각하기 쉽지만, 시중은행은 중앙은행으로부터 공급받은 화폐를 '대출'의 형태로 가계나 기업에 공급하기에 역시 큰 틀에서는 화폐를 창출한다고 이해할 수 있습니다. 시중은행들은 예금된 돈의 10%만 지급준비금으로 보관하고 나머지 90%는 대출을 통해 시중에 공급할 수 있습니다. 이 과정을 반복하다 보면 최초 예금 금액보다 10~20배 많은 화폐가 시중에 공급됩니다. 이 과정을 통해 새로 생긴 화폐를 신용화폐라고 하고, 이 과정을 상업은행의 신용창조라고 합니다.

문제는 상업은행이 '신용 창조'라는 이름으로 예금된 돈의 10배 이상의 돈을 재창조하여 대출해 주고 막대한 이자 수익을 거두고 있지만, 시중은행을 통해 공급되는 엄청난 통화량은 인플레이션을 야기하거나 정작 필요한 곳으로 흘러가지 못하고 주식과 부동산과 같은 자산 시장으로 넘어가 거품을 양산하고 있다는 점입니다.

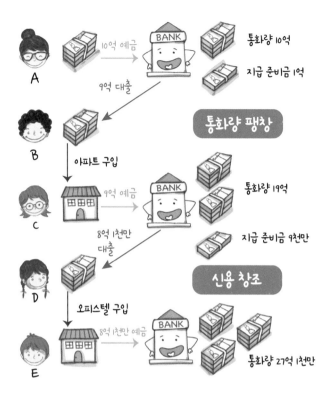

정리해 보겠습니다. 거래에 있어 가장 중요한 핵심 가치는 거래 당사자 간 신뢰입니다. 거래 규모가 커지고 경제가 발전하면서 신뢰를 보장할 수 있는 제도적 방안이 필요했고 제3 신뢰 기관을 통해 신뢰를 보장하는 시스템이 정착됩니다. 누구도 믿을 수 없는 세상에서 신뢰를 보장받기 위한 제3 신뢰 기관은 최후의 보루입니다. 그래서 거래 당사자들은 수수료와 복잡하고 귀찮은 절차를 감내합니다. 하지만 역사적으로 제3 신뢰 기관들은 그 신뢰를 스스로 저버리거나 오히려 우월적 지위를 악용하거나 남용했고 도덕적 해이라는 심각한 문제점도 노출시키고 있습니다.

" 그럼에도 불구하고 제3 신뢰 기관을 여전히 신뢰해야 할까요? 만약 신뢰를 못 하겠다면 구체적으로 은행 없이 계좌이체를 어떻게 할 수 있다는 말인가요? 이 질문에 답할 수 있는 개념적으로는 거의 완전한 정답이 마침내 등장하게 됩니다. 바로 비트코인과 블록체인입니다. "

비트코인·블록체인의 작동 원리

더 이상 신뢰가 필요 없게 되었다

2008년 9월 미국의 초대형 모기지론 대부업체인 뉴센추리 파이낸셜의 파산으로 대형 금융기관들이 연쇄적으로 도산했고 전 세계의 금융 산업이 붕괴되었습니다. 금융기관들은 갚을 능력이 없는 사람들에게 수년간 위험한 대출을 해주었고 저신용자들은 큰 고민없이 손쉽게 돈을 빌렸고 금융기관들은 최대의 수익을 올리며 성과급 잔치를 벌였습니다. 하지만 악성 대출은 계속 누적되어 갔습니다. 그러다가 돈을 갚지 못하는 사람이 속출하자 이들은 한순간에 함께 무너져 내렸습니다.

길거리에는 수많은 실업자가 쏟아져 나왔고 사람들은 국가와 은행을 신뢰하지 못하게 됐습니다. 미국 은행들의 연이은 파산 선언이 이어지던 그 혼란스럽던 시기에 마치 기다렸다는 듯 사토시 나카모토라는 닉네임의 인물 혹은 공학자 커뮤니티가 '개인 간 전자 화폐 시스템'이라는 9페이지짜리 논문을 발표합니다. 그 논문에는 정부가 발행하거나 통제하지 않으며 제3자의 보증이 전혀 필요 없는 완전히 '탈중앙적인' 새로운 '화폐'에 대한 이론이 담겨 있었습니다. 바로 '비트코인'입니다. 그리고 은행의 역할은 '블록체인'이라는 기술로 대체할 수 있다고 설명합니다.

블록체인을 아마존 웹서비스(AWS)라고 한다면 비트코인은 AWS 위에서 돌아가는 트위터 같은 응용 서비스라고 할 수 있습니다. 블록체인이 애플 앱 스토어와 같은 플랫폼 생태계라면 비트코인은 앱스토어에서 잘 나가는 앱 정도로 일단 이해하면 충분합니다.

사토시 나카모토는 비트코인을 개발하고 잠적해버렸기 때문에 그가 남긴 몇 안 되는 기록물을 통해서만 그가 궁극적으로 구현하고자 했던 것을 짐작해 볼 수 있습니다. 그가 남긴 비트코인 백서의 제목은 'Bitcoin: A Peer-to-Peer Electronic Cash System'입니다. 개인 간(P2P) 전자적으로 송금, 결제가 가능한 화폐 시스템입니다. 비트코인 백서 내용 중 핵심 문구를 확인해 보겠습니다.

"화폐 거래의 신뢰를 보장할 수 있는 방안으로 그동안 제3 신뢰 기관에 전적으로 의존해왔지만, 이제 제3 기관 대신 암호학적 증명에 기반하여 개인 간 직접 거래가 가능한 전자적 화폐 시스템이 필요하다."

비트코인 백서를 통해 사토시 나카모토는 중앙은행이나 제3 신뢰 기관에 의해 신뢰가 보장되는 방식이 아닌 암호 기술 기반으로 개인 간 직접 거래가 가능한 화폐 시스템을 개발했음을 알 수 있습니다.

사토시 나카모토는 2009년 2월 P2P 포럼에 글을 게시해 비트코인을 개발한 동기와 배경을 좀 더 자세히 밝혔습니다. 게시된 글의 주요 문구를 살펴보겠습니다.

"비트코인이라 부르는 P2P 전자화폐 시스템을 개발했다. 비트코인은 '신뢰'가 아닌 '암호 기술'을 기반으로 설계했기 때문에 어떤 중앙 서버나 신뢰 기관 없이 완전한 탈중앙화로 설계가 가능했다. 강력한 암호 기술이 보편화되었고 더 이상 신뢰가 필요 없게 되었다."

"기존 화폐 시스템이 작동하기 위해 가장 중요한 요소는 바로 신뢰다. 중앙은행은 화폐 가치를 떨어뜨리지 않도록 신뢰를 보장해야 하지만, 역사적으로 보면 기존 법정화폐는 그런 신뢰를 저버렸다. 시중은행은 우리의 돈을 잘 보관하고 있어야 하지만, 극히 일부만 유보금으로 남기고 막대한 대출을 통해 신용 거품을 야기하고 있다."

2009년 1월 4일 비트코인의 최초 블록Genesis Block이 생성됩니다. 최초 블록에는 하루 전인 1월 3일 THE TIMES 헤드라인 제목과 일치하는 다음과 같은 메시지가 기록되어 있습니다.

"The Times 03/Jan/2009 Chancellor on brink of second bailout for banks(은행에 대한 두 번째 긴급 구제에 직면한 재무장관)"

비트코인의 최초 블록에 글로벌 금융위기를 비판하는 문장을 삽입한 것입니다. 리먼 브라더스 사태의 원인도 결국은 넘쳐나는 돈이었습니다. 풍부한 유동성이 경쟁적으로 부동산 시장으로 흘러 들어가 부동산 거품을 야기했습니다. 국책 모기지 보증 기관의 모기지담보부증권(MBS) 발행을 통한 무한대에 가까운 자금 공급 메커니즘이 신용평가기관의 신용등급 뻥튀기라는 도덕적 해이와 금융기관들의 악성 파생상품 발행, (대출 실적이 좋은 직원이 큰 인센티브를 받다 보니 생겨난) '묻지 마 대출' 등 금융의 카지노화 및 투기성과 만나면서 금융위기를 야기했다고 볼 수 있습니다.

결국, 사토시 나카모토는 비트코인의 최초 블록을 통해 2008년 발생된 글로벌 금융위기와 기존 은행, 신용평가기관 등 금융 시스템에 대한 강한 불신이 비트코인을 만든 주요 이유 중 하나라는 메시지를 전하려고 했다고 해석할 수 있습니다.

블록체인의 동작 원리

마을 주민이 50명이었던 강원도의 그 작은 마을 기억하시나요? 그 마을의 뒷이야기가 무척 흥미롭습니다. 나중에 알려진 사실이지만 마을 이장도 못 믿겠다며 이장을 교체하는 등 한바탕 소동이 벌어진 후, 이 마을에 새로운 거래 방법이 도입되었다고 합니다. 주민들은 믿을 건 나뿐이라며, 마을 내 크고 작은 거래에 대해 더 이상 이장은 끼어들지 말라고 했습니다. 대신 서로의 잔고와 거래 내역에 대한 정보를 주민 50명이 모두 함께 가지고 있기로 합니다. 이때, 마을 주민 7번이 45번 주민에게 돈을 갚아야 할 상황이 왔습니다.

마을 주민 7번이 45번에게 돈을 갚아야 할 상황이 왔다.

그러자 7번 주민은 마을 이장댁에 설치된 확성기를 통해 마을 전체 사람들을 향해 외치기 시작합니다.

"제가 지금 45번 사람에게 빌린 돈 100만 원을 갚기 위해 100만 원을 45번에게 보내겠습니다. 그러니 여러분 모두는 이 내용을 가지고 계신 노트에 반드시 적어 주세요!"

모든 마을 주민들은 7번이 돈도 없으면서 돈을 갚겠다고 하는 건 아닌지 검사하기 위해 그의 잔고와 거래 내역을 확인합니다. 다행히 7번은 돈이 충분하고 거짓말한 내역도 없습니다. 이내 사람들은 노트에 조금 전 7번이 외친 거래 내역을 적어 넣습니다. 거래는 이렇게 완료되었습니다. 다른 거래가 있을 때도 모두 동일하게 노트에 거래 내역을 기록합니다.

마을 주민 모두 하나씩 가지고 있던 노트를 '블록'이라고 해보겠습니다. 주민들은 각자 동일한 거래 내역이 적힌 블록을 보유하고 있습니다. 그러다 블록이 가득 차면 다른 블록을 새로 쌓아 내용을 채웁니다. 그리고 블록끼리 연결하여 보관합니다. 이때, 이 연결을 '체인'이라고 표현합니다. 그래서 '블록-체인'입니다. 블록이라는 말은 한마디로 데이터를 저장하는 단위입니다. 책으로 치면 한 챕터chapter가 블록인 것이죠. 체인은 말 그대로 책을 만들기 위해 이 블록이라는 챕터를 계속 순차적으로 엮어놓은 것입니다.

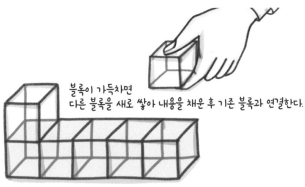

블록이 책의 한 챕터라면, 블록끼리 연결된 블록체인은 책 한 권이다.

그렇다면 이 방식이 신뢰할 수 있는 중개자인 제3자의 개입이 없음에도 왜 안전하고 결코 조작될 수 없는 걸까요? 신뢰할 수 있는 은행과 같은 금융기관

중개자 없이 조작이나 변조를 전혀 걱정하지 않으면서 개인과 개인이 거래를 직접 안전하게 할 수 있는 이유는 간단합니다.

기존 은행이 장부를 보관하는 방식은 은행 내부의 '데이터베이스'에 꼭꼭 숨기며 철통 보안을 유지하는 것입니다. 그러나 '블록체인'은 이러한 보관 및 저장 방식의 고정관념을 완전히 뒤집어엎어 버립니다. 그건 바로 장부를 은행이라는 제3자가 독점 관리하며 중앙에서 꼭꼭 숨기는 방식이 아닌 동일한 장부를 오픈해서 네트워크 내의 모든 사람이 투명하게 각자 나눠 가지는 것입니다. 그래서 블록체인을 공공 거래장부 혹은 분산 원장이라고 부르기도 합니다.

> " 이 장부는 일정 시간마다 새로고침 되며 잘못된 부분을 스스로 수정합니다. 다른 모든 사람이 올바른 장부를 가지고 있기 때문에 어떤 사람이 '내가 장부도 가지고 있겠다, 장부에 기록(수정)할 권한도 있겠다, 어디 돈 좀 벌어볼까' 하며 흥분되고 저릿한 마음으로 자신의 장부에 30억 원을 적어 넣어도 곧바로 잔금 30만 원으로 원복된다는 것입니다. 물론 사기꾼이라는 기록이 보태지면서 말이죠. 블록체인은 이렇듯 오염, 조작된 정보에 대한 엄청난 '복원력'을 가지고 있습니다. "

네트워크 내의 한 명의 부정직한 사람은 49명의 정직한 사람을 이길 수 없다.

네트워크 내의 1명의 부정직한 사람은 49명의 정직한 마을 주민을 이길 수 없습니다. 그런데 만약 본인의 잔고를 조작하려 했던 그 나쁜 사람이 쉽진 않겠지만 50명 중 절반인 마을의 25명과 결탁해 장부를 동시에 조작하게 되면 어떻게 될까요? 이것을 '51% 어택'이라고 하는데 이렇게 되면 과반수는 조작된 26명이 되므로 그는 30만 원이 아닌 30억 원을 갖게 되고, 가짜 장부가 진짜 장부가 되어버립니다. 한순간에 인생 역전이네, 라고 말할 수도 있겠지만 장부를 공유하는 사람들이 50명이 아닌 1,000명, 10만 명, 아니 100만 명으로 늘어난다면 51%는커녕 1%만 조작하는 것도 사실상 불가능해집니다. 원장이 100만 명에게 중복, 분산되어 있기 때문입니다.

장부를 공유하는 사람이 100만 명으로 늘어나면 51%커녕 1%만 조작하는 것도 불가능해진다.

블록체인의 구현 기술

투명하게 공개되고 공유된 기록은 조작이나 왜곡이 어렵습니다. 블록체인에서 블록 단위로 생성되는 기록은 네트워크 내에서 분산되어 중복 저장됩니다. 누군가 한 블록을 변조할 경우, 어떤 일이 벌어지기에 악의적 수정이 차단되는 걸까요?

블록체인이 부적절한 원장 변경, 즉 조작과 위조에 강한 이유는 블록이 여기저기에 분산되어 중복 저장되고 체인처럼 연결되어 다수의 사람이 보유하고 있는 올바른 블록이 조작된 문제의 블록을 원복시키는 엄청난 복원력 때문이라고 개념적으로 이해해 보았습니다. 그렇다면 이 '개념'이 어떻게 실제로 '구현'되는지 블록체인의 구체적인 작동 메커니즘과 기술에 대해 살펴보겠습니다.

비트코인이 중앙 시스템이 없는 완전한 탈중앙화 화폐 시스템이라면, 블록체인은 이 시스템을 실체화하고 작동시키기 위한 기반 기술이자 구현체입니다.

> " 탈중앙화 시스템은 해결해야 할 다양한 과제를 안고 있습니다. 누가 시스템을 운영할 것인가, 분산된 장부는 어떻게 일치시킬 것인가, 누구나 참여가 가능하다면 악의적 수정 및 삭제를 어떻게 차단할 것인가 등등 다양합니다. "

이 책의 난이도와 분량을 고려해 여기서는 이 중 분산 장부의 일치와 장부의 악의적 변조 차단을 위해 설계된 블록체인의 원리를 이해하는 데 집중해 보기로 하겠습니다.

추가 설명 책

비트코인과 블록체인에 대해 제대로 깊게 이해하고 싶은 분들은 ≪비트코인·블록체인 바이블≫(위키북스, 2021)을 추천한다. 이 책의 내용 중 일부는 ≪비트코인·블록체인 바이블≫의 비트코인·블록체인 배경과 탄생 부분을 참고 및 인용했다.

블록체인의 구조와 작동 메커니즘에서 빈번하게 사용되는 기술은 해시[hash]라고 불리는 알고리즘입니다.

해시는 블록체인 기술의 절반이라고 말할 정도로 매우 중요해서 개념만 간단히 살펴보겠습니다. 사실 해시는 IT 개발자들에게는 비교적 익숙한 개념으로 오래전부터 많이 쓰여왔던 일종의 함수function입니다. 함수의 보편적인 특성입니다만, 해시 함수에 어떤 값을 입력(input)하면 어떤 결과가 출력(output)됩니다. 해시 함수는 여기에 고유한 특징 몇 가지를 더하는데, 주요 특징을 3가지로 정리하면 다음과 같습니다.

첫째, 입력값의 길이에 상관없이 확률적으로 무작위한 출력값을 고정 길이로 출력하며, 둘째 출력된 값으로 입력값을 유추하는 것이 무척 어렵습니다. 더불어 셋째, 입력값이 조금이라도 변경되면 해시는 전혀 다른 출력값을 만들어 냅니다. 물론, 동일한 입력에 대해서는 항상 동일한 출력 결괏값을 내어줍니다.

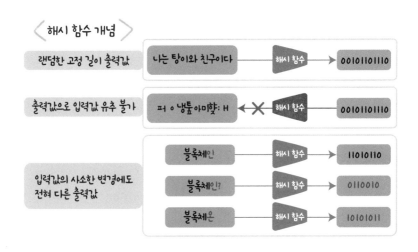

해시 함수의 이러한 일방향성 특성을 이용하면, 가령 경매에서 입찰 참여자가 자신의 입찰가를 감추기 위한 목적으로 유용하게 활용할 수도 있습니다. 경매 입찰을 위해 내가 100만 원을 써낼 생각이 있다고 하겠습니다. 그럼 100을 해시 함수에 넣은 다음, 해시 함수에서 나온 숫자가 667이면 667을 써넣는 겁니다. 그렇게 되면 내가 100만 원을 쓰려고 했다는 것을 알 수가 없게 됩니다. 그러면 입찰 참여자 모두가 누가 얼마나 썼는지를 나중에 개찰 시점에 동시에 확인해 볼 수 있습니다.

내가 100만 원이라고 썼다면 다른 사람이 그러면 나는 110만 원을 써야지, 라고 할 수 있습니다. 그런데 667이라고 써 놓으면 내가 얼마를 부르려고 했는지 모르니까 내가 쓴 가격에 영향을 받지 않고 다른 사람도 입찰에 참여할 수 있는 것이죠.

그러니까 해시 함수는 y=f(x)라고 했을 때 x를 넣으면 y는 무척 빨리 찾을 수 있지만, y를 주면 x를 찾는 일은 굉장히 어렵습니다. 이런 성질을 이미 일어난 일을 되돌리기 어렵다는 의미로 '비가역성'이라고 하는데, 가령 빨간색 물감 한 컵에 노란색 물감 두 컵을 섞으면 주황색이 나온다고 해보겠습니다. 그러면 빨간색과 노란색을 섞어서 주황색이 나오는 것까지는 금방 할 수 있습니다. 그런데 이미 주황색이 된 상태에서 이게 원래 무슨 색과 무슨 색이었는지 반대로 분리해 보라고 하면 그건 무척 어렵습니다. 블록체인은 여기에서 아이디어를 얻습니다.

블록체인은 데이터가 기록된 순서대로 데이터를 저장합니다. 앞서 저장된 데이터 블록 뒤에 순차적으로 새로운 데이터 블록을 연결해서 붙입니다. 구체적인 간단한 예를 들어 보겠습니다.

0시부터 0시 10분까지 기록된 첫 번째 장부를 블록 1에 저장했습니다. 그리고 0시 10분부터 0시 20분까지 작성된 두 번째 장부는 블록 2에 저장했습니다. 이때 블록 2에는 0시 10분부터 0시 20분까지 작성된 원장 변경 내역 외에도 블록 1을 요약한 내용이 함께 입력됩니다. 나중에 블록 2에 포함되어 있는 블록 1을 요약한 내용과 원래 블록 1을 대조해 보면 블록 1의 내용이 달라졌는지 확인할 수 있습니다.

그리고 0시 20분부터 0시 30분까지 작성된 세 번째 내역은 블록 3에 저장됩니다. 블록 3에는 블록 2를 요약한 내용도 함께 입력됩니다. 자, 그러면 블록 3에는 어떤 내용이 들어 있을까요? 블록 3의 원래 내용뿐만 아니라 블록 2와 블록 2 안에 있었던 블록 1도 확인할 수 있습니다. 이런 식으로 이전 내용을 계속 연결해서 저장합니다. 블록들은 시간이 지나면서 꼬리에 꼬리를 물고 계속 연결되며 체인을 형성합니다.

그런데 평소 호기심 많고 날카로운 당신에게는 한 가지 의문이 스멀스멀 올라옵니다. 이전 내용을 계속해서 새로운 블록 안에 포함시키다 보면 나중에 생성되는 블록에는 너무 많은 데이터가 저장되는 것이 아닐까, 하는 생각입니다.

이전에 기록된 내용은 암호화 기술 등을 통해 그 내용을 아주 짧게 줄일 수 있습니다. 이렇게 줄어든 결과는 그 내용 자체를 들여다보기 위한 것이 아니라, 그 내용이 변경되었는지 여부를 확인하기 위해 활용됩니다. 암호 해시는 문서를 요약하여 고유한 값을 자동으로 생성하는 기술입니다. 단, 이때 요약은 '내용' 요약이 아니어서 문서가 길든 짧든 256바이트가량의 고윳값으로 만들어집니다.

따라서 이전 내용인 'YY년 MM월 DD일에 A가 B에게 100만 원을 빌려줌'을 해시 함수를 통해 1234라는 짧은 고윳값으로 만들었다고 가정해 보겠습니다. 여기서 0을 하나 지워 'YY년 MM월 DD일에 A가 B에게 10만 원을 빌려줌'이라고 변경했다면, 이 내용은 해시 함수를 통해 3358이라는 전혀 다른 내용이 됩니다. 이를 통해 이전 블록의 내용이 변경(위조)되었는지를 빠르게 확인할 수 있는 것입니다.

체인 형태로 연결된 블록들은 최초 블록을 제외한 모든 블록이 이전 블록의 데이터를 알고 있습니다.

" 따라서 한 건의 데이터에서 변경이 일어나면 그다음 블록이 이전 해시와 맞지 않다는 사실을 감지하고 해당 데이터의 정당성을 부인합니다. "

가령 누군가 11번째 블록의 데이터를 조작하려고 하면 그는 11번째 데이터부터 시작해 그 이후 생성된 모든 데이터를 고쳐야 합니다. 그와 동시에 변경 사항을 네트워크 내 수천, 아니 수십만 대의 컴퓨터에 보내 수정되게 해야 합니다. 결국 이미 저장된 내용의 수정이나 삭제는 사실상 불가능한 셈입니다. 블록체인 자체가 '믿음직한 중개자' 역할을 하는 것입니다.

비트코인·블록체인은 세상을 바꿀 수 있을까?

탈중앙화 시스템, 정말 꿈처럼 될까?

블록체인을 아주 간단히 요약해 보자면, 1) 두 사람이 서로 거래하는데, 2) 거래 사실을 네트워크 내의 다른 모든 사람에게 알리고, 3) 그 거래를 다른 사람들이 승인하고, 4) 승인 내용을 사람들이 각자의 블록 안에 기록하고, 5) 승인하고 기록한 블록들(결국, 블록 소유자인 사람들)에게 수수료를 지불하는 시스템이라고 정리할 수 있습니다. 물론, 그 수수료는 비트코인과 같은 암호화폐로 지불하게 됩니다.

블록체인은 이렇듯 중앙 통제 시스템 대신 네트워크를 구성하는 개별 개체가 거래를 승인하는 분산 처리 방식입니다. 한 명의 독재자가 있는 시스템이 아니라, 여러 명의 책임자가 공동 정부를 구성하는 분권적 방식입니다. 그래서 중앙 통제 시스템이 독재 스타일이고, 탈중앙화된decentralized 분산 시스템이 개개인의 특성과 자율을 살릴 수 있는 진정한 민주주의 시스템인 것처럼 착각하기 쉬운데, 전혀 그렇지는 않습니다.

네트워크에 연결된 개체가 많아지고 복잡해지면 블록 간 연결과 실시간 정보 전송 등을 유기적으로 빠르게 처리하는 데 굉장히 많은 시스템 자원이 필요합니다. 오히려 중앙 통제 시스템이 훨씬 효율적이고 간결할 수 있습니다. 블록체인은 고유의 분산 구조 특성에 따라 분명 장점이 많은 관리 체제입니다만, 그에 따른 부작용도 무척 많습니다. 그런데 중앙 통제 시스템의 단점을 언급하며 블록체인이 마치 알라딘의 요술램프인 것처럼 말하는 사람들도 있는데, 그렇게 이분법적으로 단편적, 단정적으로 얘기하는 사람들은 경계해야 합니다. 사실 모든 네트워크는 중앙집권화되어 있는 구조가 대부분의 경우 가장 효율적입니다. 중앙 시스템의 단점에 집중하면 자연스럽게 탈중앙화를 대안으로 선택할 수 있지만, 중앙시스템도 단점 못지않은 장점이 있으며 동일하게 탈중앙시스템도 장점 못지않은 단점이 있습니다.

중앙 통제 구조에서는 중앙의 데이터베이스 서버에 정보를 '한 번만' 기록하면 됩니다. 반면, 블록체인은 모든 블록에 똑같이 기록해야만 합니다. 모든 블록이 그 정보를 똑같이 공유하고 있어야 일관성이 유지되고, 그래야 블록 조작과 왜곡에 대응할 수 있기 때문입니다. 그런데 모두가 분산되어 쪼개져 있는 상황에서 각각이 동일하게 정보가 동기화되어 전체적으로 통합된 유기적인 구조를 만들어 내는 것은 상당히 복잡하고 어려운 일입니다. 민주주의가 다양한 생각과 의견의 자유로운 개진과 토론, 다수의 공감대 형성, 이견의 조율과 합의에 기반하고 있어 사실은 굉장히 복잡하고 어려운 체계이듯이, 분산된 네트워크 구조에서 데이터를 완벽히 조정하고 동일하게 유지하는 일은 힘들고 어렵습니다. 네트워크 내 데이터 동기화라는 태생적 숙제가 있다 보니 데이터 일관성과 정합성이 깨질 경우 시스템이 붕괴되는 큰 위험을 피하기 위해 다양한 노력을 해야 합니다. 그런데도 방대한 동기화 처리를 하다 보면 현실적으로 느린 속도를 극복하기는 쉽지 않습니다. 게다가 네트워크 노드별 정보 상태의 차이^{gap}를 악용할 수 있는 가능성도 염두에 두고 대응해야 합니다.

중앙기관과 중앙 시스템이라는 중앙의 관리, 통제 권력자는 엄청난 '권한'을 부여받고 있기도 하지만 그에 상응하는 '책임'도 집니다. 가령 심야시간대 잠시 동안의 은행 체크카드 장애로 고객이 퇴근길 택시비 지불에 불편함을 겪은 금융 사고가 발생했다면 고객에게 적절한 배상을 해주어야 하고, 고객이 비밀번호를 잊어버렸다면 신분 확인 절차를 거쳐 새로운 비밀번호를 만들어 주어야 합니다. 그런데 뉴욕타임스(NYT)에 따르면 시장에 유통되는 비트코인 가운데 20% 정도는 비밀번호를 잊어버려 찾지 못하는 것으로 분석되고 있습니다. 가치로 따지면 약 150조 규모입니다. 비트코인 같은 탈중앙화 환경에서 비밀키를 잊어버리면 황당하게도 영원히 돈을 찾을 수 없습니다.

> "탈중앙화는 모든 권한이 중앙이 아닌 개인에게 분산되어 있기 때문입니다. 즉, 모든 책임도 개인에게 귀속된다는 것을 의미합니다. 게다가 탈중앙화로 인해 기존 중앙에서 데이터베이스를 엄격하게 관리하고 통제하기 위해 발생하던 모든 유무형의 비용과 노력이 분산된 개별 구조로 분산 및 전가됩니다."

분산 원장은 장부의 분산 저장, 즉 중복 복사를 의미하기도 합니다. 거래 투명성 확보와 검증을 위해 완전히 동일한 형태의 장부를 각각 저장하고 있어야 합니다. 게다가 탈중앙화 환경에서 분산화가 진행될수록 블록체인 생태계의 신뢰성은 높아지지만 원장의 복사나 원장의 동기화 등을 위해 시스템은 점점 느려지고 잘 작동하지 않게 되기가 쉽습니다.

따라서 중앙시스템과 탈중앙시스템 중 어느 것이 더 좋은가 혹은 우열한가로 접근하는 방식은 옳지 않습니다. 시스템과 서비스마다 더 적합한 분야가 있으며 획일적인 잣대보다는 중앙화, 탈중앙화를 적절하게 조합하거나 상호 보완하는 것이 오히려 필요합니다. 중앙시스템이 이런저런 문제가 있기 때문에 탈중앙 시스템이 대안이며 이상적이다, 라는 논리는 매우 위험합니다.

우리가 현재 일상생활에서 사용하고 운영 중인 화폐, 경제 시스템, 대부분의 사회 제도와 금융 서비스는 금융기관 내부의 폐쇄적인 데이터베이스를 근간으로 철저히 중앙 집중 방식이거나 제3 신뢰 기관 기반으로 정립되어 있습니다. 이런 방식은 법과 제도의 뒷받침 아래 체계화되었으며 사회 전반에 깊게 뿌리내려 있습니다. 사람들은 이런 질서와 체계를 더 이상 의심하지 않고 상식처럼 받아들입니다. 이런 상황에서 블록체인과 같은 탈중앙화 방식은 기존 질서와 충돌되고 사람들의 사고방식과도 맞지 않습니다. 물론 현행법이나 제도와의 불화도 예상됩니다. 사람들은 중앙시스템 기반으로 세팅된 화폐 시스템과 사회 전반의 주요 체계가 블록체인을 기점으로 탈중앙화되거나 분산 구조로 쉽게 변경되리라 생각하지 않습니다.

사토시 나카모토 또한 탈중앙화와 분산 장부 자체를 강조한 것이 아니라 '어떻게 신뢰를 보장할 수 있느냐'를 깊이 고민한 것으로 보입니다. 폐쇄적인 중앙집중 통제 방식의 문제점을 극복하기 위해 분산 장부와 그 투명성을 구현했고, 장부가 위변조되는 것을 막기 위해 블록체인을 설계했습니다. 따라서,

> " 블록체인 기반의 탈중앙화, 분산 구조도 한 가지 선택지가 될 수 있고, 동
> 시에 중앙시스템에서 신뢰를 보장할 수 있는 아이디어나 보완 방안을 찾
> 아내는 것도 충분히 가치 있는 일입니다. "

오히려 현실의 제노와 시스템을 보완한다는 측면에서 후자가 좀 더 현실적일 수 있습니다. 우리 인류는 자본주의의 숱한 모순과 한계, 위기를 극복해 왔습니다. 자본주의를 버리고 사회주의를 택해서가 아니라 자본주의의 약점을 보완해 자본주의를 지속 가능하게 발전시켜 왔기 때문입니다.

비트코인은 시스템 머니

대형 포털에서 비트코인, 암호화폐, 블록체인 등으로 검색해 보면 오로지 암호화폐가 얼마 올랐고 앞으로 가격 전망이 어떻다는 식의 정보뿐입니다. 정작 필요한 암호화폐가 어떤 목적으로 발행되었고 어떤 서비스에서 어떻게 활용되는지, 그리고 그 서비스와 생태계가 얼마나 많은 수익과 잠재적 가치를 창출할 수 있는지에 대한 상세한 정보는 없습니다.

현재 거래되는 많은 암호화폐와 그 가격은 한탕을 노리는 투자자들의 투기 베팅에 가깝습니다. 기존에 없던 새로운 화폐 개념, 디지털 세계의 금, 한정된 채굴이라는 용어와 결합해 막연한 기대감과 불안을 조장하며 과거의 닷컴 버블처럼 거품을 만들어 내고 있습니다.

비트코인을 비롯한 암호화폐의 본질적 가치는 크게 두 가지입니다. 블록체인을 기반으로 하는 거래 시스템을 작동시키는 구심점인 '매개체'와 화폐로서의 '교환가치'가 그것입니다. 교환가치는 유럽연합 국가들이 유로화를 단일 통화로 사용하겠다는 식의 큰 정치적 합의가 있었듯이, 각국 정부가 현재 운용하고 있는 자국의 화폐와 교환할 수 있는 지위를 부여해 주어야 합니다. 그러려면 화폐 가치의 안정성이 가장 중요한데, 매일매일 가격이 널뛰는 데다가 아무런 컨트롤 타워도 없는 화폐에 교환 가치를 인정해 줄 정부는 찾기 힘들 수밖에 없습니다.

" 결국 암호화폐의 핵심적인 가치는 전자 거래 시스템을 효율적으로 유지시켜줄 수 있는 블록체인의 가치밖에 없습니다. 다들 암호화폐, 가상화폐, 코인이라고 하니 무슨 돈거래인 것처럼 생각했겠지만, 사실은 거래 정보를 승인하고 기록하는 탈중앙화된 분산 시스템이 저비용, 고효율로 작동하도록 하는 시스템 머니라고 보는 게 옳습니다. 암호화폐는 블록체인 시스템이 매끄럽게 돌아가도록 하는 도구이지, 그 자체로 화폐를 대체하는 수단이 되는 데는 한계가 있습니다. "

화폐의 가치는 보증해 주는 기관의 신뢰도에 종속되어 있습니다. 법정화폐라면 국가, 지역화폐라면 지자체에 그 신뢰가 달려있습니다. 그런데 탈중앙식의 대부분의 암호화폐는 생성 방식에서 이미 보증 신뢰 기관을 배제하고 출발합니다. 결국 특정 거래 시스템 내부적으로만 인정받는 화폐가 됩니다. 따라서 그 가치와 운명은 암호화폐가 포함된 시스템과 서비스 생태계가 잘 돌아가는지의 여부와 실물 화폐로 연동되는 가치가 안정적으로 유지될 수 있느냐에 달려있습니다.

즉, 해당 암호화폐의 활용 가치에 귀결될 것이라고 생각합니다. 전혀 의미가 없고 사용처가 없는 화폐라면 결국 사라져 없어질 것이고, 반면 활용성이 부각되고 이로 인해 새로운 서비스 가치를 창출해 낸다면 분명 거기에 맞는 가치를 부여받을 것입니다.

> " 암호화폐의 전망은 결국 암호화폐가 포함된 서비스와 생태계의 활용, 활성화 전망과 일치합니다. "

블록체인에 대한 국내 IT 도서 중 개인적으로 손꼽히는 걸작이라 생각하는 ≪비트코인 · 블록체인 바이블≫의 저자 장세형은 500페이지 가까운 두터운 이야기를 마무리하며 블록체인에 대해 다음과 같이 신중하게 전망하고 있습니다.

> " 블록체인이 주목받는다고 해서 단기간에 기존 중앙 시스템이 탈중앙 시스템으로 바뀌는 일은 없을 것입니다. 하지만 블록체인이 전해주는 시사점과 메시지는 결코 사라지지 않고 기존 질서에 대한 부정자와 새로운 질서에 대한 추종자, 그리고 사업 기회를 노리는 기업가와 천재적인 IT 기술자들이 상호작용하는 과정에서 기존 질서에 대한 숙제와 새로운 질서에 대한 어젠다를 꾸준히 양산하고 발전시켜 나갈 것이라 믿습니다. "

코인과 블록체인에 대한 막연한 환상과 판타지에서 벗어날 필요도 있지만, 블록체인이 훌륭한 기술이라는 것까지 부정할 필요는 없습니다. 어떤 중앙기구나 통제장치 없이 경쟁과 합의를 통해 화폐를 발행하고 개인과 개인 간 거래할 수 있는 기반 기술이 블록체인입니다. 이런 블록체인은 수백 년 동안 이어져 온 중앙시스템과 제3 신뢰 기관이 지닌 문제점과 한계점을 극복할 수 있는 가능성과 잠재성을 분명하게 보여주고 있습니다.

비트코인이 세상에 나온 이후 큰 변화는 없습니다. 실체가 없는 서비스는 신기루이며 신기루에 투자하는 것은 너무나 위험하다는 생각도 충분히 존중할 만합니다. 그럼에도 불구하고 기존 화폐 시스템에 대한 공격 자체가 금기시되는 분위기에서 기존 화폐 시스템의 문제점과 발전 방향에 대한 논의가 시작된 것만으로도 의미가 있다고 봅니다. 블록체인이 당장 직접적으로 기존 체계를 바꾸지는 못했더라도, NFT 기반 디지털 자산 거래, 토큰 경제 구현 등 다양한 분야에 영감을 주고 있는 것도 사실입니다.

블록체인 어디에, 어떻게 활용할 것인가?

탈중앙화와 투명성이라는 블록체인의 특장점을 활용한 사례 두 가지와 블록체인을 적용할 경우 유용할 수 있는 거래 유형 한 가지를 간략히 살펴보겠습니다.

중국 월마트는 중국 업체들의 가짜 식품 납품, 오염된 식품 유통으로 모든 매장의 관련 제품을 전량 폐기하는 등 식품의 유통 및 추적 관리로 어려움을 겪고 있었습니다. 월마트는 이런 문제에 대응하기 위해 IBM Hyperledger Fabric 블록체인 기술을 돼지고기 유통 시스템 구축에 적용했습니다.

양돈 농가에서의 생산부터 도축장, 유통 채널, 도소매 업체 등 유통까지의 모든 과정에 IoT 센서 등을 활용해 데이터가 자동으로 생성되어 블록체인에 저장되도록 하였습니다. 따라서 돼지고기의 생산부터 유통까지의 전 과정이 투명하게 종합적·통합적으로 공유, 관리되어 문제가 발생했을 경우 빠른 추적과 대응이 가능하게 되었습니다.

　음반 산업에 블록체인이 적용될 경우, 음악 저작권과 수익 분배, 음원 유통에 큰 변화가 가능할 것으로 보입니다. 작곡가와 뮤지션은 대형 디지털 음원 스트리밍 서비스 사이트 내부의 데이터베이스에 접근할 수는 없기에 자신의 음원 파일이 몇 번이 재생되고 어떤 방식으로 몇 개가 구입되었는지 구체적으로 알기가 어렵습니다.

　음원 파일에 블록체인 기술이 도입되면 음원 파일이 어디에서 어떻게 이용되고 있는지 쉽게 추적할 수 있습니다. 음원이 몇 번 재생되었고 얼마나 다운로드되었는지 어떻게 쓰이는지 투명하게 알려지면 저작권과 관련하여 정확한 수익 산정이 일단 가능해집니다. 게다가 중간자와 은행 역할을 하던 유통 업체를 거치지 않고 음원 소비자와 직접 거래를 할 수도 있게 됩니다. 기존의 유통 구조 안에 있던 대형 레이블, 제작사, 소속사 등과 계약을 맺고 수익을 정산한 내 몫을 지급받았던 구조에서 벗어나 실시간으로 소비자로부터 직접 수익을 전달받을 수 있습니다.

　그러니까 거대 음원 플랫폼을 통하지 않더라도 쉽고 편하게 자신의 음악을 유통할 수 있게 될 것이라 전망할 수 있습니다. 물론 아직 해결해야 할 현안이 제법 있지만, 음악뿐만 아니라 책 저술 등 다양한 창작활동을 통한 저작권, 라이선스 등에 블록체인 기술이 적용되어 유통 구조를 재편하거나 혁신할 수도 있으리라 생각됩니다.

끝으로, 해외 송금이라는 국외 외환 송금 거래를 잠시 살펴보겠습니다. 가령 한국에서 영국 유학 중인 자녀에게 송금하려고 할 때 양국의 화폐가 다르기 때문에 일단 환전을 해야 합니다. 환율은 한국의 외환 시장에서뿐만 아니라 영국의 외환시장에서도 독립적으로 결정됩니다. 문제는 한국의 A 은행에서 영국의 B 은행으로 송금할 때 한국의 외환은행을 거쳐야 하고, 한국은행과 같은 중앙은행도 관여됩니다. 또 외국환 거래를 위한 국제 결제 시스템인 스위프트(SWIFT)도 이용해야 합니다. 스위프트는 BIS$^{Bank for International Settlements}$라는 국제 은행연합체에 의해 관리됩니다. 그러다 보니, 국가별 시차와 환율 때문에 생기는 변동성으로 인해 수수료도 꽤 높고 시간도 상당히 걸리는 구조입니다.

이것을 블록체인으로 해결하면 송금 자체를 훨씬 빠르게 할 수 있고, 그래서 수수료도 보다 적게 들게 할 수 있습니다. 이 경우에 블록체인은 중앙 시스템인 SWIFT 시스템 대신 네트워크를 구성하는 세계 곳곳의 은행들이 거래를 승인하는 네트워크가 되는 것입니다.

화폐, 시간, 행복

저의 첫 해외 여행지는 홍콩이었습니다. 스물일곱에 처음 가본 홍콩은, 아니 외국은 놀랍고 강렬했습니다. 마치 미래 도시를 연상케 하는 화려한 도심과 골목골목 드리워진 식민시대의 향취와 낡은 중국의 스산함의 정서까지, 마치 영화 <화양연화> 속의 배경과 컬러처럼 화려하면서 동시에 빛바래고 낡은 독특한 풍경의 거리를 산책하며 이국의 분위기에 취했던 첫 해외여행의 날카롭던 기억이 고스란히 몸에 예민하게 남아 있는 것 같습니다.

긴 시간이 흐른 후 마흔이 넘어 가족과 함께 다시 찾았던 그곳에서 십여 년 전 버스를 타고 침사추이에 내릴 때 느꼈던 벅차오르던 기분은 진혀 느껴지지 않았습니다. 페리를 타고 홍콩섬으로 넘어갈 때도 큰 감흥은 없었습니다. 두 번째 여행이라 그런가도 생각했지만 많이 당혹스러웠죠.

홍콩섬의 야경을 밝히는 몇몇 기업의 광고판만 조금 바뀌었지, 홍콩은 거의 변한 게 없는데, 내가 변한 건가? 무뎌지고 시큰둥해지고 뭐든 이제 덜 느끼는 중년이 된 건가 싶었습니다. 그때의 일로 여행이라는 것이, 아니 어떤 일이든 그렇겠지만 다 때가 있다는 것을 새삼스럽게 느꼈습니다. 아마도 그건 오래전 그때, 저의 머리와 가슴은 여태까지 머리에 입력되어 있지 않은 새로운 설렘과 긴장과 흥분, 놀라움을 무차별적으로 흡수하고 받아들이기 바빴던 때문이 아니었을까, 결국 그때의 생각과 감성은 지금의 그것과는 질적으로 비교할 수 없겠구나 하는 생각이 드니 살짝 슬퍼지기도 하더군요.

금수저가 아닌 이상 대부분의 사람들은 무언가를 구매하고 소비할 때 선택에 있어 크고 작게 갈등합니다. 인터넷 커뮤니티에도 지름신이 오셨다, 내가 연봉이 얼마인데, 이걸 질러도 되냐는 글이 자주 보입니다. 욕망과 불안 속에서 자신감이 부족하니 다른 사람의 의견을 엿듣고 싶은 마음일 겁니다. 그런데 인생은 생각보다 무척 짧은 것 같습니다. 결국 돈과 시간의 싸움인데요. 저는 돈의 진정한 가치는 돈의 크기가 아니라 돈으로 환산할 수 있는 '대상'에 있다고 생각합니다. 결국, 지금 돈으로 바꿀 수 있는 가치가 미래에 사라지거나 줄어들지도 모른다면 지금 '소비'하는 게 현명하지 않을까요?

불확실한 내일의 행복을 위해 안전하지만 무덤덤한 오늘을 살 것인가, 아니면 조금 불안하지만 설레는 오늘을 택할 것인가, 라고 누군가 이분법적으로 묻는다면 저는 후자 쪽인 것 같습니다. 살다 보니, '아, 그때 그걸 왜 해서 이 고생일까!' 하는 후회보다는 그때 망설이지만 말고 하고 싶었던 그걸 해볼 걸 하는, 하지 못했던 것들에 대한 후회가 훨씬 더 많았습니다. 그리고 무엇보다 해본 것에는 후회는 남을지언정 미련은 없었던 것도 같고요.

행복은 은행의 예금 계좌 속 현금처럼 저축했다가 필요할 때 바로 찾아 쓸 수 있는 그런 것이 아닙니다. 내일을 위해 오늘을 조금 아끼는 것도 물론 필요합니다만, 주변에서 불확실한 미래를 위해 현재를 가혹하게 희생하는 모습을 볼 때면 왠지 모르게 서글퍼지고 안타깝다는 생각입니다. 어디 멀리 갈 것도 없이 현재 기성세대의 부모 세대가 대부분 그러하셨죠.

블록체인과 관련된 화폐, 금융 시스템, 은행에 대한 여러 가지 자료를 읽다가 돈과 행복, 시간에 대해서 적잖은 생각을 했던 것 같습니다. 앞서 얘기한 것처럼 돈의 진정한 가치는 그 크기가 아니라 교환, 환산할 수 있는 '대상'의 가치에 있다고 생각됩니다. 교환 가치에는 '시간'이 개입됩니다. 경제학의 화폐와 시간 가치 개념을 꺼내지 않더라도 시간과 돈은 서로 끊임없이 교환되는 가치입니다. 그리고 시간에는 그 가치를 경험하고 받아들이는 생각과 감성이 끊임없이 변하는 인간이라는 변수가 존재합니다.

며칠 전 크리스토퍼 놀란 감독의 우주 영화 <인터스텔라>를 다시 보았습니다. '이 영화를 내가 고등학생 때 경험할 수 있었다면 어쩌면 내 인생이 조금은 바뀌지 않았을까, 내가 다른 걸 전공했을 수도 있지 않았을까'라는 생각이 문득 들었습니다. 주말 소파 위에서 TV 리모컨만 본능적으로 움직이고 있다가 스쳐 지나가는 짧은 소풍 같은 삶이 아까워 지금 이 순간 행복해지기 위해 뭐라도 해야겠다 싶어서 몸을 움직여 봅니다.

5

애플리케이션 개발

소프트웨어는 살아 움직이는 유기체다
IT는 커뮤니케이션이다
삼성이 직원들을 위한 알고리즘 테스트를 만든 진짜 이유

중요한 건
프로그래밍 언어나 코딩이 아니다

(넋이 나가있는 듯 보이는 알못씨를 보면서) 오전에 개발팀과 미팅은 잘 했어요? 많이 지쳐 보이네?

잘알씨

선배, 개발자 분과 이야기 나누는데, 완전 외계인과 대화하는 기분이었어요. 난 누군가, 여긴 어딘가?

알못씨

아이고. 알못씨가 이해하기 어려운 IT 개발 용어가 많이 나왔나 보네요.

잘알씨

제가 IT 초보라 많이 모르고 부족한 거겠죠. 저는 저희 웹페이지의 사용자 정보란에 성별에 대한 정보가 없어서 개발자분께 그저 성별 항목을 추가했으면 좋겠다고 얘기했거든요.

알못씨

사용자 프로필 정보에 성별 말하는 거죠. 그랬더니?

잘알씨

개발자분이 제 요청에 대해 궁금한 게 있다면서 이렇게 죽 얘기하는 거예요.

"(개발자) 네, 그런데 몇 가지 확인할 게 있어 보여요. 성별을 새롭게 관리하는 거니 기존 사용자들의 성별 처리는 어떻게 할까요? 모두 일괄적으로 정보를 새로 받을 순 없으니 일단 Null로 처리한 후 배포해야겠죠? 데이터베이스의 성별 칼럼에 남성은 M, 여성은 F로 값을 저장하면 될까요? 1과 0이 더 나을까요? 그리고 각 사용자 정보는 클라이언트에서 뿌려줄 때 서버에서 통합 고객 공통 API를 통해 가져오는데 API 응답 시 JSON에 표시될 값의 정의도 필요할 것 같아요. 사용자에게 이미지로 표현할 거면 웹디자이너에게 요청해서 이미지 리포지토리 서버 URL도 받아주셔야 해요."

알못씨

하하. 좀 전에 넋이 나간 표정이었던 게 이해가 되네요. 그래서 뭐라고 대답했어요?

잘알씨

기어 들어가는 목소리로 '아, 네네. 좀 더 알아보고 말씀드릴게요'라고 말하고 도망치듯 나왔죠.

알못씨

소프트웨어는 살아 움직이는 유기체다

메타데이터, 데이터베이스, 빅데이터라는 여정을 통해 우리는 '데이터'에 대해 심도 있게 파고들어 데이터의 특성과 핵심 개념, 관련 기술에 대해 이해해 보았습니다. 지금부터는 '프로그래밍', '애플리케이션 개발'에 대해 집중해 보고자 합니다.

인간의 몸을 거칠게 구분하여 '뼈'와 '근육' 두 가지로 나눌 수 있다면, IT 정보시스템 또한 '데이터'와 '프로그램(애플리케이션)'으로 나눌 수 있습니다. 여기서 인간의 '뼈'에 해당하는 것이 '데이터'라고 한다면 힘줄과 살로 이루어진 '근육'은 골격인 뼈대에 붙어서 팔, 다리 등 몸의 각종 기관을 움직이게 하는 '기능'을 수행하는 '애플리케이션'에 가깝습니다.

뼈는 몸의 형태와 구조^{skeleton}를 만들고 몸을 지지합니다. 반면, 근육이 하는 가장 큰 역할은 수축과 이완을 하며 뼈를 움직이게 하여 인간이 활동할 수 있게 하는 것입니다. 근육은 뼈를 움직이는 역할을 하지만, 근육이 붙어있는 뼈대의 범위와 한계를 근본적으로 벗어날 수는 없습니다. 그 한계를 벗어나면 근육은 파열되고 뼈는 부러집니다. 애플리케이션의 기능이라는 것도 그 본질은 데이터를 입력 및 수정 처리하고 분석, 가공, 조회하는 일입니다. 다음 챕터에서 자세히 살펴보겠지만, 애플리케이션은 사용자의 요청^{request} 메시지를 받아 이에 응답^{response}하는 거대한 기능입니다. 다시 말해, 입력^{input} 데이터를 결과 데이터로 출력^{output}하는 거대한 기능 함수^{function}입니다.

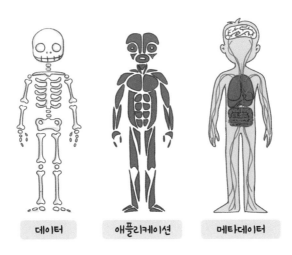

데이터　　　애플리케이션　　　메타데이터

뼈와 근육의 관계처럼 데이터와 애플리케이션은 긴밀하게 연관되어 있습니다. 데이터와 애플리케이션의 총합이 결국 IT 시스템입니다. 그래서 데이터에 이어 코딩이라는 행위의 의미, 알고리즘의 역할, 컴퓨팅적 사고 방식, 개발자가 하는 일 등 애플리케이션 개발의 전반을 훑어보겠습니다.

이번 챕터에서는 프로그래밍이라는 행위를 건축 분야의 조감도처럼 버드아이뷰bird's eye view로 개념적으로 큰 틀에서 넓게 살펴보고, 이후 이어지는 챕터에서 마치 레고 블록처럼 애플리케이션을 조립하는 데 사용하는 핵심 구성요소에 대해 구체적으로 알아보겠습니다. 여러 가지 기술적 개념이 실제 구현에 어떻게 반영되는지를 확인해 보면서 IT 개발의 실체에 조금 더 가까이 다가가 보려고 합니다. 물론, 프로그래밍 언어를 사용한 어려운 코드는 만날 일도 없고, 또 굳이 알 필요도 없습니다. 당신은 개발자가 되려는 것이 아니라 개발의 전반을 개념적으로 제대로 이해하는 것으로 충분하기 때문입니다.

추가 설명 프로그래밍

컴퓨터 프로그램을 작성하는 일을 의미하며 일반적으로 프로그램 작성 방법(알고리즘)의 결정, 프로그래밍 언어를 사용한 코딩, 테스트, 에러 수정 등의 작업 전반을 이르지만, 이 중 핵심인 코딩만을 이를 때도 있다. 이론적으로 프로그래밍이 코딩을 포괄하는 개념이며, 이 책에서는 프로그래밍과 코딩을 명확히 구별할 필요가 있을 때는 명시적으로 '프로그래밍'으로 표현하고, 그 외에는 '코딩'이라는 간결한 단어를 주로 사용한다. 프로그래밍의 결과물인 '프로그램'은 거시적으로 명령 코드의 집합체를 의미한다. 프로그램은 운영체제(OS)와 같이 컴퓨터 하드웨어를 제어하고 관리하는 일을 하는 '시스템 프로그램'과 그런 시스템 프로그램 위에서 특정 목적의 업무나 원하는 작업을 할 수 있게 만든 '응용 프로그램'으로 구분할 수 있다. 일반적으로 응용 프로그램을 애플리케이션이라고 부르니 프로그램은 애플리케이션의 상위 개념이다. 더불어 소프트웨어는 프로그램과 프로그램 관련 문서들까지 포괄하는 개념이다. 따라서 엄밀히 말하면 소프트웨어, 프로그램, 애플리케이션은 계층적인 상·하위 개념을 갖는다고도 볼 수 있지만, 통상 현업에서는 소프트웨어, 프로그램, 애플리케이션을 이음동의어처럼 동질의 개념으로 이해하고 사용한다.

이러한 개념적 이해를 통해 IT 개발자가 세상을 바라보는 세계관을 이해하고 IT라는 세계를 전과 사뭇 다르게 바라볼 수 있을 것입니다. 이제, IT 개발자를 만나러 떠나 보겠습니다.

개발자라는 녹색 외계인

IT 업계에 근무하는 다수의 주변 지인에게 업무하면서 힘든 게 무엇이냐고 물어보면 IT 업계의 빠른 기술 변화에 대처하고 끊임없이 지식을 업데이트해야 하는 일도 어렵지만, '개발자와 소통'하는 일이 특히 힘들다는 이야기는 빠지지 않고 항상 나옵니다.

안 그래도 IT 개발은 빠르게 변하는 시장에 대응하기 위해 촉박한 일정으로 바쁘고 힘든데, 소통하기 어려운 개발자와 협업까지 해야 하니 뭐랄까 커다란 벽과 이야기 나누는 심정이라고 어려움을 토로하기도 합니다. 개발자와 함께 일을 해본 사람이라면 쉽게 공감하지 않을까 싶은데요. 분명 한국어로 이야기를 나누고 있는데, 알아듣기 어려운 외계어 같은 말만 쏟아내다가 결국에는 '그건 안 돼요'라면서 요청한 개발의 구현이 어렵다, 일정 내 불가능하다는 의견만 휑하니 남았던 상황은 분명 흔한 일입니다. 물론 개발자가 아닌 IT 기획자, 비즈니스 현업, 마케터, 디자이너 입장에서의 씁쓸한 경험임을 전제하더라도 그들의 눈에 개발자는 분명 어려운 존재임은 틀림없어 보입니다.

IT 개발을 전공하지 않은 IT 기획자나 비즈니스 현업이 IT 실무자와 커뮤니케이션하거나, 디자이너와 개발자가 협업하면서 갈등과 오해를 겪는 일은 이제 익숙하고 흔한 풍경이기도 합니다. 서점에는 ≪오늘도 개발자가 안 된다고 말했다≫(디지털북스, 2021)와 같은 IT 에세이 서적이 많은 공감을 얻으며 베스트셀러 코너를 차지하고 있습니다. 비전공자들은 IT를 이해하기 두려워하면서 동시에 개발자들과 커뮤니케이션하기도 어려워합니다. 심지어 '도대체 내 말귀를 못 알아먹어. 그리고 자꾸 이상한 IT 용어로만 얘기해 대는데 완전 외계어야.'라면서 초록 외계인을 바라보듯 개발자를 쳐다보고 있습니다. 반면, 개발자들은 IT 기획자와 같은 클라이언트가 요구사항을 명확히 드러내지 못하고 개발을 위한 가이드라인을 정확히 제시하지 못하며 모호하고 불완전한 요구사항을 시시때때로 멋대로 변경한다고 불만입니다. '건물로 치면, 지금 15층 건물 다 올라갔는데, 10층과 11층에 주차장을 만들어 달래. 미친 거 아냐!'라면서 말이죠.

서로 다른 시공간에 존재하는 지구인과 외계 생명체처럼 IT 기획자와 개발자는 서로 다른 세계관을 가지고 있는 듯 보입니다. 지구인과 외계인이 완벽하게 소통하고 협업하는 것까지는 아니더라도, 가급적 서로 싸우지 않고, 각자의 작업 방식을 존중하고 이해하면서 이야기를 나눌 수 있으려면 IT 개발의 특성, IT 업의 구조와 본질에 대한 이해가 필요합니다. 이 책의 전반이 이를 다루지만, 특히 중요한 두 가지 사실이 있습니다. 개발을 위한 요구사항 정의는 근본적으로 무척 어려운 협업의 과정이라는 점과 소프트웨어는 이름처럼 소프트하지 않다는 것입니다.

'요구사항 정의'는 근본적으로 고난이도의 협업 작업이다

IT 개발은 클라이언트(고객)의 요구사항을 프로그래밍 언어로 옮겨서 프로그램을 만드는 과정이라 클라이언트가 본인의 의도와 요구를 빠짐없이 구체적으로 정의^{definition}하고 상세하게 명세^{specification}하여 개발자에게 전달하는 일은 그 무엇보다 중요합니다. 그런데 요구사항을 명쾌하게 정의하고 그 내용을 온전히 공유하는 일은 결코 쉽지 않습니다. 요구사항 정의의 본질적 어려움을 이해하기 위해 일상생활에서의 사례 한 가지를 가져와 보겠습니다.

"아내가 삼겹살을 사 오라고 했다. 나는 다 떨어진 담배도 살 겸 마트에 가서 삼겹살을 고른다. 그런데 막상 마트에 가 보니 삼겹살 종류가 한두 가지가 아니다. 녹차를 먹여 기른 녹돈, 제주시의 공인을 받았다는 값비싼 제주 오겹살, 목우촌이나 한돈과 같은 브랜드 삼겹살도 있다. 아내가 무엇을 원하는지 모르기 때문에 일단 브랜드가 있는 목우촌 삼겹살을 고른다. 그리고 아내에게 전화하니 목우촌은 비싸다며 일반 삼겹살을 사 오라고 한다. 일반 삼겹살이 무얼까 고민해 보다가 눈앞에 놓인 저렴한 대패 삼겹살, 냉동 삼겹살에 시선이 닿는다. 도대체 아내가 사 오라고 한 삼겹살은 무엇일까?"

이렇듯 삼겹살을 사 오라는 일상에서의 아주 간단한 요청, 소통조차 사실은 명확하지 않습니다. 내가 원하는 것을 타인에게 정확히 설명하여 이해시키고 요구한다는 것은 결코 쉬운 일이 아닙니다. 아마 아내도 본인이 원하는 삼겹살이 정확히 어떤 것인지에 대한 개념 정의가 명확하지 않았을 확률이 높습니다.

" 여기서 중요한 것은, IT 개발의 출발은 클라이언트의 요구사항 정의이고, 요구사항을 충분히 구체적이고 명확하게 정의한다는 것은 무척 어려운 작업이라는 인식입니다. 요구사항 정의는 근본적으로 고난도의 협업과 커뮤니케이션 작업입니다. "

IT 개발이라고 하면 개발자가 밤을 꼬박 새운 것 같은 부스스한 얼굴로 모니터를 노려보며 키보드만 타다닥거리면서 혼자서 어려운 문제의 해결책을 찾는 것 같은 풍경을 상상하기 쉬운데, 사실 개발 작업의 대부분은 '협업'으로 이루어집니다. 상대의 요구를 듣고 관찰해 세밀하게 이해하는 것(요구사항 분석Requirement Analysis), 요구사항을 되짚어 누락된 요청을 찾아내고 구체화하는 것(요구사항 명세Requirement Specification), 프로그램의 주요 쓰임새를 미리 그려보는 것(사용자 시나리오User Scenario)은 개발의 핵심적인 과정입니다. 따라서 '논리적으로 말하기'와 '경청하기'는 IT 산업에서 필수적인 태도와 역량입니다. IT는 본질적으로 서비스업입니다.

소프트웨어는 소프트하지 않다

소프트웨어라는 용어는 1960년대 초에 하드웨어와의 구분을 위해 만들어졌다고 알려져 있습니다. 그런데 소프트웨어의 '소프트'가 주는 어감과 의미가 사람들을 혼란스럽게 만들기도 합니다. 언어와 문자가 인간의 인식과 사고를 표현하는 형식으로 한계가 있기도 하지만, 적절하게 선택된 용어일 경우 생각의 방향을 선명하게 하고 그렇지 못한 용어는 오히려 사고를 가두고 혼선을 빚게 만듭니다. 소프트웨어는 안타깝게도 후자에 속합니다. 그래서인지 IT에 대한 이해가 부족한 사람은 소프트웨어가 대단히 소프트해서 간단히 만지기만 하면 언제든 쉽게 변경할 수 있다고 생각하는 경향이 있습니다.

소프트soft는 부드럽고 유연하고 순하고 매끄러운 의미를 부여합니다. 이 단어는 소프트웨어의 유연성, 수정 용이성을 암묵적으로 시사합니다. 하지만 현실은 정반대입니다. 현장에서는 클라이언트가 소프트웨어에서 A라는 부분을 수정해 달라고 개발자에게 요청했더니 수정은 되었는데 왜 멀쩡하던 B에 문제가 생기냐며 이해할 수 없다고 한탄합니다. 게다가 수정하는 데 하루면 될 것 같은 일이 열흘이나 걸렸다면서 한참을 기다렸더니 이 모양이라며 답답해합니다.

왜 이런 걸까요? 소프트웨어는 살아 움직이는 '유기체'와 비슷하기 때문입니다. 인간이 가볍게 걷기를 하는 동안 200여 개의 뼈와 600개 이상의 근육이 일제히 움직인다고 합니다.

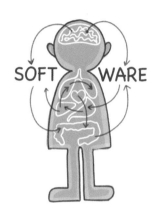

" 소프트웨어는 유기체를 닮았다 "

" 인간이 움직이기 위해 여러 근육을 함께 써야 하듯이, 소프트웨어는 기능적으로 분화된 여러 부분으로 되어 있고 그 부분 사이 밀접한 상호 작용을 가지면서 전체로서 하나의 통일체를 이루고 있는 생물 유기체를 닮았습니다. "

즉, 부분과 부분은 서로 '의존' 관계로 얽혀 있어서 개발이 일단 완료된 프로그램을 이후 수정하는 일은 결코 쉽지 않습니다.

추가 설명 유기체

소프트웨어가 여러 부분과 부분이 연결된 견고한 의존 관계로 구성되어 있고 따라서 살아있는 유기체와 같다는 통찰을 얻으려면 다음 장의 소프트웨어 추상화, 모듈의 개념까지 숙지해야 한다. 일단, 소프트웨어는 살아있는 생물 유기체와 닮아서 이름처럼 그것의 변경이 소프트하지는 않다고 이해하면 된다.

게다가 소프트웨어는 빌딩이 올라가는 것이 눈에 보이는 건축공학이나 부품이나 장치 등 하드웨어를 다루는 전자공학과 달리, 그 일의 경과와 진척이 쉽게 드러나지 않습니다. 그러니까 가시성^{visibility}도 거의 없습니다. 빌딩을 지을 때는 건물의 뼈대를 다 올리고 나서 건축주가 이것저것 뜯어고쳐 달라고 하지 않습니다. 하지만 소프트웨어를 개발할 때는 개발이 완료되었는데, 부담 없이 기능을 추가하거나 고쳐 달라고 하는 경우가 비일비재합니다. 소프트웨어는 속성상 눈에 띄는 정도인 가시성이 무척 낮기 때문입니다. 여기서 강조하고 싶은 점은 소프트웨어가 다이아몬드처럼 딱딱한 것은 아니지만, 건축물의 뼈대에 해당하는 아키텍처도 있고, 부분 부분이 다양한 관계로 '견고하게' 연결되어 있어 생각처럼 수정하는 일은 쉽지 않다는 전제와 이해가 필요하다는 것입니다.

" 주차장을 깜박 했네요. 10층과 11층을 주차장으로 만들어 주세요 "

클라이언트의 역량, 개발자의 일

지구인 클라이언트와 외계인 개발자가 협업하고 소통하기 위해 절실하게 필요한 것은 어쩌면 언어가 아니라 공감대, 즉 '지적인 공통분모' 같은 것일지도 모르겠습니다. 소통은 공통의 관심사와 공감에서 출발합니다. 공통분모를 늘리기 위해 각자의 관점에서 어떤 것이 필요할지 좀 더 생각해 보겠습니다.

당연한 얘기겠지만, 프로그래밍이라는 '구현만' 잘해서 질 좋고 경쟁력 있는 IT 서비스를 만들 수는 없습니다. 개발자의 지식과 경험, 역량도 물론 중요하지만 비즈니스를 구체적으로 정의하는 IT 기획자의 능력도 결정적인 요소가 됩니다.

정보시스템 개발을 위해 클라이언트가 개발 범위와 요건을 공식화하여 개발을 발주하고 요청하는 문서인 프로젝트의 RFP(Request For Proposal, 제안요청서)를 보면 실무 경험이 있는 사람(조직)인지, 아닌지를 짐작할 수 있습니다. 구체화가 덜 되어 추상화 수준이 높은 요청서일수록, 그러니까 애매하고 모호한 요청서일수록 현장에서 갈등이 심한 경우가 많습니다.

> " 어떻게How 구현할지를 결정하려면 무엇What이 필요한지에 대한 정의가 구
> 체적으로 선행되어야 하기 때문입니다. "

IT 기획은 좋은 아이디어와 IT 기술이 만났을 때의 시너지를 상상하며 그 아이디어를 잘 정의하는 일입니다. 제대로 정의하고 설명할 수 있어야 그다음 단계로 부드럽게 넘어갈 수 있습니다.

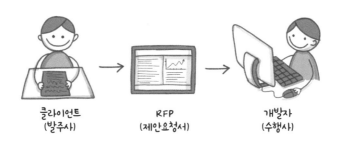

클라이언트
(발주사)

RFP
(제안요청서)

개발자
(수행사)

반면, 개발자의 일은 크게 두 가지라고 생각합니다. 하나는 클라이언트의 필요와 요구에 대응하는 기능을 정확하게 구현하는 것이고, 다른 하나는 클라이언트의 요청을 듣고 그 심연을 들여다보면서 재해석하는 것입니다.

오래전 일인데, B 은행의 인터넷뱅킹 재구축 사업의 요구사항이 사실상 경쟁사였던 A 은행의 그것과 똑같이 만들어 주세요, 였다는 업계 비화가 있습니다. 그런데 클라이언트가 똑같이 해달라고 요구했을 때 그 요구대로 해주면 '이류'입니다. '똑같이'를 요구하는 동기와 진짜 욕망이 무엇인지를 헤아려서 대응을 할 수 있어야 합니다. 그러니까 고수, 즉 진짜 전문가는 클라이언트의 속마음을 읽어서 그것을 좀 더 세련된 방식으로, 더 나은 방법으로 실현시켜 줄 수 있어야 합니다. 두서없이 본인의 생각을 이야기하는 클라이언트가 원하는 '욕망'의 실체와 근원에 닿아서 그가 진심으로 원하는 것을 저 깊은 심연에서 길어 올려주어야 합니다.

결국, 전문가는 클라이언트가 알고 있다고 착각하지만 사실은 모르는 것을 짚어주고, 그의 욕망에 닿아 그 본질을 알려주고, 그것을 진부하고 낡은 느낌이 들지 않도록 새롭게 재정의해 창조적으로 구현해 주는 사람이기도 합니다.

앞서 설명했듯이, IT 개발을 위한 비즈니스 요구사항의 구체적인 정의와 소통은 무척 어려운 일입니다. 몸이 아파 병원에 가면 의사 선생님 앞에서 나의 증상과 컨디션을 정확히 설명하는 일도 쉽지 않습니다. 유능한 의사는 환자의 두서없는 몇 마디 말로부터 그 증상과 상태를 짐작하고 진단을 시작합니다. 게다가 관련된 날카로운 질문을 던져 환자가 스스로 그의 증상을 좀 더 구체적으로 정확하게 설명할 수 있게 돕습니다. 본질적으로 환자의 병을 고치는 의사와 클라이언트의 불편과 욕망을 디지털로 개선하고 구현하는 IT 전문가는 다르지 않습니다.

IT는 커뮤니케이션이다

잠수종과 나비, 0과 1

프랑스의 유명 패션 잡지 엘르ELLE의 편집장 장 도미니크 보비가 운전 중 뇌졸중으로 쓰러진 것은 1995년 12월 8일 금요일 오후였습니다. 약 3주 후 도미니크는 눈을 뜹니다. 정확히는 왼쪽 눈. 더 정확하게 말하자면, 그의 신체에서 움직이는 부위는 오직 왼쪽 눈꺼풀이었습니다. 자유롭던 몸짓이 한순간 무거운 잠수종에 갇혀버린 이 남자에게 찾아온 것은 락트인 증후군locked-in syndrome이라는 무서운 질병이었습니다. 운동신경세포만 선택적

으로 파괴되어 근육을 사용할 수 없게 되는 루게릭병과 비슷하게, 의식은 멀쩡히 존재하지만 전신마비로 외부 자극에 반응하지 못하고 외부와의 소통도 불가능해 '감금 증후군'이라고 불리는 이 병은 뇌의 일부가 손상되어 뇌와 몸의 대화가 끊긴 상태라고 알려져 있습니다. 그는 (거의) 죽어 있었습니다.

> **추가 설명** 잠수종과 나비
>
> '잠수종과 나비' 이야기와 컴퓨터에서 중요한 숫자 0과 1에 대한 개념을 연결시킨 것은 네이버 브런치 고코더님의 글 '0과 1 그리고 왼쪽 눈꺼풀'에서 영감을 얻어서 작성했음을 밝힌다. 고코더님의 글은 IT 지식을 비유와 이야기를 통해 에세이 형식으로 엮어서 이해하기 쉽고 편안하게 읽혀 추천한다.

자아와 자존이 강한 남자였던 도미니크는 절망 앞에서 무너지지 않고 세상을 향해 자신의 이야기를 들려주는 방법을 찾습니다. 바로 책을 쓰겠다는 결심입니다. 그가 사용할 수 있는 것은 오직 왼쪽 눈꺼풀밖에 없었습니다. 그 한쪽 눈으로 글을 쓰는 방법은 이렇습니다. 출판사 직원이 프랑스 알파벳을 읽어주면 자신이 원하는 철자에서 왼쪽 눈을 깜박이는 것입니다. 그렇게 집필은 시작되고 15개월 동안 20여만 번의 깜빡임 끝에 도미니크는 130페이지의 '잠수종과 나비'를 1997년 3월에 출간해냈고, 책이 출간된 그 주에 그는 (정말로) 죽었습니다.

훗날 영화로도 만들어진 이 비극적이면서 놀라운 이야기는 IT의 언어로 읽어 내려가면 먹먹함과 함께 또 다른 의미로 다가오는 듯합니다. 눈의 깜빡임, 즉 눈 감음과 눈 뜸이라는 이원론적인 상태의 나열, 단순한 두 가지의 신호만으로도 엄청난 정보를 만들어 전달했던 도미니크의 이야기는 현대 디지털 문명의 본질 구조를 압축해서 설명하는 은유metaphor와도 같습니다. 더 나아가 신호가 온전히 의미 있는 정보로 전해지기 위해서는 도미니크와 출판사 식원이 그랬듯이, '신호'를 보내는 쪽과 받는 쪽이 신호의 '의미'에 대해 공통된 '약속'이 필요하고, 신호는 약속을 통해 부호(코드)화되어야 한다는 메시지와 통찰을 건네는 것도 같았습니다. 어쩌면 개인적인 직업병 때문일 수도 있겠습니다만, 슬프고도 아름다운 그의 이야기는 지극히 IT적인 이미지로 전해집니다.

알파벳을 읽어주면서 도미니크의 눈꺼풀을 관찰하여 그 깜박임을 알파벳 철자로 바꾸어 정보를 만들어냈던 출판사 직원처럼, 컴퓨터는 0과 1로 된 데

이터의 '의미'를 '이해'하고, 모든 정보를 0과 1로 처리한다고 일반적으로 알려져 있습니다.

그런데 0과 1이라는 '숫자'는 인간만이 사용하는 관념인데, 전자 기계인 컴퓨터가 숫자라는 개념을 안다는 것이 생각해 보면 말이 되지 않아 보입니다. 컴퓨터는 이 숫자의 '의미'를 어떻게 이해하는 걸까요? 그리고 우리가 주변에서 흔히 봐왔던 개발자들은 자바나 파이썬처럼 인간의 언어와 유사한 프로그래밍 언어로 코딩하는 듯 보였는데, 컴퓨터에게는 0과 1이라는 두 개의 신호만 전달된다니 도대체 어떻게 된 걸까요?

컴퓨터가 사용한다는 0과 1에 대한 이해는 무척 중요합니다. 컴퓨터가 이해하는 0과 1은 '기계어'라고 부릅니다. 개발자들이 코딩을 위해 사용하는 프로그래밍 언어와 기계어의 개념 차이를 아는 것도 필요합니다. 그래야 반도체와 이를 사용하는 컴퓨터의 CPU가 현대 디지털 문명의 핵심이고 출발이었다는 사실을 온전히 받아들일 수 있습니다. 더불어 애플리케이션 개발이라는 행위의 전반적인 구조와 흐름도 이해할 수 있게 됩니다.

우리는 이미 0과 1의 조합이 빚어낸 짜릿한 세계에 살고 있습니다. 지금 손에 쥐고 있는 스마트폰 속 친구와의 대화, 몇 권의 e-book, 유튜브 영상, 무수한 사진의 실체는 결국 0과 1입니다. 우리가 지금 누리고 있는 디지털 정보 세상의 모든 것은 결국 0과 1, 즉 binary digit를 의미하는 비트[bit]의 나열입니다. 0과 1이라는 단 두 가지의 데이터를 사용해 가상현실, 인공지능까지 현실에 있는 모든 것을 표현하고 심지어 그것을 넘어서려 하고 있습니다. 디지털 문명으로의 혁명은 0과 1에 대한 이해와 해석, 활용에서 출발했다고 해도 과언이 아닙니다. 0과 1을 진지하게 탐구해볼 필요가 있습니다.

컴퓨터는 0과 1을 어떻게 이해하는 걸까?

컴퓨터는 본질적으로 전자 장치[electronic device]입니다. 당연히 전기로 움직입니다. 그래서 컴퓨터의 파워[power] 스위치를 끄면 컴퓨터는 즉시 멈추어 버립니다. 내 손안의 작은 컴퓨터인 스마트폰도 마찬가지입니다. 전자 장치는 스위치를 끄면[off] 죽고 스위치를 켜면[on] 살아납니다. 즉, 전기를 끊으면 죽고, 전기를 공급하면 삽니다. 컴퓨터가 사용한다는 0과 1의 출발은 전기와 스위치에 있습니다.

컴퓨터 내부에는 수많은 스위치 회로가 있습니다. 컴퓨터에 전기가 공급되고 있더라도 컴퓨터 내부의 수많은 스위치 회로들은 저마다 전기가 흐르는 상태일 수도 있고, 그렇지 않은 상태일 수도 있습니다. 우리는 컴퓨터가 반도체를 중심으로 구성되어 있다고 익히 알고 있습니다. 반도체$^{semi-conductor}$는 '반만 도체'라는 뜻으로, 전기가 통하는 도체 역할을 할 수도 있고, 전기가 흐르지 않는 부도체 혹은 절연체가 될 수도 있다는 의미를 내포합니다. 반도체는 원래 전기가 거의 통하지 않지만, 빛이나 열, 또는 불순물을 가하면 전기가 통하고 조절도 가능한 물질입니다. 그래서 반도체는 간단히 말하면 스위치 회로입니다.

그러니까 컴퓨터 내부의 회로들은 '전기 안 흐름'과 '전기 흐름'이라는 2가지 상태를 가질 수 있습니다. 그래서 숫자를 0과 1만을 사용해 둘씩 묶어서 윗자리로 올려가는 표기법인 2진법 개념을 이용하여 전기 안 흐름은 0, 전기 흐름은 1로 표현합니다. 반도체라는 특별한 물질을 통해 표현되는 전기적인 2가지 상태는 인류 문명에 엄청난 변화와 발전을 가져옵니다. 마이크로소프트의 빌 게이츠는 타임머신이 발명된다면 가장 가보고 싶은 과거로 반도체의 핵심 구성 요소인 트랜지스터가 개발된 순간을 꼽기도 했습니다.

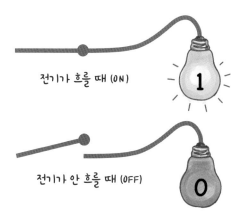

전기가 흐를 때 (ON)

전기가 안 흐를 때 (OFF)

그렇다면 이제 프로그래밍 언어와 기계어의 차이를 살펴보면서,

" 전자 장치일 뿐인 컴퓨터라는 기계가 0을 전류가 흐르지 않는 상태, 1을 흐르는 상태라고 그저 기계적으로 해석하는 것이 아니라, 수신된 0과 1의 신호, 즉 비트의 나열을 '의미'와 '정보'로 인식하는 것이 어떤 원리로 가능한지 "

알아볼 준비가 된 것 같습니다. 현대 디지털 문명의 혁명이라는 이름의 대문이 있었다면 그 거대한 문을 열어젖힌 열쇠가 바로 지금 설명하려는 원리입니다.

당신은 한국인이고 자수성가한 중소기업의 대표입니다. 회사의 부족한 인력 충원을 위해 라오스 국적의 외국인 노동자 한 명을 최근 소개받아 내일부터 함께 일하게 되었다고 하겠습니다. 참고로 라오스는 태국, 베트남과 국경을 맞대고 있는 국가로, 라오스어를 사용합니다. 그리고 당신은 라오스어를 모르고, 라오스 노동자 역시 한국어를 전혀 알지 못한다고 합니다. 이 상황에서 사장인 당신이 앞으로 라오스 노동자에게 무언가를 부탁하거나 요청하려면 어떻게 해야 할까요?

물론, 당신이 라오스어를 배우든가, 아니면 라오스 노동자가 한국어를 열심히 배워 소통할 수도 있겠지만 시간이 제법 걸릴 겁니다. 가장 효율적이진 않더라도 빠르게 문제를 해결할 수 있는 방법 중 하나는 라오스어를 할 줄 아는 한국인을 추가로 채용해 함께 일하는 것입니다. 그러니까 라오스어를 할 줄 아는 한국인은 한국인 사장인 당신과 라오스인 노동자 사이에서 '통역사'인 셈입니다.

당신과 라오스인 직원 사이의 대화는 사실 인간과 컴퓨터와의 관계와 비슷합니다. 컴퓨터는 0과 1의 기계어를 사용한다고 알려져 있고, 인간은 인간의 언어를 사용하기 때문에 둘은 서로 말이 통하지 않습니다. 하지만 인간은 빠르고 정확한 컴퓨터에게 많은 일을 시키고 싶은 욕망이 있습니다. 따라서 앞의 통역 직원 채용과 유사한 방식으로 인간은 이를 극복합니다. 바로, 인간과 컴퓨터 사이에 '컴파일러'라는 번역 프로그램을 만듭니다.

대화가 안 되는 한국인 대표와 라오스 노동자 중간에서 한국어를 라오스어로 전달하는 직원처럼 커뮤니케이션이 불가능한 인간과 컴퓨터 사이에서 컴파일러compiler가 인간의 명령을 컴퓨터에게 통역해 전달해줍니다. 그러니까, 자바나 C, 파이썬과 같은 프로그래밍 언어를 사용해 개발자가 코딩을 완료하면 컴파일러가 이를 컴퓨터가 이해할 수 있는 기계어로 번역합니다.

추가 설명 컴파일러

보다 정확히는 컴파일러와 기계어 사이에도 어셈블리어, 어셈블러라는 층위가 더 존재한다. 다만 개념적으로는 프로그래밍 언어, 컴파일러, 기계어라는 레이어만 이해해도 충분하다.

혹시 개발자가 머리를 쥐어뜯으며 왜 코드에서 계속 에러가 나는지 모르겠다고 한탄하는 풍경을 본 적이 있다면 십중팔구 코딩이 엉망이라 컴파일러가 도저히 기계어로 번역을 못 해주겠다면서 파업을 한 상태라고 이해하면 됩니다. 통역을 하는 직원이 회사 대표인 당신의 말에 포함된 사투리를 도저히 알아듣지 못해 라오스어로 통역이 불가능한 상황인 셈입니다.

그렇다면 호기심이 많은 독자라면 여기서 다음과 같은 의구심이 생길 수 있습니다. 아래의 궁금함이 완전히 풀린다면 당신은 0과 1로 구현되는 현대 디지털 문명의 근본 작동 원리를 이제 완전히 이해하고 있는 것입니다.

Q 컴파일러가 프로그래밍 언어를 기계어로 정확하게 번역할 수 있는 이유와 원리는 무엇인가요?

프로그래밍 언어는 인간의 언어와 유사한 측면도 많지만, 인간 언어의 복잡성과 모호함을 없애기 위해 상당히 간결하고 엄격한 문법으로 되어 있습니다. 가령 인간의 언어는 같은 말을 하더라도 억양, 목소리 톤, 상황, 심지어 말하고 듣는 사람의 컨디션에 따라 완전히 다른 의미가 되기도 합니다. 예를 들어 A 양이 남자친구와 통화 도중 '졸리면 자'라고 말했다면, 표면적으로는 졸리면 자라는 의미 그대로 받아들일 수 있겠지만, A의 억양과 그 말이 나온 맥락에 따라 이 한마디는 여러 가지의 뜻으로 변화할 수 있습니다. 반면 프로그래밍 언어는 모든 명령의 의미를 명확하게 해석할 수 있도록 그 문법이 엄격히 정의되어 있어 정해진 규칙대로만 처리할 수 있는 경직된 언어입니다. 따라서 이 명확한 규칙을 활용해 한국어를 라오스어로 옮기듯이 프로그래밍 언어의 명령을 기계어로 한 치의 오차도 없이 기계적으로 변환할 수 있는 것입니다.

Q 그렇다면, 프로그래밍 언어는 컴퓨터를 위한 언어가 아니었던 건가요?

네, 정확히 이해하셨군요. 얼핏 생각하면 프로그래밍 언어란 컴퓨터가 이해하는 언어, 컴퓨터를 위한 언어라고 착각할 수도 있겠지만 그렇지 않습니다. 컴퓨터가 아니라 사실은 인간이, 인간의 언어와 비슷한 스타일로 이해하고 작성하기 위해 만든 언어입니다. 실제로 컴퓨터는 C나 파이썬과 같은 프로그래밍 언어를 전혀 이해하지 못합니다. 오로지 0과 1로 구성된 기계어만을 인식할 뿐입니다.

Q 0과 1로만 구성된 기계어를 읽을 따름인데, 컴퓨터는 어떻게 최초 개발자의 명령을 온전히 이해하고 처리할 수 있는 건가요? 비트의 나열을 어떻게 의미와 정보로 인식하는 걸까요?

개발자가 프로그래밍 언어로 작성한 최초의 코드가 컴파일러에 의해 번역되어 최종 기계어로 110011 0000001011, 111010 0000001100이라는 신호로 컴퓨터의 CPU에 전달되었다고 가정해 보겠습니다. 110011은 ADD를, 111010은 STORE를 의미하는 것으로 컴파일러와 CPU 제조사 간에 이미 '약속'이 되어 있습니다. 그러니까 0과 1을 단순히 기계적으로 전기의 on/off로만 해석하는 것이 아니라, 의미로 인식하는 것이 가능한 이유는 바로 110011을 '더하기'라는 의미로 사용한다는 코드화 약속이 사전에 되어있기 때문입니다.

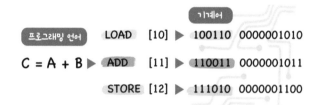

추가 설명 약속

CPU를 설계하는 시점에 CPU 제조사가 해당 CPU가 처리할 수 있는 명령어 집합을 디테일하게 명세하게 되는데, 이때 코드화에 대한 규격이 선언된다고 할 수 있다. 이에 따라 컴파일러는 프로그램 언어로 작성된 코드를 이에 대응하는 명령어, 더 정확히는 명령어에 대한 약속인 비트의 나열로 번역한다.

특정 CPU는 제한된 수의 미리 정해진 명령어들만 수행할 수 있게 설계됩니다. 그 명령어들을 Instruction Set(명령어세트)라고 부르는데, 컴파일러는 파이썬 등으로 쓰인 프로그램을 특정 CPU의 명령어세트에 포함되어 있는 명령어들로 차분하게 번역하는 것이죠. 육안으로는 0과 1의 무의미한 나열인 듯 보이지만, 앞서 잠수종과 나비 이야기에서 언급했듯이 신호는 약속을 통해 부호(코드)화되고 있습니다.

숫자 0과 1이 반도체 소자 상태의 off와 on으로 매치되어 모든 데이터가 0과 1로 처리되는 디지털화는 이러한 방법론을 근간으로 출발해 아날로그 구조의 인간 인식과 사고, 기술의 범위를 빠르고 광범위하게 변화시킨 디지털 혁명을 가져온 것입니다.

출퇴근을 위해 사용하는 자동차의 복잡한 내부 구조를 알지 못하더라도 우리는 어려움 없이 자동차를 매일 운전합니다. 즉, 엔진과 미션에 대한 해박한 기술적인 지식이 없더라도 우리는 자동차를 편안하게 운전합니다. 핸들과 엑셀, 브레이크와 같은 장치 덕분에 우리는 자동차 내부의 복잡한 디테일을 굳이 알 필요가 없습니다. 마찬가지로 우리는 프로그래밍 언어 덕분에, 더 정확히는 프로그래밍 언어와 컴파일러의 도움으로, 0과 1로 이루어진 기계어를 굳이 신경 쓰지 않으면서 필요한 명령을 자연어에 가까운 형태로 컴퓨터에게 요청하고 지시할 수 있는 것입니다.

"비록 내 몸은 자유롭지 못하게 갇혀 있는 '잠수종'과 같을지라도, 나의 영혼은 또 다른 자아를 찾아 '나비'처럼 비상한다."

영화 〈잠수종과 나비〉의 대사처럼, 도미니크는 영원의 날개를 달고 나비가 되었습니다. 잠수종에 갇힌 육체에서 벗어나 그의 정신과 상상력은 시간 속으로, 혹은 공간을 넘나들며 날아다닙니다. 그의 애처롭던 왼쪽 눈의 깜빡거림이 출판사 직원에 의해 번역되고 활자화되어 이야기로 남아 멀리멀리 날아와 오늘의 우리에게 닿았습니다. 0과 1이라는 이진법의 좁은 기계 세계에 갇혔던 녹색 외계인의 신호도 와이파이를 타고 허공으로 퍼지다가 마침내 지구인에게 도착합니다.

IT의 본질은 커뮤니케이션이다

어떤 사물이나 현상의 근본적인 성질 혹은 핵심이 되는 것을 우리는 본질essence이라고 부릅니다. 사람들에게 금반지의 본질이 무엇이라고 생각하는지 물어보면 대부분 금이 전부인 것처럼 말합니다. 금반지가 존재하기 위해서는 금과 손가락이 들어갈 구멍이 존재해야 하는데 말이죠. 광고인 김홍탁은 이에 대해 이렇게 말합니다.

"우리는 금반지의 본질은 금이 전부라고 생각해 버린다. 눈에 보이는 현상이니까. 구멍은 그저 우연히 만들어진 공간이라 생각할 뿐, 그것이 금반지의 본질이 될 것이라곤 생각조차 하지 않는다. 그러나 구멍이 없다면 그것은 반지라는 본질에서 아예 제외되는 것이다. 어쩌면 우리는 너무나 당연하게 금반지의 본질이 구멍인 것을 망각하고 있는 것은 아닌가 우려된다."

외형적 현상으로서 금에만 취해 있지 말고, 금반지는 손가락에 끼워지기 위해 존재하는 것임을, 즉 금반지의 본질은 금이 아니라 구멍임을 통찰하듯이, 우리가 잊어서는 안 될 진정한 가치가 무엇인지에 대해 다시 한번 생각해 보게 됩니다. 본질에 대한 통찰이 중요한 이유는 그것의 본(本)을 알아야, 질(質)을 제대로 높일 수 있기 때문입니다.

그렇다면 정보기술, 즉 IT의 본질은 무엇일까요? 저는 'IT는 커뮤니케이션'이라고 생각합니다. IT 개발은 클라이언트의 비즈니스 요구사항requirement을 프로그래밍 명령어의 집합으로 변환하고, 최종 소프트웨어로 구현하는 일입니다.

"IT는 비즈니스의 필요와 요구를 개발자의 언어인 프로그래밍 언어로 변환하기 위해 소통하고, 다시 이를 기계어로 번역(컴파일)하여 최종 0과 1의 신호로 이해시키는 메시지의 전달 과정이자 체계입니다. IT는 결국 커뮤니케이션입니다."

" IT는 커뮤니케이션이다 "

비즈니스의 언어가 기계의 언어로 번역되어 수신자인 컴퓨터가 이를 이해하고, 그에 따라 명령을 잘 수행하도록 하는 것이 궁극의 목표입니다. 그러니까, IT는 인간의 언어를 기계가 이해할 수 있는 언어로 번역하기 위해 인간과 인간, 인간과 기계 간 대화하고 소통하는 종합적인 과정이자 구조입니다.

삼성이 직원들을 위한 알고리즘 테스트를 만든 진짜 이유

중요한 건 프로그래밍 언어나 코딩이 아니다

"잼을 바른 빵이 먹고 싶은데 아빠에게 방법을 알려 줄래?"

아이들에게 배고프다며 샌드위치 만드는 방법을 글로 적어 달라던 아빠는 아이들이 써준 순서대로 빵에 잼을 바르기 위해 준비합니다. 이내 아빠가 잼의 뚜껑을 열지 않은 채 잼을 빵에 바르려고 하자 아이는 아빠의 손을 덥석 잡습니다. 아빠는 '종이에 뚜껑을 열라고 적혀 있지 않았다'라며 방금 전 이상한 행동에 대한 이유를 설명합니다. 유튜브를 통해 소개된 이 해외 영상은 바람직한 코딩 교육의 사례로 온라인에서 화제가 되었던 적이 있습니다. 해당 영상의 댓글에는 "As a programmer, I want to say that this is EXACTLY what programming looks like."와 같이 프로그래밍에 대해 정확히 설명하고 있다는 현직 프로그래머들의 공감도 상당히 많습니다.

빵에 잼을 바르기 위해 논리적이고 체계적으로 '생각을 정리'하는 과정 자체가 '컴퓨팅적 사고'이기 때문입니다. 그리고 잠시 후 자세히 설명하겠지만 코딩과 컴퓨팅적 사고는 개념적으로 상당히 유사합니다. 다만, 코딩이 결과라면 컴퓨팅적 사고는 근본 원리와 원인 혹은 결과에 도달하기 위한 과정에 가깝습니다.

몇 년 전부터 대한민국에 코딩 교육 열풍, 아니 광풍이 불고 있습니다. 코딩은 현재는 물론 앞으로의 세상을 주도할 소프트웨어(SW)를 만들기 위해 반드시 필요한 방법론입니다. 공교육으로 코딩 의무 교육이 점차 확산 중이기도 한데, 이에 따라 SW만 잘해도 대학에 갈 수 있는 SW 인재 전형도 크게 늘었습니다. 그래서 대학 SW 특기자 전형을 준비하려는 발 빠른 부모 등에 떠밀려 학원으로 온 아이들로 컴퓨터 학원은 북적거립니다. 코딩 교육이 입시 과목으로 전락한 것이죠. 코딩 교육을 바라보는 해외와 국내의 선명한 인식 차이가 씁쓸하기만 합니다.

프로그래밍 언어를 사용해 컴퓨터에게 시킬 명령의 집합인 프로그램을 만드는 과정을 의미하는 '코딩'은 물론 중요합니다. 그런데 정말 중요한 건 코딩이 아니라 '컴퓨팅적인 사고 능력'입니다. IT를 이해하기 위해 가장 먼저 알아야 할 지식은 절대 프로그래밍 언어나 프로그래밍이 아닙니다. 프로그래밍의 큰 그림과 핵심 구조, 그 근원과 원리를 아는 것, 컴퓨팅적인 사고 회로를 내면에 품어 보는 것이 보다 본질적이기 때문입니다.

그렇다면 컴퓨팅적 사고Computational Thinking란 무엇일까요? 컴퓨팅적 사고라는 용어는 미국의 지넷 윙 교수가 카네기멜론대학 시절에 개념적으로 정립하고 보편화한 것으로 알려져 있는데, 문제를 해결하는 능력, 그중에서도 단답형이 아니라 '정답이 정해지지 않은' 문제를 해결하는 절차나 방법에 관한 논리적이고 창의적인 능력입니다. 서울에서 부산으로 가는 길이 여럿이듯이 해답은 물론 여러 개일 수도 있습니다. 참고로 '문제'라 하면 어딘지 모르게 부정적인 어감이 있기도 합니다만, 여기서의 문제는 문제problem가 생겼다고 말할 때처럼 해결하기 어렵거나 난처한 대상, 일이라기보다는 고민 혹은 논의와 연구의 대상이 되는 모든 것을 포괄하는 의미로 이해하는 게 좋습니다.

컴퓨팅적 사고력은 한마디로, 복잡한 문제를 단순화하고 이를 논리적이고 효율적으로 해결하는 능력을 말합니다.

> " 크고 복잡한 문제를 작은 단위로 나누어 다룰 만한 크기로 만든 다음, 그 안에 있는 패턴이나 규칙을 찾아내고, 이것을 일반화해서 비슷한 유형의 문제는 다시 고민하지 않고도 풀 수 있게 하는 능력이 컴퓨팅적 사고 능력입니다. "

이것을 구체적인 방법으로 만들면 그것이 알고리즘이 됩니다. 여기서 핵심은 주어진 문제를 분석하고 해석, 정의하는 '개념화' 능력에 있습니다. 이를 잘 보여주는 쉬운 사례를 하나 살펴보겠습니다.

독일의 대수학자 가우스가 8살 때 수업을 받는 중이었습니다. 선생님은 1에서 100까지 더하는 연산 문제를 냈는데요. 가우스는 1분도 안 되어 5,050이라며 정답을 외쳤습니다. 어떻게 그렇게 빨리 계산했는지 선생님이 묻자 가우스는 이렇게 답합니다.

"처음 수인 1과 마지막 수인 100을 더하면 101입니다. 두 번째 수인 2와 뒤에서 두 번째 수인 99를 더해도 101, 이런 식으로 합해서 101이 되는 수의 쌍이 총 50개가 있으니 101 곱하기 50은 5,050입니다."

이는 컴퓨터를 전혀 쓰지 않아도 컴퓨팅적 사고가 가능함을 잘 보여준 사례이며, 컴퓨팅적 사고는 문제를 해결하는 방법과 절차이며, 이때 핵심은 문제를 어떻게 해석하고 접근할지에 대한 논리적이고 날카로운 시선입니다.

비전공 대학생을 대상으로 한 소프트웨어 프로그래밍 교육에 관심을 두고 연구를 수행하고 있는 김영민 중앙대 교수는 '컴퓨팅적 사고와 문제 해결'에 대해 다음과 같이 말합니다.

"컴퓨팅 사고는 문제를 구체적이고 명확하게 정의하고 분석하여 컴퓨터 혹은 사람이 효율적으로 해결할 수 있는 솔루션을 찾아가는 과정을 이끄는 사고의 전개 방식이다. 해법의 구조화와 이를 통해 도출한 알고리즘은 협업 과정에서 구성원 간 역할 분담과 소통에 매우 요긴하게 활용할 수 있다. 이처럼, 컴퓨팅 사고를 통한 문제 해결 과정은 단순히 문제 해결 역량뿐만 아니라 체계적이고 논리적인 사고 전개와 협업에 필요한 상호 소통 능력을 모두 포함한다."

문제 해결을 위한 창의적 사고, 그게 개발의 전부다

컴퓨팅적 사고를 통해 문제를 해결했다고 할 수 있으려면 먼저 주어진 문제를 파악하고 구조화한 후, 그에 맞는 절차와 방법을 도입해 단계별로 문제를 해결해 나갈 수 있어야 합니다. 다시 강조하지만 문제를 이해하고 접근하는 분석 방식이 중요합니다. 컴퓨팅적 사고 능력은 다음의 4가지 요소로 구성되어 있습니다.

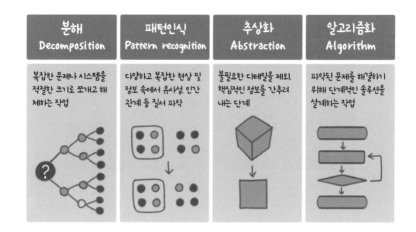

분해Decomposition는 문제를 정확히 이해하고 분석하는 과정입니다. 복잡한 문제일수록 문제를 잘 해석해 '전체' 문제를 독립적으로 다룰 수 있는 작은 단위의 문제로 '부분'으로 쪼개어 분해하는 '구조화'가 필요합니다. 어려운 문제는 작게 나누어 생각하면 처리하기 쉬워집니다. 패턴 인식Pattern Recognition은 문제를 분해하는 과정을 반복하다 보면 문제 해결에 적용되는 유사한 특성 혹은 규칙을 발견할 수 있는데, 이러한 패턴을 찾아내는 과정을 의미합니다. 추상화Abstraction는 어떤 대상에서 핵심적인 특성을 드러내기 위해 덜 중요한 것을 제외하거나 생략하는 과정입니다. 추상화는 곧 단순화이기도 합니다. 더불어 추상화는 개별 대상의 구체적인 공통점과 차이점을 파악하여, 유사한 것들을 공통의 상위 카테고리로 묶는 일반화이기도 합니다. 마지막으로 알고리즘은 주어진 문제를 구조적으로 정의한 후, 분해된 개별 단위 문제를 해결하기 위한 절차를 말합니다.

크고 복잡한 문제를 작은 단위로 나누어 다룰 만한 크기로 '분해'한 다음, 그 안에 있는 '패턴'이나 규칙을 찾아내고, 이것을 개념적으로 보편화하고 일반화하여, 즉 '추상화'해서 비슷한 유형의 문제는 다시 고민하지 않고도 풀 수 있게 '모듈화'하는 것이 프로그래밍의 전부입니다. 모듈화한 결과인 소프트웨어 모듈의 내부를 논리적으로 채우는 일이 바로 알고리즘 설계와 코딩입니다.

적절한 알고리즘을 선택했다면, 그 알고리즘을 프로그래밍 언어로 구현하는 단계가 바로 코딩입니다. 앞서 코딩이 결과라면 컴퓨팅적 사고는 근본 원리와 원인 혹은 결과에 도달하기 위한 과정에 가깝다고 말한 배경이 여기에 있습니다. 구체적인 몇 가지 예를 통해 컴퓨팅적 사고를 이해하고 경험해 보겠습니다.

> **추가 설명** 추상화, 모듈화
>
> 추상화와 모듈화는 IT 개발에서 특히 중요한 전략이자 핵심적인 개념이다. 다음 장에서 자세히 다룬다.

컴퓨팅적 사고

혹시 분할 정복Divide and Conquer이라는 말을 들어본 적이 있나요? 분할 정복은 소프트웨어 개발의 근간을 이루는 아이디어로, 컴퓨팅적 사고와도 깊게 관련되어 있습니다. 복잡한 문제를 해결하기 위한 강력한 전략 중 하나인 분할 정복이라는 개념에 대해 다뤄 보겠습니다.

분할 정복은 프랑스 황제 나폴레옹이 아우스터리츠 전투에서 사용한 전략에서 유래되었다고 알려져 있습니다. 당시 8만 명 규모의 오스트리아-러시아 연합군은 수적 우위를 기반으로 6만 명 정도의 프랑스군의 우측면에 대규모 공격을 감행했지만, 공격을 예상했던 나폴레옹의 프랑스군은 연합군을 유인해 중앙을 기습하여 그들의 병력을 반으로 갈라놓아 대파했습니다. 8만 명과 6만 명의 전쟁이 4만 명과 6만 명의 전투로 바뀐 것입니다.

분할 정복은 말 그대로 '나누어서 정복한다'입니다. 즉, 주어진 큰 문제를 이해하고 해결하기 쉬운 작은 부분 단위로 쪼개어 나누어서 처리한 후, 그 부분의 합으로서 전체를 조립, 완성한다는 개념입니다. 간단한 덧셈 문제를 예로 들어 일반적인 해결 방법과 분할 정복의 개념을 적용하는 방법 두 가지를 비교해서 살펴보겠습니다.

단순히 두 개의 숫자를 더하는 것이 아니라 여러 개의 많은 숫자를 더해야 하는 문제입니다. 예를 들어, 랜덤한 숫자인 9 + 3 + 8 + 7 + 5 + 1 + 7 + 4라는 문제가 있을 경우, 일반적인 해결 방법은 앞에서부터 순차적으로 숫자를 하나하나 더하는 방식일 겁니다. 처음의 9 + 3을 수행한 결과인 12를 9 + 3의 자리에 넣어, 문제는 12 + 8 + 7 + 5 + 1 + 7 + 4가 되고 다시 12 + 8의 결과인 20을 12 + 8의 자리에 넣는 방식으로 반복하여 최종 44라는 답을 구합니다.

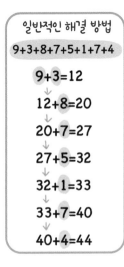
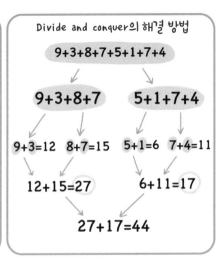

이를 다시, 분할과 정복이라는 방식으로 풀어 보겠습니다. 우선 문제를 해결하기 쉽다고 판단할 수 있는 단위를 결정해야 합니다. 이 문제의 경우에는 숫자 두 개씩 더하는 것을 단위로 생각하는 게 좋겠네요. 그렇다면 이제 최초의 큰 문제를 절반씩 쪼개어 다음과 같이 접근해 보겠습니다.

9 + 3 + 8 + 7 + 5 + 1 + 7 + 4를 9 + 3 + 8 + 7과 5 + 1 + 7 + 4로 나누고, 이를 또 9 + 3, 8 + 7, 5 + 1, 7 + 4로 나눕니다. 이렇게 문제를 해결하기 쉽다고 판단한 단위까지로 나눈 후에는 분할된 각각의 문제를 해결하기 시작합니다. 9 + 3은 12, 8 + 7은 15, 5 + 1은 6, 7 + 4는 11이 될 것이고, 이들을 다시 두 개씩 짝지어 합쳐줍니다. 그러면 12 + 15, 6 + 11이 될 것이고,

다시 문제를 해결하면 27과 17이 되고, 이들을 또다시 합쳐주면 27 + 17은 44라는 답을 구하게 됩니다.

조금 전 여러 개의 많은 숫자를 더하는 문제도 그랬지만, 소프트웨어 개발 뿐만 아니라 세상의 문제 대부분은 정의되지 않은 채로 던져집니다. 문제를 잘 관찰해서 자신만의 안목과 관점으로 문제를 해석하고 정의해 내는 능력, 혼자서 해결책을 찾는 사고방식이 중요합니다.

어려운 문제를 작게 나누어 생각하는 사고방식을 깊게 내면화할 수 있도록 다음과 같은 도형에서 둘레와 면적을 측정하는 방법을 생각해 보겠습니다. 구체적인 수치는 없으므로 실제 계산하는 문제는 아닙니다. 계산하는 방법과 절차만 찾아내면 됩니다.

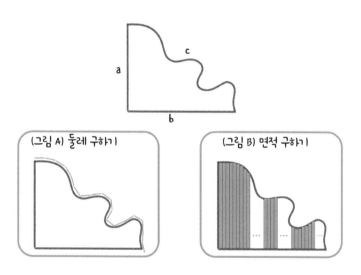

먼저 둘레를 계산하는 방법을 고민해 보죠. 두 직선(a와 b) 부분은 자로 재면 금방 알 수 있을 텐데, 문제는 곡선(c)입니다. 곡선의 길이는 어떻게 잴 수 있을까요? 이 곡선을 매우 짧은 직선의 모임이라고 생각해 보겠습니다(그림 A). 그 짧은 직선은 말 그대로 똑바르기 때문에 길이를 잴 수 있습니다. 그렇게 잰 길이를 모두 합하면 곡선의 길이가 됩니다. 따라서 이 도형의 총 둘레를 계산할 수 있습니다.

면적도 마찬가지입니다. 이 도형을 매우 작은 직사각형의 모임이라고 생각해 보겠습니다(그림 B). 각각의 직사각형의 면적을 계산하여 모두 합하면 도형의 총면적이 됩니다. 어렵게 느껴졌던 문제를 작게 나누어 생각하니 해결할 방법이 발견되었습니다.

눈치가 빠른 분은 짐작하셨겠지만, 사실 지금 설명한 내용은 고등학교 때 배운 미분과 적분의 개념입니다. 미분과 적분이라는 단어에는 나눌 분(分)이라는 한자가 쓰입니다. 우리가 자주 쓰는 분석(分析)이라는 단어에도 동일 한자가 쓰입니다. 여기서 강조하고 싶은 것은,

> " 분석은 결국 '나누는 것'이 대부분을 차지하는 행위라는 점입니다. 숫자를 더하는 문제이든 도형 측정이든 문제를 해결하기 위해 잘게 분해하는 접근법은 이렇듯 강력하고 매혹적입니다. "

알고리즘이 세상을 지배한다

"오늘도 알 수 없는 유튜브 알고리즘이 저를 이곳으로 데리고 왔습니다."

유튜브에서 흔하게 볼 수 있는 댓글입니다. 유튜브나 넷플릭스의 강력한 추천 알고리즘 때문에 관심사와 취향에 맞는 콘텐츠를 쉽게 만날 수 있게 되었습니다. 우리에게 알고리즘이라는 단어는 이제 무척 익숙합니다. 그래서인지 알고리즘은 곧 콘텐츠를 추천하는 방식이라며 추천 알고리즘과 동일시하는 사람도 많아 보입니다. 잼을 발라 샌드위치를 만드는 '절차', 가우스가 1부터 100까지 더한 '방법', 곡선이 포함된 도형의 둘레와 면적을 구하는 '방식', 사실은 이 모든 것이 '알고리즘'입니다.

　알고리즘은 어떤 문제를 해결하기 위한 절차, 방법, 명령어의 집합이라고 통상 정의합니다. 간단히 얘기하면 문제를 해결하는 단계적인 방법입니다. 당연히 컴퓨터 프로그램은 정교한 알고리즘의 집합입니다. 알고리즘은 오래전 9세기 페르시아의 수학자인 알콰리즈미의 이름에서 유래되었다고 알려져 있습니다. 사실 알고리즘 자체는 컴퓨터가 등장하기 이전부터 존재했던 개념입니다. 알고리즘은 지극히 인간적인 사고의 한 부분인데, 컴퓨터와 만나 폭발적인 힘을 발휘하고 있는 것이죠. 연관된 콘텐츠 찾아서 추천하기, 여러 갈래 길에서 빠른 경로 찾기 등 복잡하고 번거로운 문제에서 나름의 기준과 원칙을 가지고 단순함을 추구하려는 일상의 '규칙'들이 바로 알고리즘입니다. 알고리즘은 우리가 무언가를 생각할 때 그걸 어떻게 제대로 깊이 고민할 것인가에 대한 '방법'이기도 합니다.

　앞서 IT 개발은 크고 복잡한 문제를 작은 단위로 '분해'하고, 그렇게 분할 정복한 결과가 소프트웨어 '모듈'이라고 이해해 보았습니다. 더불어 이렇게 부분 부분으로 쪼개어진 모듈 간에 밀접한 상호작용을 가지면서 의존관계로 구현되는 것이 소프트웨어라 그 속성상 전체적으로 살아있는 '유기체'에 가깝다고도 했습니다.

" 크고 복잡해 어렵게만 느껴졌던 문제는 작게 모듈로 나누어야 다룰 만해
　지고, 또 해결하기 쉬워지는 것을 우리는 여러 사례를 통해 경험했습니다.
　그렇다면 작게 분할된 각각의 내부를 채우는 것이 남은 과제일 텐데, 이렇
　듯 분할된 '모듈'의 내부를 논리적이고 구체적으로 채우는 일이 바로 알고
　리즘 작성입니다. "

　알고리즘은 문제 처리를 위한 규칙과 명령의 나열이라서 프로그램 코드 한
줄 한 줄이 모두 알고리즘이라고 할 수 있습니다. 보다 넓게 알고리즘을 바라
보자면, 문제 해결 방안의 집합이자 솔루션이라고도 이해할 수 있으며, 앞서
빅데이터에서 설명했던 HP의 이직 위험 모델이나 우리가 일상에서 흔히 접하
는 금융 신용평가 모델 등 분석 모델, 나아가 이 책의 후반부에서 살펴볼 인공
지능 머신러닝 모델도 모두 알고리즘으로 이해할 수 있습니다. 결국, 알고리
즘은 절차, 방법, 규칙, 모델입니다.

> **추가 설명**　머신러닝 모델
>
> 머신러닝에서 흔히 혼용하는 '모델'과 '알고리즘'은 개념적으로 상당히 유사하나, 엄밀히 말
> 하면 모델이 알고리즘을 포괄하는 상위의 개념이다. 왜냐하면 모델은 데이터로 학습이 완료
> 된 머신러닝 알고리즘으로 생각해야 하기 때문이다. 가령 $y=ax^2+bx+c$라는 수식 자체가 알
> 고리즘이라면, 학습된 모델은 $y=3x^2+4x-7$처럼 계수가 채워져 입출력이 가능한 하나의 프
> 로그램이 되기 때문이다. 머신러닝에 관해서는 별도의 챕터에서 자세하게 다룬다.

　알고리즘은 문제 해결의 핵심 단계이자 절차로, 결국 문제 해결의 '본질'과
깊이 관련되어 있습니다. 당연히 깊이 있는 사고 체계와도 연결됩니다. 이런
이유로 삼성과 같은 대기업에서 직원들에게 알고리즘 테스트를 시행하고 있
는 것이죠.

" 소프트웨어 실력은 문제를 해결하기 위한 근본적인 생각의 힘, 즉 알고리
　즘 역량에 있다고 전제하는 것입니다. "

그런데 알고리즘과 관련해서 굉장히 놀랍고 흥미로운 일이 벌어지고 있습니다. 전통적으로 알고리즘이라는 규칙과 로직은 인간 IT 개발자의 구현 영역이었습니다. 다음 장에서 추상화, 모듈화라는 기법을 통해 실제로 알고리즘을 개발해 보는 것을 간접 체험하기도 할 텐데요. 어쨌거나 알고리즘 작성은 개발자의 몫이었습니다. 그런데 알고리즘을 인간이 아닌 기계(컴퓨터)가 데이터 학습을 통해 스스로 만들어 낸다는 강력한 패러다임 시프트가 진행되고 있습니다. 바로 머신러닝과 딥러닝이라고 하는 AI(인공지능)의 거센 바람입니다. 이 책의 후반부에서 머신러닝과 AI의 작동 원리에 대해서도 알아보게 됩니다. 물론, 수식과 코딩 한 줄 없이 일상의 언어로 말이죠.

정리하기

컴파일러, 기계어, 컴퓨팅적 사고 능력, 분할 정복, 알고리즘 등 다양한 IT 개념을 만났습니다. 두 눈으로 생소한 내용을 쫓아가며 분주하게 받아들이고 머릿속으로 정리하고 흡수하느라 고생했을 당신에게 목을 축이고 숨을 고르라고 능선 사이 골짜기에서 잠시 쉬었다 가겠습니다. 마침 시원한 바람도 불어옵니다.

보편적이고 일반화된 모든 '개념'의 속성이 그렇듯이, 어떤 것의 정의나 개념은 구체적이기보다는 관념적이고 추상적입니다. 모호하고 알 듯 말 듯 합니다. 당신도 혹시 지금 그런 기분인가요?

확고한 생각이나 단단한 개념, 가치관이 되어주는 것들은 내가 자발적으로 실제로 경험한 것을 통해서 대부분 체득됩니다. 어떤 깨달음은 몸소 체험하면서 얻게 됩니다. 생각이 행동을 촉발하지만 사실상 행동이 생각을 예민하게 가다듬고 정리해 주기도 합니다. 그런 의미에서 다음 챕터에서는 이번 챕터에서 설명한 개념을 기초로 애플리케이션 개발을 좀 더 체험하고 경험해 보고자 합니다. 그래서 앞서 언급된 IT 개발의 기본 개념이 좀 더 단단하게 내 것이 되어 내재화되기를 기대해 봅니다. 그런데도 애플리케이션 개발의 중요한 아이디어에 대해서는 다시 한번 짚어보고 정리한 후 계속 나아가 보는 게 좋겠습니다. 숨을 돌리면서 긴 호흡으로 펼쳐졌던 이야기를 요약해 보죠.

IT 개발은 클라이언트의 요구사항을 프로그래밍 언어로 옮겨서 애플리케이션을 만드는 과정입니다. 따라서 그 출발은 구체적이고 명확한 '요구사항 정의'입니다. 어떻게 구현할지를 결정하려면 당연하게도 무엇이 필요한지에 대한 정의가 선행되어야 합니다. 따라서 개발 지식과 경험, 역량도 중요하지만 비즈니스를 구체적으로 정의하는 능력도 결정적인 요소가 됩니다. 다시 말해, 애플리케이션으로 구현할 비즈니스가 제대로 정리되지 않으면 IT 개발은 한 발짝도 제대로 나아갈 수 없습니다. 게다가 비즈니스 요구사항을 명확하게 정의하고 그 내용을 온전히 공유하는 일은 결코 쉽지 않습니다. 아내의 부탁으로 동네 마트에서 삼겹살을 사 오는 간단한 일도 디테일에서는 결코 간단치 않았습니다. 요구사항 정의는 근본적으로 '고난도의 협업, 커뮤니케이션 작업'이라는 사실을 이해하게 되었습니다.

IT 개발 현장에서 발생되는 논쟁과 불화의 상당 부분은 IT를 정보기술이나 코딩과 같은 개발 영역으로만 생각하기 때문입니다. 사실은 본질적으로 굉장히 높은 수준의 커뮤니케이션을 요구하는 작업입니다. 게다가 소프트웨어는 소프트하지도 않습니다. 소프트웨어가 소프트하다는 착각과 오해에서도 많은 문제가 발생합니다. 소프트웨어는 살아 움직이는 유기체를 닮았다고 했는데, 다음 챕터를 완독하면 그 실체에 대해 완전하게 이해할 수 있을 겁니다.

IT 개발은 비즈니스의 언어를 개발자의 프로그래밍 언어로 번역하고, 다시 이를 기계어로 컴파일하는 번역과 소통의 과정이고, 그래서 'IT는 결국 커뮤니케이션'이라는 중요한 인식도 얻을 수 있었습니다. 더불어 IT 개발은 소프트웨어로 구현해야 할 타깃인 비즈니스를 구체적이고 명확하게 정의하고 분석하여 컴퓨터 혹은 사람이 효율적으로 해결할 수 있는 솔루션을 찾아가는 과정을 이끄는 사고의 전개 방식이라 크고 복잡한 문제 영역을 작은 단위로 나누는 '분할 정복'과 '컴퓨팅적 사고 능력'이 핵심이라고 이해해 보았습니다. 정말 중요한 것은 프로그래밍 언어나 코딩이 아니라 복잡한 문제를 단순화하고 이를 논리적이자 효율적으로 해결하는 능력입니다. 삼성이 직원들에게 높은 수준의 알고리즘 역량을 요구하고 테스트하는 이유도 이 때문입니다.

지구인 클라이언트와 외계인 개발자가 완벽하게 소통하고 협업하는 것까지는 아니더라도, 오해로 인해 서로 싸우지 않고 이야기를 나눌 수 있으려면 이처럼 IT는 커뮤니케이션이다, 컴퓨팅적 사고력과 이를 통해 알고리즘을 잘 만들어 내는 것이 핵심이다, 라는 이해를 바탕으로 그러한 전제와 가정에서 출발하는 것이 무엇보다 중요하다고 다시 강조하고 싶습니다.

슈퍼 개발자, 전문가, 노력과 능력에 대하여

소프트웨어 개발 분야에서 오래 일하다 보니 개발자의 능력과 성과에 대해 이런저런 경험을 하고 또 많은 생각을 하게 됩니다. 핵심 개발자 중에는 초급 개발자 10명의 성과를 합친 것 이상을 아웃풋으로 내놓는 경우도 허다하고 가끔 천재적인 역량을 가진 슈퍼 개발자 한 명은 일당백이 아니라 일당천을 이루어 놓기도 합니다. IT 개발 영역만큼 한 개인이 보유한 실력이 적나라하게 드러나는 곳이 있을까 싶기도 합니다. 그래서인지 IT 회사 내부에는 지식과 실력이 그대로 권력으로 반영되어 능력주의나 실력 본위주의가 조직 전반을 휘감고 지배하고 있는 듯한 분위기도 적지 않습니다.

피라미드 구조의 회사 조직에서 팀장이나 파트장과 같은 '관리자'가 아닌 실무 '전문가' 리더로 성장하기 원한다면 IT 조직은 그런 측면에서는 분명 매력적입니다. 커리어를 쌓아갈수록 어느 회사를 다녔는지, 그 회사 브랜드의 파워는 어떤지보다 어떤 일을 했었고, 그래서 어떤 일을 할 수 있는지, 어떤 가치를 조직에 제공할 수 있는지가 훨씬 중요합니다. IT와 같은 기술 전문 영역은 직급이 올라갈수록 자신의 고유 능력과 전문성과는 무관하게 연차가 쌓여 '사람을 관리'하고 '평가'하고 키워야 하며 원가와 매출, 실적과 예산을 만져야 하는 관리자라는 트랙 외에도 선택지가 제법 존재합니다. 능력과 전문성만 충분하다면 시니어가 되어도 직장인이 아닌 직업인으로 자신만의 영역을 견고하게 구축할 수 있습니다. 뒤집어 얘기하면, 빠르게 변하는 기술과 세상의 속도에 맞추지 못하고 능력이 부족한 것으로 드러나면 쌓여있는 연차는 숫자에 불과하고 존중받기 어렵다는 말이기도 합니다.

그런데 도대체 무엇이 '능력'일까요? 그리고 기업이나 조직에서 능력과 실력만으로 승진하고 성공할 수 있는 걸까요? 사람들은 노력과 능력을 찬양합니다. 꿈을 품고, 목표를 세워 스스로를 통제하면서 노력하고, 열정을 갖고 도전하면 능력자가 될 것이다, 성공할 것이라는 내러티브는 정말 진실에 가까울까요? 아니면 집단 신화에 가까운 허구일까요?

노력과 능력을 각별히 숭배하는 사람들은 두 부류로 나눌 수 있습니다. 하나는 자기가 지금 성공했다고 생각해서 '나는 열정을 갖고 살았다, 엄청나게 노력했고 고생해서 지금 성공했다'라고 말하는 것이죠. 이런 부류는 스스로가 정말 대견해서 자신의 성공을 프로모션하느라 자기 노력과 지나온 시절을 미화합니다. 사회에서 소위 성공한 사람 중에 자신의 성공은 '온전히' 노력과 능력 때문이라고 주장하는 경우가 많습니다. 두 번째 부류는 제도권 교육을 통해 끊임없이 주입받고 학습한 결과, 성공과 개인의 노력을 아무런 의심 없이 등치시켜 '나는 노력이 부족했고 그래서 능력이 모자라 성공하지 못한 거지'라고 생각하며 온전히 개인을 탓합니다. 그러니까 불평등, 불공정과 같은 사회 구조와 시스템에 대한 회의doubt 없이 노력과 능력이 부족했다면서 스스로를 미워하고, 오히려 그 결핍에 대한 반작용으로 노력과 능력을 우러러보고 숭상하는 것이죠.

이 지점에서 미국 노스캐롤라이나대학 커뮤니케이션 교수 찰스 콘래드의 주장에 귀 기울여 볼 필요가 있습니다. 그는 능력주의 사회, 실력과 성과 중심의 조직 실천은 근본적으로 가능하지 않거나 매우 어렵다고 주장합니다. 그는 기업 조직에서 능력과 실력만으로 성공할 수 없다며, 그 이유 몇 가지를 이렇게 설명합니다.

첫째, 인사권자는 사회경제적 배경, 교육, 연고, 조직 내에서의 인연 등을 중심으로 자신과의 동질성을 중요시하는 경향이 있습니다. 사람들이 일 때문에 모여 있는 곳은 어디나 늘 혼란스럽고 스트레스가 많고 오해가 넘쳐나고 예측 불가능하고 복잡하기 때문에 동질성은 매우 중요한 의미를 갖습니다. 혼동, 불확실성, 모호함을 최소화하면서 효과적으로 커뮤니케이션하고 의사결정 하기 위해서는 자신의 주변이 눈빛만 봐도 잘 알 수 있는, 그러니까 안정되게 믿을 수 있고, 신뢰할 만한 정보를 가져다주고, 신실하면서 예측 가능한 사람들로 둘러싸여 있어야 합니다. 능력주의가 아닌 연고, 정실주의는 분명 큰 장점을 갖고 있습니다.

둘째, 조직 내부의 권력관계와 역학 구조도 무시할 수 없습니다. 커뮤니티 내에서 유능한 사람을 승진시키면 그 사람의 커뮤니티에 대한 의존도가 약해지고 결국엔 나를 추월하거나 나에게 도전할 수 있습니다. 반면, 내 커뮤니티에 소속된 덜 유능하고 덜 야심적인 적당한 능력의 인물을 승진시킬 경우에는 향후 나에 대한 도전의 정도를 관리할 수 있는 등 리스크가 줄어듭니다. 이런 이유로 조직의 승진 인사 결과는 납득하기 어려운 경우가 많습니다.

셋째, 능력과 실적을 객관적으로 평가한다는 것, 즉 성과 평가는 본질적으로 매우 어렵습니다. 오히려 다른 조직 구성원과의 원만한 관계와 협업이 더 중요한 의미를 가질 수도 있습니다. 실제로 많은 기업이 조직 충성도, 리더십, 동료 평가, 상사와의 관계 등을 개인의 능력 평가 항목으로 두고 있기도 합니다. 사실 엄밀히 얘기하면 이런 것들은 능력과 실적과는 무관한 것이죠. 현실에서는 '누구를 아느냐'가 '무엇을 아느냐'보다 결정적이고 중요한 의미를 갖는 것을 자주 볼 수 있습니다.

기업의 인사 관계자들의 중론은 승진 후보들 사이에서 능력의 객관적 차이는 사실상 거의 존재하지 않으며, 실질적으로 중요한 것은 조직 구성원의 평판, 특히 상사들의 평가와 추천이라고 합니다.

그래서 다양한 영역의 업무 전문가들과 효율적인 프로세스, 최첨단의 시스템으로 중무장한 큰 조직과 회사가 합리적일 것이라는 생각은 안타깝게도 신화적인 믿음에 가깝습니다. 추상적인 조직의 실체는 그것을 이루고 있는 구성원들, 즉 인간입니다. 인간은 불완전한 존재이고, 인간에 의해 움직이는 프로세스와 시스템, 나아가 조직 역시 비합리적이고 불완전하다고 믿는 것이 오히려 자연스럽습니다.

노파심에 덧붙이자면, 노력과 능력 자체를 부정하고 냉소하는 것은 아닙니다. 능력주의나 실력주의를 온전히 긍정하는 것은 지나치게 낭만적이고 순진하다 naive, 오히려 그런 관념이 더 위험하다는 생각을 나누고 싶었습니다.

6

소프트웨어

" 추상화는 본질과 핵심을 뽑아내는 것이다 "

추상화라는 강력한 개념
IT가 추상화를 통해 문제를 해결하는 방식
레고 블록 조립하듯 개발한다

장난감 레고 블록처럼 만드는
소프트웨어

선배, 혹시 유발 하라리의 '사피엔스'라는 책 읽어봤어요?

아, 그 책 아주 재미있다고 얘긴 들었던 것 같아요. 그 책은 갑자기 왜?

네. 굉장히 두꺼운 책인데, 내용이 워낙 흥미진진해서 주말 이틀 만에 다 읽었지 뭐예요.

우와. 어떤 내용이길래?

지구상에 존재하는, 혹은 존재했던 수많은 생물 중에 유독 현생 인류를 의미하는 '사피엔스' 종이 다른 종들을 지배할 수 있게 된 이유는 무엇인가라는 질문에 대한 답을 찾아가는 지적인 탐구서 같은 느낌이에요.

그 책에서 말하는 그 '이유'가 무엇이었을지 궁금한데요?

육체적으로 강하고 뛰어나서 살아남은 게 아니라 오히려 대단히 취약하고 불안해서, 역설적으로 그런 한계를 극복하는 과정에서 살아남았다는 건데요. 사피엔스의 가장 큰 특징은 '협력'이었고, 협력을 위해 집단의 규모가 엄청나게 커졌을 때도 결정적으로 '이것' 때문에 질서와 협력이 지속적으로 유지되어서 수십, 수백만 명이 거주하는 도시, 사회라는 공동체를 건설할 수 있었다는 내용이 핵심이었어요.

육체적으로 취약한 사피엔스 종이 다른 종과 달리 엄청난 규모의 집단을 하나로 통합할 수 있게 된 결정적인 그것이 무엇이었을까요?

잘알씨

허구를 믿는 능력, 즉 '허구'에 대한 공통된 '믿음' 덕분에 인간의 대규모 협력이 가능했다는 건데요. 유발 하라리에 따르면 사법 체계, 국가, 화폐, 회사는 모두 허구라는 거예요. 가령 푸조라는 자동차 회사의 실체는 무얼까 라고 했을 때 사실 물질세계와 관련이 없다는 거죠. 푸조라는 회사의 공장과 기계설비, 정비공, 경영자, 노동자를 모두 합친다고 해서 곧 푸조가 되는 것도 아니어서 푸조라는 회사는 정말로 존재하는 것이 아니라, 유한(책임) 회사라는 특별한 법적 허구의 산물이라는 거죠.

알못씨

아, 어떤 의미인지 알 것 같아요. 물리적 실체가 아닌 뭐랄까 논리적 개념이라는 거잖아요. 거짓말과 달리 가상의 실재 같은 거. 그래서 모든 사람이 믿는 것. 국가도 마찬가지라는 거고. 대한민국을 상징하는 국기와 국화는 있지만, 대한민국이라는 실체는 사실 관념으로만 존재하는 것이라고 이해할 수 있겠네요. 마찬가지로 회사도 법인으로, 마치 인간처럼 인격체로 대우하고 인식하지만, 인간의 몸통이나 실체와 같은 건 없는 거니까요.

맞아요. 전설, 신화, 신, 종교 모두 마찬가지인데요. '추상'과 '관념'을 이해하고 믿게 된 것이 많은 사람이 모여 유연하게 협력하고, 사회를 이루고, 그래서 인류가 지구를 지배하는 종이 된 결정적인 계기라는 말이 저는 무척 공감되고 설득되고 예리하게 느껴지더라고요.

잘알씨

알못씨

추상화라는 강력한 개념

원숭이, 판다, 바나나

" 이 3개의 그림 중에 관련이 높은 2개를 묶어 보세요 "

그림을 보면 원숭이, 바나나, 판다가 보입니다. 이 셋 중 관련이 더 높은 둘을 마음속으로 묶어보기 바랍니다. 많이 고민스럽진 않을 텐데요. 당신은 어떤 선택을 하셨나요? 미국 미시간대 비교문화심리학 교수 니스벳Richard E. Nisbett의 실험에 따르면 동양인과 서양인의 반응이 극명하게 다르다고 합니다.

동양인은 원숭이와 바나나를 하나로 묶지만, 서양인은 원숭이와 판다를 묶는다는 것인데요. 이유는 간단합니다. 동양인의 인식 체계는 현상과 관계를 중시합니다. 따라서 '원숭이는 바나나를 좋아한다'라는 행위적 관점과 연관성으로 바라보고 이 둘이 더 밀접하다는 결론에 도달합니다. 반면 서양인의 인식 체계는 범주에 의한 분류, 사물의 본질을 중시합니다. 여기서 본질essence은 사전적 의미 그대로 '대상의 가장 핵심적이고 필수적인 속성'을 뜻합니다. 그 결과, 같은 포유동물인 원숭이와 판다가 식물인 바나나보다 가깝다고 느끼는 것이죠.

사물 인식에 대한 흥미로운 사례를 하나 더 살펴보겠습니다. 다음 두 사진 중 어느 쪽의 A가 더 행복해 보이나요?

" 어느 사진의 A가 더 행복할까? "

이 실험에서 서양인은 두 사진 속의 A가 똑같이 행복해 보인다고 한 반면, 동양인은 대체로 첫 번째 사진의 A는 행복해 보이지만 두 번째 사진의 A는 불행해 보인다고 답했습니다. 이번에도 답변이 극명하게 나뉘었고, 그 원인도 앞서와 비슷합니다. 서양인은 어떤 현상의 원인이 개체 내부의 독립적인 속성 때문이라고 생각하지만, 동양인은 그 개체를 둘러싼 상황과 연결되어 있다고 생각하기 때문이라는 것입니다.

일례로, 미국에서 총기 난사 사고가 발생했을 때 서양 언론들은 사고를 일으킨 사람의 기질, 성향, 특성에 집중하는 반면, 동양권의 뉴스에서는 그 사건의 배경과 맥락, 평소 주변 인물과의 관계를 중심으로 사건을 보도하는 경향이 있습니다.

위 두 가지 실험은 동양인과 서양인이 세상을 바라보고 해석하는 인식 체계에 문화심리학적인 차이가 있다는 주장을 뒷받침하는 흥미로운 근거이기는 하지만, 동시에 추상화abstraction와 범주화classification라는 중요한 개념을 다루고 있기도 합니다. 사실, 소프트웨어 개발은 추상화와 범주화라는 강력한 개념에 그 기초 토대를 두고 있습니다.

원숭이, 바나나, 판다 중 관련이 높은 2개를 '묶기 위해' 몇 초간 고민하는 동안 머릿속에서는 원숭이, 바나나, 판다라는 개별 개체의 특징 생각하기라는 추상화, 그리고 이들 사이에 유사점 찾아내기, 그래서 카테고리로 묶어내기라 는 범주화라는 분석적 사고 과정이 빠르게 진행됩니다.

'추상화'는 관찰 대상에게서 가장 핵심적인 특징만을 추려내고 나머지는 의 도적으로 생략해 단순하게 만드는 과정입니다. 그리고 '범주화'는 개념과 성질 이 비슷한 종류끼리 일정한 묶음으로 구분하는 과정입니다. 분류 체계나 카테 고리는 이러한 범주화의 결과입니다. 소프트웨어 개발에 이러한 개념이 어떻 게 적용되는지 구체적인 이야기를 이어가 보죠.

" 핵심과 특징을 추려내 단순화하는 추상화, 개념과 성질이 비슷한 종류로 분류하는 범주화 "

개체가 아닌 종을 들여다볼 줄 알아야

추상화와 범주화라는 개념과 그 쓰임새를 상세히 알아보기 전에, 소프트 웨어 개발 작업 중 주요 과정을 잠시 다시 살펴보겠습니다. 프로그래밍이라는 일의 주된 작업은 클라이언트의 요구를 듣고 관찰해 상세하고 구체적으로 이해하는 것, 소프트웨어의 쓰임새를 생각해 사용자의 핵심 활용 시나리오를 미리 그려보는 것, 중복되고 공통되는 일에서 공통점을 찾아 알고리즘화하는 것, 문제를 의식하고 되짚어 중요한 오류를 찾아내는 것 등으로 추려 볼 수 있다는 것을 우리는 알고 있습니다.

특히, 소프트웨어 설계는 크고 복잡한 문제를 작은 단위로 나누고, 반복되고 유사한 일들에서 공통점을 찾아내어 보편화하고 단순화시켜 하나의 기능 단위를 만들어 분류하고 이것들을 조립하는 일이라는 이해를 갖게 되었습니다.

" 그래서 소프트웨어 개발 과정에서 특히 필수적인 역량이 되는 것은 '핵심'적인 것을 관찰하고 볼 줄 아는 힘, '공통'적인 것을 추출할 수 있는 능력, 결국 추상화와 범주화 기술입니다. 마치 샴고양이, 노르웨이숲, 랙돌, 페르시안 고양이라는 개별 개체 하나하나가 아니라, 고양이라는 '하나의 종'을 들여다볼 줄 아는 눈과 마음입니다. "

추가 설명 하나의 종

코딩을 할 때는 샴고양이, 노르웨이숲이라는 개별 개체 하나하나를 쫓아다니는 것이 아니라, 그저 '고양이'라는 하나의 종으로 묶어서 유형type화할 뿐이다. 프로그래밍 언어의 데이터 타입Data Type이라는 것도 유형화와 일반화를 돕기 위한 도구다.

게다가 상대의 요구를 듣고 상세하게 이해하는 것과 사용자의 핵심 활용 시나리오를 미리 그려보는 것 모두에는 사용자가 두서나 맥락 없이, 중요도 구분 없이 이야기하면서 펼쳐 놓은 것 중에서 '핵심'인 것들을 간파해서 정리, 요약하는 통찰의 기술이 무엇보다 중요합니다. 날카로운 관찰력으로 대상의 본질을 꿰뚫어 보는 통찰insight이 결국 추상화입니다.

소프트웨어 설계 및 개발 전반에 추상화와 범주화라는 개념이 스며들어 있는데, 기업 정보 시스템 구축에 활용도가 높은 자바Java 프로그래밍 언어를 예로 들면, 언어의 핵심 문법이자 키워드 중 하나인 클래스class는 범주와 분류를 의미하는 Classification을 줄인 말이며, 추상 클래스를 선언할 때 사용되는 키워드 abstract는 말 그대로 추상을 의미하는 표현으로, 이 두 가지 개념의 흔적은 여기저기서 쉽게 찾아볼 수 있습니다.

'추상'은 추상화라는 과정의 결과로, 사전적 뜻은 '중요한 특징을 찾아낸 후 간단하게 표현한 것, 여러 가지 사물이나 개념에서 공통되는 특징이나 속성 따위를 추출하여 파악하는 작용'입니다. 추상(抽象)의 한자 의미는 뺄 추(抽), 코끼리 상(象)이고, 코끼리 '상'은 형상, 인상, 추상, 표상 등의 미술 용어에서 '이미지'를 뜻하는 글자이기도 합니다. 따라서 추상은 '핵심 형상을 뽑아내는 것'이라고도 할 수 있습니다.

독일의 물리학자 베르너 하이젠베르크는 "추상화는 한 가지 관점 아래 어떤 대상이나 대상 집단을 놓고 그 대상이 가진 다른 모든 속성을 무시하는 것이며, 추상의 본질은 다른 속성에 비추어 특히 중요하다고 생각되는 한 가지 특징만 잡아내는 데 있다."라고 했습니다. 또한 발명가인 미첼 윌슨은 추상에 대해 다음과 같이 썼습니다.

"위대한 과학자가 되기 위해 필요한 것을 말해본다면, 우선 매우 복잡한 것을 이해하는 능력은 필요 없다는 것이다. 오히려 그 반대다. 가장 복잡한 것처럼 보이는 무엇을 간파해서 한순간에 그 저변에 깔린 단순성을 파악해 내는 능력이 필요하다."

" 추상화는 본질과 핵심을 뽑아내는 것이다. "

정리하면 추상화는 핵심을 포착하는 것, 본질을 잡아내는 것, 생략하여 단순화하는 것입니다. 추상화는 물리적인 현실에서 출발하지만, 불필요한 부분을 도려내 가며 중대하고 놀라운 사물의 본질을 드러나게 하는 '개념화' 과정입니다. 중요한 부분을 강조하기 위해 불필요한 디테일을 의도적으로 생략하거나 감추면서 단순하게 만드는 것입니다. 더불어 추상화는 앞서 샴고양이, 노르웨이숲, 페르시안 고양이를 '모두 고양이네'라면서 구체적인 개별 대상의 공통점을 취해 '고양이라는 하나의 종'으로 '일반화'하면서 단순하게 만드는 것이기도 합니다. 어쨌거나 추상화의 목적은 단순화하는 것입니다.

〈 추상화의 두 가지 의미 〉

- 중요한 부분을 강조하기 위해 불필요한 디테일을 생략하거나 감추면서 단순하게 만드는 것
- 구체적인 개별 대상들의 공통점을 취해 일반화를 통해 단순하고 보편적으로 만드는 것

비슷한 것끼리 유형화categorization하고 묶어서 분류classification하는 범주화 능력은 유사함, 공통점, 차이점을 세심하게 관찰하는 것에서부터 시작합니다. 그리고 동질적인 것과 이질적인 것을 가려내려면 다시 근본적으로는 그것들의 본바탕 뿌리 속성을 헤아릴 줄 알아야 할 테니, 범주화를 잘하는 일에도 추상화 능력은 직간접적으로 관여된다고 할 수 있습니다.

지하철 노선도라는 추상

우리가 매일같이 사용하는 오늘날의 지하철 노선도는 100여 년 전 해리 벡Harry Beck이 디자인한 영국 런던 지하철의 노선도를 그 원형으로 합니다. 지금은 전 세계 어디를 가더라도 유사한 스타일의 지하철 노선도를 볼 수 있고, 그 표준적인 형태를 당연하고 보편적인 상식처럼 여깁니다. 하지만 해리 벡이 도안해 배포한 지하철 노선도는 그 당시 대중의 인식과 감각으로는 너무나 압도적이고 충격적인 디자인으로 받아들여졌다고 합니다. 먼저, 해리 벡의 지하철 노선도 이전의 런던 지하철 지도를 보겠습니다.

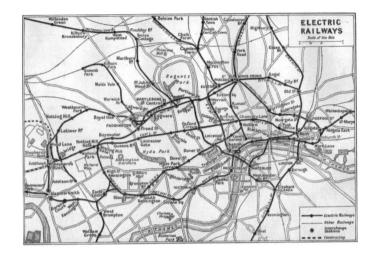

초기의 런던 지하철 지도는 기존의 지도 위에 철로를 표시한 것으로, 호수와 숲 같은 실제의 울퉁불퉁한 물리적 지형 위에 지하철 노선을 사실적이고 정확하게 묘사하고 있습니다. 지상의 강과 공원까지 표시하며 지도 한가운데에 도심에 밀집해 있는 여러 역을 억지로 밀어 넣었고 교외에 있는 역은 공간상 담지 못하는 등 상세하고 정확하지만 복잡한 지도였습니다. 그래서 승객들은 노선도를 이해하기 힘들어했고, 사실적인 정보가 오히려 지하철 노선의 가독성을 현저히 낮추어 승객들에게 딱히 유용하지도 않았습니다.

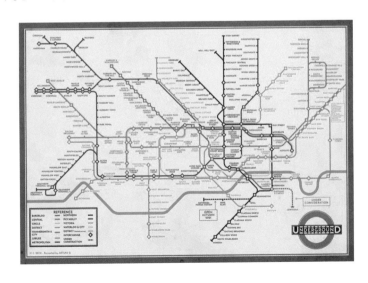

반면, 오늘날 세계 지하철 노선도의 표준이 된 해리 벡의 디자인은 간결합니다. 심지어 시각적으로 아름답다는 느낌까지도 듭니다. 해리 벡의 지하철 노선도가 당대는 물론 지금까지도 혁신적이라고 받아들여지고 아름답다고 생각되는 이유는 어디에 있을까요?

가장 중요한 포인트는 지하철을 이용하는 승객들에게 지상의 사정은 중요하지 않다는 핵심을 통찰했다는 점입니다. 승객들은 역과 역 사이를 이동하고 싶을 뿐입니다. 승객들에게 필요한 것은 '어디서 타지?', '어디서 내리지?', '어디에서 환승해야 가장 빠르게 도착하지?'입니다. 그러니까 중요한 것은 지상의 지형이 아니라, '이동'을 위한 지하의 역과 역 사이의 '연결성'이라는 본질을 제대로 간파한 것입니다.

해리 벡의 디자인이 핵심을 간파할 수 있었던 것은 지도를 이용하는 사람, 즉 사용자에게 온전히 집중했기 때문으로 보입니다. 사용자가 지도를 이용하는 목적은 무엇일까, 그렇다면 그에게 꼭 필요한 것은 무엇이고 덜 중요한 것은 무엇일까를 충분히 이해했다는 것입니다. 무엇을 강조하고 무엇을 배제할지를 결정하는 것은 결국 그 대상을 바라보는 사람, 즉 사용자의 관점view과 시선입니다.

게다가 디자인 원칙의 클래식이라고도 할 수 있는 'Simple is the best'를 너무나 잘 이해하고 있었습니다. 사실 해리 벡의 노선도는 역의 순서와 환승역의 표시를 제외하면 어느 것 하나 정확한 것이 없습니다. 역과 역 사이의 거리, 역의 위치, 경로를 표시한 이동 직선 모두 현실 지형과는 차이가 제법 큽니다. 즉, 사실적인 지형을 무시하고 역 사이의 연결성에만 집중한 것이죠. 정말 중요한 것은 이동을 위해 열차를 갈아타는 것이라는 점을 알고 있었던 겁니다. 승객에게 굳이 불필요한 정보는 최대한 생략하고 꼭 필요한 것만 간결하게 전달하기 위해 실제 지리적 요소의 정확성을 의도적으로 과감히 훼손한 것입니다. 거의 모든 디자인 원칙에 적용되는 '단순성'을 제대로 반영한 것인데, 어떻게 쉽게 이해하게 만들 것인가라는 질문에 심플하게 만들었다고 대답합니다.

'단순하다'라는 말은 구체적으로 어떤 의미를 가지는 것일까요? 단순함이란 어쩌면 한 번에 하나의 메시지만을 전달하는 것이 아닐까 생각합니다. 로드아일랜드 디자인스쿨 총장 존 마에다는 그의 저서 '단순함의 법칙'에서 단순함이란 '핵심만 드러내고 나머지는 숨기는 것'이라고 말합니다. 제품 디자인이라면 상품의 고유 기능을 유지할 수 있는 범위에서 가능한 모든 세부 사항을 줄이고 제거하는 것입니다. 단순함은 문제의 핵심을 이해하고 근본적 이치를 꿰뚫어 봄으로써 아름답고 감성적이라 느껴지는 제품을 만들어내는 중요한 원리입니다.

결국, 해리 벡의 가장 위대한 업적은 지하철 노선을 기능적으로 효과가 있으면서 심미적으로 아름답게 '추상화'한 것이다, 라고 말할 수 있겠습니다.

IT가 추상화를 통해 문제를 해결하는 방식

사물과 개념을 따로 떼어놓는 사고 능력

앞서 ≪사피엔스≫ 이야기를 통해 인류가 이렇게 지구상에서 최강자로 생존할 수 있었던 이유는 대규모 협력을 통해 공동체를 유지할 수 있었기 때문이며, 이기적인 인간들이 협력할 수 있었던 것은 회사, 사회, 국가와 같은 허구에 대한 공통된 신뢰, 추상적이고 관념적이고 개념적인 것에 대한 이해와 믿음 때문이라는 흥미로운 주장을 살펴봤습니다.

> **추가 설명** 협력
>
> 인간의 협력은 '언어'의 진화를 통해 좀 더 효율적으로 이루어졌다고 말할 수 있다. 로빈 던바를 비롯한 소셜 브레인 이론가와 학자들은 인간이 털 고르기를 하는 대신 언어를 진화시켜 사회적 문제를 해결해왔다고 말한다. 설령 아부일지라도 서로에게 좋은 말을 해주면서 관계를 부드럽게 하면서 집단생활을 영위하고 협력한다는 것이다. 이것은 어떻게 보면 '공동체에 대한 믿음을 가지며 말로 하는 털 고르기'라고도 할 수 있다.

　이렇게 추상적으로 사고하는 능력은 지구상에서 인간만이 가지고 있는 지적 능력이라고 알려져 있는데, '추상적 사고 능력'은 구체적인 사실에 대한 사고를 넘어 일반화generalization되어 추상적이고 관념적인 개념을 이해하는 이성 작용을 뜻합니다. 일례로, 어린아이들이 집에서 '베개'를 가지고 '말타기'를 하는 것 같은 상징 놀이의 경우, 추상적 사고능력이 없다면 이런 행동은 불가능하다고 합니다.

> " 이 추상적 사고능력은 '사물'과 그 사물에 대한 '개념'이 따로 놀 수 있다
> 는 것에 대한 인식이 가능하다는 것을 뜻합니다. "

　아이가 어려서 아직 추상적 사고가 가능하지 않은 경우에는 실제 네 다리 달린 말(사물)과 말horse이라는 단어(개념)가 분리될 수 있다고 생각하지 못한다고 합니다. 반대로 그게 가능한 아이들은 실제의 말이 없어도 말이라는 개념을 통해 추상적으로 말을 구현해서 베개로 말타기 놀이를 하는 것이죠. 이 아이에게는 그 순간 '베개'가 곧 '말'인 셈입니다. 그러니까 실제 동물 말과 말이라는 개념을 분리해 그 '개념'을 '베개'라는 엉뚱한 사물에 투영해서 즐겁게 놀고 있는 것입니다.

" 추상적 사고는 사물과 사물의 개념을 분리할 줄 아는 능력 "

그런데 개념과 사물을 분리하여 따로 떼어놓는 사고 능력이 왜 중요한 걸까요? IT와는 어떤 연관성이 있는 걸까요?

> " 집을 지을 때 건축 '설계도'가 개념이라면 이 개념에 대응하는 사물은 구현된 '건물'입니다. 마찬가지로, 소프트웨어 개발에서의 '개념'은 요구사항이라는 문제를 컴퓨팅적 사고를 통해 분석하고 '구조화'한 후, 이를 통해 도출한 논리적인 절차와 방법, 즉 소프트웨어의 '구조^{architecture}'와 '알고리즘'을 의미합니다. 물론, 프로그래밍 언어를 사용해 구현된 실물 '코드'가 사물에 해당합니다. "

즉, 소프트웨어의 전체 '구조'와 문제 해결의 핵심 단계이자 절차인 '알고리즘'이 개념이고, 이를 프로그래밍 언어의 규칙과 명령의 나열로 구현한 '소스 코드'가 사물입니다. 개념과 이에 대응하는 사물이라는 실물의 관계가 중요한 이유는 건축물의 개념적 설계와 구체적 시공처럼,

> " 구체적인 실물 소스 코드에 대응하는 추상화의 결과가 바로 개념(설계)이기 때문입니다. 상위의 개념이 압축과 요약으로서 제대로 뼈대로 서 있어야 구체적이고 상세한 실물 구현이 가능합니다. "

추상화라는 것을 지나치게 거창하고 어렵게 느끼고 있을지도 모르겠다는 노파심에 덧붙이면, 사실 추상은 우리 생활 곳곳에 배어들어 있습니다. PC의 파일명이나 폴더 이름도 추상화의 결과입니다. 파일을 군이 열어보지 않더라도 그 파일의 내용이 무엇인지 쉽게 알 수 있으며 폴더의 내부를 들여다보지 않더라도 폴더의 역할이 무엇인지를 파악할 수 있기 때문입니다. 따라서 좋은 이름을 만드는 것은 그 이름이 대표하는 대상에 대한 적절한 추상화를 의미하기도 합니다.

포털의 뉴스 헤드라인도 추상입니다. 클릭해서 상세한 내용을 볼지 안 볼지를 결정하게 만드는 것은 뉴스 내용을 압축하고 있는 제목입니다. 회사에서도 추상은 중요하게 기능하는데요. 관리자들은 통상 두꺼운 상세 보고서보다

는 1장 요약 보고서를 선호합니다. 수십 페이지 분량의 두텁고 디테일한 내용을 자세히 살펴보기 전에 보고 내용의 전체 얼개, 주요 사항, 핵심을 확인하고 싶은 거죠.

일상생활에서도 카테고리로 묶고 분류하는 일이 많습니다. 묶었다는 건 공통점을 뽑아냈다는 것이기도 한데요. 그걸 보는 눈, 그게 바로 통찰입니다. 그냥 다 복잡해 보이는 것 같아도 통찰력이 있는 사람은 복잡한 것 속에서 공통점을 뽑아냅니다. 무질서해 보이는 것에서 질서를 찾아내고 말이죠. 이 모든 과정에 '추상'이라는 개념이 있습니다.

요즘 사회적으로 아이들을 향한 코딩 교육이 뜨겁습니다. 아이들이 정말 배워야 하는 것은 특정 프로그래밍 언어의 문법에 따라 손가락으로 키보드를 두드리는 행위가 아니라 주어진 문제를 해결하는 단계적인 방법, 논리적으로 추상하는 힘, 복잡한 걸 단순하게 만드는 능력, 나무만 바라보는 것이 아니라 전체 숲도 볼 줄 아는 시선과 관점입니다. 이제부터 그 중요한 이유를 쫓아가 보겠습니다.

도넛의 면적을 계산하는 방법

지금 당신 앞에는 가운데가 뚫린 달달한 도넛 두 개가 놓여 있습니다. 하나는 사이즈가 꽤 크지만 가운데 구멍이 큰 도넛이고 다른 하나는 사이즈는 조

금 작지만 가운데 구멍도 매우 작습니다. 어느 도넛의 양이 많은지 아리송합니다. 이런 도넛의 면적은 어떻게 계산할 수 있을까요?

편의를 위해 도넛의 두께(높이)는 같다고 가정하고 도넛을 하나의 평면 고리, 즉 링 모양으로 생각해서 면적을 계산해 보겠습니다. 눈앞의 도넛뿐만 아니라 다른 크기의 다양한 도넛도 쉽게 계산할 수 있어야 한다는 조건도 추가해 보겠습니다. 그러니까, 해결해야 할 문제는 '도넛의 넓이'를 구하는 것이고 도넛의 크기는 제각각이고 도넛 가운데 구멍의 크기도 다양하다는 것이 전제입니다.

자, 당신이 개발자라면 이 문제를 어떻게 해결할까요? 우리는 앞서 살펴본 '컴퓨팅적 사고'의 개념을 통해 IT는 '나누어 해결하기'라는 문제해결 방법을 즐겨 사용한다는 사실을 알고 있습니다. 그러니까, 문제를 분석하면서 그 문제를 작은 조각으로 분할하는 접근 방식입니다. 작게 나누면 문제는 이해하기 쉬워지고 다루고 해결하기도 수월해진다는 사실을 우리는 이미 경험했습니다. 도넛을 관찰해 보면 도넛 링은 큰 원과 가운데 구멍인 작은 원으로 이루어져 있다고 분석할 수 있습니다.

그래서 도넛의 넓이를 계산하기 위해 '원의 넓이'를 구하는 것부터 시작해보기로 합니다. 큰 원에서 작은 원을 뺀다는 생각인데, 좋은 접근 방식이라 생각되네요. 도넛 안쪽의 비어 있는 부분을 내원inner circle으로 삼고 바깥쪽을 외원outer circle으로 하면 도넛의 면적은 외원 면적에서 내원 면적을 빼는 것과 같습니다.

원의 면적을 구하는 공식은 (반지름)×(반지름)×3.14로, 원의 반지름만 알면 구할 수 있습니다. 따라서 도넛 A와 도넛 B의 면적은 다음과 같습니다. 도넛 A는 $100\pi-64\pi=36\pi$, 도넛 B는 $49\pi-9\pi=40\pi$로, 외형 크기는 작지만 구멍이 작은 도넛 B의 면적이 조금 더 크고, 그에 따라 실제 도넛 B의 양이 조금 더 많다는 사실을 확인할 수 있습니다.

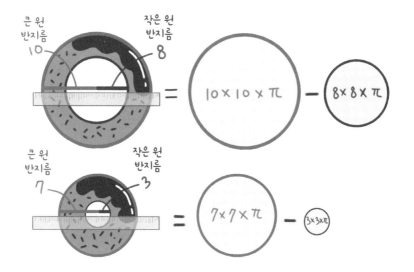

IT는 추상화 과정을 통해 문제를 해결한다고 했었는데, 우리도 개발자처럼 도넛의 면적 구하기라는 문제의 해결을 코딩에 가까운 'IT적인 방식'으로 직접 한 번 해보면서 IT가 '추상화'를 통해 문제를 해결한다는 것의 진정한 의미를 경험해 보겠습니다. 그러면서 그 과정에서 경험한 '컴퓨팅적 사고'라는 구체적인 느낌이 몸의 감각으로 오랫동안 남아서 당신을 도와주면 좋겠네요.

자, 그러면 시작해 보겠습니다. 원의 넓이는 원의 반지름이 '주어지면' 구할 수 있고, 도넛의 넓이는 큰 원과 작은 원 각각의 반지름이 주어지면 계산할 수 있습니다. 그래서 빵 만드는 기계에 밀가루와 버터가 '주어지면' 빵이 만들어진다는 심플한 구조처럼, 도넛의 넓이를 계산하는 '기계'가 있고 이 기계에 (큰 원의 반지름, 작은 원의 반지름 각각 하나씩) 반지름 두 개가 인풋input되면 한 치의 오차 없이 도넛의 넓이를 계산한다고 상상해 보겠습니다.

> " IT의 세계에서는 이 '기계'가 무척 중요합니다. 이 기계는 반지름을 입력 input이라는 '원인', 계산된 도넛의 넓이는 출력output이라는 '결과'로, 즉 인과로 이해합니다. "

IT 개발은 입력이 주어지면 출력을 계산하여 반환^{return}하는 기계(프로그램)가 있다, 소프트웨어는 이러한 독립적인 기능을 담당하는 재사용 가능한 기계를 조립하여 구현한다, 라는 세계관을 갖고 있습니다.

앞서 도넛의 면적 계산은 일회성이 아니라, 제각각의 크기를 갖는 도넛의 면적을 필요할 때마다 꾸준히 계산할 수 있어야 한다는 것이 문제의 가정이었습니다. 그래서 도넛의 면적을 구하는 기능을 앞서 언급한 '기계'라는 개념에 대입해 풀어보겠습니다.

> **추가 설명** 기계
>
> 로봇 같은 머신으로 생각하기 쉬운 이 기계라는 단어를 나중에는 좀 더 직관적인 기능 function이라는 정확한 표현으로 부르게 된다. 사실 의미적으로는 기능이라는 표현이 보다 적절하지만 이해를 돕기 위해 우선은 기계라고 인식하기로 하자. 그런데 수학의 함수라는 개념도 영어로 function이다. 우연일까? IT에서 말하는 기계 혹은 기능이라는 개념 단위는 수학 함수의 의미와 완전히 동일하다. 어떤 원인(인풋)이 주어지면 정해진 규칙과 로직에 의해 이를 처리한 후 결과를 리턴한다는 수학의 함수는 IT의 기능과 개념적으로 같다. IT의 기능이라는 모듈 단위는 개념적으로 API, 라이브러리, 프레임워크로 확장된다.

도넛의 넓이는 큰 원의 넓이에서 작은 원의 넓이를 빼면 되고 큰 원과 작은 원 각각의 넓이를 구하기 위해 두 개의 반지름을 입력받아야 합니다. '도넛의 넓이'를 구하는 기계는 원의 넓이를 구하는 공식을 그대로 활용해 만들면 됩니다.

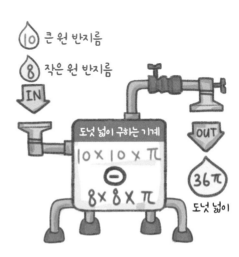

큰 원의 반지름과 작은 원의 반지름을 입력받아 의도대로 계산되도록 잘 만든 것 같기는 한데, 자세히 들여다보면 뭔가 조금 깔끔하지 못하고 산만한 듯 느껴집니다. 이 기계 내부의 처리 방식을 주의 깊게 살펴보니, 도넛의 넓이는 바깥쪽 외원^{outer circle}의 넓이와 안쪽 내원^{inner circle}의 넓이의 차이만큼이라,

> " 원의 넓이를 계산하는 부분이 두 번 '반복'되었습니다. IT는 특히 이런 반복을 참고 견디기 힘들어합니다. 게다가 도넛의 넓이를 구하는 기계는 사실 '두 가지 혼재된 일'을 처리하고 있습니다. 하나는 당연히 도넛의 넓이를 계산하는 것이고, 또 다른 하나는 원의 넓이 계산입니다. 도넛의 넓이를 구하려다 보니 선행해서 응당 원의 넓이를 계산해야 한다고 생각하기 쉽지만, IT는 이 지점에서 생각이 다릅니다. '원의 넓이'를 계산하는 일은 원의 넓이를 구하는 기계가 처리해야 한다고 생각하고 그 기계를 '별도로' 만듭니다. "

그 별도의 기계는 오직 원의 넓이 구하는 일에만 전념하고 집중합니다. 그렇다면 기존 '도넛의 넓이'를 구하는 기계는 어떻게 되는 걸까요? '도넛의 넓이'를 구하는 기계 입장에서는 원의 넓이를 구하는 일은 '별도의 전문 기계를 만들었으니 그 일은 그 기계에게 요청하면 된다'라는 사무적인 이해를 갖게 됩니다. 따라서 원의 넓이를 구하는 기계가 계산해 준 결과를 받아 도넛의 넓이 구하는 일에만 매진하면 됩니다.

이러한 '기계적' 사고는 소기업에서는 한 사람이 여러 직무에 대한 책임을 지며 다양한 역할을 수행하지만, 기업의 규모가 커질수록 세분화되고 전문화된 조직, 담당자 간의 업무 요청과 응답이라는 협업 구조로 일이 돌아간다는 인식과 궤를 같이합니다. 자, 이제 도넛의 넓이를 구하는 기계가 어떻게 개선되었는지 진지하게 살펴보도록 하죠.

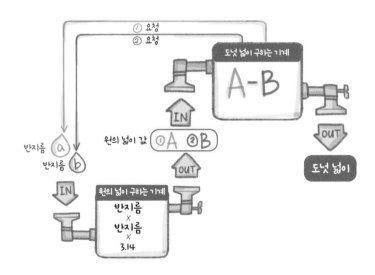

얼핏 생각하면, 그거나 이거나 어차피 큰 원에서 작은 원 넓이 빼는 거네, 기계만 하나 더 늘어나서 복잡해 보이는 것도 같고 딱히 큰 차이 없는 것 아닌가라고 생각할 수도 있겠지만, 전혀 그렇지 않습니다. 큰 차이가 존재합니다. IT 개발의 핵심적인 관념이 당신에게 제발 집중해서 나를 잘 이해해 달라고 지금 절실히 말을 건네고 있습니다. 조금만 더 집중해보죠.

그림 상단의 개선된 도넛의 넓이를 계산하는 기계의 내부를 자세히 살펴보면, 여기에는 도넛의 넓이를 구하기 위해 '원의 넓이'를 계산하는 '구체적인 방법'이 전혀 존재하지 않습니다. 3.14를 의미하는 파이(π)나 반지름을 곱하는 계산식은 그 어디에도 없습니다.

도넛의 넓이를 계산하는 기계는 원의 넓이를 계산하는 기계가 잘 알아서 원의 넓이를 정확히 계산한 후 그 결과를 전달했을 것이라 신뢰하고, 그저 바깥쪽 외원의 넓이와 안쪽 내원의 면적 차이를 헤아려서 도넛의 면적을 계산하는 데 집중합니다.

원의 넓이를 계산하는 일은 원의 넓이를 계산하는 기계에게 사실상 모두 위임했기에 도넛의 넓이를 계산하는 기계 입장에서는 원의 넓이를 계산하는 계산식, 즉 원의 넓이를 계산하는 구체적인 '어떻게'의 디테일은 관심 밖입니다. 그건 원의 넓이를 계산하는 기계가 잘 알고 있으면 됩니다. 즉, 도넛 기계는 원의 일에 간섭할 필요 없이 무관심해질 수 있고, 본인의 일인 도넛의 넓이 계산에만 집중하면 되므로 개선 전과 비교해 확실히 처리 내용이 간결해졌습니다. 그렇다 보니, 행여 원의 넓이를 계산하는 방식이 바뀌더라도 도넛의 넓이를 계산하는 기계는 걱정할 필요가 없습니다. 그건 어디까지나 원의 넓이를 계산하는 기계가 대응하고 처리할 문제일 뿐인 것이죠. IT 세계의 기계들은 무척 개인적이고 시크합니다.

추가 설명   위임

위임은 기능 '호출'이라고도 표현한다. A라는 기계가 스스로 해결할 수 없는 일에 대해 가령 B라는 다른 기계에게 요청을 하고, 그 결과를 응답으로 받아 나머지 일을 이어서 처리하는 것을 의미한다. 기능 호출은 요청이자 부탁, 믿고 맡기는 위임으로 이해할 수 있다. 원의 넓이 계산 기계, 도넛의 넓이 계산 기계를 스스로 일을 처리하는 현실 세계의 '생명체'처럼 이해하는 것도 도움이 된다.

지금까지 전개된 상황을 잠시 요약해 보겠습니다. 원의 넓이를 계산하는 일은 원의 넓이를 계산하는 기계를 별도로 만들어서 그 기계가 처리해야 한다는 인식, 그 지점이 무척 중요했는데요.

> " 개선 전의 도넛 기계에는 원의 넓이를 계산하는 부분이 두 번 '반복'되었습니다. 그런데 '원의 넓이 계산'이라는 '특성'을 하나의 개별 기능 '단위'로 '추상화'해 본다면 전혀 다른 관점으로 이 문제를 조망해 볼 수 있었습니다. 즉, 도넛의 넓이 구하기라는 문제는 '각 원의 넓이 구하기'와 '원 넓이 차이 구하기'로 분리됩니다. "

여기에서 중요한 것은 두 번 반복되는 '패턴'을 발견하고 이를 '원의 넓이 구하기'라는 하나의 특성으로 인식하고, 독립된 개별 기능으로 '추상화'했다는 사실입니다. 그 결과, 도넛 기계는 본인의 일인 도넛의 넓이 계산에만 집중하면 되므로 개선 전과 비교해 처리 복잡도가 확실히 줄어들었습니다. 추상화를 통해 원의 넓이를 구하는 기능을 별도로 '분할'했기에 도넛과 관련된 문제에만 집중할 수 있게 심플해졌습니다.

이런 처리 방식은 분업화된 현대 자본주의 사회와 비슷합니다. 마치 인간 세계의 분업과 협력처럼 IT 개발은 추상화된 소프트웨어 '기능의 협력'으로 구현된다고 이해하는 것이 필요합니다. 물론 원의 넓이 계산 기계는 독립적이고 완성된 기능으로, 원의 면적을 계산하는 일이 필요한 다른 곳에서 또 다른 협력을 위해 모듈화된 하드웨어 부품처럼 조립되어 '재사용'될 수도 있습니다. 이런 맥락으로 부품화, 모듈화된 라이브러리, API 등의 개념이 나오는데, 모듈화에 대해서는 이번 챕터의 마지막 부분에서 다룹니다.

도넛의 넓이를 구하는 두 가지 버전 사이의 질적인 차이가 체감되지 않고 아직 혼란스러울지도 모르겠습니다. 개념 이해에 집중하고 문제를 단순화하기 위해 원의 넓이 구하기라는 간단한 문제를 예시로 삼았는데요. 물론 현실에서 원의 넓이를 계산하는 방식(공식)이 변경될 일은 없습니다. 그런데 문제가 단순한 원의 넓이 계산이 아니라 내비게이션의 빠른 길 찾기 계산이라든가 상품 추천 알고리즘 계산으로 바뀐다면 상황은 달라집니다. 따라서 원의 넓이 계산이라는 단순하고 구체적인 문제의 부품화, 모듈화 정도로 인식하지 않고, 언제든 변할 수 있는 복잡하고 일반적인 문제 처리 방식이라는 큰 맥락으로 이해하는 것이 바람직합니다.

도넛의 넓이 계산 문제를 IT적으로 해결하기 위해 제법 긴 호흡으로 달려왔는데요. 정리해 보겠습니다.

> "가장 먼저, 도넛을 '분석'해 도넛을 큰 원과 작은 원으로 '나누어' 인식합니다. 그다음에는 도넛의 면적을 (큰 원의 넓이) - (작은 원의 넓이)로 정의한 후 계산식을 작성해 문제를 1차 해결해 보았습니다. 그 과정에서 '원의 넓이를 계산'하는 부분이 반복되는 '패턴'을 발견했고, 그 패턴을 '추상화'

해서 별도의 기계(기능)로 분리했습니다. 그 결과, 전체 문제는 도넛의 넓이 계산과 원의 넓이 계산으로 '분할'되고, 도넛 넓이 계산이라는 전체 문제는 그 부분인 원의 넓이 계산 결과와의 '조립'으로 최종 완성되었습니다. "

파이프의 겉넓이도 계산해보자

추상화의 강력한 힘과 매력을 체험할 수 있도록 문제를 좀 더 확장해 보겠습니다.

도넛이라는 2차원 평면을 3차원의 파이프 모양으로 확장해 '파이프의 겉넓이'를 구해보겠습니다. 추상화를 통한 '원의 넓이' 계산 기계와 '도넛 넓이' 계산 기계라는 기능 모듈이 없다면 어떤 상황이 벌어지는지를 쫓아가 보는 것도 의미 있을 것 같습니다. 모든 '존재'의 가치는 그것의 '부재'를 통해 명징하게 확인되니까요.

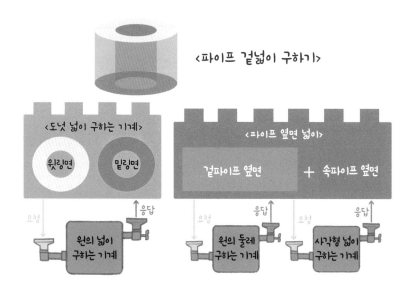

파이프의 겉넓이는 파이프를 이루고 있는 모든 면의 넓이의 합입니다. 표면 전체의 넓이는 밑면의 넓이와 윗면의 넓이의 합인 '파이프 링 넓이'와 겉 파이프 옆면의 넓이와 속 파이프 옆면의 넓이의 합인 '파이프 옆면 넓이'의 합입니다.

다행히 파이프의 링 넓이는 우리가 이미 만들어 놓은 도넛(링) 넓이 구하는 기계를 이용하면 쉽게 구할 수 있습니다. 그리고 파이프의 옆면은 펼쳐 놓으면 사각형이 되기에 파이프 옆면의 넓이를 계산하기 위해서는 사각형의 넓이를 구하는 기계가 필요해 보입니다. 그런데 이때 사각형의 가로 길이는 파이프의 원의 둘레(원주) 길이와 동일하므로 원주를 구하는 기계도 만들어 놓으면 편하겠네요.

여기서 핵심은 원의 넓이 계산 기능과 도넛(링)의 넓이 계산 기능과 같은 기능의 모듈화와 모듈의 재사용입니다. 그리고 모듈들은 문제를 해결하기 위해 상·하위의 '계층적'인 형태가 된다는 점입니다. 모듈의 계층적인 구조가 어떤 의미인지를 제대로 이해하는 것은 무척 중요합니다. 왜냐하면 소프트웨어 개발의 코어^{core}, 그 비밀을 알게 되는 일이기 때문입니다.

그 비밀에 마침내 닿기 위해 흥미로운 우화 하나를 함께 읽어보고자 합니다. ≪개체 지향의 사실과 오해≫(위키북스, 2015)의 저자 조영호는 두 명의 시계 제작자와 관련된 우화 하나를 소개하며, 이 우화에서 얻을 수 있는 두 가지 교훈도 덧붙입니다. 먼저 이야기를 들어보죠.

"옛날에 호라와 템프스라고 하는 매우 훌륭한 두 명의 시계 제작자가 있었다. 두 명 모두 시계 제작에 있어 명성이 드높았고 시계를 주문하려는 수많은 고객으로 인해 작업실의 전화가 쉴 틈 없이 울려댔다. 그러나 호라의 가게는 번창한 반면 템프스의 가게는 적자를 면치 못하다가 끝내 문을 닫고 말았다. 이유가 뭘까?

시계는 1,000개 정도 되는 많은 부품을 이용해 만들어진다. 템프스가 시계를 조립하다가 전화를 받기 위해 조립 중인 시계를 내려놓으면 기껏 조립해 놓은 시계의 부품들은 즉시 조각조각 떨어져 나갔다. 전화 통화가 끝난 후 템프스는 어쩔 수 없이 한숨을 쉬며 처음부터 다시 부품을 조립해야만 했다. 고객들이 템프스의 시계를 선호하면 선호할수록 더 많은 전화가 걸려 왔고 전화가 걸려 오면 걸려 올수록 템프스가 처음부터 다시 작업해야 하는 횟수가 많아졌다. 템프스는 방해받지 않고 시계를 완성할 수 있는 시간을 확보하기가 점점 더 어려워졌다.

호라가 제작한 시계가 템프스의 것보다 덜 복잡하거나 더 복잡한 것은 아니었다. 그러나 호라는 10개의 기본 부품을 모아 하나의 조립 부품을 구성했다. 다시 그 조립 부품을 10개 정도 모아 더 큰 조립 부품을 만들었고 최종적으로 10개의 더 큰 조립 부품을 모아 시계를 완성했다. 따라서 호라가 전화를 받기 위해 조립 중인 시계를 내려놓더라도 전체 작업 중에서 적은 부분만을 잃을 수 있었고, 템프스가 시계를 조립하는 데 걸린 시간보다 상대적으로 짧은 시간에 시계를 조립할 수 있었다."

시계는 1,000개 가까운 부품이 결합되어야 작동하는 '복잡'한 구조를 가지고 있습니다. 시계는 그 안에 더 작은 부품들을 포함하는 '계층적'인 구조를 가지고 있어 시계를 빠르고 효율적으로 조립하기 위해서는 작은 부품으로 구성된 안정적인 형태의 '중간 부품'을 이용해야 합니다. 중간 규모의 부품 역시 그 내부에 더 작은 부품을 포함하는 계층적인 구조로 되어 있어 시계는 전체적으로 연쇄적인 계층 형태를 띱니다.

" 여기서 '중간 부품'이라는 단위에 주목해야 합니다. 중간 부품은 많은 수의 하위 개별 부품들의 형상을 '하나의 단위'로 다룸으로써 복잡성을 줄이는 강력한 역할을 합니다. 10개의 기본 부품을 모아 만들어진 하나의 중간 조립 부품은 10개의 잡다함을 눈앞에서 사라지게 만드는 강력한 힘이 있습니다. "

그러니까, 중간 부품은 하위 부품들을 하나의 단위 집합으로 '추상화'하여 보다 상위 레벨에서, 큰 그림에서 대상을 다룰 수 있게 도와줍니다.

⟨ 호라와 템프스의 우화에서 얻을 수 있는 교훈 ⟩

- 복잡성은 '계층'의 형태를 띤다.
- 단순한 형태로부터 복잡한 형태로 진화하는 데 걸리는 시간은 그 사이에 존재하는 '안정적 형태'의 수와 분포에 의존한다.

우화에서 얻은 교훈을 상기하면서 파이프의 겉넓이 문제로 다시 돌아와 보 겠습니다. 파이프의 겉넓이를 계산하기 위한 모듈화 과정에서 우리가 알아야 하는 것과 이 우화가 우리에게 전하는 메시지는 동일합니다. 중간 부품, 즉 모 듈의 강력함과 그 가치입니다.

IT가 크고 복잡한 문제를 나누어 분할 정복하는 과정에서 그 커다란 문제 는 다수의 좀 더 작은 부분으로 쪼개어집니다. 그 부분의 처리는 개별 모듈이 맡게 됩니다. 그리고 모듈들은 시계 부품들처럼 상·하위의 '계층' 구조를 갖 게 됩니다. 물론 다수의 하위 모듈을 포함하는 '안정적인 중간 부품 모듈'이 많 이 준비되어 있을수록 모듈의 조립은 빠르고 정확해집니다. 중간 층위layer의 모듈은 하위 부품들을 하나의 단위 집합으로 패키징packaging하고 추상화하여 하위의 디테일을 신경 쓸 필요 없이 보다 상위 레벨에서 문제를 다룰 수 있게 해주기 때문입니다.

이런 배경으로 '라이브러리'라는 '패키지' 개념이 탄생합니다. 라이브러리는 파이프의 겉넓이를 구하는 모듈처럼 다수의 하위 모듈을 포함하고 있는 덩어 리 모듈로 이해하면 됩니다. 건축 설계를 위해 파이프 겉넓이를 구하는 기능 이 필요하면 밑바닥부터 시작해 그 낱낱의 대상을 하나하나 직접 개발할 필요 없이 해당 라이브러리를 이용하면 됩니다.

> " 물론, 파이프의 겉넓이를 구하기 위해 해당 라이브러리 내부의 복잡한 구 조와 하위 모듈들은 전혀 알 필요가 없습니다. '추상화'의 강력함은 바로 여기에 있습니다. 소프트웨어 개발의 가장 중요한 원리가 바로 이곳에 있 습니다. "

추가 설명 라이브러리

라이브러리에 대해서는 잠시 후 이 챕터의 마지막에서 API, 프레임워크와 함께 그 개념을 자 세히 다룬다.

엑셀, 파워포인트와 같은 오피스 프로그램을 사용하여 복잡한 문서를 만드 는 경우를 잠시 떠올려 보죠. 문서에는 다양한 서식, 도형, 텍스트가 포함됩니다. 오피스 프로그램을 능숙하게 다루는 파워 유저는 이런 서식과 도형 개체를 하나하나 직접 모두 그리고 입력하기보다는 몇 가지를 만들어 놓고 이후에는 복사/붙여넣기로 작업을 수월하게 합니다. 게다가 여러 개의 개체를 하나로 '그룹화'하여 손쉽게 이동하고 복제도 가능하게 만들죠. 그룹화한 덩어리 개체는 마치 중간 부품 모듈처럼 개별 개체를 하나의 덩어리 단위 개체로 다룰 수 있게 해서 작업의 복잡도를 줄여주고 생산성을 높여줍니다. 오피스 프로그램의 '그룹화'라는 기능도 '추상화'라는 원리와 일맥상통합니다.

추상화라는 강력한 개념을 근간으로 추상화의 결과물인 모듈을 레고 블록 조립하듯이 적절히 조합하여 개발한다는 소프트웨어 개발의 핵심 원리를 내면화할 수 있도록 한 걸음 더 들어가 보겠습니다.

레고 블록 조립하듯 개발한다

소프트웨어 모듈의 신기한 특징

우리는 2차원 도넛의 면적과 3차원 파이프의 겉넓이 계산을 통해 IT는 문제를 나누어 해결하고, 이때 추상화와 범주화라는 사고 과정이 필요하며, 그 결과 소프트웨어는 독립적인 기능을 담당하는 재사용 가능한 '기계'들을 조립하여 구현한다는 큰 그림을 이해하게 되었습니다. 입력이 주어지면 출력을 계산하여 반환하는 이 기계를 일반적으로 IT 개발에서는 '모듈'이라고 부릅니다.

건축, 자동차, 하드웨어 전자제품 등의 물리적인 것을 만들 때 모듈의 의미는 동일한 형태의 표준화된 부품이 많이 존재한다는 뜻입니다. 하지만 소프트웨어에서 모듈의 의미는 이와는 제법 차이가 있습니다. 물리적인 것을 만들 때 동일 부품을 다수 사용해야 하는 경우 사용할 개수만큼 부품이 필요합니다. 가령 자동차 한 대에 휠이라는 부품이 4개가 필요하다면 4개의 동일 부품을 준비해야 합니다. 그런데 소프트웨어 개발에서는 동일 부품을 많이 사용해야 하더라도 부품은 오직 하나만 있으면 충분합니다. 앞서 원의 넓이를 계산하는 모듈을 하나만 만들어 놓으면 이 부품이 필요한 곳에서는 제약 없이 자유롭게 활용이 가능했습니다. 필요한 곳의 숫자만큼 원의 넓이를 계산하는 모듈을 각각 코딩해서 구현하지는 않았습니다.

게다가 물리적인 부품을 만들 때는 하나의 기능을 구현하고 있는 부품은 물리적인 위치 제약이 있는 경우가 많습니다. 마치 톱니바퀴의 맞물림처럼 하드웨어 부품은 조립되는 환경과 결합되는 주변 부품의 구조에 큰 영향을 받습니다. 반면 소프트웨어 부품은 물리적인 위치의 제약과 한계는 사실상 없습니다. 도넛(링)의 넓이를 구하는 모듈이 원의 넓이를 계산하는 모듈 바로 옆에 위치할 필요는 없었습니다. 그저 필요할 때 요청하고 그 결과를 응답받으면 충분합니다. 소프트웨어 모듈 개발은 물리적인 것을 만드는 것보다 확실히 자유로운 편입니다.

추상화 과정을 통해 적절한 크기로 모듈이 여러 개로 분할되면, 결국 소프트웨어는 방대한 기능의 모듈과 모듈 간 요청과 응답 구조를 갖는 '거대한 협력체'가 됩니다. 일상생활에서 한 개인이 어떤 문제를 해결해야 할 때 그 스스로가 해결하지 못하는 문제를 만나면 문제 해결에 필요한 지식을 갖고 있거나 문제 자체를 해결할 수 있는 서비스를 제공해 줄 수 있는 사람에게 도움을 요청합니다. 가령 길을 찾아 헤맬 때는 동네 주민인 듯 보이는 사람에게 길을 묻거나 택시를 잡아서 빠르게 목적지에 도착할 수 있습니다. 일상생활의 문제는 무척 복잡해서 우리는 사회 안에서 타인의 도움 없이 잠시도 살아갈 수 없습니다. 우리는 주변 사람들과 협력하며 조화를 이룹니다. 소프트웨어 내부도 마찬가지입니다.

> **추가 설명** 적절한 크기
>
> 모듈의 적절한 크기는 무엇인가, 라는 질문에 대해 IT는 정답은 없다, 그건 그때그때 다르다는 명확하지 못한 답변을 한다. 이어지는 이야기에서 이 주제에 대해 잠시 다룬다.

> " 소프트웨어는 기능을 구현하기 위해 서로 협력하는 모듈의 공동체라고
> 볼 수 있습니다. 만약 실행 중인 정보시스템의 내부를 눈으로 직접 볼 수
> 있다면 그 안에서 쉴 새 없이 요청과 응답을 주고받으며 협력하는 기능 모
> 듈 개체들의 존재를 확인할 수 있을 겁니다. "

소프트웨어 개발과 건물을 만드는 건축은 유사한 점이 많아 자주 비교되는 편인데요. 클라이언트의 요구사항을 기반으로 설계 및 개발된다거나 다양한 부품의 조합과 조립으로 구현된다는 특성 등 개념적으로 유사한 측면도 제법 있고 실제로 공정, 감리와 같은 건축 현장의 용어가 소프트웨어 개발 분야로 넘어 들어와 많이 쓰이고 있기도 합니다.

그럼에도 불구하고, 앞서 언급한 소프트웨어 모듈만의 고유한 특성들, 즉 소프트웨어 모듈은 동일 부품을 여러 개 만들 필요가 없다거나 다른 모듈과의 조합 시 물리적 위치 제약이 없고 모듈이라는 '부분' 간 긴밀한 커뮤니케이션으로 '전체'를 유기적으로 구성한다는 등의 특징 때문에 소프트웨어공학은 전자공학이나 건축공학보다 생물학에 더 가깝다고 전문가들은 이야기합니다.

소프트웨어는 몇십만 개에 달하는 부품 모듈이 유기적으로 결합되어 작동하고, 그 모듈 간의 '경계'가 자동차 부품이나 건축 자재처럼 명확한 경우도 있지만 모호한 경우도 많습니다. 일례로, 자동차 부품이 하나 고장 나면 물질적인 해당 부품 하나만 고장 난 것이고, 동일한 형태의 다른 부품에는 영향도가 없습니다.

" 자동차의 운전석 앞바퀴 휠이 손상된 일과 동일한 부품이 사용된 보조석 뒷바퀴 휠의 상태는 근본적으로 완전히 무관합니다. 반면, 소프트웨어는 모듈 하나가 고장 나면 이 모듈과 관련된 주변 모든 모듈이 연쇄적으로 직간접적인 영향을 받게 됩니다. "

전자 제품처럼 물질적인 것을 만들 때 동일 부품을 다수 사용해야 하는 경우 사용할 개수만큼 부품이 필요했지만 소프트웨어 모듈은 그렇지 않았기 때문입니다. 소프트웨어 모듈은 비물질적이고 공통common, 공유public 지향적인 논리적인logical 특성이 있습니다. 엄밀히 얘기하면 소프트웨어에는 물리적 형체라는 것이 없습니다.

소프트웨어 모듈의 특성 중 하나인 '의존 관계'에 대해 끝으로 알아보겠습니다. 링의 넓이를 계산하는 모듈은 원의 넓이를 계산하는 모듈에 의존dependency합니다.

소프트웨어에서 의존 관계란 A라는 기능 모듈이 스스로 해결할 수 없는 일에 대해 가령 B라는 다른 기능 모듈에게 요청하고, 그 결과를 응답으로 받아 나머지 일들을 이어서 처리하는 것을 의미합니다. 즉, 링의 넓이 구하기 모듈은 원의 넓이 구하기 모듈에게 큰 원과 작은 원의 넓이를 구해달라면서 큰 원과 작은 원 각각의 반지름값을 전달합니다. 그러면, 그 결과에 해당하는 각 원의 넓이를 응답받습니다.

다시 한번 강조하지만 소프트웨어는 이처럼 기능적으로 분화된 여러 부분의 모듈로 되어 있고, 그 모듈은 마치 살아있는 세포처럼 서로 '의존' 관계로 얽히고 밀접한 상호 작용을 가지면서 공유되고 참조됩니다. 따라서 전체로서 하나의 통일체를 이루는 살아있는 유기체에 가깝다고 할 수 있습니다. 이런 이유로 개발이 완료된 소프트웨어를 수정하는 일은 생각보다 쉽지 않습니다. 소프트웨어는 소프트하지 않다는 이유가 바로 여기에 있습니다.

정리해 보겠습니다. 소프트웨어는 장난감 레고 블록처럼 모듈의 조합 혹은 조립으로 완성되며, 모듈은 고도로 지적인 추상화 작업의 결과물이라고 할 수 있습니다. 소프트웨어 모듈은 하드웨어 모듈과는 다른 몇 가지 중요한 근본 특성이 있고 이 때문에 소프트웨어를 거대한 기능 협력 공동체이자 유기체로 바라보는 인식이 필요합니다.

왜 프로그래밍 언어는 이렇게 종류가 많죠?

호기심이 많은 당신이라면 소프트웨어의 기초 재료로 중요한 그 '모듈'이라는 것을 어떻게 만드는지, 즉 모듈이라는 단위는 어떤 기준과 원칙으로 만들어야 하는지가 좀 더 궁금할 수 있습니다. 큰 문제를 잘게 나누어서 모듈화한다고 하는데, 도대체 어느 정도의 크기로 분할하고 쪼개는 게 맞는 걸까요?

두터운 소프트웨어 설계나 소프트웨어 공학 이론 서적이 다루는 주제가 대부분 이와 관련되어 있는데요. 그 방대한 이야기는 다음과 같은 한마디로 압축될 수 있습니다.

" 하나의 모듈은 오직 하나의 일만 하게 설계하라. "

이를 좀 더 공학적인 표현으로 말하면 '하나의 모듈은 독립된 개별 단위로, 내부 응집도cohesion는 높고 외부와의 결합도coupling는 낮게 구현하라'가 됩니다. '응집도가 높고 결합도가 낮다'는 어려운 용어의 의미를 쉽게 설명하면, 개인이라면 내면이 깊고 단단해서 주위 사람들의 말과 분위기에 쉽게 휩쓸리지 않고 남에게 폐 끼치지 않으며 자유롭고 행복하게 사는 주체적인 사람, 그리고 내가 할 수 있는 범위 내에서 남에게도 좀 잘해주자, 라며 내가 통제할 수 있는 범위 내에서만 세상과 관계를 맺고 싶다는 건강한 마인드와 전문성을 가진 개인주의자라고도 할 수 있겠습니다.

오래된 유명한 맛집의 메뉴판은 동네 분식집처럼 소란스럽지 않고 2~3개 내외로 단출한 편입니다. 복잡하게 여러 가지 일을 동시에 하다 보면 실수도 많고 품질도 떨어지게 마련입니다. 앞서 도넛의 넓이를 계산하는 모듈에서 원의 넓이를 구하는 모듈이 분리된 이유도 같은 맥락에 있습니다. 하나의 모듈은 하나의 주제와 관련된 일에 집중하도록 만들기 위해서입니다. 그래야 누구나 이해하기 쉽고, 오류도 적으며, 나중에 수정하기도 수월한 프로그램이 됩니다. 물론 재활용하기도 쉬워집니다.

그런데 총론으로 보면 이렇듯 모듈 설계의 지향점은 비교적 명확하지만, 구체적으로 모듈의 개발과 관련해서는 정답이 없습니다. 주어진 문제와 관련된 여건, 맥락 등을 종합적으로 고려해 적절한 최선의 해답을 찾을 뿐입니다. 근본적으로 모듈 개발에 정답과 오답은 존재하지 않습니다. 이런 이유로, 프로그래밍은 과학science과 공학engineering을 바탕으로 하지만 예술적인 속성이 다분합니다. 동일한 기능을 제공하는 집을 짓더라도 건축가마다 스타일이 다르듯이, 개발자들이 같은 목표를 위해 똑같은 코드를 기계적으로 찍어낼 수 있다고 생각해서는 안 됩니다.

> **추가 설명** 여건, 맥락
>
> 당장은 아니지만 향후 요구사항이 변경될 여지가 있어 이를 감안해 모듈을 설계하는 경우 모듈의 확장성과 변화에 대한 유연성 등이 중요한 가치 및 목표가 될 수 있다. 이렇듯 모듈의 적정성은 다양한 관점과 목적으로 평가해야 한다.

게다가 모듈을 설계하는 방법론도 다양합니다. 우리가 지금까지 다루었던 '기능'을 중심으로 모듈을 분할하는 방법 외에도 데이터나 객체 혹은 함수를 기반으로 분리하는 등 다양한 방식이 있고, 각각의 방식이 장단점과 특징이 존재합니다. 이런 배경 때문에 프로그래밍 언어는 그 종류가 많습니다. 가령 기업 정보시스템 개발에 주로 사용되는 자바 언어의 경우 '객체'라는 단위로 모듈화가 이루어지고, 역사가 좀 더 오래된 C 언어는 '기능'을 중심으로 모듈을 구분하고 구조화합니다. 이렇듯 소프트웨어의 뼈대와 구조를 결정짓는 모듈을 정의하고 분할하는 구체적인 방법론을 '프로그래밍 패러다임'이라고도 합니다. 따라서 프로그래밍 언어와 그 언어가 지향하는 모듈 설계 방식인 프로그래밍 패러다임은 분리하지 말고 꼭 함께 생각해야 합니다.

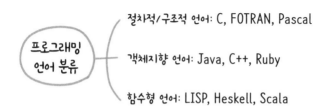

프로그래밍 언어 분류

절차적/구조적 언어: C, FOTRAN, Pascal

객체지향 언어: Java, C++, Ruby

함수형 언어: LISP, Heskell, Scala

왜 도서관 이야기를 하시는 거죠? (API, 라이브러리, 프레임워크)

도넛의 넓이를 구하는 기계를 한참 고민하다가 문득 당신은 도넛 가게를 차려야겠다는 생각이 들었습니다. 다소 즉흥적이긴 하지만 지금 다니는 회사를 하루라도 빨리 벗어날 수 있다면 뭐든지 할 수 있을 것만 같았습니다. 도넛 가게를 오픈하려면 당연히 맛있는 도넛 상품을 만들어야 하고 목 좋은 곳에 가게도 구해야 하고 매장이 구해지면 내부 인테리어, 간판, 매장 내 가구도 준비해야 합니다. 당연히 매장 홍보도 필요하겠네요. 생각해 보니 도넛과 커피는 꽤나 잘 어울리는 것 같아 커피 머신도 좋은 것으로 알아봐야겠다는 데까지 생각이 미치자 머리가 지끈거리기 시작합니다. 준비해야 할 일들이 엄청나게 많습니다.

그런데 큰 고민과 걱정 없이 도넛 가게를 오픈하는 빠른 방법이 있습니다. 바로 던킨도너츠의 프랜차이즈로 들어가면 됩니다. 던킨도너츠는 당연히 매장 창업에 관해 축적되고 표준화된 모든 것을 제공합니다. 프레임워크는 '던킨도너츠'와 같은 프랜차이즈입니다.

누군가 아이폰이나 맥북에서 돌아가는 앱을 만든다고 가정해 보겠습니다. 이때 그는 앱을 구성하는 구성요소 하나하나를 모두 직접 코딩하지는 않습니다. 가령, '조회' 버튼, '등록' 버튼을 모두 직접 구현하지 않습니다. 버튼은 이미 애플이 만들어놓았고 앱 개발자는 그 코드를 잘 사용하기만 하면 됩니다. 그럼 왜 애플은 iOS나 macOS에서 돌아가는 프레임워크를 개발해 놓았을까요? 이유는 간단합니다. 앱을 개발하는 그가 버튼을 개발하는 데 시간을 아껴 보다 빨리 좋은 앱을 개발해 앱스토어에 내놓는 게 애플에게 이익이기 때문입니다. 좋은 앱들이 앱스토어에 많이 올라와야 아이폰이 더 많이 팔리기 때문이죠.

추가 설명 프레임워크

애플에는 다양한 기기만큼 다양한 프레임워크가 존재한다. 애플의 프레임워크를 총칭해 Cocoa 프레임워크라고 부른다.

국내의 경우, 자바(JAVA) 기반의 전자정부 프레임워크라는 것이 있습니다. 정부가 굳이 개발 표준 프레임워크를 만든 이유는 뭘까요? 정부 산하 기관에서는 매년 다양한 공공 정보화 사업이 발주됩니다. 그런데 정보화 사업별로 주사업자가 상이하고, 따라서 사업별로 유사한 기능이 중복 개발되고, 서로 다른 사업자가 개발한 시스템 간의 연계에 어려움이 많습니다. 게다가 선행사업자에게 기술적으로 종속되는 Lock-in 문제 등이 지속해서 발생했기 때문입니다. 물론 개발 표준이 모호해서 시스템 개발 완료 후 유지 보수도 쉽지 않습니다.

추가 설명 Lock-in

특정 상품이나 서비스를 한 번 이용하면 다른 더 뛰어난 상품이나 서비스가 제공되더라도 기존 것을 계속 사용하게 되는 사용자 고착, 자물쇠 효과가 생기는데 이러한 효과 또는 현상을 의미한다.

소프트웨어 개발을 위해 사용되는 '프레임워크'는 소프트웨어 개발을 빠르고 효율적으로 할 수 있도록 소프트웨어의 바탕이 되는 표준틀과 공통 프로그래밍 모델, 기술 API 등을 제공해 줍니다. 프로그래밍 모델이 코드가 어떻게 작성돼야 하는지에 대한 기준이라면 API^Application Programming Interface는 앞서 언급한 버튼을 그리기 위해 애플이 미리 개발해 놓은 코드처럼 미리 개발된 코드 사용에 대한 규칙을 정의해 놓은 것 정도로 이해하면 됩니다.

그렇다면 라이브러리는 뭘까요? 숙련된 개발자들도 API와 라이브러리를 헷갈려 합니다. 이는 그만큼 둘의 개념이 유사하다는 것을 의미하는데요. API가 규칙을 정의해 놓은 명세서 같은 개념이라면, 라이브러리는 이러한 규칙이 실제 구현된 코드라고 이해하면 쉽습니다. 그러니까, API가 개념이라면, 라이브러리는 실행이 가능한 실물 구현체에 가깝습니다. 사실상 같은 것이라고 이해해도 문제없습니다. 어쨌거나 API와 라이브러리는 버튼을 그리는 코드처럼 자주 사용되는 기능을 추상화해서 모듈화한 것입니다. 그 결과, 다양한 책이 보관되어 있어 필요한 책을 언제든 빌려올 수 있는 도서관^library처럼 이미 개발된 코드를 편하게 활용할 수 있습니다.

그렇다면 라이브러리와 프레임워크는 또 어떻게 다를까요? 프레임워크가 보다 상위의 개념입니다. 각종 라이브러리와 코드가 모여 프레임워크가 됩니다.

새 생명이 태어나면 출생신고를 해야 합니다. 그러면 국가는 이 아이의 전 생애에 걸쳐 여러 가지를 서비스로 제공하기도 하고 또 요청하기도 합니다. 가령 국가는 7~8세 정도가 되면 초등학교 무상 의무교육을 제공하고 성인이 되면 주민등록증도 발급해 줍니다. 반면 성인 남자의 경우 병역 의무도 져야 하고 돈을 벌거나 전기, 수도와 같은 공공재를 사용하면 세금도 내야 합니다. 마지막으로 생을 마감하면 누군가 사망신고를 합니다.

> " 여기서 그 아이는 개발자가 작성한 코드, 국가는 프레임워크입니다. 그리고 아이가 사용했던 철도, 버스, 전기, 수도와 같은 인프라는 라이브러리입니다. "

아이는 전 생애주기 동안 한국과 미국 국적을 동시에 보유할 수는 없지만, KTX, 택시, 마을버스 등 다양한 인프라를 사용할 수는 있습니다. 즉, 하나의 IT 개발 프로젝트(아이)는 가위나 망치와 같은 도구처럼 다수의 라이브러리(인프라)를 사용할 수는 있지만, 프레임워크(국가)는 하나만 쓸 수 있습니다. 하나의 자동차를 운전하면서 동시에 다른 자동차를 운전할 수 없는 것과 같습니다.

그리고 국가가 관리하는 공공재인 '인프라'는 정부에서 관리할 수도 있지만 가끔 민영화가 이루어져 사기업에서 운영하기도 합니다(라이브러리를 상용 솔루션으로 판매). 그리고 어떤 경우에는 선한 영향력을 행사하기 위해 오픈마인드의 개인이나 커뮤니티가 무료로 서비스를 제공하기도 합니다(오픈소스 배포).

굳이 개발자가 아니라면 API, 라이브러리, 프레임워크와 같은 개념을 만날 일은 없습니다만, IT 개발에 있어서 무척 중요한 용어라 그 개념과 이미지 정도는 마음속에 남았으면 좋겠습니다. 그리고 이 개념들을 지배하는 이론은 추상화, 모듈화라는 개념이라는 것도 꼭 기억하시기 바랍니다.

글쓰기의 본질에 대해

생활 속에서 누구누구는 참 말을 잘해, 누구는 글을 참 잘 쓰지, 라는 말을 자주 합니다.

그런데 말을 잘하고 글을 잘 쓰는 것을 일종의 '기술'처럼 생각해서 가령 말을 잘하는 사람은 순발력이 뛰어나고 언변에 능한 타고난 재주를 가진 사람으로, 글을 잘 쓰는 것은 글솜씨가 있는 스킬 혹은 기량 정도로 쉽게 여기는 사람들의 인식을 경험할 때가 있습니다. 물론 저마다 다양한 생각을 품을 수 있고, 또 선천적으로 그런 역량이 뛰어난 사람도 분명 있습니다만, 이런 인식은 '글이 잘 쓰이지 않는 이유'에 대해 근본적으로 잘못된 편견을 만들 수 있다는 점에서 위험합니다.

쇼펜하우어는 단호하게 이런 말을 했습니다.

"문장이 난해하고 불분명하고 모호하다는 것은 그 문장을 조립한 작가 자신이 현재 무슨 생각을 하고 있는지 모르겠다는 응석에 불과하다."

재능이나 실력이 있는 사람들은 설명이 장황하고 복잡하지 않습니다. 예를 들어 디자인을 잘하는 사람들의 디자인을 보면 선이 복잡하지 않습니다. 자신의 디자인에 확신과 자신감이 있기에 명확한 표현이 가능한 것이죠. 읽기 쉽고 정확하게 전달되는 메시지를 텍스트로 담아내기 위해서는 먼저 '주장하고 싶은 사상과 생각을 스스로 소유하고 지배'해야 합니다.

글쓰기가 중요하고 글을 잘 써야 한다고 말합니다. 누구나 다 글을 쓸 수 있다는 이야기도 합니다. 그런데 직접 해보면 깨닫듯이 글쓰기는 무척 어렵게만 느껴집니다. 글이 잘 쓰이지 않는 이유는 글을 쓰려고만 하지 '생각을 쓰면 글이 된다'고는 이해하지 않기 때문인 것도 같습니다.

생각이 가난하면 그 생각의 구현인 글은 빈곤해지기 마련입니다. 글이 잘 쓰이지 않는다면 내가 품고 있는 생각이 아직 정리가 안 된 것은 아닌지 잠시 멈출 필요도 있습니다. 명확하고 단호한 언어를 가지려면 확고하고 단단한 신념이 필요합니다.

글쓰기는 생각을 정확하게 표현하는 일입니다. 글은 결국 생각의 추상입니다. 글보다 생각이 먼저입니다. 저는 그렇게 믿습니다.

7

원인과 결과

" 당신은 유능한 예측 전문가이니
우리가 다시 만날 일은 없을 것이라는걸 알겠군요 "

개발 패러다임의 대전환

저물어가는
프로그래밍의 시대

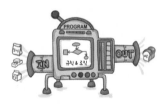

알못씨, 뭘 그렇게 집중해서 읽고 있어요? 뭐 재밌는 기사라도 있나요?

잘알씨

> 이제는 20년도 넘은 오래전 일이긴 한데, 축구로 대한민국이 들썩였던 2002년 말이에요. 히딩크 감독이 대한민국 대표팀을 이끌었기 '때문에' 우리나라가 월드컵 4강 진출 신화를 만들어냈다는 걸 객관적으로 증명할 수 있을까요?

대다수 대한민국 국민이 보편적으로 갖는 정서이긴 한데, 그걸 입증하기란... 근데 히딩크는 갑자기 왜?

알못씨

잘알씨

> 사람들은 어떤 결과에는 항상 그에 상응하는 원인이 존재한다고 믿는 편이잖아요. 잡지에 영웅들에 대한 이야기가 있고, 히딩크라는 원인이 월드컵 4강이라는 결과의 필연을 가져왔다는 글을 읽다가 과연 그런가 하는 근본적 의구심이 생겨서요.

그걸 제대로 검증하려면 모든 조건이 동일한 상태에서 한 번은 히딩크가 대표팀을 이끌고, 또 한 번은 다른 사람이 대표팀을 지휘하는 경우를 비교해야 하는데, 그건 불가능한 일이잖아요.

알못씨

잘알씨

그렇죠. 심지어 그 두 경우가 동일한 상태라고 가정하는 건 선수들의 컨디션도 두 조건에서 모두 동일하다는 걸 전제하는 거니까요. 정말 말이 안 되는 거죠.

네. 실험실의 자연과학과 달리 현실 사회과학에서는 비교를 위해 다르게 해야 할 것과 동일하게 해야 할 조건을 확인하고 통제하는 이른바 '변인 통제'를 할 수 없다는 말을 하는데, 딱 그 얘기에요. 두 사실 중 한쪽이 원인이 돼 다른 한쪽이 결과로 생겨난 경우를 말하는 인과관계를 데이터로 밝히고 분석하는 기반을 만들고자 많은 사람이 노력하고 연구했는데, 현실의 변인 통제 문제로 여전히 난제인 것 같아요.

알못씨

잘알씨

네, 무슨 말인지 이해가 됩니다. 그렇지만 회사 같은 비즈니스 현장은 인과를 통해 성과를 만드는 곳이잖아요. 가령 시장의 트렌드를 읽어 A라는 상품을 선제적으로 기획, 출시해 B라는 성과를 얻었다는 것과 같은 스토리요. 그래서 어떤 결과를 자연스럽게 인과적 서사로 해석하고 보고할 것 같기도 한데요?

네. 그 지점에서 분명 유혹이 있죠. 뭔가 한쪽에 이끌려 다른 한쪽도 변화한 것처럼 보이지만, 원인과 결과의 관계에 있지는 않는 경우의 단순 상관관계를 인과관계로 강렬하게 바로 연결시켜서 문제의 해답을 발견한 듯 강조하고 싶은 그런 욕망. 그래도 난 알못씨처럼 인과관계와 상관관계를 구분할 줄 아는 것, 원인과 결과를 따지는 일의 어려움을 아는 것이 무척 중요하다고 생각해요.

알못씨

잘알씨

예전에 선배가 통계나 데이터 과학과 같은 영역의 일은 결국 결과에 영향을 미치는 원인 변수를 발견하고 변수의 효과에 대한 추적 작업이라고 했던 말이 문득 생각나네요.

덧붙이자면, IT는 입력이라는 원인을 출력이라는 결과로 만들기 위한 동작, 즉 규칙과 로직을 만드는 일이 핵심이라서 역시 원인이라는 인풋과 결과라는 아웃풋에 대한 이해와 정의가 무척 중요하죠.

알못씨

잘알씨

원인이란 무엇인가

컴퓨터가 대중적으로 사용된 이래 사람들은 과거의 기록인 데이터를 가지고 미래를 예측하려고 하는 노력을 끊임없이 이어왔습니다. 과거와 미래를 이어주려면 원인이 무엇일 때 결과가 무엇인지, 인풋이 변화하면 아웃풋은 어떻게 영향을 받는지, 즉 입력과 출력, 원인과 결과의 인과관계가 무척 중요합니다.

인과관계만 명확히 알 수 있다면, 그래서 그것을 이론으로 가다듬고 발전시킨다면 우리는 미래를 손에 쥐고 큰돈을 벌 수 있을지도 모릅니다. 그렇지만 데이터만 놓고 '인과'를 분석하는 것은 불가능에 가까울 정도로 어렵다는 것이 현재까지 인류가 데이터 과학을 통해 확인한 사실입니다. 그럼에도 불구하고 '인과관계'가 아닌 '상관관계'만으로 충분하다며 혜성처럼 등장한 것이 있으니, 바로 빅데이터와 결합한 '인공지능'입니다. 인공지능은 심지어 당돌하게도 데이터를 학습해 스스로 알아서 현실을 압축해서 설명하는 모델과 이론을 만들어 낼 수 있다고 자신감 넘치는 목소리로 강조합니다.

그래서 이번 챕터는 전통적인 규칙 기반의 프로그래밍 방식에서 떠나 인공지능이라는 새로운 세계를 만난 당신이 놀라고 당황하지 않도록 예비 안내 교육, 즉 오리엔테이션처럼 준비했습니다. 원인과 결과라는 키워드를 중심으로 IT 개발 패러다임이 어떻게 움직이고 있는지를 살펴보겠습니다.

" 당신은 유능한 예측 전문가이니 우리가 다시 만날 일은 없을 것이라는걸 알겠군요 "

꽤 오래전 일이기는 하지만, 사건의 강렬함과 충격 때문에 아직도 적지 않은 분이 기억할 것 같은데요. 2002년 미국 월스트리트저널의 기자 대니얼 펄이 시리아에서 이슬람 극단주의자들에 의해 참수되는 사건이 있었습니다. 사실 대니얼은 이슬람 극단주의자 테러 사건을 취재하기 위해 베일에 감추어진 테러단 두목을 인터뷰하러 가는 길이었습니다. 그들이 미국인을 얼마나 증오하는지, 아버지와 어머니, 그리고 그 역시 유대인이라는 사실을 까맣게 잊은 듯 말이죠.

뇌과학을 연구하는 카이스트 김대식 교수는 그의 책 ≪빅퀘스천≫(동아시아, 2014)에서 이 사건에 대해 이렇게 질문합니다.

대니얼의 참수 장면은 고스란히 유튜브에 올라간다. 호기심과 역겨움, 타인의 고통, 그리고 이 무서운 세상에 나는 안전하다는 안도감 … 3분 36초짜리 동영상을 보는 수많은 이들이 느꼈을 것이다. 그리고 또 한 사람이 그 동영상을 보고 있었다. 절대 봐서는 안 되는 장면을. 하지만 사랑하는 사람의 마지막 모습이라 안 볼 수 없었던 대니얼의 아버지 주데아 펄이었다.

세계 최고의 논리학자이자 수학자이며, 컴퓨터공학의 노벨상인 튜링상을 수상하기도 한 대니얼의 아버지 주데아 펄은 생각한다. 세상은 논리적 인과성의 연속이다. 비가 오면 땅이 젖고, 열쇠를 돌리면 문이 열린다. 대니얼이 왜 죽어야 했을까. 단지 복면 쓴 정체 모를 그 남자 때문일까? 아니면 대니얼이 시리아로 찾아갔기 때문일까? 만약 대니얼이 기자가 아닌 과학자가 되었다면? 아니, 대니얼을 낳게 한 자신이 바로 그 원인이라면? 혹 재앙의 진정한 원인은 이미 먼 과거에 뿌려진 게 아닐까? 팔레스타인을 몰아내고 그들의 땅을 차지한 이스라엘? 2,000년 동안 유대인을 학살하고 차별하던 기독교인? 바르코크바의 반란 후 유대인들을 모조리 추방하고 예루살렘을 아일리아 카피톨리나로 개명한 로마 황제 하드리아누스가 그 원인이라면?

인간은 자신을 둘러싼 세계에서 발생하는 사건에 대해 끊임없이 그 '이유'를 묻는 존재입니다. 어떤 '결과'에 대한 '원인'을 따져 보는 일은 어쩌면 인간의 본성이자 생존 양식일지도 모릅니다.

> " 어떤 현상이 발생했을 때 그 뒤에 숨어있는 원인을 알아내어 유사한 원인이 주어졌을 때 비슷한 상황이 발생하리라고 합리적, 경험적으로 예측하는 태도는 인간의 생존을 위한 중요한 자세이자 전략이었을 겁니다. "

구석기 시대, 평화롭게 풀을 뜯어 먹던 동물들이 갑자기 도망쳐 달려가기 시작합니다. 오래전 우리의 조상들도 불안한 감정에 휩싸여 이유도 모른 채 무작정 함께 초원을 뛰었을 겁니다. 그리고 잠시 후 그 이유를 알게 됩니다. 한 무리의 사자들이 포획한 임팔라를 둘러싸고 늦은 오후의 만찬을 즐기는 장면이 포착됩니다. 그리고 인간은 이러한 경험을 학습하게 됩니다. 근대화되고 과학화된 현대인들은 이를 수학과 과학, 철학의 부호와 언어로 발전시킵니다.

추가 설명 수학과 과학, 철학의 부호와 언어

이어지는 '수학과 과학의 메커니즘'에서 이 내용을 설명한다.

특히, 과학에 대해 영국의 정치철학자 토머스 홉스Thomas Hobbes는 이렇게 말하기도 했습니다.

"과학적 지식에 따라, 우리가 현재 알고 있거나 할 수 있는 일을 바탕으로 뭔가 다른 일을 하고 싶을 때나 나중에 유사한 일을 하고 싶을 때 어떻게 해야 할지 알 수 있다."

앞서 대니얼의 죽음을 회상하면서 김대식 교수가 날카롭게 질문한 것에 대해 우리는 어떤 대답을 할 수 있을까요? 어떤 결과에 대해 그 원인을 명확히 규명하는 것은 근본적으로 무척 어려운 일입니다. 대니얼이 참혹한 죽임을 당한 이유는 그가 기자로서 테러단 두목을 인터뷰하러 가서였을 수도, 그가 유대인이면서 미국인이어서였을 수도, 아니면 더 오래전 이스라엘과 기독교의 문제였을 수도 있습니다. 아니 이 모두가 원인이거나 혹은 전부가 아닐 수도 있을 겁니다. 그날 참수에 대한 최종 의사결정 권한을 가진 자가 유독 컨디션이 안 좋았거나 기분이 나빴을 수도 있고, 사실은 전날 아내와 크게 싸운 후 감정이 몹시 좋지 않았던 것이 가장 큰 원인이었을지도 모릅니다. 어쩌면 우리는 그 사건의 원인을 영원히 알지 못할지도 모릅니다.

" 우리가 흔히 '원인'이라고 생각하는 것은 '결과'라고 생각되는 것이 발생하기까지의 과정에 놓인 수많은 요소 중 하나에 불과합니다. "

그 요소 중 단 하나가 바뀌어도 그 '원인'은 결코 원인이 되지 못할 수도 있습니다. 원인을 따지는 일은 생각만큼 단순하고 간단하지 않습니다.

기존의 과학적 발견법은 가설hypothesis에 기초해서 수집할 특징, 즉 변인(변수)을 결정하고, 엄격한 실험을 통해 결과에 영향을 미치는 원인 변수를 찾아내는 등 잘 정제된 데이터를 얻고, 이를 정교한 이론적 틀model에 맞춰 분석한 후 변인 간의 인과관계를 찾아 사건의 원인과 결과에 관한 지식, 다시 말해 이론theory을 발견하려 했습니다. **전통적인 프로그래밍** 역시 큰 틀에서 유사합니다. 입력input된 인풋 데이터에 대해 규칙을 통과시켜 정답을 출력output하는 과정이 프로그래밍입니다. 인풋은 원인이고 아웃풋은 결과입니다.

전통적인 프로그래밍

소프트웨어의 모듈 개념을 이야기하면서 IT 개발은 입력이 주어지면 출력을 계산하여 반환
return하는 기계(프로그램)가 있다, 소프트웨어는 이러한 독립적인 기능을 담당하는 재사용
가능한 기계들을 조립하여 구현한다, 라는 세계관을 갖고 있다고 설명한 바 있다.

다음 챕터에서 자세히 설명하겠지만, 기존의 전통적인 프로그래밍이 빵 만
드는 법(규칙과 로직)을 알고 밀가루(원인)를 집어넣으면 빵(결과)이 나오는
방식이라면, 인공지능은 빵과 밀가루(원인)를 집어넣으면 빵 만드는 방법과
규칙인 레시피(결과)가 나오는 방식입니다. 이렇듯 인공지능 방식은 기존 프
로그래밍에서의 원인과 결과라는 체계를 비틀고 뒤집어 놓습니다. 따라서 인
공지능의 세계로 들어가기에 앞서 원인과 결과란 무엇인지에 대해 진지하게
따져 보아야 합니다.

두 사람의 생각

학교 졸업 후 오랜만에 만난 대학 동기 A와 B는 카페에서 이제 막 시작된
그들의 사회생활과 첫 직장 이야기를 나누느라 정신이 없습니다.

A가 심란한 목소리로 말합니다.

" 지하철 출근길에서 맞은편에 앉은 40대 직장인으로 보이는 어떤 중년의 눈동자를 물끄러미 쳐다봤어. 아침인데도 피곤함이 가득하고 총기 없이 흐리멍덩하고 초점 없던 그 눈빛을 보는데, 문득 거기서 내가 보이더라. 난 언제까지 이런 반복적이고 재미없는 일만 해야 할까? "

B가 얄밉게 이렇게 대답합니다.

" 미안하지만 그 일을 대신 해 줄 사람을 회사에서 뽑아줄 때까지 그 일을 계속해야 할 거야. "

A가 다시 혼잣말처럼 중얼거립니다.

" 내가 하는 이 일이 도대체 무슨 의미가 있을까? 조직의 보잘것없는 부속 품이 된 것 같아. "

B가 이번엔 한참을 생각하다가 이렇게 말합니다.

" 의미? 그런 건 원래 없어. 세상의 모든 의미는 정해진 게 아니라 내가 내 방식대로 만들어 가는 거야. "

A가 고개를 가볍게 끄덕이며 말을 덧붙입니다.

" 잠자는 시간을 제외하면 사실 하루 대부분의 생산적인 시간을 직장에서 보내는데, 내 마음과 영혼은 그곳에 없어. 빈 껍데기처럼 일하는 것 같아. 사무실 분위기도 경직되어 있고, 상명하복에 완전 구닥다리 스타일이야. 회사 조직문화가 그런 건지, 아니면 내가 팀장을 잘못 만난 건지, 그것도 아니면 다들 멀쩡한데 나 혼자 현실 부적응자인 건지 모르겠어. "

B가 마시던 커피를 내려놓으며 점잖게 말합니다.

" 밀레니얼 MZ 세대는 선배들에게 꼰대와 라떼라는 이름으로 재갈을 물리고, 선배들은 그들을 자기만 아는 이기적인 세대라고 몰아붙이며 사실은 서로를 미워하고 거부하는 세대 갈등도 꽤 크게 느껴지더라. "

B가 A의 표정을 살피며 이야기를 이어갑니다.

"사람이 있는 곳은 어디에나 지옥도 있고 짠한 감동도 있잖아. 다들 약간의 정도 차이만 있지 비슷한 불만과 체념을 가지고 출근하는 거지. 근데, 모든 문제에는 근본 원인이 반드시 존재하는 법. 스치는 의문들을 계속 예민하게 따라가 보면 현재의 문제와 그 현상의 이유가 무엇인지, 그 원인 인풋을 제대로 짚을 수 있지 않을까? 팀장이 바뀌든가 아니면 회사를 갈아타 보면 명확해지겠지. 절이 싫으면 중이 나가는 법이야. 친구야, 힘내시구려."

A가 미간을 찌푸리고는 다시 말을 잇습니다.

"그게 가당한 일이냐? 학교에서 실험하는 것도 아니고. 그냥 팀 선배들하고 좀 더 친해지면 이것저것 회사 분위기 물어보고, 나도 좀 더 생활하고 경험하면서 이곳이 내 마음을 내줄 수 있는 곳인지 알아봐야겠어. 더 이상 희망을 품지 못하겠다 싶으면 새로운 길을 알아봐야겠지."

자, 이들을 제대로 소개하겠습니다. A는 데이터 분석가, B는 실험실 과학자입니다.

조금 과장하면, A는 관찰과 경험을 통한 추론의 힘을 믿는 사람, 데이터가 쌓이면 종합적으로 삶을 바라볼 수 있고 객관화가 가능해진다고 믿는 분석가입니다. 반면, B는 지금 이 순간의 원인이 그다음 순간의 결과를 만들어간다는 식으로 우주가 굴러간다고 믿는 인과론적인 세계관을 가진 물리학자입니다. 대니얼의 아버지 주데아 펄과 같은 논리학자, 수학자가 이에 해당합니다. B는 세상의 우연을 믿지 않고 인과에 따른 필연을 신뢰합니다.

B는 세상만사는 모두 인과로 연결되어 있어, 결과에 대한 원인은 여러 번의 실험으로 파악이 가능하다며 내적인 질서와 법칙을 믿습니다. 따라서 B는 보편적이고 절대적이며 불변하는 진리로서의 수학과 과학을 신뢰하는 사람입니다. A는 B의 말을 이해는 하지만 공감은 하지 않는 현실 실용주의자입니다. 현실은 실험실과 달리 그렇게 아름답고 단순하지 않다고 생각하며, 무엇이 원인이고 그에 따른 결과가 무엇인지를 정확하게 따지기는 어렵다고 생각하며 데이터의 관계와 상관성에 좀 더 주목합니다. 가령 '이것 샀어? 그럼 저것도 사. 왜냐면 당신과 똑같은 프로파일을 가진 사람이 저것도 샀거든'이라고 제안하면서 기저귀를 샀으니 맥주도 사라고 하는 부류의 사람입니다. 게다가 데이터와 머신러닝Machine Learning이 만나 좀 더 확신을 가지고 여기에서 무언가 값진 것을 길어 올릴 수 있다고 생각하는 사람입니다.

이 두 사람을 머릿속에 떠올리며 계속 이야기를 이어 나가 보겠습니다.

수학과 과학의 메커니즘

수학의 미분과 적분, 확률과 통계라는 말만 들어도 머리가 지끈거려오는 당신일지라도 오래전에 배웠던 1차 방정식과 함수function는 기억하실 겁니다. 변수 x와 y 사이에 직선적인 관계와 규칙이 있을 때, x 값이 정해지면 이에 따라 결정되는 y 값 같은 구조 말이죠. $y = 5x + 3$이라는 선형 방정식, $f(x) = 5x + 3$이라는 간단한 일차 함수가 있다면 x가 2일 때 $f(x)$, 즉 결과 y는 13입니다. '입력'이 2이면 그것에 5배를 한 후 3을 더해 13을 '출력'한 것이죠. 앞서 소프트웨어의 모듈화를 살펴보면서 소프트웨어는 결국 기능^{function} 모듈의 집합체이며, 여기서 기능은 수학의 함수와 개념적으로 완전히 동일하다는 점을 우리는 이미 알고 있습니다.

이때 입력값 2는 '원인'이고, 출력값 13은 해당 함수의 '결과'라고도 이해할 수 있습니다. 함수를 의미하는 function에는 사물의 '기능', 어떤 실체의 존재 '목적' 또는 특징적인 '동작'이라는 의미도 있습니다. 따라서 어떤 처리 기능에 의해 원인 x는 결과 y를 만들었다고 말할 수 있습니다.

> " 무엇이 인풋^{input}이고 무엇이 아웃풋^{output}인지, 인풋이 변화하면 아웃풋은 어떻게 영향을 받는지를 세심히 관찰하고 실험해 그것을 원인과 결과로서 정교하게 다듬는 일이 다름 아닌 과학입니다. "

자연과학, 생명과학, 사회과학, 심지어 스포츠과학이나 인문과학까지 '과학'이라는 키워드가 여기저기 들러붙어 있는 이유는 모두 이런 배경 때문입니다.

일본 도호쿠대학 총장특명교수인 노에 게이치는 '과학은 사건의 인과 관계에 관한 지식'이라고도 얘기했는데요. 과학은 이런 과정과 체계를 좀 더 일반화해서 모델 혹은 이론이라는 빛나  는 것을 만들어 냅니다. 과학은 관찰하고 경험한 것을 토대로 가설을 세우고, 데이터를 통해 이를 검증해 하나의 '이론'을 정립합니다. 그리고 그 이론을 바탕으로 세상을 이해하고 설명합니다.

가령 밤과 낮이 교대된다는 수억 개의 데이터를 바탕으로 '낮이 끝나면 밤이 온다'라는 이론을 가지고 있다면 저물어가는 해의 고도를 관찰해 곧 밤이 올 것이라는 예측을 할 수 있습니다. 이렇듯 원인과 결과는 과학의 틀을 이루는 핵심 요소입니다. 물론 그 논리 구조의 핵심인 몸통에 해당하는 것은 이론 모델입니다. 참고로, 모델^{model}은 실세계의 개념, 현상, 관계, 구조, 규칙 등을 수식, 글, 그래픽 등으로 단순화해 표현한 모형입니다. 우리는 빅데이터를 다루면서 IT 관점에서 사용하고 다루는 모델에 대해서 그 기초 개념을 살펴보고 이해해 보았습니다.

혹시나 빅데이터에서 다루었던 HP의 퇴직 위험 점수 모델이 기억이 나지 않는 분들을 위해 모델의 개념을 한 번 더 확인해 보죠. 가령 매출액 = 500 + 1.5 × (TV광고비)라는 수식이 있다면, 이 수식은 TV에 광고를 하지 않으면 매출액은 계속 500원에 머물지만, TV광고비를 10원 지출하면 매출액이 515원으로 증가한다는 관계와 규칙을 표현한 일종의 모델입니다.

인공지능, 머신러닝이라는 새로운 세계

AI^Artificial Intelligence의 세계관

이제 처음 이야기 주제였던 입력값과 출력값, 원인과 결과로 돌아가 보죠. 일차함수 $f(x) = 5x + 3$에서 입력값 2는 '원인'이고 출력값 13은 해당 함수의 '결과'라고 이해할 수 있다고 했습니다. 그런데 또 다른 관점의 해석도 가능합니다. x를 입력 신호, y를 출력 신호라고 가정하면, 입력 신호에 5라는 고유한 가중치^weight가 부여되었다고도 이해할 수 있습니다. 가중치는 신호가 결과에 주는 영향을 조절하는 요소로 작용합니다. 즉, 가중치가 클수록 해당 신호가 그만큼 출력에 더 중요함을 뜻합니다.

머신러닝에서 이 가중치의 의미는 구현의 중요한 개념으로 사용됩니다. 당연히 우리는 인공지능의 작동 원리를 살펴보면서 가중치 역시 충분히 다룰 텐데요.

> " 일차방정식 y = ax + b, 함수로 표현하면 f(x) = ax + b, 머신러닝에서는 H(x) = wx + b의 형태로 표현되는 이 식이 바로 세상의 대부분 현상을 머신러닝이 이해하고 표현하고 학습하는 원형입니다. "

Hypothesis 가설식, 무수히 많은 시뮬레이션을 반복해 정답에 근접한 가중치를 찾아내는 것이 학습이며, 그 학습의 기본형

$$H(x) = wx + b$$

→ **Bias** 편향성, 데이터가 얼마나 치우쳤는지를 표현, 보정하는 정도의 의미

Weight 가중치, 개별 특성이 결과에 미치는 영향도, 중요도, 무게감

한 개인에 대해 현재의 신체 건강상 특성feature을 알 때 3년 후 당뇨병에 걸릴 확률을 예측하고자 한다면 어떤 접근이 가능할까요?

당뇨병 발생과 관련성이 높은 개인의 몸무게, 혈압, 나이, 식습관, 흡연 여부, 부모의 당뇨 여부와 같은 가족력 등의 특징을 이미 알고 있다고 가정하고, 혈압이 높을수록 당뇨병에 걸릴 확률이 높다거나 연령대가 높을수록 혈압이 보편적으로 다소 상승한다는 등의 특성 간 상관관계도 전제하겠습니다. 물론, 다수 개인의 건강 관련 특성 데이터와 함께 3년 후 당뇨병을 얻었는지의 결과 데이터도 보유해야 할 겁니다.

3년 후 당뇨병 환자 여부 판별을 목표로 정확한 예측을 하기 위해서는 한 개인의 특성을 종합적으로 고려해야 할 겁니다. 여러 가지 방법이 있겠지만, 특성별로 가중치를 부여한 후 그것들을 모두 더하는 방식을 고려해 볼 수 있겠습니다. 각 특성 요소는 그 개인의 점수를 높이거나 낮추는 역할을 합니다. 예를 들면, 고심 끝에 주요 특성을 6가지로 선별하고, 다음과 같은 방식으로 풀어볼 수 있습니다.

점수 = w1×(키) + w2×(몸무게) + w3×(혈압) + w4×(혈당) + w5×(나이) + w6×(가족력) + b

여기서 w1, w2, w3, w4, w5, w6는 혈압, 나이 등 각 특성 요인이 당뇨병이라는 문제 발생에 얼마나 큰 영향을 미치는지의 '영향력'과 '중요도'를 조절하는 가중치weight입니다. 그리고 b는 편향bias으로서 결과 점수를 최종 조정해주는 변수 정도로 이해하시면 됩니다.

궁금한 IT / 제07장 _ 원인과 결과

여기에서 당뇨병이라는 문제의 원인, 즉 혈압, 나이와 같은 특성 변수들을 식별하고 정의하는 것은 비교적 어렵지 않으나 w1, w2, w3와 같은 가중치를 구하는 일은 결코 쉽지 않습니다. 어떤 조합으로 구성했을 때 현실을 최대한 비슷하게 반영하는 모델이 되는지 알아내기가 쉽지 않습니다. 이 어려운 작업을 컴퓨터에게 시키는 것이 바로 머신러닝입니다.

> "H(x) = w1x1 + w2x2 + w3x3 + w4x4 + w5x5 + w6x6 + b와 같은 기본 가설식을 설정해놓고(모델) 무수히 많은 시뮬레이션 실험을 하면서 정답에 근사한 가중치를 기계가 찾아내도록 한 후(학습), 찾아낸 가중치를 적용하여 실제 개인의 특성인 x1, x2 … x6를 입력하여 출력된 결과(예측)를 통해 당뇨병에 걸리는 패턴을 예측하게 됩니다."

이것이 머신러닝이라는 새로운 세계의 큰 틀이자 원형입니다. 무척 복잡해 보이는 머신러닝 모델의 내부와 머신러닝 관련 학습 서적의 난해한 수식도 모두 여기에서 출발합니다. 인공지능의 세계로 들어가기에 앞서 여러 번 언급된 '인과관계'의 근본 개념을 제대로 따져 확인해 보겠습니다.

상관관계가 인과관계를 의미하지는 않는다

자동차 보험에 가입하려면 먼저 보험사에 운전자에 대한 여러 가지 정보를 제공해야 합니다. 그중에서 나이, 성별, 운전 경력(기간)은 보험료를 산정하는 데 중요한 기준이 됩니다. 나이가 25세 미만이면 보험료가 급격히 올라가고 운전자가 여자라면 보험료가 다소 내려갑니다. 왜일까요? 나이와 성별이 사고율과 '상관관계'를 갖기 때문입니다. 젊을수록 사고율이 높고 남자에 비해 여자가 사고를 덜 낸다는 데이터가 있는 것이죠.

개인의 신용등급이 낮을수록 자동차 사고가 많이 난다는 통계가 있습니다. 그래서 만약 당신의 신용등급이 다른 사람들보다 높다면 보험회사는 당신의 보험료를 낮추어 줄 겁니다. 당신이 운전 사고를 낼 리스크가 더 적기 때문이 겠죠. 연구 결과에 따르면 개인 재무를 책임감 있게 관리하는 사람들은 자기 삶의 다른 측면에 대해서도 동일한 책임감을 가지고 관리하는 성향이 있다고 합니다.

어떤가요? 그럴듯해 보였나요? 섬세한 당신에게 뭔가 좀 수상해 보이진 않았나요? 방금 기술한 신용등급과 자동차 사고는 상관관계가 입증된 사실fact입니다만, 밑줄 친 '연구 결과에 따르면' 이후의 내용은 순수한 추측이고 가능한 해석 중 하나일 뿐입니다. 그러니까 엄밀히 얘기하면 거짓입니다. 연구에 의해 과학적으로 밝혀진 바는 전혀 없습니다. 사실 이 지점은 과학이 이건 이렇고 저건 저렇다고 설명하기 어려운 영역이기도 합니다.

> " 여기서 중요한 것은 '상관성이 인과성을 의미하지는 않는다'는 것입니다.
> A와 B 사이에서 예측적 관계를 발견했다고 해서 A와 B 중 하나가 다른
> 하나의 원인이 된다는 것을 의미하지는 않습니다. "

즉, 개인의 신용등급과 교통사고율이 연관(상관)되어 있다는 것은 데이터로 알 수 있지만, 높은 신용등급은 책임감을 의미하며, 이 때문에 사고율이 낮다(인과)고 설명할 수는 없습니다.

미국에서 조사한 결과를 보면 대학 졸업 여부와 소득 사이에는 상관관계가 존재합니다. 즉, 대학 졸업자는 대체로 소득이 높은 경향을 보이는데요. 사회적 통념에도 부합하는 것 같습니다. 하지만 상관관계를 인과관계와 혼동해서는 안 됩니다. 즉, 두 요인 사이에 상관성이 있다고 해서 그것을 원인과 결과로 치환할 수 있다고 착각해서는 안 됩니다. 대학을 나와야 소득이 높아진다고 해석하는 것은 사실 오류입니다.

거칠게 구분하면 미국에서 대학을 가는 학생에는 두 가지 유형이 있습니다. 머리가 좋거나(공부를 잘했거나) 집이 부유해서 기부로 입학하는 학생인데요. 금수저로 태어나 거액의 기부를 통해 교문을 통과한 학생은 사실 부유하고 소득이 높아서 대학을 졸업한 셈이죠. 그러니까 여기서는 원인과 결과가 뒤바뀌어 있습니다. 물론, 머리가 좋거나 공부를 잘하는 학생이 대학을 나와 비교적 높은 소득을 얻는다는 관계까지 부정하는 것은 아닙니다. 거듭 강조하지만 상관관계를 인과관계로 착각해서는 안 됩니다.

우리가 상식적으로 인과관계로 생각하기 쉬운 '흡연과 폐암의 관계'도 법원에 의해 인정되지 않은 대법원 판례가 2020년에 있었습니다. 건강보험공단이 패소한 이 소송에서 법원은 이렇게 설명합니다.

"폐암 등 가입자들이 걸린 질병과 흡연과의 인과관계 역시 단정할 수 없다. 흡연 이외에도 개개인의 생활 습관 및 유전, 직업적 특성, 대기오염 등 다양한 요인들이 폐암을 유발하는 원인이 된다. 또 담배를 피우지 않는 사람도 폐암에 걸린 사례가 발견되는 점 등을 보면 담배와 폐암 등 질병이 원인과 결과 관계로 명확히 대응하는 질환은 아니라고 판단한다. 그리고 이 둘 사이의 인과관계를 인정하려면 이들이 흡연에 노출된 시기와 정도, 흡연 이전의 건강 상태, 생활 습관, 가족력 등 다른 증거가 추가로 증명되어야 한다."

물론, 사법부가 인과관계가 없다고 판단을 내렸다기보다는 증빙된 자료만으로 인과관계라는 것을 입증하기에 무리가 있다는 판결이긴 합니다만, 어쨌거나 인과관계라는 것은 그것을 명징하게 객관적으로 밝혀내기가 무척 어려운 일이라는 점만은 틀림없는 사실입니다.

" 사실, 우리는 '무엇'인지는 알지만 '왜'인지는 알지 못하는 경우가 많습니다. "

자유론으로 우리에게 익숙한 영국의 철학자이자 경제학자인 존 스튜어트 밀은 인과관계의 성립 조건으로 다음의 3가지를 제시했습니다. 첫째, 원인이 결과보다 시간적으로 앞서야 하고, 둘째 원인과 결과는 관련이 있어야 하며,

셋째 결과는 원인이 되는 변수만으로 설명되어야 하고 다른 변수에 의한 설명은 제거되어야 한다는 것입니다. 즉, 인과관계의 조건은 시간적으로 원인이 먼저 변화했을 때 다른 하나가 뒤따라 변화해야 하는 관계인 선후관계^{time order}, 일단 그 두 가지가 연관되어 함께 움직이는 경향을 보여야 한다는 공변성^{covariation}, 그리고 이에 더해 이러한 변화의 양상이 제3의 다른 변인으로는 설명될 수 없어야 한다는 비허위성^{non-spuriousness}입니다.

〈 인과관계의 성립 조건 〉

- 선후관계: 원인이 시간적으로 앞서 변화했을 때 다른 하나가 뒤따라 변화하는 관계
- 공변성: 원인과 결과는 관련되어 함께 움직이는 경향
- 비허위성: 결과는 원인이 되는 변수만으로 설명, 제3의 다른 변인으로 설명될 수 없음

그런데 상관관계는 수학적으로 증명이 가능하지만, 인과관계는 충분한 재현성의 확인, 변인의 배제, 통제 집단과 실험 집단의 설정과 같은 환경에서 얻어진 실험 데이터의 누적을 통해 간접적으로 뒷받침될 뿐입니다. 그러니까 인과관계의 입증은 어쩌면 실험실에서만 가능한 일이고, 인과관계를 증명하는 완전무결하고 절대적으로 확실한 방법은 존재하지 않는다는 것이 올바른 인식입니다. 모든 것이 진공으로, 무균 상태로 완벽히 통제되는 실험실에서는 의미 있는 숫자일지라도, 그것이 현실 세계로 넘어오면 전혀 다른 이야기와 맥락이 될 수 있습니다.

2002년 월드컵에서 히딩크 감독 '때문에' 우리나라가 월드컵 4강에 진출했다는 것을 객관적으로 증명할 수 있을까요? 그걸 인과적으로 제대로 입증하려면 모든 조건이 동일한 상태에서 한 번은 히딩크가 대표팀을 이끌고, 또 한 번은 다른 사람이 대표팀을 지휘하는 경우를 비교해야 합니다. 게다가 그 두 경우가 동일한 상태라고 가정하는 것은 선수들의 컨디션도 모두 두 조건에서 동일하다는 걸 전제하는 것이라 현실적이지 않습니다. 현실에서 우리는 어떤 선택을 한 후 다른 선택을 했으면 어땠을까 한 번쯤 생각해 보지만, 어떨지 확인하는 것은 사실 불가능한 일입니다.

자연과학에서는 잘 통제된 실험을 이용해 인과관계를 확립하는 것이 가능합니다. 통제 변인 한 가지만을 다르게 하고 다른 실험 조건은 똑같이 한다면 실험 결과의 차이는 결국 통제 변인의 차이 때문이라는 결론을 얻을 수 있습니다. 그런데 사회과학에서는 인간이 실제 살아가는 현실 사회를 연구하기 때문에 보통 실험 자체가 불가능합니다.

그래서 UCLA 경영대학원 에드워드 리머 교수는 이렇게 말합니다.

"상관관계는 데이터 속에 있다. 그러나 인과관계는 우리 머릿속에만 존재하는 것이다. 상관관계는 현실이지만 인과관계는 공상의 산물이다. 데이터 속에 반드시 인과관계가 있을 것이고 통계학을 사용하면 그것을 반드시 발견할 수 있다는 순진한 발상을 경계함이 필요하다."

인과관계는 특정 현상이 일어나는 이유와 과정을 물론 잘 설명합니다. 변인 간의 인과관계를 많이 알수록 현상에 대한 이해의 폭과 깊이가 커집니다. 하지만 군이 이유를 몰라도 괜찮은 경우도 많습니다. 비즈니스에서는 인과관계는 모르지만 상관관계 분석만으로 충분한 경우도 많습니다.

가령 특정 사회 지표의 변화가 주가와 밀접한 상관관계가 있다고 밝혀지면 신속히 거래해 수익을 실현하면 그만입니다. 그 이면의 인과관계를 분석하기 위해 시간을 보내다가 거래 타이밍을 놓쳐 이익을 놓치는 것은 주식 거래 목적에 부합하지 않습니다. 맥주 구매와 기저귀 구매 사이에는 높은 상관성이 있어 이 둘의 진열을 보다 가까이하여 많은 매출을 일으켰다면 그것으로 충분할 수 있습니다. 인과관계를 어렵게 분석해 이 상황을 완전히 이해할 필요가 군이 없기 때문입니다.

> "상관관계를 통해 특정 현상의 발생 가능성이 포착되고 그에 상응하는 행동을 하도록 신속한 의사결정을 하는 것이 더 중요할 수 있습니다. 비즈니스에서는 상관관계 분석에서 도출된 인사이트를 바탕으로 빠르게 변하고 움직이는 시장에 민첩하게 대응하는 게 근본적인 원인을 아는 일보다 훨씬 의미 있을 수 있습니다."

분석 패러다임의 대전환

일반적으로 데이터 분석, 특히 데이터 마이닝에서 하는 일은 인과, 즉 원인과 결과를 밝히는 일입니다. 무엇이 인풋이고 무엇이 아웃풋인지, 그 관계와 규칙을 알아내고 싶은 것이죠. 그런데 데이터 분석은 상관관계만을 제공합니다. 앞서 살펴봤듯이, 인과관계를 보기는 어렵습니다.

> " A가 B와 연관되어 있다는 것은 데이터로 알 수 있지만, A 때문에 B가 일어났는지는 설명하지 못한다는 것이죠. "

문제는 사업을 계획하는 사람들이나 미래의 정책을 고심하는 사람들에게 상관관계는 인과관계에 비해 중요하고 핵심적인 시사점을 제시하지 못한다는 것입니다. 내가 원하는 결과가 어떤 원인에서 나오는지를 알아야 출발할 수 있을 텐데, 그렇지 않으면 시도조차 하기 어렵습니다.

빅데이터에 관해 가장 명확하면서도 극단적인 철학을 제시했다고 알려진 글이 하나 있습니다. 2008년 미국 잡지 와이어드Wired의 편집장인 크리스 앤더슨은 "The End of Theory: The Data Deluge Makes the Scientific Method Obsolete"라는 제목의 글을 발표합니다. 그의 글에서 핵심적인 내용은 다음과 같습니다.

"페타바이트로 인하여 '상관관계로 충분하다'고 말할 수 있게 되었다. 우리는 이론 모델을 구할 필요가 없게 되었다. 이제 가설 없이 데이터를 분석할 수 있다. 가설이란 데이터가 무엇을 보여줄 수 있는가에 관한 것일 뿐이다. 이제까지 세상에 없었던 가장 큰 컴퓨터 클러스터에 숫자들을 던져 놓고, 통계 알고리즘으로 하여금 패턴을 찾도록 하면 된다. 기존의 과학은 그런 패턴을 찾을 수 없었다."

물론, 혹자는 이 생각에 대해 그냥 '빅' 데이터 전부를 '딥'러닝 모델에 집어넣으면 알아서 답을 가르쳐 주는 거냐며 비아냥거릴 수도 있겠지만, 크리스의 글에 담긴 핵심 메시지, 그 추상abstraction에 분명 집중해 볼 필요가 있다고 생각합니다. 섣부른 데이터 만능주의는 물론 조심해야겠지만,

" 거대한 데이터를 읽어 들여 사람이 아닌 컴퓨터가 모델과 이론을 만들고
학습을 통해 이를 계속 조정, 변화, 진화시켜 나갈 수 있다는 점은 충분히
혁명적인 일이 아닐 수 없습니다. "

이론을 구현하고 있는 전통적인 프로그램은 사람이 정한 규칙대로 동작합
니다. 프로그래밍은 컴퓨터에 대한 명령의 집합이죠. 전통적인 프로그램은 사
람이 규칙(이론)을 정하여 프로그래밍하고, 사람이 프로그램의 실행 결과를
보며 규칙을 조금씩 수정합니다. 기존의 프로그래밍은 사람(개발자)이 빵 만
드는 법, 즉 레시피를 경험과 지식, 직관 등을 통해 알고 있어야 했습니다. 레
시피라는 규칙과 이론을 통해 밀가루, 우유, 버터 등(원인)을 집어넣으면 빵
(결과)이 나오는 방식이었죠.

반면, 크리스가 말한 것처럼 이제는 이론 모델을 정의할 필요 없이 데이터
를 통해 패턴을 찾고 모델을 구할 수가 있습니다. 머신러닝은 사람이 만든 프
로그램이기는 하지만, 규칙과 패턴, 로직을 스스로 찾아 수정하기 때문입니
다. 그래서 밀가루와 빵(원인)을 집어넣으면 레시피(결과)가 짠하고 튀어나옵
니다.

과거의 경험, 직관, 패턴, 기록, 데이터를 기반으로 가설을 만들고 이를 검
증하여 이론화한 후 세상을 이해하고 설명하고 예측하던 패러다임이 빅데이
터와 학습하는 기계Machine Learning, 엄청난 컴퓨팅 파워를 통해 완전히 변하고
있는 것입니다. 최근 구글의 언어 번역 품질이 놀라울 정도로 발전했고, 내비
게이션의 음성 인식, 자동차의 자율주행 수준이 빠른 속도로 업그레이드되고
있는 기저에는 모두 인공지능이 있습니다.

.

알파고 그놈은 바둑을 둔 게 아니다

인공지능이 우리에게 가장 강렬하게 경험되고 각인되었던 사건은 구글의 딥마인드가 개발한 인공지능 바둑 프로그램인 알파고와 세계 최정상 바둑 프로기사인 이세돌 9단의 이른바 2016년 알파고-이세돌 대국이었을 겁니다. 대국 전 가진 인터뷰에서 구글은 승부를 50 대 50으로 보고 있었고, 이세돌은 이길 자신이 없으면 도전을 받아들이지 않았을 것이라며 승리를 자신하고 있었습니다. 이세돌은 바둑 자체도 강하지만 정석에서 벗어난 변칙적인 수를 구사하는 것으로도 유명하기 때문에 생각의 경우의 수가 체스와 비교할 수 없을 정도로 많고 복잡한 바둑에서는 임기응변과 상상력이 부족한 인공지능이 이세돌을 이길 수 없을 거라고 대체로 생각하는 분위기였습니다. 사실 이세돌의 승리를 의심하는 사람은 거의 없었습니다.

인공지능과 인간의 세기의 대결이라 불리며 TV로도 생중계되는 등 엄청난 이목이 집중된 승부에서 알파고는 이세돌 9단에 4 대 1로 사실상 완승을 거두게 됩니다. 알파고가 모두의 예상을 뒤엎고 3연승을 거두자 사람들은 집단적인 멘탈 붕괴에 빠집니다. 이세돌이 4번째 판을 승리하자 사람들은 감격했고 심지어 눈물을 흘리는 사람도 있었습니다.

마치 원작으로 흥미롭게 읽었던 작품이 영화라는 매체로 화려하게 시각적으로 구현되어 생생한 현실 감각을 전하는 영화가 된 소설처럼, 사람들은 인공지능이라는 신세계가 더 이상 공상과학이나 영화의 영역에 머무는 것이 아니라는 사실을 생생하게 목격하고 깨닫게 되었습니다. 인공지능의 놀라움이 강렬하고 날카롭게 전달되며 많은 사람이 충격에 휩싸였던 그해가 저도 온전히 기억에 남아 있는데요. 이세돌이 처음 3판을 내리 졌을 때 사람들이 느꼈던 황당함과 좌절, 분노의 기저에는 인공지능이라는 낯선 존재에 대한 무지와 두려움이 깔려 있었던 것 같습니다. 그래서 이세돌이 단 한 판이라도 이겨서 인공지능의 불완전함을 드러내 주기를, 아직까지는 인간에게는 안 된다는 것을 보여주기를 열망했고 이세돌은 그런 열망에 보답했고 환하게 미소를 지으며 멋지게 인터뷰하면서 이세돌의 휴먼 드라마를 완성했습니다.

" 이자 황 그가 바둑을 둔 게 아니다! 알파고의 아바타 기계일 뿐… "

알파고가 승리했다는 사실도 인상적이었지만, 그것 못지않게 TV로 생중계되던 그날의 대국 풍경이 저는 오래도록 기억에 남았습니다. 알파고가 인간처럼 직접 바둑돌을 놓을 수는 없기 때문에 알파고 개발팀 중 대만계인 아마6단의 아자 황이 알파고가 둔 수를 대신 바둑판으로 옮기던 그 장면 말이죠.

인간이 하던 귀찮고 '위험한 일'을 '기계'가 대신한다는 관성적인 인식에 반하여, 알파고라는 기계가 결정한 일을 반대로 인간이 대신 처리하던 그 풍경이 무척 강렬하게 전달되더군요. 그때 혹시 TV를 함께 지켜봤을 당신은 어떤 생각을 했을지 궁금합니다. 저는 전통적인 관념이 무너지면서 새로운 시대가 열리고 있구나 싶었습니다. 그 대국 장면이 마치 앞으로 50년 후 우리의 삶과 생활에 대한 서늘한 메타포처럼 상징적으로 다가왔습니다.

알파고가 한 판 졌을 때 사람들이 느꼈던 짜릿함과 알파고에 대한 불편함은 같은 뿌리를 갖고 있습니다. 인공지능에 대한 두려움, 즉 공포입니다. 영화 속의 로봇 비슷한 것을 인공지능이라 생각하며 인공지능이 인류를 지배한다는 영화적 상상력에 생각에 잠기는 거죠. 행여나 인공지능 없는 인간이 살 수 없게 되는 종속성을 지배라고 생각한다면, 산업혁명 이후 인간은 내연기관의 지배를 받는 것이고, 1970년대 이후부터는 컴퓨터 없이는 살 수 없으니 컴퓨터의 지배를 받는 것일까요? 물론 그렇지는 않습니다. 모두 다 삶에 필수적인 도구일 뿐입니다.

인공지능에 대한 과몰입으로 과도한 두려움을 갖는 것은 지나치지만, 알파고의 놀라운 점이 바둑 실력이 아니라 사람이 일일이 가르쳐주지 않아노 스스로 보고 배우는 '학습 능력'이라는 점은 주목하고 집중해야 합니다. 알파고 뒤에 존재하는 실체인 인공지능은 벽돌 깨기를 보여주면 벽돌 깨기의 달인이 되고, 바둑 기보를 보여주면 바둑의 달인이 됩니다. 충분히 많은 의학 자료를 보여주면 진료의 장인이 될 것이고, 사람을 죽이는 모습을 보여주면 사람들 죽이는 달인이 될 수도 있습니다. 딥러닝이라는 최신 기술로 무장한 인공지능 컴퓨터는 자율주행, 검색, 추천 알고리즘, 기계번역, 챗봇, 의료 진단과 서비스 등 새롭고 아름다운 세계로 우리를 이미 멀리 데려왔습니다. 하지만 과거의 핵융합 기술이 그랬듯이, 인공지능 기술이 군사 정치적 목적으로 사용되리라는 점은 자명합니다. 인공지능 무기를 개발하는 것은 패권국가의 지도자들에게 핵만큼 거부할 수 없는 달콤한 유혹이기 때문입니다.

꾸준한 칼럼 활동과 서적 출간으로 개발자들에게 팬덤이 두터운 삼성전자 데이터 인텔리전스랩의 임백준 상무는 이런 맥락 때문에 우리가 두려워해야 하는 것은 인공지능이 아니라 인공지능을 다루고 통제하는 인간의 비민주성이라고 경고합니다.

"기계와 사람의 관계가 아니라 사람과 사람의 관계가 문제라는 뜻이다. 전기밥솥은 그 자체로 인간에게 위협을 주지 않는다. 하지만 누군가 그것으로 다른 사람의 뒤통수를 내려치면 살인 무기가 된다. 그래서 인간은 기계에게 정복될 것인가, 라고 묻는 것은 올바른 질문이 아니다. 인공지능이 민주적인 방식으로 활용되고 있는가, 라고 묻는 것이 옳다."

그런데 여기서 더 흥미롭고 놀라운 점 하나는 알파고 개발팀의 아자 황이 알파고가 둔 수를 대신 바둑판으로 옮겼지만, 알파고는 사실 바둑을 둔 게 아니라는 겁니다.

인공지능Artificial Intelligence에서 '지능'이라는 말이 갖고 있는 보편적인 의미와 맥락 때문에, 게다가 기계가 학습한다는 머신러닝Machine Learning이라는 표현도 일상 속으로 적잖이 스며든 터라 인공지능을 자의식을 갖추어 생각하고 학습하고 상상할 수 있는 것이라고 이해하기 쉽지만 현실은 그렇지 않습니다.

어떤 문제에 대해 문제를 세심히 관찰하여 문제의 인과관계를 고민하고, 문제를 유사한 몇 가지의 카테고리로 분류하거나 작은 덩어리로 나누어 해결방안을 모색하고, 혹은 추상화Abstraction 과정을 통해 문제의 본질을 탐색하는 등 합리적으로 사고하고, 창의적이고 자발적으로 문제를 해결한다는 것은 인공지능이 도달하고 싶은 이상적인 최종 목표인 듯합니다.

현재의 인공지능 기술은 단순 반복으로 '훈련 가능한 기계'에 가깝습니다. 인공지능을 얘기하면서 컴퓨터가 '학습'을 한다는 표현이 자주 쓰입니다.

" 여기서 학습은 컴퓨터가 창의적이고 자발적으로 '생각한다'라는 뜻으로 이해하기 쉽지만, 전혀 그렇지 않습니다. 사실은 기계가 '훈련된다'라는 의미에 더 가깝습니다. "

지성을 가진 인간이 이해하는 바둑과 바둑판에 대한 개념이 인공지능에게는 애당초 존재하지 않습니다. 사실 알파고는 바둑을 배우고 둔 게 아니라, 엄청난 연산을 통해서 매 수에 최적에 가까운 숫자 값을 찾은 것뿐입니다. 그게 바둑이든, 개와 고양이를 구분하는 일이든, 자율 주행을 지원하는 것이든 컴퓨터에게는 본질적으로 똑같습니다.

> " 주어진 분석 대상마다 온갖 요소를 다 구분한 다음에, 그 각각의 특성 요소마다 가중치를 어떻게 줄 때 최적의 결과가 나오는지를 끝없이 시뮬레이션해서 최적을 값을 찾아내는 것이 바로 인공지능의 근본 작동 원리이고 기술의 핵심입니다. "

다음 챕터에서 인공지능의 작동 원리에 대해 구체적으로 살펴보기 전에 전통적인 IT 개발 프로그래밍과 인공지능 개발 방식이 근본적으로 어떻게 다른지 그 개념을 제대로 충분히 이해해 보겠습니다.

문제는 알고리즘

앞서 컴퓨팅적 사고 능력을 다루면서 공교육으로 코딩 의무 교육이 확산 중인데 학생들에게 필요한 것은 특정 프로그래밍 언어의 문법에 따라 손가락으로 키보드를 열심히 두드리는 코딩 행위가 아니라 문제를 해결할 수 있는 능력, 즉 알고리즘 능력이라고 강조한 바 있습니다.

그런 사회적 분위기 때문인지 인터넷 커뮤니티에도 간혹 알고리즘에 대한 질문이 올라오는 것을 보게 됩니다. "프로그래밍을 잘하려면 알고리즘을 꼭 알아야 할까요?", "개발을 하는 데 알고리즘은 얼마나 중요한가요?"와 같은 내용의 질문입니다.

알고리즘의 사전적 의미는 '수학적인 문제를 해결하거나 컴퓨터 프로세스를 완결하기 위해서 차례로 뒤따르는 단계의 집합, 규칙의 집합'입니다. 그렇지만 앞선 질문은 이진 트리, 해시 알고리즘, 병합 정렬, 의사 결정 나무 등과 같이 구체적인 알고리즘을 염두에 두었을 겁니다. 만약 그렇다면 대답은 간

단해집니다. 게시판 웹
사이트를 개발하기 위
해 꼭 이런 알고리즘을
알 필요는 없으니까요.
그런 알고리즘을 구현
한 API를 참조해 그 라
이브러리를 사용하기만
하면 됩니다. 그렇지만
우리가 이야기하는 알
고리즘은 어떤 문제를
해결하기 위해서 필요
한 규칙을 이해하고 그
러한 규칙을 단계별로
적용해서 문제를 해결
하는 것을 의미합니다.

그렇다면 다시 질문
으로 되돌아가 보죠.
"프로그래밍을 잘하려면, 혹은 개발자와 함께 일하려면 규칙을 이해하고 그런
규칙을 단계별로 적용하는 사고 능력이 반드시 필요한가요?" 혹은 "개발자에
게 규칙을 이해하고 그런 규칙을 적용해서 문제를 해결하는 역량은 얼마나 중
요한가요?" 질문을 이렇게 바꾸면 질문 자체가 성립하지 않는 난센스라는 사
실을 알게 됩니다. 왜냐하면 규칙을 이해하고 그런 규칙을 적용해서 문제를
해결하는 것이 바로 프로그래밍이기 때문입니다.

프로그래밍이라는 기술은 알고리즘이라는 세포로 이루어져 있습니다. 그
리고 알고리즘이라는 세포의 내부에 존재하는 DNA는 논리와 규칙입니다. 그
래서 논리적 사고가 결핍된 사람은 아무리 열심히 '코딩'을 배워도 좋은 코드
를 작성하지 못합니다. 프로그래밍을 하려면 알고리즘이라는 메타 능력이 반
드시 있어야 합니다.

" 알고리즘이 얼마나 중요한가 하면 프로그래밍 그 자체라고 말할 수 있을
정도로 중요합니다. 그런데 그렇게 중요하다는 알고리즘은 나에게 맡기고
당신네 인간들은 데이터만 준비해, 라고 혜성처럼 등장한 녀석이 있었으
니, 바로 머신러닝입니다. "

머신러닝의 기본 아이디어는 특정 문제 해결을 위해 미리 규칙을 고민하거
나 명시적으로 프로그래밍하지 않은 상태에서 데이터를 통해 스스로 알고리
즘을 학습하게 하는 것입니다. 즉, 충분한 데이터만 준비되면 기계학습을 통
해 논리와 규칙은 알아서 프로그래밍하겠다는 것이 핵심입니다. 생각은 기계
가 하고, 우리 인간은 학습을 시킬 뿐입니다. 어쩌면 10년, 20년이라는 머지
않은 미래에 지금 우리가 프로그래밍이라고 부르는 행위를 기계가 대신해주
고 있을지 모릅니다. 그 시대를 사는 청년들은 과거에 살았던 우리를 보면서
마치 책을 인쇄하지 못해서 일일이 손으로 필사해서 복사하던 시대를 되돌아
보는 지금 우리의 심정이 될지도 모르겠습니다.

요즘처럼 기술 변화의 속도가 빠른 시대에는 특정 기술, 플랫폼, 언어, API
에 종속되는 코딩 기술의 가치는 전보다 크지 않습니다. 고전적인 의미에서의
프로그래밍 시대는 확실히 저물고 있는 것도 같습니다. 하지만 한 시대의 종
말은 새로운 시대의 서막을 의미할 뿐입니다.

알고리즘은 나에게 맡기고 데이터만 준비해

불특정 다수에게 무차별적으로 발송되는 스팸메일 때문에 고생하다가 언
제부턴가 수신되는 스팸 메일의 양이 현저하게 줄었다고 막연히 생각했는데,
사실 구글, 네이버, 다음과 같은 포털의 스팸 처리 기술이 드라마틱하게 개선
된 계기가 있었더군요. 바로 인공지능 덕분인데요.

과거의 스팸메일 처리 방식은 대략 다음과 같았습니다. 전통적인 방식의 컴퓨터 프로그래밍 개념과 궤를 같이하는 이 방식은 사람이 규칙을 정하여 프로그래밍하고, 프로그램의 실행 결과를 보며 규칙을 조금씩 수정하고 추가합니다. 역시 주체는 사람입니다. 스팸메일 처리라는 문제 해결을 위한 규칙은 여러 가지가 있겠지만, 직관적이고 대표적인 방법은 메일 제목에 포함된 '키워드' 차단을 통한 필터링입니다. 가령 메일 제목에 '카지노', '대출', '비아그라'와 같은 키워드가 포함되면 1차 스팸으로 걸러내는 방식입니다.

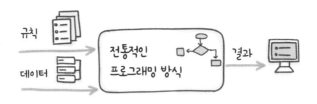

프로그래밍이란 규칙과 데이터를 입력해 정답을 출력하는 과정입니다. 따라서 스팸메일을 스팸으로 분류하는 정답을 만들어내기 위해 if-then 규칙이라고 부르는 수많은 규칙을 개발자가 일일이 입력하고 코딩해야 합니다. 메일 제목에 만약(if) '카지노'라는 키워드가 포함되어 있다면(then), 스팸으로 걸러내라, 라는 방식입니다. 컴퓨터는 이렇게 인간이 입력한 일만 하며 스스로 어떤 해석이나 추론, 예측을 하지는 않습니다.

> if 평일 아침이라면.
> then 출근하라.

> if 휴일 아침이라면.
> then 더 자도 된다.

이러한 if-then 구조는 컴퓨터 프로그래밍을 접해봤던 분이라면 아마 익숙한 규칙일 텐데요. A라면 B이다, 라는 조건문은 프로그래밍 언어의 필수 문법syntax이자 키워드이기도 합니다. 수많은 조건을 거치고 결합해 결론을 이끌어내는 규칙 기반은 모두 if-then 규칙을 사용합니다. 물론, 컴퓨터는 단 하나의 규칙도 스스로 만들어내지 않습니다.

따라서 개발자가 이런 규칙을 프로그래밍하면 해당 규칙에 부합되는 메일은 스팸으로 간주되어 자동 필터링 처리됩니다. 모든 규칙을 사람이 일일이 입력해야 했지만, '규칙 기반'은 제법 훌륭하게 작동했습니다. 그러나 규칙 기반은 이내 한계에 부딪히고 맙니다.

추가 설명 한계

초창기의 인공지능은 이런 규칙 기반으로 구현되었고 이 때문에 인공지능 연구는 수십 년간 암흑기를 겪게 된다.

스팸메일을 발송하는 사람들도 영악해져서 '$비$아$그$라', '(대)저신 용자 환영, 묻고 따지지도 않는(출)'과 같이 제목을 묘하게 비틀고 변형합니다. 그러면 다시 개발자는 규칙에 이런 키워드들을 추가하는 방식으로 규칙을 수정하며 대응하는데요. 당연히 이 방식은 스팸 메일을 지속해서 처리하는 데 있어 한계가 분명히 존재합니다. 규칙의 반영이 사후적인 데다가, 진화하는 스팸의 키워드를 쫓아다니며 충분히 식별하는 것도 쉽지 않기 때문입니다.

" 실제로 모든 사항을 고려한 종합적인 규칙 집합은 모으기 어렵고 예외도 너무 많습니다. 더 큰 주제나 새로운 문제로 확장하기도 어렵습니다. 규칙은 법칙과 질서, 룰^{rule}을 의미합니다. 태생적으로 유연성이 부족할 수밖에 없죠. "

문제에 대한 이해 수준이 높아져 조건이 바뀌면 컴퓨터에 알려줄 규칙을 계속 업데이트해야 합니다. 사람이 일일이 모든 규칙을 정교하게 입력해야 하는 방식도 그렇고, 규칙에서 벗어나는 경우에는 제대로 된 추론이 불가능하다는 제약 모두 사람들을 서서히 실망시켰습니다.

반면에, 인공지능은 문제를 해결하는 방식이 완전히 다릅니다. 머신러닝은 사람이 만든 프로그램이기는 하지만 데이터에서 규칙을 스스로 찾아내고 수정합니다. 규칙을 찾아 수정하고 추가하는 과정을 학습 또는 훈련이라고 합니

다. 이제 더 이상 사람이 규칙을 입력하지 않습니다. 사람이 쉽게 찾아내지 못
하는 규칙도 컴퓨터가 학습을 거쳐 찾아낼 수 있게 되었습니다. 변형에 따른
무수한 변칙까지도 데이터를 이용해 모두 찾아낼 수 있게 되면서 규칙에서 벗
어난 결과도 추론할 수 있게 되었습니다.

현대의 인공지능을 한마디로 짧게 정의한다면, 데이터 속에 숨겨져 드러나
지 않는 패턴을 읽어내고 그 규칙을 찾는 것이라고 했는데요. 고양이 이미지
를 인식한다고 해보겠습니다. 전통적인 규칙 기반 방식으로는 고양이 이미지
를 인식할 수 있는 규칙을 정의하고 반영하는 데 어려움이 많았습니다. 귀가
어떻게 생겼고, 털이 어떻고, 눈동자가 어떻고, 수염이 어떻고, 꼬리가 어떻
고... 프로그램 내에 규칙을 상세하게 정의한다고 해도 예외가 너무 많았기 때
문에 아무리 해도 한계가 존재했습니다.

어찌 보면 어려울 것이 하나도 없는 숫자 '0'을 인식하는 문제조차 컴퓨터
에게는 쉬운 일이 아니었습니다. 손글씨로 원처럼 둥글게 그려진 모양으로,
선의 시작과 끝이 닿아 있어 둥근 모양의 안쪽과 바깥쪽이 명확히 분리되었
다고 프로그래밍 규칙을 정해보지만, 0을 표현하는 방법은 수십, 수백 가지가
있고 예외 역시 끝이 없습니다. 자유분방한 손글씨 이미지를 보고 0인지 아닌
지를 제대로 구분하는 일은 사람에게는 무척 단순하고 쉬운 일이겠지만, 그
안에 숨은 규칙성을 명확한 로직으로 풀기에는 어려움이 많습니다.

　그렇다면 스팸 메일 차단 머신러닝 프로그램, 고양이 이미지 인식 프로그램, 숫자를 구분하는 프로그램은 도대체 어떻게 '규칙'을 '스스로' 찾아내는 것일까요? 스팸 메일인지, 고양이 이미지인지, 어떤 숫자인지 그 규칙을 어떻게 알아내는 걸까요? 일반화해서 말하면, 인공지능은 어떻게 규칙을 자동으로 변경하고 추가하는 걸까요? 즉, 기계가 학습한다는 의미는 무엇일까요?

　인공지능은 인공신경망Neural Network 기법의 발전, 컴퓨팅 파워의 혁신을 바탕으로 가령 고양이 이미지의 '특징 패턴'을 잡아내는 작업을 온전히 스스로 처리합니다. 인공지능은 주어진 이미지에서 온갖 요소를 다 구분한 다음에, 그 각각의 '요소'마다 '가중치'를 어떻게 줄 때 최적의 결과가 나오는지, 즉 고양이를 고양이로 구분하고 개를 고양이가 아니라고 구분할 수 있는지를 끝없이 시뮬레이션해서 최적의 값을 찾아냅니다. 이미지에서 그 구성 요소, 즉 특성은 픽셀pixel입니다. 이미지를 구성하는 개별 픽셀마다 서로 다른 가중치를 주며 결과를 보는 것인데요.

　이제 인공지능이 작동하는 원리, 그 수수께끼를 풀어보기 위해 인공지능의 코어core로 들어가 보겠습니다. 다음 챕터로 넘어가기 전에 주요 용어를 간략히 짚어 보겠습니다.

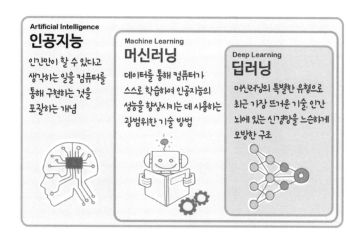

인공지능Artificial Intelligence, AI은 보통 인간만이 할 수 있다고 생각하는 일을 컴퓨터를 사용해서 하는 것을 포괄하는 개념입니다. '지능'은 인간만이 가진 특징인데, '인공'이라는 수식어를 붙여 컴퓨터도 인간처럼 지능적인 일을 하고 있음을 의미하고 표현한다고 이해할 수 있습니다. 그런데 '지능'이라는 말이 갖고 있는 관성적 의미 때문에 인공지능을 자의식을 갖추어 생각하고, 목표를 정하고, 학습하고, 상상할 수 있다고 오해하기 쉽지만, 현실은 그렇지 않습니다. 현대의 인공지능의 수준과 그 위치에 대해서는 다음 챕터에서 자세히 알아보기로 하겠습니다.

머신러닝Machine Learning, ML은 인공지능의 한 부분으로, 데이터를 통해 알고리즘 규칙을 만들고 훈련하는 데 사용하는 광범위한 기술군을 일컫습니다. 말 그대로 기계가 스스로 학습하는 방식입니다. 이제 더 이상 사람이 규칙을 입력하지 않습니다. 그 대신 컴퓨터가 데이터에서 스스로 규칙을 찾아냅니다. 머신러닝은 기존의 통계 분석이나 전통적인 프로그래밍과 겹치는 부분이 있기는 하지만, 같지는 않습니다. 앞서 설명했듯이, 기존의 전통적인 프로그래밍 방식은 사람이 로직과 규칙을 직접 고민하고 명시적으로 코딩합니다. 어떤 데이터를 만든 메커니즘을 설명하는 모델을 인간이 직접 설계합니다. 이와는 대조적으로, 머신러닝은 모델을 가정하지 않고 데이터를 통해 데이터 속의 관계와 패턴을 찾아냅니다. 심지어 인간의 인지능력 한계로 사람이 도저히 찾아내지 못하는 규칙과 패턴도 학습을 통해 컴퓨터는 찾아낼 수 있게 되었습니다.

딥러닝Deep Learning, DL은 머신러닝의 특별한 유형으로, 머신러닝과 비슷한 방식으로 작동합니다. 데이터와 정답을 입력하면 스스로 규칙을 찾아내는 구조는 머신러닝과 동일하지만, 데이터가 많을수록 훨씬 더 정교하게 규칙을 찾아내고 이를 더 풍부하게 표현할 수 있는 모델을 만듭니다. 딥러닝은 우리 뇌에 있는 신경망과 유사한 계산 모델을 사용하는 것으로, 딥러닝 구현은 인간의 뇌가 수행하는 것으로 보이는 처리 방식을 살짝 모방한 것으로 자주 소개됩니다. 그런데 딥러닝의 이음동의어 격인 신경망Neural Network은 인간의 복잡한 신경망을 복제한 것이 아닙니다. 오히려 회귀regression 방정식을 트리 형태의 중첩 구조로 묶어 놓은 구조에 가깝습니다.

갑자기 신경망, 회귀 같은 어려운 용어가 튀어나왔지만, 의기소침해하거나 당황할 필요는 전혀 없습니다. 당장 이해할 필요도 없고 IT 교양을 위해 이 책을 읽고 있는 당신은, 그리고 대부분의 평범한 사람은 인공지능을 직접 만들거나 데이터를 직접 다룰 일은 없습니다. 대신, 인공지능이 작동하는 근본 원리, 최소한의 기술 개념을 이해해야 합니다. 개념을 이해해야 어떤 분야에 어떻게 활용할지 혹은 적용하기 어려운지 알 수 있고, 잘 활용하기 위해서는 그다음에 어떤 일을 어떻게 해야 할지 알 수 있습니다. 결국 충분한 기술 개념을 이해해야 올바른 관점을 가지고 올바른 판단을 할 수 있습니다.

> " 미래는 인공지능을 이해하는 사람의 것입니다. 인간은 인공지능과 경쟁하지 않습니다. 인공지능을 활용하는 다른 인간과 경쟁할 뿐입니다. 인간의 경험과 거친 직관 그리고 판단 범위 안에서만 이루어지던 많은 일이 이미 AI라는 메가 트렌드로 이동했고, 지금도 분주히 움직이고 있습니다. "

그러니 이제 인공지능을 제대로 알고 인공지능이 작동하는 근본 원리를 체험해 보기 위해 인공지능의 내부로 들어가 보아야 합니다. 그리고 그 지점으로 산책하듯이 당신과 함께 가보고자 합니다. 제가 당신의 손을 꼭 잡고 끌어 보여드리고 싶은 그곳에는 무척 귀하고 아름다운 풍경이 기다리고 있습니다.

직장생활에서의 인과

우리의 삶 자체가 대체로 그렇기는 하지만, 특히 직장 생활을 하다 보면 어떤 상황의 '인과'가 애매하고 모호할 때가 많습니다.

가령 회사에서 재미없는 일을 하니까 의욕이 생기지 않는 건지, 아니면 애당초 열정과 의욕이 없어서 욕 얻어먹지 않고 잘리지 않을 만큼 몰입하지 못하고 아슬아슬하게 일하니 재미가 없는 것인지, 그것도 아니면 절대적으로 즐겁고 보람찬 일은 이 세상에 객관적으로 존재하지 않는 것이고, 일의 재미는 스스로 찾아야 하는 주관적이고 지극히 사적인 것인지 어렵기만 합니다.

게다가 회사라는 곳은 합리와 상식, 성과와 실적에 따른 적절한 보상과 인센티브가 있는 곳이라기보다는 연차가 쌓일수록 사내 정치와 뒤통수, 약육강식과 제로섬 게임의 정글과 같은 곳이라는 데 마음이 씁쓸하게 동조되다 보니 최선을 다해 보람을 느끼기보다는 일은 어차피 내 삶의 중심은 아니라며 회사가 아니라 퇴근 후 시간에 집중하게도 됩니다.

아니 어쩌면, 사실 스스로가 먼저 마음을 푹 담그지 않아서 일이 내 주변을 겉도는 것은 아닐까 하며 사람들은 솔직히 의문스러워합니다.

저는 한동안 회사 일과 내 삶을 건강하게 분리하고, 나와 회사를 절대 동일시하지 말자 다짐하면서 회사 일에 절대 무리하지 않겠다, 하루에 내가 쓸 수 있는 에너지가 100이라면 회사에서는 그 에너지를 30~40만큼만 최소로 아껴 사용하고 퇴근 후 사생활과 내가 좋아하는 것, 사랑하는 사람들과의 시간에 그 에너지를 아낌없이 쓰겠다고 생각한 적이 있습니다. 그게 이기적인 것이 아니라 스마트하고 합리적인 개인주의라고 여기며 말이죠.

그런데 요즘은 그랬던 생각이 많이 바뀌었습니다. 몸을 사리며 최소한으로 요령껏 일하려고 했더니 어느 순간 불행하다는 생각이 들었습니다. 잠을 자는 시간을 제외하면 대부분의 깨어 있는 생산적인 시간을 회사에 몸담고 있는 상황에서 퇴근 후의 시간만 생각하며 깨작깨작 사는 내 모습이 문득 껍데기 같다는 생각이 들면서 평일 9시부터 6시까지가 즐겁지도 행복하지도 않다면 결국 내 인생 전체가 현재 불행한 것 아닐까, 라고 말이죠.

그래서 거룩하게 회사와 조직을 위해서가 아니라 온전히 나 자신을 위해서 회사에서의 일에 몰입하고 집중해야겠다고 생각했던 것 같습니다. 누가 시켜서 하는 것이 아니라 내가 스스로 일의 우선순위를 정하고, 자발적으로 창의적으로 관심 있고 가치 있다 싶은 일에 몰입하고, 문제를 해결하고 주변 사람들과 보폭을 맞추고 한 걸음씩 뚜벅뚜벅 걸어가는 일은 분명 생생하게 삶의 질감을 느끼게 해주면서 스스로를 단단하고 풍요로우며 충만하게 해주는 일이었습니다. 그리고 그런 개인이 모여 성장하고 발전하는 조직과 회사를 만드는 것이겠죠.

앞으로 이런 생각이 또 어디로 튈지, 어떻게 바뀔지 알 수 없지만, 요즘의 저는 이런 생각을 하고 있습니다.

8

인공지능(AI)

기계가 학습한다는 것의 의미

머신러닝 작동 원리

이미지, 목소리, 언어 이 모든 것은 숫자이고 패턴이다

딥러닝으로 주가를 예측할 수 없냐고?

인공지능은
어떤 개념과 원리로 작동하는가?

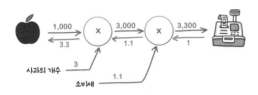

알못씨, 오랜만이에요. 그런데 얼굴이 많이 해쓱해 보이는데, 인공지능 프로젝트 하느라 많이 힘든가 봐요?

잘알씨

아 선배님, 정말 오랜만에 봬요. 영화에서나 보던 최첨단 과학인 AI 관련 업무에 참여하게 되어서 처음엔 무척 흥분되고 좋았는데, 생각보다 어렵더라고요. 기반 이론이나 개념도 대부분 선형대수학 같은 수학이나 어려운 통계학에 뿌리를 두고 있어서 개념 잡고 공부하느라 고생을 꽤 했던 것 같아요. 그런데 무엇보다 제가 막연히 생각하던 그런 AI가 전혀 아니었어요.

알못씨

우리가 인공지능에 대해 이야기할 때 '인공지능'스러운 무언가를 막연히 기대하지만, 사실 현대의 인공지능은 자의식을 갖추고 스스로 생각하고 상상력을 품을 수 있는, 인간이 생각하는 방식을 닮은 그런 지능은 아니죠. 최근 가장 뜨거운 AI 기술인 딥러닝도 마법이 아니라 그냥 비선형 통계 계산이에요. AI라고 불리는 지식은 그래서 고차원의 넘사벽 지식이라기보다는 제대로 훈련을 받은 사람에게는 평범한 통계학 지식에 불과합니다.

잘알씨

맞아요. 제가 AI 개발을 하면서 만난 인공지능은 사실은 '지능'이 아니라, 뭐랄까 방대한 데이터에서 뽑아낸 패턴으로 이루어진 자동화 기술에 가깝다는 인상을 받았어요. 본질적으로는 데이터 활용 기술에 가까운 것 같은 느낌요. 말씀하신 딥러닝도 데이터 속의 패턴이 도드라지지 않고 분명하지 않으면 그렇게 효과적이지 않더라고요.

알못씨

AI 프로젝트 하면서 알못씨가 많이 배운 것 같은데요. 인공지능이라고 하면 이세돌을 꺾은 알파고나 로봇이 인류를 지배하는 세상을 떠올리기 쉽지만, 우리가 지금 만나고 있는 인공지능은 스스로 생각하고 학습하는 개체가 아니라, 데이터 속의 패턴을 인식하는 여러 가지 계산법이나 알고리즘 중 하나라고 할 수도 있어요.

잘알씨

네, 그래서 세상의 모든 문제를 AI가 해결해 줄 것처럼 밑도 끝도 없이 무조건 AI라는 식은 아닌 것 같고요. 인간이 사고하는 방식, 더 나아가 사고하는 방식을 만들어내는 추론 방식을 인공지능이 흉내 내거나 복제할 수 있는 수준이 진정한 AI라고 본다면 아직 AI는 그런 것과는 거리가 멀고 완전히 다른 것이라고 이해가 됩니다.

알못씨

네, 그럼에도 불구하고 그런 '알고리즘'의 기술 발전과 확장 속도가 엄청나서 앞으로 세상을 어떻게 바꾸어 나갈지는 정말 예측할 수 없고 기대가 되는 것도 사실이죠. 게다가 알고리즘이라는 '생각'이 기계라는 '몸'과 만날 경우 그 시너지와 폭발력은 배가 될 거고요. 물론, 현재의 인공지능이 어디에 도착해 있는지도 정확히 알아야 하겠죠.

잘알씨

기계가 학습한다는 것의 의미

대개의 사람들은 가끔 언론을 통해 전해지는 인간을 완벽하게 모방한 멋있는 로봇이나 환상적인 서비스, 혹은 영화 속에서 반란을 일으키는 기계, 인간의 일자리를 빼앗는 컴퓨터 시스템 등을 인공지능Artificial Intelligence, AI이라 생각하며 인공지능에 대해 궁금해하고 알고 싶어 하지만, 그렇다고 그런 지적 호기심 때문에 전공 공부처럼 접근하기는 싫어합니다. 딱딱하고 진지한 공부가 아니라 주말 오전 느슨하고 이완된 마음으로 동네 카페에서 붙잡고 있는 잡지의 에디터 칼럼처럼 쉽고 흥미롭게, 짧은 호흡으로 경쾌하게 인공지능이라는 트렌디한 주제를 읽을 수 있어야 합니다.

그래서 개발자들이 알아야 할 것만 같은 기술의 깊숙하고 장황한 내용과 이를 설명하는 복잡한 수식, 외계어 같은 프로그래밍 코드, 그리고 난해한 통계학적 이론은 가급적 배제하고, 비전공자 일반인의 상식 수준에서 인공지능의 개념을 다루면서 그 특성과 실체, 근본 작동 원리를 알아보겠습니다.

이 책에서는 인공지능의 전반적인 얼개와 이를 구성하는 기술적 핵심 개념을 이해하는 것이 목표라서 인공지능의 발전 역사나 과학기술 윤리와 같은 사회적 이슈에 대해서는 다루지 않습니다. 인공지능의 시간 축을 따라 그 발전사를 살펴보면 험하기만 하고 경치는 별 볼 일 없는 산을 오르는 것처럼 따분하고 지루하기 쉽고, 인공지능의 사회적 파장 등 이슈는 인공지능 기술이 워낙 빠르게 변하고 발전하고 있기에 관련 내용을 담는다 해도 금세 낡은 것이 되기 쉽기 때문입니다. 대신 인간에게는 너무나 쉬운 개와 고양이라는 개체의 구분이 컴퓨터에게는 왜 어려운 일인지, 그럼에도 불구하고 컴퓨터가 개와 고양이 사진 이미지를 읽고 인공지능 기술을 통해 어떻게 이들을 정확하게 구분할 수 있게 되었는지 그 근본 메커니즘을 이해하는 데 필요한 최소한의 지식에 집중해 보고자 합니다.

인공지능의 근본 원리 이해를 위해 꼭 알아야 하는 3가지 핵심 개념이 있습니다. 바로 학습, 숫자, 패턴입니다. 이 3가지만 충분히 이해하면 테슬라의 자율주행, 이세돌을 이긴 알파고의 바둑, 시를 쓰는 인공지능으로 이해를 확장하는 것은 비교적 수월합니다. 그럼 먼저 '학습'부터 시작해 보겠습니다.

추가 설명 인공지능

직전 챕터에서 인공지능(AI), 머신러닝, 딥러닝의 용어 정의를 살펴봤다. 개념적으로는 머신러닝이 딥러닝을 포괄하고 다시 인공지능은 머신러닝의 상위 개념으로 그 의미가 계층적으로 구분되는 용어다. 최근 학계와 산업계에서 말하는 인공지능은 대부분 머신러닝을 대상으로 한다. 그래서 엄격한 잣대를 들이대지 않는다면 인공지능과 머신러닝은 현재 현업 현장에서 이음동의어인 셈이다. 이 책에서 언급하는 인공지능도 모두 머신러닝을 대상으로 삼는다. 따라서 글의 맥락에 맞게 인공지능과 머신러닝이라는 표현을 혼용했다. 가령 인공지능이라는 기술 트렌드를 대표하는 개념 표현이 필요할 때는 인공지능 혹은 AI를 사용했고 기계학습, 패턴, 알고리즘 등 IT 구현의 맥락 위에서는 머신러닝으로 표기했다.

학습은 오답노트를 만드는 것부터

당신은 AI라는 흥미로운 기술에 관심이 있어 신기한 것을 알고 싶은 호기심 정도로 가볍게 알아보고 싶은 사람일 수도 있고, AI로 전공과 진로를 심각하게 고민하는 학생일 수도 있으며, 조만간 AI 관련 정보화 사업을 발주해야 하는 직장인일 수도, 혹은 코딩하는 AI에 막연한 두려움을 느끼고 있는 현직 개발자일 수도 있습니다. 당신이 어떤 사람이든 분명한 것 한 가지는 AI라는 주제와 개념의 뿌리, 기술의 컨셉, 핵심 원리를 제대로 이해하는 것이 가장 중요하다는 것입니다.

> " 기술의 본질 개념과 개괄적 작동 원리를 이해해야 영화 속 판타지가 아닌 우리가 발 딛고 있는 현실 세계 위에서 현재의 AI 기술로 할 수 있는 것, 하기 어려운 것, 중요한 것을 구별할 수 있고, 그래야 어떻게 비즈니스에 적용하고 활용할지, 내 삶에 어떤 도움이 되는지를 가늠해 볼 수 있기 때문입니다. "

우리가 일상에서 접하는 음성 인식 AI 휴먼, 이미지 자동 분석, 기계번역 프로그램, 자율주행 자동차 등 반짝반짝 빛나며 주목받고 있는 인공지능 서비스의 대부분은 '머신러닝'을 통해 구현됩니다. 머신러닝의 머신은 컴퓨터이고 러닝Learning은 학습을 의미합니다. 따라서 인공지능에서 컴퓨터의 '학습'이 구체적으로 무엇을 의미하는지를 제대로 아는 것은 무척 중요합니다.

추가 설명 학습

학습 관련 설명 중 일부는 ≪비전공자를 위한 딥러닝≫(디지털북스, 2022)의 저자 윤준호 님의 블로그 설명 방식을 참고했음을 밝힌다. 국문과 출신의 AI 컴퓨터 비전 엔지니어가 만든 책으로, 비전공자들이 쉽게 이해할 수 있도록 친절하게 집필되어 있어 딥러닝을 좀 더 알고 싶은 입문자에게 추천한다.

알파고가 프로기사들의 바둑 기보를 학습했다는 이야기, 컴퓨터가 백과사전과 신문 기사, 잡지를 학습했다는 이야기는 익히 많이 들어봤는데, 여기서 '학습했다'는 것이 정확히 무엇을 의미하는 걸까요? 인간의 학습은 예를 들어

아이들이 학습지를 풀고 정답과 맞추어 본 후 오답에 대해 깊이 고민해 유사한 문제를 또 틀리지 않도록 한다거나 '어젯밤 지나치게 술을 마셨더니 아침에 머리가 너무 아프네, 앞으로 과음하지 말아야겠어'와 같이 경험을 통해 행동이 변하거나 지식이 축적되는 것을 의미합니다. 그렇다면 이런 인간의 학습과 기계의 학습에는 어떤 공통점과 차이점이 있을까요?

인공지능의 '학습'이라는 개념 이해를 위해 앞서 잠시 언급했던 '규칙 기반 스팸 메일 처리 방식'을 다시 한번 살펴보겠습니다. 회사의 내부 메일 시스템 담당자인 K는 최근 급증하고 있는 스팸메일 때문에 고심하다가 수신된 메일의 제목에 다음과 같은 키워드가 포함된 것을 골라내기로 했습니다.

〈 규칙 I 〉

- 메일 제목에 다음 키워드 중 적어도 하나가 포함된 메일을 체크하여 수신인의 스팸 메일함으로 자동 이동 처리한다.
- 키워드 단어: 카지노, 대출, 판매, 광고, 무료

이 기준에 따라, 다음의 6건의 메일 중 1, 2, 3, 6번의 메일이 스팸으로 자동 분류됩니다.

(1) (대출) 저신용자 환영, 묻고 따지지도 않습니다

(2) 영업 1팀 1/4분기 판매 실적 보고

(3) (광고) 지난주 1등 27억/9명! 당신도 주인공이 될 수 있습니다

(4) [반스 공식 온라인 스토어] 주문 상품이 발송되었습니다

(5) 정품 비아그라 총알 배송

(6) 여름휴가 상품 1 + 1 이벤트 주말 한정 특가 판매

그런데 살펴보니 문제점이 보입니다. '판매'라는 키워드 때문에 정상적인 업무 메일인 (2)가 스팸으로 잘못 분류되었습니다. 그렇다고 '판매'를 제외하

자니 (6)이 스팸으로 분류되지 않는 문제가 생깁니다. 또한 스팸 지정 단어 목록에 '비아그라'라는 해당 단어가 없기 때문에 (5)는 스팸인데도 스팸으로 분류되지 않고 있습니다. 스팸 규칙을 좀 더 정교하게 다듬어 봐야겠군요. 그래서 수정한 규칙은 다음과 같습니다.

〈 규칙 2 〉

- 메일 제목에 다음 키워드 중 적어도 하나가 포함된 메일을 체크하여 수신인의 스팸 메일함으로 자동 이동 처리한다.
- 키워드 단어: 카지노, 대출, 판매, 광고, 무료, 비아그라
- 단, 제목에 '판매'가 포함된 경우, 〈업무, 보고, 영업〉이라는 단어가 제목에 함께 있는 케이스는 스팸으로 처리하지 않는다.

√ (1) (대출) 저신용자 환영, 묻고 따지지도 않습니다

(2) 영업 1팀 1/4분기 판매실적 보고

√ (3) (광고) 지난주 1등 27억/9명! 당신도 주인공이 될 수 있습니다

(4) [반스 공식 온라인 스토어] 주문 상품이 발송되었습니다

√ (5) 정품 비아그라 총알 배송

√ (6) 여름휴가 상품 1 + 1 이벤트 주말 한정 특가 판매

변경한 규칙으로 위 6가지 메일을 제대로 분류하는 데 성공했습니다. 하지만 이 정도 수준의 규칙을 가지고 다른 수십만 건의 메일을 어느 정도나 성공적으로 구분할 수 있을까요? 성공률이 그리 높지는 않을 것입니다.

6번 메일의 경우, '판매'가 아닌 '세일'로 단어를 바꾸면 스팸 필터링을 쉽게 피할 수 있습니다. 또한 '영업 1팀 1/4분기 판매 실적 관련 의견 드립니다'라는 제목의 메일이 추가로 발송된다면 '판매'는 포함하지만 추가된 단어 목록인 업무, 보고, 영업이 함께 포함되어 있지 않아 정상 업무 메일임에도 스팸으로 분류됩니다.

실제로 스팸 메일을 만드는 사람들은 스팸 필터링에 걸리지 않도록 엄청나게 연구하고 발전시킵니다. 가령 '$비$아$그$라$', '(대)저신용자 환영, 묻고 따지지도 않습니다(출)'과 같이 제목을 묘하게 비틀고 변형하는 등 점점 더 영악해지는 것이죠. 따라서 조건을 하나하나 붙여가는 방식으로는 예측 불가능하게 진화하는 스팸 메일의 변화에 대처하기는 사실상 어려워 보입니다.

> " 구구절절 모든 규칙을 적어 놓고 문제가 생길 때마다 일일이 수정하고 새로운 조건을 붙여 업데이트하는 이런 거칠고 조악한 방식 말고 좀 더 스마트하고 융통성 있게 일을 처리하는 방법은 없을까요? 여기서 드디어 학습 Learning이 등장합니다. "

규칙과 절차가 명확하고 변화가 거의 없는 안정적인stable 환경에서는 규칙 기반rule based의 처리 방식이 효율적이겠지만, 지금과 같은 이런 상황에서 규칙과 절차, 로직을 기준으로 스팸 메일을 계속 필터링하는 노력은 큰 의미가 없을 것 같습니다. 그래서 K는 '학습'이라는 개념을 적용할 수 있도록 다음과 같이 스팸 메일을 구분하고 분류하기 시작합니다. 이미 수신된 메일이 결과적으로 스팸인 것으로 판단되면 1, 스팸이 아닌 정상 메일이라면 0이라는 라벨label을 해당 메일과 함께 기록하는 방식입니다.

여기서 '라벨'은 해당 메일이 스팸 메일인지를 구분하는 속성이자 꼬리표로, 이렇게 라벨을 붙이는 행위를 인공지능에서는 레이블링Labeling이라고 합니다. '스팸 메일인가?'라는 질문(문제)에 6개의 데이터에 대해 그 데이터의 '정답'을 표시했다는 의미입니다. 이미지 인식과 자동 분류를 위해 동물 사진을 보고 이것은 고양이, 저것은 강아지처럼 이름을 붙여주며 구분하는 것도 레이블링입니다.

아이들 학습지의 정답지처럼 문제의 답안을 만들었으니 이제 K는 회사 동료 S에게 학습을 시켜보려고 합니다. 스팸 메일을 분류하는 법을 사무실에서 항상 상냥한 S를 통해 학습시키는 것인데요. 잠시 학생이 되어 달라는 요구에 S는 흔쾌히 응합니다. 우선 S에게 답안을 보여주지는 않습니다. 문제만 던져줍니다. 즉, 다수의 메일 제목만 S에게 전달한 후, S는 자신이 예측한 답을 노트에 적어서 제출합니다. 이건 정상 메일이네, 저건 딱 봐도 스팸이네, 하면서 말이죠. 그다음에는 답안의 정답과 비교해서 스스로 채점합니다. 채점할 때 S가 맞춘 문제는 가볍게 넘어가고, 틀린 문제는 왜 틀렸는지 고민하며 앞으로는 틀리지 않도록 그 문제에 대한 본인의 생각과 판단을 수정합니다.

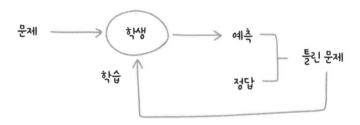

" 이렇게 본인이 예측한 답안을 정답과 비교하며 채점하고, 오답 노트를 만들어 가면서 앞으로는 틀리지 않게 발전해 나가는 것, 이것이 바로 학습의 기본 개념입니다. "

이 과정을 '학생' 대신 '기계(컴퓨터)'가 수행하게 한다면 어떻게 될까요? S가 그랬듯이, 기계는 데이터에 대해 '예측'을 진행하고, 레이블 정답으로 채점한 뒤 틀린 문제에 대해 스스로 피드백을 진행(모델 수정)합니다. 이것이 바로 기계의 학습, 즉 머신러닝의 얼개 구조입니다.

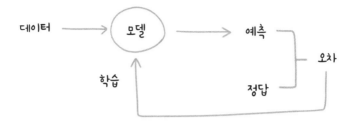

머신러닝 학습 체험

예측한 결과를 레이블 정답과 비교한 후 틀린 문제에 대해 스스로 피드백을 해 모델을 점진적으로 수정한다는 머신러닝 모델의 학습을 쫓아가 보겠습니다. 머신러닝의 학습은 다음의 과정을 반복합니다.

1. 문제의 정답을 치워둔다.(보이지 않게 '?'로 처리)

2. 데이터를 바탕으로 예측(가설 설정)한다.

3. 컴퓨터의 예측값과 실제 레이블 정답을 비교하여 오차를 확인한다.

4. 틀린 예측에 대해 예측 방향을 실제 레이블에 가까워지도록 수정한다.

다음은 이 과정을 반복하며 6개의 임의의 숫자를 컴퓨터에게 맞추도록 하는 문제입니다. 숫자들은 모두 1에서 10 사이의 값 중 하나입니다. 1회차에는 아직 학습된 정보가 전혀 없기 때문에 사실 컴퓨터가 무작위로 4, 3, 8, 7, 1, 5라고 답을 찍은 것입니다. 무작위로 찍은 예측값과 실제 정답을 비교하고 피드백을 받습니다. 피드백 결과는 오차 수준을 감안하여 파란색, 노란색, 빨간색으로 구분됩니다. 예측값과 결괏값이 일치하면 파란색, 근소하게 차이가 나는 경우는 노란색, 오차가 크게 나는 경우는 빨간색입니다. 1회차에는 대부분 예측한 가설과 정답 간 큰 오차가 존재해 빨간색과 노란색이 다수를 차지합니다.

가설/정답 칸이 파란색일 경우 – 아무것도 하지 않는다.

가설/정답 칸이 노란색일 경우 – 가설/정답 값이 양수면 가설을 ① 작은 수로, 음수면 가설을 ① 큰 수로 바꾼다.

가설/정답 칸이 빨간색일 경우 – 가설/정답 값이 양수면 가설을 ❷ 작은 수로, 음수면 가설을 ❷ 큰 수로 바꾼다.

가설 칸에 1~10 중 숫자 하나를 쓰시오.

	가설	정답	가설/정답
1	4	?	1
2	3	?	-2
3	8	?	6
4	7	?	0
5	1	?	-3
6	5	?	4

	가설	정답	가설/정답
1	3	?	0
2	4	?	-1
3	5	?	3
4	7	?	0
5	4	?	0
6	2	?	1

	가설	정답	가설/정답
1	3	?	0
2	5	?	0
3	2	?	0
4	7	?	0
5	4	?	0
6	1	?	0

파란색 예측한 가설과 정답이 같은 경우
노란색 예측한 가설과 정답이 근소하게 차이 나는 경우
빨간색 예측한 가설과 정답이 크게 차이 나는 경우

가설/정답 칸의 색상에 따른 학습 방법 안내에 따라 학습을 수행하면 학습 횟수가 늘어날수록 파란색은 증가하고 노란색과 빨간색은 감소합니다. 이는 학습 회차가 증가하면서 예측값과 정답이 가까워지며 오차가 점진적으로 줄 어들고 있음을 증명합니다. 여기서 학습 회차는 학습 데이터를 한 바퀴 돌았 다는 것으로, 머신러닝 학습에서는 이를 에포크epoch라고 합니다.

머신러닝에서 '학습'이 어떻게 진행되는지를 개념적으로 간단히 체험해 보 았습니다. 간략하게 3회 에포크 학습으로 마쳤지만, 실제 업무에서는 수백, 수천 회까지 학습을 진행하기도 합니다.

" 핵심은 예측값과 실제 정답을 비교하여 오차를 확인한 후, 틀린 예측에 대
해 예측 방향을 실제 레이블 정답에 가까워지도록 수정한다는 것입니다. "

근속 연차, 고과라는 입력 신호와 연봉이라는 출력

잠시 퍼셉트론perceptron이라는 알고리즘을 설명하려고 합니다. 1957년에 고안된 고대 화석 같은 이 알고리즘을 지금 시점에 꺼내는 이유는, 퍼셉트론

이 인공지능의 기원이 되는 알고리즘이기 때문입니다. 퍼셉트론의 구조를 통해 머신러닝의 중요한 아이디어를 배울 수 있습니다. 이름만 보면 엄청나게 복잡하고 어려운 이론일 것 같지만 전혀 그렇지 않습니다. 알고 보면 굉장히 심플한 구조입니다.

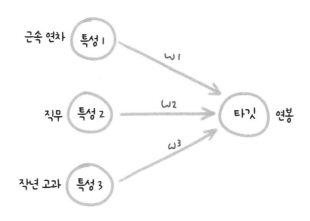

　회사에서 매년 초 갱신되는 연봉이 '근속 연차', '직무', '작년 고과'라는 3가지 변수만으로 결정되는 구조라고 가정해 보겠습니다. 그리고 근속 연차가 연봉을 결정하는 데 끼치는 중요도와 작년 고과 평가 결과가 연봉에 미치는 영향도에는 분명 차이가 있습니다. 즉, 특성feature별로 타깃인 연봉에 영향을 미치는 정도가 다릅니다. 3가지 특성이 각각 연봉에 대해 얼마나 영향을 미치는지의 중요도를 가중치weight라고 하겠습니다. 그리고 근속 연차라는 특성이 갖는 가중치(w1)가 직무라는 특성이 갖는 가중치(w2)보다 훨씬 더 크다고 전제해 보겠습니다. 여기서 w는 가중치를 의미하는 weight의 머리글자입니다. 특성 근속 연차의 가중치 w1이 직무라는 특성의 가중치 w2보다 크다는 의미는 얼마나 회사에 오랫동안 근무했는지의 근속 연차가 영업, 마케팅, 인사, IT와 같은 직무 유형이 연봉에 미치는 영향보다 연봉에 좀 더 결정적이라는 것입니다.

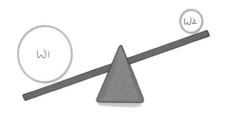

따라서 이와 같이 서로 다른 가중치를 갖는 특성이 더해지는 가중 합의 관계로 연봉을 표현해 볼 수 있습니다.

(근속 연차 × w1) + (직무 × w2) + (작년 고과 × w3) = 연봉

이는 근속 연차, 직무, 고과라는 3가지 특성 변수를 통해 연봉이라는 타깃 결과를 표현하는 산술식 모델인 셈입니다. 물론 이 모델이 제대로 작동하려면, 즉 다수 회사 직원의 특성 변숫값을 입력했을 때 실제 현실에 가까운 연봉을 산출하려면 특성 변수별 가중치인 w1, w2, w3가 대다수 직원의 연봉을 보편적으로 반영할 수 있는 적절한 값으로 잘 정의되어 있어야 합니다. 어쨌거나, 이러한 구조와 패턴을 활용하면 특성 변수를 인풋으로 받아 연봉을 추론할 수 있습니다.

추가설명 모델

이런 모델은 머신러닝의 기초가 되는 선형회귀라는 통계학의 기본 개념, 선형 방정식이라는 수학 함수와 일치한다. 사실 통계학의 모든 작업은 기본적으로 특성 변수의 효과적인 추적 이기도 하다.

	근속 연차	직무	작년 고과	연봉
연봉 1	21	전략기획	B-	8.5천
연봉 2	11	해외영업	A	7천
연봉 3	8	연구개발	B+	6천
⋮	⋮	⋮	⋮	⋮

	근속 연차	직무	작년 고과	연봉
예측할 연봉 1	4	마케팅	B	?
예측할 연봉 2	10	IT	A	?
⋮	⋮	⋮	⋮	⋮

3가지 특성 변수를 통해 연봉이라는 결과가 표현되는 모델처럼 퍼셉트론은 다수의 신호를 입력input으로 받아 하나의 신호를 출력output하는 구조입니다. 여기서 말하는 신호란 전류나 강물처럼 흐름이 있는 것을 상상하면 좋습니다.

$$y = \begin{cases} 0 & (w_1 x_1 + w_2 x_2 \leq \theta) \\ 1 & (w_1 x_1 + w_2 x_2 > \theta) \end{cases}$$

x : 입력신호 y : 출력신호 w : 가중치

그림은 입력으로 2개의 신호를 받는 퍼셉트론의 예입니다. 수식이 나와서 불편할 수도 있습니다만, 살펴보면 어렵지 않고 단순합니다. x1과 x2는 입력 신호, y는 출력 신호, w1과 w2는 입력 신호에 대한 가중치를 뜻합니다. 그림의 원을 뉴런 혹은 노드라고 부르며 입력 신호가 출력 노드에 보내질 때는 각각 고유한 가중치가 곱해집니다(w1x1, w2x2). 그리고 노드에서 보내온 신호의 총합이 정해진 한계를 넘어설 때만 1을 출력합니다(이를 뉴런이 활성화한다고 표현하기도 합니다). 보통 그 한계를 임곗값이라고 하며, 세타(θ)로 표현합니다. 퍼셉트론의 동작 원리는 이게 전부입니다.

" 퍼셉트론은 x1에는 w1, x2에는 w2처럼 복수의 입력 신호 각각에 고유한 가중치를 부여합니다. 가중치는 각 신호가 결과에 주는 영향력을 조절하는 요소로 작용합니다. 즉, 가중치가 클수록 해당 신호가 출력 결과에 그만큼 더 중요함을 의미합니다. "

퍼셉트론의 출력 신호 y는 '흐른다/안 흐른다(1이나 0)'의 두 가지 값을 가질 수 있습니다. 통상 1을 '신호가 흐른다', 0을 '신호가 흐르지 않는다'라는 의미로 사용합니다. 뒤에서 자세히 살펴보겠지만,

" 인공지능의 '학습'은 결국 최적의 '가중치'를 찾아내는 과정입니다. 가중치
가 머신러닝의 전부입니다. 바둑을 두는 알파고의 내부를 뜯어봐도, 자율
주행 운행 중인 테슬라의 컴퓨터를 열어 봐도, 암 진단을 한다는 헬스케어
프로그램의 심연을 들여다봐도 그 풍경은 모두 비슷합니다. 바로 다수의
데이터에 대해 입력에 따른 출력값을 보편적으로 가장 잘 설명하는 최적
의 가중치를 찾기 위해 엄청난 반복 연산을 하며 가중치 값을 점진적으로
업데이트하는 체계가 바로 학습의 원형입니다. "

가중치는 인공지능 학습의 핵심 요소다. 그 값이 클수록 강한 신호를 흘려
보낸다. 즉 입력 신호 각각에 부여된 가중치는 해당 신호가 결과에 주는 영향
력, 중요성을 의미한다고 이해하면 됩니다. 방대한 데이터를 컴퓨터에 학습시
켜 AI 모델을 만든다는 것은 주어진 데이터 속 패턴을 읽어 그 패턴을 보편적
으로 반영하는 가중치를 찾아내는 일입니다.

자, 그렇다면 이제 앞서 설명한 '학습'이라는 개념과 '가중치'라는 요소가 어
디서, 어떻게 만나고 연결되는지를 좀 더 구체적으로 알아보겠습니다.

리마인드: 머신러닝이 세상을 표현하고 이해하는 원형

학습 중인 머신의 내부로 들어가 그 실체를 직접 만지고 느껴보기에 앞서,
그 전에 잠시 다룬 적 있는 분석 모델과 특성 변수, 그리고 머신러닝이 세상
대부분 현상을 표현하고 학습하는 원형에 대해 잠시 복습을 해보겠습니다. 이
를 다시 강조하는 이유는 머신러닝을 이해하는 데 무척 중요한 배경지식이기
때문입니다.

회사에서 더 높은 임금을 받고 임금 인상액이 더 많고 업무평가 결과가 긍
정적인 직원들은 확실히 더 적게 그만두지만, 승진에 따른 임금 인상이 상대
적으로 적은 경우 오히려 역효과가 발생해 이직 위험이 높아진다는 HP의 이
직 위험 점수 예측 사례를 기억할 겁니다. 이처럼 어떤 현상(직원의 이직) 내
'특성' 요소 변수들(임금 인상률, 승진 여부 등)과 의미 있는 결과(직원 이직
위험 점수) 사이에 일정한 '연관성'이 있다는 것에 주목하고, 이를 구체적으로
표현하고 활용하는 방법이 바로 '분석 모델'이었습니다.

모델을 활용해 우리는 여러 가지 추론과 예측을 할 수 있습니다. 우리가 데이터를 수집해 분석하는 이유는 분석하고자 하는 대상인 어떤 사물이나 사건, 현상에서 그것의 흔적인 데이터를 펼쳐놓고 그 대상이 어떤 구조로 이루어져 있고 어떤 규칙과 패턴으로 움직이는지를 이해하고, 이를 제어하고 미래를 예측하기 위함입니다.

인공지능이 세상을 표현하고 학습하는 방식이 무엇이었는지 그 기본 개념도 리마인드해 보겠습니다. 일차방정식 $y = ax + b$, 함수로 표현하면 $f(x) = ax + b$,

" 머신러닝에서는 $H(x) = wx + b$의 형태로 표현되는 이 식이 바로 세상 대부분의 현상을 인공지능이 표현하고 학습하는 원형 모델입니다. "

일차함수 $f(x) = 5x + 3$에서 입력값 2는 '원인'이고 출력값 13은 해당 함수의 '결과'라고 이해할 수 있지만, 또 다른 관점으로 x를 입력 신호, y를 출력 신호라고 가정하면 입력 신호에 5라는 고유한 가중치^{weight}가 부여되었다고도 이해할 수 있습니다. 가중치는 다시 강조하지만 신호가 결과에 주는 영향을 조절하는 절대적인 요소로 작용합니다.

좋습니다. 이제 머신러닝의 '학습'을 직접 체험해 보러 머신러닝의 내부로 들어가 보도록 하죠.

머신러닝이 바꾼 데이터 드리븐 비즈니스

우리가 패션 쇼핑몰 마케팅 담당자이고 고객 타겟팅에 머신러닝을 활용하는 상황을 가정해 보겠습니다.

본격적인 여름휴가가 시작된 후덥지근한 7월 말이지만, 작년 FW 시즌 의류 재고 정리를 위해 겨울 남성 아우터 역시즌 세일을 하려고 합니다. 구매할 확률이 높은 특정 타겟에는 별도의 이벤트 페이지를 구성하고 세일가에 20% 추가 할인이 적용되는 쿠폰과 관련 메시지를 제공하는 강력한 프로모션도 기획 중입니다. 다수의 고객 중 어떤 사람을 타겟으로 설정해야 할까요? 마케팅

팀은 이를 위해 어제에 이어 오늘도 긴 시간 회의를 합니다. 그렇지만 여러 가지 의견이 오가더라도 이런 회의의 결론은 통상 다음 두 가지 중 하나인 경우가 많습니다.

첫 번째는 '우리 브랜드의 아이덴티티가 도시적인 감각의 빈티지 캐주얼 편집숍이고 세일 대상이 남성 아우터이니 프로모션 타깃은 20~30대 남성이어야 한다', 혹은 '20대가 구매하기엔 세일을 고려하더라도 비교적 고가이고 주위를 보면 남자 옷은 여자친구나 아내도 많이 구매하는 것 같으니 30~40대 남성을 위해 옷을 구매하는 20~40대 여성을 메인 타깃으로 해야 한다'라는 의견이 나오기 쉽습니다.

이 방법은 개인의 직관과 통찰, 과거의 경험에 기반합니다. 비즈니스 현장에서는 경험치를 가지고 가정하여 판단하기 쉽습니다. 그렇기에 대개는 회사에서 경험이 많고 직급이 높은 사람의 의견이 반영됩니다. '무슨 소리야. 한여름에 겨울옷을 합리적인 가격에 구매하는 건 30~40대 남성 직장인이지. 그렇게 프로모션해'라고 하면 그냥 그렇게 되는 것이죠.

두 번째는 판매 데이터를 분석해 보는 것입니다. 가령 최근 5년간의 판매 데이터 전체를 펼쳐놓고 남성 아우터를 누가 구매했는지, 그리고 그 사람들의 특징은 무엇인지, 공통점은 무엇인지를 찾아내는 방법입니다. 분석을 통해 남성 아우터 구매자의 80%는 30대이며, 70%는 남성이고, 60%는 배송지가 서울이라는 사실을 확인했습니다. 그래서 '30대/남성/서울 거주'를 타깃 조건으로 정합니다.

직관과 경험이 아닌 데이터 규칙을 통해 타깃팅하는 두 번째 방법은 데이터를 기반으로 분석한 결과를 활용하기는 하지만, 의미 있는 인사이트를 찾아내는 것은 매우 드문 일이며 분석하는 사람에 따라 좋은 결과가 있기도 하고 그렇지 않기도 합니다. 경험을 기반으로 하는 첫 번째 방식과 크게 차이도 없습니다. 왜냐하면 결국 분석하는 사람이 얼마나 통찰력 있고 역량이 있는지에 의존하기 때문입니다. 분석이라는 행위도 근본적으로는 분석 대상과 범위를 정의하는 것부터 가설과 전제, 가정, 시행착오에 기반합니다. 게다가 서울에 거주하는 30대 남성을 타깃팅했다면, 30대가 아닌 나머지, 남성이 아닌 나머지, 서울이 아닌 나머지 고객은 그냥 포기하고 버리게 됩니다.

" 인간 판단에는 한계가 있고 규칙 기반에는 제약이 존재합니다. "

머신러닝은 이 모든 문제를 단번에 해결하며 우리를 목적지로 곧바로 데려다줍니다. 어떻게?

제일 먼저 정답지부터 준비합니다. 정답지는 당연히 과거 5년 동안 쇼핑몰에서 남성 아우터를 구입한 고객에 대한 모든 데이터입니다. 고객 정보, 구매 내역 정보 등 많으면 많을수록 좋습니다. 중요한 것은 이것은 고양이, 저것은 강아지라고 구분하고 스팸 메일인지의 여부를 0과 1로 라벨링하듯이 남성 아우터를 구매했던 모든 고객의 데이터에 꼬리표를 달아 구분했다는 것입니다.

기존 데이터

이름	성별	출생연도	지역	구매총액(원)	총구매 횟수	남성 아우터 구매 횟수
김남훈	M	1987	강원	1,228,500	12	2
한애옥	F	1946	경기	2,650,000	32	18
김초인	M	1989	제주	1,308,500	15	7
양은주	F	1975	경남	1,139,000	8	0
이민효	F	2003	서울	802,000	3	3
⋮			⋮			⋮

··· +

추가된 예측 데이터

남성 아우터 구매 확률(%)
14
93
78
4
85
⋮

기존 데이터에 기반한 이 정답지를 컴퓨터에게 주고 공부하라고 시킵니다. 어려운 일은 컴퓨터에게 시키고 넷플릭스로 드라마 몇 편을 즐긴 지 얼마 지나지 않아,

" 컴퓨터는 공부(학습)를 다 했다고 합니다. 즉, 남성 아우터 구매 고객의 특성 패턴을 모두 알아냈다고 한 것입니다. "

그럼 이번에는 나머지 전체 고객 데이터를 모두 다 컴퓨터에게 다시 던져줍니다. 그러면 컴퓨터는 공부했던 것을 기반으로, 즉 정답지로 찾아낸 남성 아우터 구매자의 특성을 바탕으로 전체 고객 데이터에 대해 아우터 구매 가능성을 계산하여 우리에게 돌려줍니다. 이제 우리는 흥미로운 것을 손에 쥐게 되었습니다. 고객 한 명, 한 명에 대한 남성 아우터 구매 예측 확률을 가지게 된 것입니다.

'정답지'를 주면 '예측값'을 받는다, 이것이 전부입니다. 인간의 경험에 갇힌 생각과 저마다의 편협한 직관, 불합리한 전제와 가정으로 뒤엉킨 머리를 맞대고 열심히 회의하고 며칠씩 워크숍을 진행하면서 엉뚱한 길에서 헤매고 있을 때 머신러닝을 활용하는 인간은 데이터 특성과 패턴을 읽어 훨씬 더 정확하게 예측하며 빠르게 달려가고 있습니다.

예측 분석이라는 말을 처음 들었을 때 대부분 사람은 용한 점쟁이가 미래를 예측하는 모습을 상상하며 무언가 대단히 심오하고 환상적인 것이구나, 라고 생각하기 쉽습니다만,

> " 예측이라는 말의 보편적인 느낌과는 다르게 예측 분석에서의 예측은 미래를 향해 있지 않고 미래에 대한 분석도 아닙니다. 예측 분석의 정확한 실체는 과거와 현재의 분석입니다. 과거의 데이터를 가지고 '규칙'과 '패턴' 등을 찾아내어 '현재를 설명'하는 일이기 때문입니다. "

그래서 일단 예측 분석이라고 할 때는 미래라는 시간 개념을 버리고 이해하는 것이 바람직합니다. 사기 거래 범죄를 사전에 탐지하려고 한다면 과거에 발생된 사기 거래 데이터(정답지)를 컴퓨터에게 주고 전체 모든 거래에 대한 사기 거래 예측값을 받습니다. 어떤 상품을 누가 구매할지 궁금한가요? 상품별로 구매 고객 데이터(정답지)를 주고 전체 고객에 대해 상품별 구매 예측값을 받으면 됩니다.

> " 예측 분석은 데이터에 기반하며, 데이터는 모두 과거에 일어난 사건의 기록입니다. 따라서 과거의 데이터가 한 번도 말한 적 없는 규칙과 패턴을 현

재와 미래를 설명하는 일에 끌어올 수는 없습니다. 인공지능은 결국 데이터 패턴의 활용 기술입니다. 그래서 정교한 머신러닝 예측 분석 모델을 만들기 위해 현실을 제대로 반영하는 양질의 데이터가 필수적이게 됩니다. ”

그러니까 머신러닝은 데이터가 랜덤인데도 불구하고 랜덤 속에서 패턴을 찾아내는 마법이 아니라, 인간이 방대한 데이터 속에서 발견해 내기 어려운 패턴을 찾아주는 고속의 컴퓨터 알고리즘 모델일 뿐입니다. 데이터에 패턴이 없고 랜덤이라면 어떤 우수한 머신러닝 모델을 가져와도 의미 있는 결과를 얻을 수 없습니다.

자, 이제 제공받은 정답지 데이터를 컴퓨터가 학습해 쇼핑몰 고객 데이터의 특성을 이해하여 구매 가능성을 확률적으로 계산한 결과를 우리에게 돌려주는 이 과정이 어떻게 작동되는지, 그 근본 원리를 알아보겠습니다. 학습 중인 컴퓨터의 저 내밀하고 깊은 심연을 들여다보겠습니다.

머신러닝 작동 원리

학습은 결국 특성별 가중치 찾기

쇼핑몰 고객 데이터의 여러 속성 중 우리가 관심을 갖고 학습해야 할 특성 변수가 될 만한 데이터를 추려 보겠습니다. 연령대 구분을 위한 출생 연도는 당연히 중요한 특성이 되겠고 성별, 지역, 그동안의 구매 총액, 구매 횟수, 회원 등급, 회원 가입 일자, 심지어 구매 후기 리뷰 작성 건수, 적립한 전체 포인트 등도 관심을 가질 만한 의미 있는 특성으로 보입니다.

전문가의 도움을 받아 주요 특성을 15가지로 선별하고, 다음과 같은 방식으로 가설식을 설정합니다.

점수 = w1×(성별) + w2×(지역) + w3×(구매 총액) ... + w15×(적립 포인트) + b

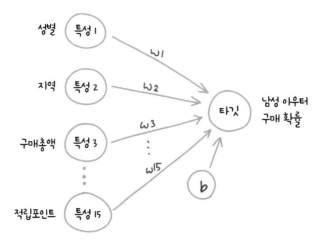

여기서, w1, w2와 같은 15개의 가중치는 성별, 구매 횟수 등 개별 특성 요인 변수가 남성 아우터 구매라는 행위에 얼마나 큰 영향을 미치는지의 영향력과 중요도를 조절합니다. 그러니까, 각 특성 요소의 가중치는 고객의 구매 확률 점수를 높이거나 낮추는 역할을 합니다.

> "H(x) = w1x1 + w2x2 + w3x3 + ... + w15x15 + b와 같은 기본 가설 식을 설정해놓고(모델) 무수히 많은 시뮬레이션 실험을 하면서 정답에 근사한 가중치를 컴퓨터가 찾아내게 한 후(학습), 찾아낸 가중치를 적용하여 실제 개인의 특성인 x1, x2 ... x15 데이터를 입력해 출력된 결과(예측)를 통해 구매 확률을 예측하게 되는 것이 머신러닝의 큰 틀이자 원형입니다. 따라서 최적의 가중치를 발견하는 방법이 기술의 핵심입니다."

결국, 우리가 찾고 싶은 것은 학습을 위해 확보된 데이터에 잘 맞는, 그러니까 학습 데이터를 보편적으로 가장 잘 설명하고 있는 w와 b입니다. (이 책에서는 핵심인 가중치 w에 집중하고자 편향인 b는 생략합니다.) 학습 데이터를 잘 설명하고 있다는 것은 머신러닝을 통해 찾아낸 가중치를 실제 데이터에 적용했을 때 그 결과가 레이블링된 정답과 대부분 일치하는 것을 의미합니다.

확보된 데이터를 바탕으로 학습을 통해 적절한 w를 찾는 방법, 즉 가중치를 최적화하는 시뮬레이션 방법은 개념적으로 대략 다음과 같습니다.

학습 중인 훈련 데이터에 잘 맞는 가중치를 찾는 방법

1) 무작위로 가중치 w를 정한다. (무작위로 모델 만들기 시작)
2) 현재의 가중치(w1, w2, ⋯, w15)를 기준으로 학습 데이터(x1, x2, ⋯, x15)를 입력하여 출력 예측값(y) 확인하기
3) 예측값과 실제 학습 데이터에 기록된 결과인 레이블 정답을 비교하기 (손실 계산)
4) 예측값이 정답에 더 가까워지도록 손실을 최소화하는 가중치값으로 재조정
5) 모든 학습 데이터가 처리될 때까지 다시 2~4 항목을 반복

갑자기 '손실', '무작위', '재조정'과 같은 진지하고 까다로운 느낌의 단어가 튀어나왔다고 당황할 이유는 전혀 없습니다. 위의 5단계 과정은 알고 보면 지극히 상식적입니다. 집중해서 살펴보죠.

'손실'은 학습지의 '정답'과 컴퓨터가 문제를 풀어 산출한 값과의 차이입니다. 현재 학습 중인 상태에서의 임시 가중치로 컴퓨터가 산출한 '예측값'과 실제 정답지의 '결괏값'의 차이^{gap}, 즉 오차가 손실입니다.

제품을 생산하는 공장에서 상품의 품질을 관리하기 위해서는 가장 먼저 품질에 대한 자체 개념 정의가 필요합니다. 그 정의를 바탕으로 품질이 수치화되고 이를 측정할 수 있어야 제대로 관리할 수 있습니다. 즉, 측정 기준, 지표가 중요합니다. 마찬가지로, 학습 중인 현재의 가중치가 적절한지, 최적에 가까운지를 가늠하려면 '지표'가 필요합니다. 품질 지표를 가진 공장의 품질관리팀에서 그 지표를 근거로 최적의 품질을 탐색하고 개선 활동을 수행하듯이, 머신러닝에서도 하나의 지표를 기준으로 최적의 가중치 값을 찾아냅니다.

컴퓨터가 AI 학습을 하는 과정에서 사용하는 지표를 '손실'이라고 부릅니다. 정확한 표현은 손실함수$^{Loss \ Function}$지만, 줄여서 쉽게 손실이라고 부르겠습니다. 손실은 분석하려는 문제의 유형에 따라 다소 복잡한 수학 함수 몇 가지 형태로 전문가들이 이미 깔끔하게 잘 정리해 놓았습니다.

" 우리는 데이터에 실제 기록된 정답 '결괏값'과 현재 학습 중인 가중치를 가
지고 머신러닝 모델이 산출한 '예측값' 사이의 차이를 오차 혹은 손실이라
고 이해하면 충분합니다. "

스팸 메일 예측 모델에서 특정 메일이 스팸이라는 기록(레이블값: 1)이 있
음에도 머신러닝 예측 결과는 스팸이 아니라면(레이블값: 0), 이는 손실입니
다. 마찬가지로 쇼핑몰 고객의 남성 아우터 구매 확률이 80%인데, 구매하지
않았다면 이 역시 그만큼 오차입니다.

즉, 결괏값과 예측값의 갭이 클수록, 다시 말해 손실이 클수록 머신러닝 모
델이 많이 틀렸다는 이야기입니다. 모델이 틀렸다는 것은 결국 가중치가 학습
된 현실의 데이터를 제대로 충분히 반영하지 못하고 있다는 뜻이기도 합니다.

우리가 학습 중인 컴퓨터에 잠시 감정이입을 해본다면 손실이 확인된 다음
에 무엇을, 어떻게 해야 할까요?

" 손실을 줄이는 것을 목표로 움직이는 게 올바른 방향인 것은 분명해 보입
니다. 따라서 가중치를 미세하게 조금씩 조정해서 손실을 다시 확인하면
서 계속 학습을 이어 나가는 것이 좋을 것 같습니다. "

머신러닝의 작동 원리와 메커니즘

쇼핑몰 고객 데이터 학습에서는 가중치가 총 15개였습니다. 아주 단순한
모델이라 가중치 개수가 그리 많지 않습니다. 실제 현장에서 예측 분석 등 문
제 해결을 위해 사용되는 모델에는 엄청난 개수의 가중치가 사용됩니다. 딥러
닝 자연어 처리 모델 중 하나인 GPT-3는 이런 가중치가 1,750억 개나 있는
것으로 알려져 있기도 합니다.

인공지능 학습에는 학습이 얼마나 잘 되고 있는지를 알기 위한 '척도'가 필
요하고, 일반적으로 학습 단계의 특정 시점에서 인공지능의 성능을 나타내는
기준으로 손실을 사용한다고 했습니다. 즉, 손실은 학습 시 주어진 정답 데이
터인 학습 데이터와 인공지능이 예측한 결과를 비교해 예측이 얼마나 나쁜가,

그 오차를 산출하는 값입니다. 그러면 다시 고민이 하나 생기네요. 오차가 꽤 큰 것을 확인했고, 그래서 가중치를 조정해야겠다고 컴퓨터 스스로 생각했다면 무수히 많은 개별 '가중치' 하나하나를 살짝 조정할 때 '손실'이 얼마나 변화하는지를 어떻게 알 수 있을까요? 그걸 가늠할 수 있어야 가중치를 적절하게 수정할 수 있습니다.

" 가령 여기에 가상의 학습 중인 컴퓨터가 있고, 그 컴퓨터가 품고 있는 모델 내 수백만 개의 가중치 중 어느 '한 가중치'에 주목한다고 하겠습니다. 이때 다른 가중치는 변화 없이 그대로 두고 이 가중치 값만 아주 조금 변화시켰을 때 전체 손실이 어떻게 변화하는가를 알 수만 있다면 문제는 쉬워집니다. 손실의 변화 추이를 따라 수백만 개 모든 가중치를 점진적으로 각각 수정 및 재조정하면 되기 때문입니다. 언제까지? 손실이 0에 가까워질 때까지입니다. 결국, 학습이 끝났다는 것은 0에 가까운 손실 값에 도착했음을 의미합니다. "

가중치를 미세하게 조정할 때 손실이 어떻게 변화하는지를 컴퓨터가 스스로 어떻게 알아내는지를 이해하기 위해 사과 쇼핑을 잠시 해보겠습니다.

당신은 동네 마트에서 1개에 1,000원인 사과 3개를 샀습니다. 단, 소비세 10%가 붙는다고 합니다. 이때 지불할 금액은 얼마일까요? 무척 간단한 계산이라 머릿속에서 3,300원이라는 정답이 바로 튀어나오겠지만 계산 그래프 형태로 도식화하면 다음과 같습니다.

그런데 사과의 개수와 소비세를 개별 개체, 즉 특성 변수처럼 취급해 다음과 같이 표현할 수도 있습니다.

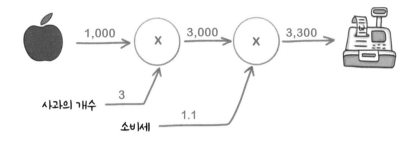

이런 계산 구조에서 사과 가격이 오르면 최종 지불 금액에 어떤 영향을 미치는지를 알고 싶다고 해보겠습니다. 사과 가격이 100원 오르면 금액에는 어떤 변화가 있을까요? 사과 가격이 1,000원일 때는 3,300원이고, 위의 계산 구조를 활용해 사과 가격이 100원 올라 개당 1,100원일 때를 계산하면 3,630원을 지불해야 합니다.

그렇다면 사과 가격이 10원 오르면, 아니 1원이 오르면 결과는 어떨까요? 더 나아가, 사과 값이 '아주 조금' 올랐을 때 지불 금액이 얼마나 증가할지를 미리 알 수 있을까요? 이 질문은 우리가 오래전 학교에서 배웠던 수학 미분differential의 개념과 역할에 주목하면 쉽게 풀립니다. 미분은 아주 잘게 나누는 것으로, 어떤 운동이나 함수의 순간적인 움직임, 즉 특정 순간의 변화량을 뜻합니다.

사과 가격이 아주 조금 올랐을 때 지불 금액의 변화는 결국 '사과 가격에 대한 지불 금액의 미분'을 구하는 문제입니다.

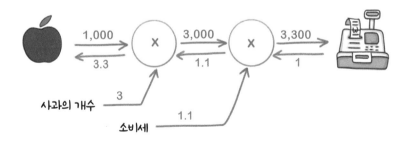

사과 가격에 대한 지불 금액의 미분값은 그림의 계산 그래프에서 오른쪽에서 왼쪽으로 향하고 있는 붉은색 역전파를 통해 알 수 있듯이 3.3입니다. 즉, 사과가 1원 오르면 최종 지불해야 할 금액은 3.3원 오른다는 뜻입니다. 더 정확히는 사과 값이 아주 조금 오르면 최종 금액은 그 아주 작은 값의 3.3배만큼 오른다는 의미입니다.

> " 그러니까, 사과 가격, 구입하는 사과 개수, 소비세라는 3가지 변수 요인에
> 의해 지불 금액이 결정되는 구조에서 사과 가격의 작은 변화가 최종 금액
> 에 어떤 영향을 미치는지, 얼마만큼의 파장을 주는지를 미분 계산에 의해
> 정확히 짐작할 수 있게 됩니다. "

추가 설명 미분값, 역전파

학습에 사용되는 미분과 계산 그래프로 설명되는 오차역전파법은 스탠퍼드대학교의 딥러닝 수업 CS231n을 참고했다. 따라서 3.3이라는 값이 어떻게 나오는지는 수학의 수치미분 공식을 활용하거나 계산 그래프의 오차역전파 개념을 상세하게 설명하는 CS231n을 참고하기 바란다.

> " 우리가 잠시 고민해 본 사과 가격 변화에 따른 지불 금액의 영향이라는 질
> 문은 머신러닝에서 여러 가중치 중 하나의 작은 변화가 손실에 끼치는 영
> 향의 은유metaphor이기도 합니다. "

결국, 머신러닝으로 대표되는 인공지능은 입력(학습 데이터)과 출력(정답지)을 주면 컴퓨터가 그사이의 원리(다수의 가중치로 구성되는 수식 모델)를 한 땀 한 땀 시도를 통해 알아내는 것(학습)이고, 머신러닝이 학습을 할 수 있게 되는 핵심은 인공지능이 작동하는 밑바닥에 손실에 대한 미분 처리가 있기 때문입니다.

학습 중인 훈련 데이터에 잘 맞는 가중치를 찾는 방법 5단계를 다시 한번 살펴보면, 4단계 '손실을 최소화하는 가중치 값으로 재조정'할 때 바로 미분 개념이 사용됩니다. 특정 가중치를 어떻게 얼마만큼 조정하는 것이 손실을 줄이는 방법일까, 손실을 줄여 학습 중인 데이터의 보편적 특성을 반영하려면

어떻게 해야 할까라고 컴퓨터가 고민할 때 '손실에 대한 특정 가중치의 미분을 계산'해 적용하는 것이죠.

손실이라고 부르는 산꼭대기에서 시작해 손실이 가장 작은, 산 아래에 있는 최적의 장소로 조금씩 이동하는 셈입니다. 가령 손실에 대한 특정 가중치의 미분이 +3이라면 가중치를 미세하게 조정했을 때 손실은 그 아주 작은 조정치의 3배만큼 증가한다는 의미입니다. 따라서 이런 경우에는 가중치를 반대인 음의 방향으로 조절하는 게 적절합니다. 그러면 해당 가중치의 손실에 대한 미분 역시 마이너스가 되어 손실이 줄어들기 때문입니다. 이런 방식으로 모든 가중치가 점진적으로 계산되고 수정되고 학습되는 것입니다. 당연히 손실이 줄어들수록 예측 정확도는 높아지게 마련입니다.

> **추가 설명** 방식
>
> 설명한 방식의 정확한 명칭은 경사하강법(gradient descent) 알고리즘이다. (손실) 함수의 최솟값을 찾는 최적화 이론 기법으로, 좀 더 구체적이고 상세한 학습을 원하는 경우 경사하강법으로 검색해 보기 바란다.

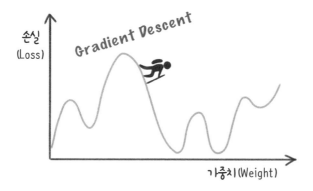

머신러닝은 수학 시간 방정식 풀이와 정반대인데?

눈치가 빠른 독자라면 중학교 수학 시간에 배웠던 방정식 풀이와 머신러닝은 접근 방식이 정반대구나 하고 느끼셨을 겁니다. 학교에서 1차 함수, 그러니까 선형 방정식을 배웠을 때는 기울기와 절편이 정해진 함수에 대해 입력값이 주어지면 출력값이 무엇인지를 풀어야 했습니다. 가령 기울기가 2이고 절편이 5인 함수 y = 2x + 5가 있다고 할 때 x가 10이면 y는 25라는 것을 해답으로 찾는 것이 문제였다는 것이죠. 방정식 풀이는 이렇듯 x에 따른 y의 값에 주목합니다.

그런데 머신러닝에서는 이와 반대로 x와 y가 주어졌을 때 기울기와 절편을 찾는 데 집중합니다. 예를 들어 x가 1일 때 y는 3, x가 2일 때 y는 5, x가 3일 때 y는 7이라면, 기울기와 절편의 값으로 적절한 것이 무엇인지를 찾는 것이 주 관심사입니다. 우리는 어렵지 않게 이 함수는 y = 2x + 1이라는 사실을 알아낼 수 있습니다.

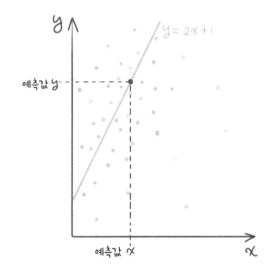

미리 준비된 입력(x: 1, 2, 3)과 입력에 따른 타깃 정답 결과(y: 3, 5, 7)를 가지고 모델(y = 2x + 1)을 만든 다음, 새로운 입력값 4에 대해서는 9라는 값을 예상하는 것이죠. 바로 이것이 머신러닝을 통해 문제를 해결하는 과정의 개념 틀입니다. 그리고 이런 직선(함수)을 발견해 내는 것이 바로 머신러닝의 러닝, 즉 학습이라는 과정입니다. 당연히 직선의 기울기가 우리가 주목하는 가중치에 해당합니다.

머신러닝을 통해 해결하려고 하는 모든 문제가 단순히 개별 특성 변수에 가중치를 곱하고 이들을 모두 더해서 모델을 만들고 추론이 가능하다는 식의 직선 방정식 형태로 단순하게 모델화되지는 않는다. 이해를 돕기 위해 머신러닝의 기초가 되는 선형회귀 기본 개념과 선형 방정식을 예로 들었을 뿐이다.

이미지, 목소리, 언어 이 모든 것은 숫자이고 패턴이다

가방을 들고 있는 남자는 여자라고?

" 결국, 인공지능의 일이라는 것은 주어진 문제에서 모든 요소(특성)를 구분한 다음, 그 각각의 '요소'마다 '가중치'를 어떻게 줄 때 최적의 결과가 나오는지, 즉 손실이 최소가 되는지를 점진적으로 끝없이 시뮬레이션해서 마침내 학습한 전체 데이터의 특징과 패턴을 가장 잘 반영하는 최적의 가중치 값을 갖는 모델을 찾아내는 것입니다. "

주어진 학습 데이터에 대해 요소마다 서로 다른 가중치를 줘가며 결과를 보면서 예측 모델을 완성해 나가는 것입니다.

현대의 인공지능을 한마디로 말하자면, 데이터에서 패턴과 규칙을 찾아내는 것입니다. 기존의 전통적인 프로그래밍이 빵 만드는 규칙을 알고 밀가루를 집어넣으면 빵이 나오는 방식, 즉 레시피+밀가루=빵이라면, 이제는 빵과 밀가루를 집어넣으면 빵 만드는 방법과 규칙인 레시피가 나오는 겁니다. 즉, 빵+밀가루=레시피입니다. 그런데 이렇게 결과로 나온 레시피로 빵을 만들었더니 별로다 싶으면 다시 원하는 빵과 밀가루를 집어넣어 개선된 새로운 레시피를 받습니다. 내가 원하는 빵이 나올 때까지 말이죠. 레시피라는 원하는 규칙을 찾을 때까지 반복합니다. 이것이 인공지능 방식입니다.

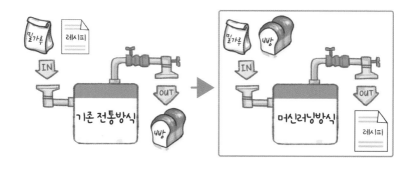

이렇듯 인공지능은 주어진 학습 데이터에서 패턴과 규칙을 발견하는 일이라서 입력 데이터가 현실을 제대로 반영하지 못하는 편향된 데이터 혹은 오염되고 문제가 있는 이상한 데이터라면 결과도 터무니없어집니다. 이를 흔히 쓰레기가 입력되면 쓰레기가 출력된다는 의미로 GIGO(Garbage In, Garbage Out)라고 합니다.

예를 들어, 머신러닝이 여자와 남자를 구분하는 일을 하고 있다고 해보겠습니다. 우연히도 주어진 모든 여자 사진이 핸드백을 들고 있는 장면이고, 반면 남자들은 사진 속에서 대부분 가방을 가지고 있지 않다면 학습을 완료한 컴퓨터는 아주 간단히 '가방을 들고 있는 게 여자'라고 결론을 내버립니다. 가장 선명한 '패턴'이 가방을 가지고 있는 것이기 때문입니다. 그래서 이런 상황에서 아무리 우수한 인공지능 모델을 데려와도 가방을 들고 있는 남자 사진은 여자로 구분될 확률이 높습니다. 결국 패턴 읽기입니다.

이제, 인공지능이 학습한다는 의미가 어느 정도 체감되고 개념화되었을 것으로 생각됩니다. 컴퓨터의 '학습'은 컴퓨터가 창의적이고 자발적으로 '생각한다'는 뜻이 아니라, 확보된 데이터를 통해 '훈련된다'에 가깝습니다. 컴퓨터가 학습한다는 행위는 해결하려는 문제에 대해 우리가 기대하는 값을 가장 잘 산출해 내는 특성별 가중치 값을 반복적인 연산을 통해 찾아내는 과정이기 때문입니다.

따라서 인공지능이라는 이름에 '지능'이라는 말이 붙었다고 해서 자의식이나 지성, 상상력이 있다고 생각해서는 안 됩니다. 인공지능이라는 추상적이고 포괄적인 용어에 뭉뚱그려서 인공지능이 다 알아서 해줄 건데, 이제 코딩하는 개발자는 필요 없어진대, 라고 인식하면 옳지 않습니다.

　그런데 인공지능의 학습 개념을 이해했고 가중치의 중요성도 알게 됐고 가중치를 최적화하기 위한 손실이라는 지표도 알게 되었지만, 여전히 제대로 풀리지 않은 의문이 몇 가지 있는 것 같습니다. AI의 원리는 개념적으로 그럭저럭 이해되었는데, 이게 가령 개와 고양이를 구분한다거나 언어 번역과 같은 자연어 처리에 실제로 어떻게 적용이 되느냐와 같은 응용·활용 측면입니다. 개와 고양이 사진 수십만 장을 학습시킨 후, 개를 개라고 고양이를 고양이라고 사진의 내용과 의미를 컴퓨터가 정확히 구분하는 실질적인 작동 메커니즘은 아직 잘 모르겠다는 것입니다.

　게다가 세상의 많은 복잡한 문제를 표현하기 위해 지금과 같은 일차원적인 직선의 방정식 형태만으로는 한계가 있지 않을까 하는 생각도 듭니다. 좋습니다. 남은 의구심을 해소하기 위해 '컴퓨터가 이미지를 이해하는 방식' 등 몇 가지를 조금 더 알아보겠습니다.

개와 고양이를 도대체 어떻게 구분하는 걸까?

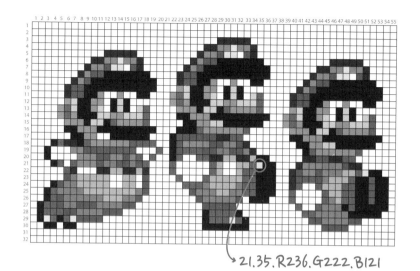

21.35.R236.G222.B121

사진 이미지를 컴퓨터로 저장하려면 이미지를 숫자 데이터로 변환하는 과정이 필요합니다. 그래서 디스플레이되는 이미지의 가장 작은 단위를 화소 혹은 픽셀pixel이라고 정의하고 그 픽셀 각각에 주소와 데이터값을 부여합니다. 2차원 평면의 행과 열로 이루어진 작은 점 각각이 픽셀입니다. 픽셀은 모든 디지털 디스플레이가 이미지를 이해하고 표현하고 저장하는 '최소' 단위입니다. 몇 번째 행, 몇 번째 열이라는 것이 픽셀의 주소이고, 해당 주소에 부여되는 값은 이미 약속으로 정의되어 있는 컬러 숫자 값과 매칭되어 디스플레이 장치에 의해 인간이 인식하는 이미지로 구현되고 표현됩니다.

빨간 모자에 멜빵바지, 콧수염을 한 닌텐도 슈퍼마리오의 이미지도 결국 픽셀의 조합입니다. 슈퍼마리오 이미지의 가운데 픽셀 하나는 21행 35열이라는 주소를 가지며, R(Red) 236, G(Green) 222, B(Blue) 121이라는 컬러값으로 구현됩니다.

추가 설명 컬러값

대부분의 컬러 이미지 처리에 있어서 픽셀은 Red, Green, Blue 값을 가지며 이 값의 조합으로 색상을 표현한다.

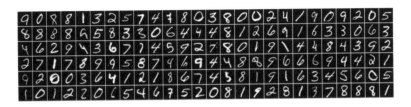

이 이미지는 손글씨로 작성된 우편번호를 기계가 자동 인식할 수 있게 하기 위해 미국에서 만든 MNIST라는 학습용 데이터세트입니다. MNIST 데이터세트 이미지는 이와 같은 손글씨 숫자 7만 개로 구성되어 있고 학습용으로 만들어진 것이라서 컬러가 아닌 흑백 이미지이며 해상도도 무척 낮은 편입니다. 어쨌거나 사람들의 자유분방하고 다양한 필기체를 컴퓨터가 충분히 이해할 수 있도록 학습하고 테스트하는 데 그 목적이 있습니다.

이 중 숫자 이미지 파일 하나를 실제로 열어보면 다음과 같이 구성되어 있습니다. 사람이 숫자 8로 인식하는 이미지 8은 컴퓨터 모니터 화면의 가장 작은 단위인 픽셀에 다음과 같은 숫자로 표현됩니다.

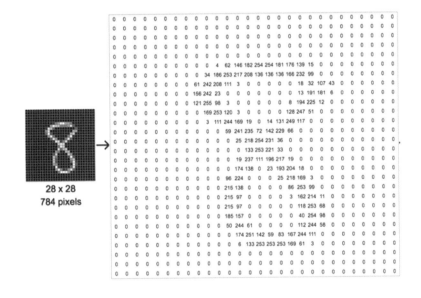

28 x 28
784 pixels

흑백 이미지는 보통 이미지를 구성하는 픽셀별로 0~255단계의 진하기 정보가 들어 있습니다. 이 그림은 보는 것처럼 숫자 8인데, 가장자리는 모두 0으로 설정되어 있고 가운데의 숫자 8 모양을 만드는 것에 관여되는 픽셀에만 진하기 정도에 따라 숫자 정보가 들어있는 것을 확인할 수 있습니다. 숫자가 255에 가까울수록 진함을 의미합니다. 이러한 사실을 통해 우리가 알아야 할 것은,

> "컴퓨터가 그림을 이해한다는 것은 그 이미지의 내용을 인간처럼 이해한다는 것이 아니라 이미지 파일의 수치적 특성을 파악하는 것입니다. 컴퓨터가 '그림'을 읽는다는 것은 사실 '숫자'를 읽는다는 것입니다."

앞에서 우리는 쇼핑몰 고객 데이터의 여러 속성 중 구매 확률 예측을 위해 우리가 관심을 갖고 학습해야 할 특성으로 타깃 고객의 출생년도, 성별, 지역 등을 정의해 보았습니다.

> "그렇다면 이미지를 학습한다고 할 때 '이미지' 데이터의 '특성'은 무엇이라고 할 수 있을까요? 이미지에서는 '픽셀'이 특성입니다. 이미지를 구성하고 있는 개별 픽셀값이 바로 이미지의 특성입니다."

그러니까, MNIST 이미지를 기준으로 할 때 숫자 하나는 28개의 행과 28개의 열로 구성된 다수의 픽셀로 표현되고, 각 픽셀에는 흑백의 진하기 정도를 표현하는 숫자 값이 들어가 있으니, 784(=28×28)개의 특성으로 하나의 숫자 이미지가 결정된다고 해석할 수 있습니다. 컴퓨터 이미지 한 장의 실체는 픽셀입니다. 개별 픽셀의 조합, 그 총합이 이미지 한 장의 물리적인 실체입니다. 그리고 픽셀 데이터는 해당 화소의 진하기를 표현하기 위해 0~255 사이의 값을 갖는 숫자입니다. '이미지'는 결국 '숫자'인 셈입니다.

머신러닝이 세상을 표현하고 학습하는 방식의 원형 모델은 H(x)=wx+b의 형태였습니다. x는 특성이고 w는 결과에 미치는 특성의 영향력을 의미하는 가중치였죠. 따라서 이미지는 동일한 맥락으로 다음과 같이 정의할 수 있겠습니다.

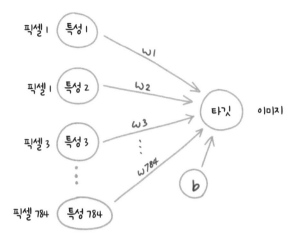

이미지 = w1 × (픽셀1) + w2 × (픽셀2) + w3 × (픽셀3) + ... + w784 × (픽셀784) + b

개별 픽셀 하나하나가 특성 변수인 셈입니다. 따라서 총 784개의 픽셀 특성을 반영하기 위해 아주 긴 식이 만들어졌지만 어렵지 않습니다. 본질은 H(x)=wx+b이기 때문입니다.

" 수십만 장의 손글씨 '숫자 8' 이미지를 학습할 경우, 컴퓨터는 숫자 8을 표현하기 위해 다양한 형태의 필기체로 작성된 숫자 이미지에서 보편적인 '픽셀' 특성, 즉 '패턴'을 찾아내게 됩니다. 숫자 8을 표현하는 데 전혀 관여하지 않는 대다수의 가장자리 픽셀은 백색으로 화소의 진하기는 0에 해당하고, 반대로 숫자 8을 표현하기 위한 관련 픽셀들은 흑색의 진하기를 위해 255에 가까운 값을 갖게 됩니다. 따라서 784개 픽셀값의 패턴에 집중해 보면 모든 숫자가 명확히 다르게 구분됩니다. "

손글씨 숫자 이미지들은 숫자를 쓴 다양한 사람의 필기 습관이나 스타일과 무관하게 개별 숫자 저마다의 고유한 픽셀값 패턴이 있다는 것이 중요합니다. 그리고 충분한 학습이 이루어지면 숫자별로 해당 숫자의 특성 패턴을 충분히 반영하는 가중치 값을 얻게 된다는 것이 핵심입니다. 이런 방식으로 개와 고양이 사진도 학습을 통해 정확히 구분할 수 있는 것입니다.

엄청난 양의 개, 고양이 이미지 학습을 통해 컴퓨터는 개의 보편적인 생김새 특성, 고양이 외형에 대한 일반적인 패턴의 추상abstraction을 찾아내고 보유하게 됩니다. 따라서 아무리 다양한 환경에서 독특하게 촬영된 개 혹은 고양이 이미지가 주어지더라도 컴퓨터는 굉장히 정확한 수준으로 개를 개로, 고양이를 고양이로 구분할 수 있게 됩니다.

자율주행차·암 진단·딥페이크의 기반 기술, 딥러닝

지금까지 살펴본 쇼핑몰 고객 데이터 모델, MNIST 숫자 이미지 인식 모델은 모두 수식 H(x)=wx+b를 그 원형으로 합니다. 이들은 다수의 신호를 입력으로 받아 하나의 신호를 출력하는 퍼셉트론 구조와 유사한 형태로 표현할 수 있었습니다. 개별 특성이 입력 신호가 되며, 학습을 통해 특성별로 최적화된 가중치가 할당되어 타깃 출력 결과를 계산하여 예측할 수 있다는 사실을 우리는 이제 잘 이해하고 있습니다.

물론, 이런 심플한 구조의 모델만으로도 다양한 문제에서 적절한 패턴 예측을 수행하며 꽤 유용하게 활용할 수 있습니다만, 세상의 많은 복잡한 문제를 표현하기 위해 지금과 같은 일차원적이고 평면적인 구조만으로는 한계가 있는 것도 사실입니다. 여기서 '평면적'이라는 말의 의미는 특성이라는 입력 신호가 타깃이 되는 출력 결과에 영향을 주는 것은 분명 사실이지만, 그 관계가 특성 1과 결과, 특성 2와 결과와 같이 개별 특성 변수의 변화에 따른 결과 추이 추적이라는 점에서 '개별적'이라는 것입니다. 그런데 현실에서는 개별 특성과 결과 간 직접적 관계뿐만 아니라, 특성 1과 특성 2, 특성 1과 특성 3도 나름의 관계가 존재하고 이 관계가 결합되어 복합적이고 다면적으로 결과에 영향을 주기도 한다는 것입니다.

가령 쇼핑몰의 고객 데이터에서 '성별'이라는 개별 특성이 남성 아우터 구매 확률이라는 결과에 분명 영향을 미치기도 하지만, '성별+지역+나이'라는 '결합된' 덩어리의 고유한 맥락과 특성이 구매 확률에 원인이 되는 측면도 분명 존재합니다.

여기에서 우리가 마지막으로 살펴볼 딥러닝Deep Learning이 등장합니다. 과거에는 인공신경망Neural Network으로 불렸던 딥러닝은 인간의 복잡한 신경망을 복제한 게 아니라 지금까지 살펴봤던 특성 변수 간의 관계가 직선으로 표시되는 관계인 선형회귀 기반의 퍼셉트론 구조를 나무Tree 모양의 중첩 구조로 묶어놓은 체계입니다. 인공지능이 딥러닝하는 과정은 다음과 같습니다. 복잡해 보이지만 동그라미와 화살표밖에 없습니다.

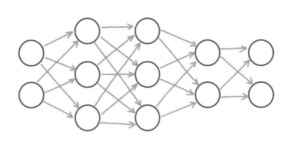

여기에서 동그라미 하나를 확대해 보겠습니다. 동그라미는 앞서 설명했듯이 일반적으로 노드라고 부릅니다.

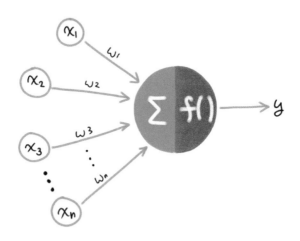

우리가 집중하는 노드를 중심으로 왼쪽의 다른 노드에서 흘러 들어오는 화살표는 노드로 입력되는 데이터로, x1, x2, x3 등은 모두 숫자입니다. 그리고

각각의 입력 데이터에는 가중치가 매핑되어 있어, 입력값과 가중치를 모두 곱합니다. 노드의 시그마(Σ)는 무엇이죠? 시그마는 더하는 것이죠. 따라서 노드의 시그마는 이 숫자들을 다 곱한 후 더한 값입니다. 즉, 합을 의미합니다. 합은 최종 숫자 하나이며 동그라미 노드 하나는 결국 숫자 하나입니다. 이 숫자 하나가 y로 나가는데, 나가기 전에 이 숫자는 f(x)라는 함수를 최종 통과합니다. 이 함수는 매우 단순한데, 입력값이 0보다 작으면 0, 0보다 크면 그 값을 그대로 출력합니다.

모두 곱하고 더하고 0보다 크냐 작냐, 또 곱하고 더하고 0보다 크냐 작냐를 반복하는 것이 바로 딥러닝입니다. 이걸 반복하면 이세돌을 이길 수 있고, 암세포를 진단할 수 있고, 그림을 그릴 수 있고, 작곡을 할 수 있고, 자율주행을 할 수 있다는 것입니다.

15개의 특성으로 정의했던 쇼핑몰 고객 데이터를 이런 딥러닝 방식으로 표현하면 다음과 같습니다.

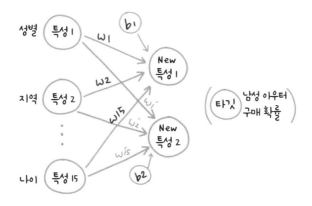

여러 층layer을 두어 개별 특성feature과 결과target와의 단편적인 관계만이 아니라, 특성 간의 복합적인 연관 관계와 맥락도 결과와 연결시켜 표현할 수 있도록 '추가(New) 특성'이 만들어집니다.

" 신경망 가중 합으로 새로운 특성을 만들어내는 것입니다. 여러 층을 쌓고
반복적으로 학습을 진행하면 처음 입력으로 주어진 특성에서 '층'을 깊게
쌓는 것은, 다시 말해 딥러닝은 이전 층의 특성 조합으로부터 생성된 수많
은 파생 특징이 추출되어 좀 더 정교하고 풍부하게 데이터의 패턴을 학습
하고 추론할 수 있게 됩니다. "

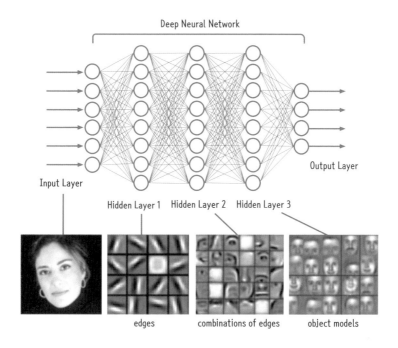

이 그림은 각 층layer의 특성feature이 단계적으로 추상화되어 가는 과정을 직
관적으로 이해할 수 있는 딥러닝 얼굴 인식 모델입니다. 얼굴 이미지를 입력
받아 어떤 사람의 얼굴인지를 인식하여 다른 사람과 구분하는 모델이며, 왼쪽
에서 오른쪽으로 3개의 은닉층hidden layer이 쌓여있고 순차적으로 이미지를 처
리합니다.

추가 설명 그림

그림의 출처는 https://www.quora.com/What-do-you-think-of-Deep-Learning-2
이다.

1번째 은닉층은 이미지를 입력받아 얼굴의 윤곽선과 같은 로우 레벨의 구체적인 특징low-level feature을 추출합니다. 2번째 층은 윤곽선 정보를 종합적으로 이해하는 눈, 코, 입 등의 특징middle-level feature을 추출합니다. 마지막 3번째 층은 눈, 코, 입 등의 단위 개체 정보를 종합적으로 이해해서 얼굴과 같은 고수준의 특징high-level feature을 추출합니다. 이 3번째 특성으로 누구의 얼굴인지를 판단할 수 있습니다.

이와 같이 딥러닝 계층을 깊게 쌓으면 로우 레벨의 개별 특성에서부터 단계적으로 특성을 고수준으로 추상화하는 모델로 학습시킬 수 있습니다.

이미지 인식에 사용한 학습 방식을 컴퓨터를 이용해 인간의 자연어를 분석하고 처리하는 기술인 자연어 처리 AI에 동일하게 적용한다면, 계층을 쌓아 층마다 단어→구절→문장→문단의 순으로 적절히 추상화시킬 수 있습니다. 물론, 계층을 많이 쌓는다고 무조건 좋은 것은 아니며 학습 데이터의 규모와 분포 등을 충분히 고려하고 많은 테스트를 통해 계층의 깊이를 적절하게 판단하고 조정해야 합니다.

딥러닝으로 주가를 예측할 수 없냐고?

결국 AI는 패턴 찾기라니까

인공지능에 대한 두 사람의 흥미로운 대화를 잠시 엿들어 보겠습니다.

A 야, 알파고에 사용했다는 딥러닝이라는 거 말이야. 그걸로 주식 가격 예측은 못하냐? 증권사에 주가이동평균선 같은 지표나 시세 동향 차트, 거래량 같은 걸 보면서 투자심리나 매매 시점 등을 기술적으로 분석하는 사람들이 활용하면 딱 맞을 것 같은데 말이야.

B 형, 너는 딥러닝이 뭐라고 생각하는 건데?

A 알파고에도 사용되었고, 인간보다 더 뛰어난 인공지능 아냐?

B 차트 분석은 주봉이니 월봉이니 하는 차트, 결국 과거의 데이터로 미래를 예측하겠다는 거잖아. 그러려면 주가에 무작위 패턴이 없어야 하는데, 주가 수익률은 정규 분포란 말이야. 그러니까, 주가는 패턴과 규칙이 없는 '랜덤' 데이터라는 이야기잖아. 그래서 주가라는 데이터를 가지고 딥러닝을 활용할 수는 없지.

A 그러면 알파고는 도대체 이세돌을 어떻게 이긴 거야? 딥러닝이 주가 예측에는 안 되는 거야?

B 바둑에는 복기라는 용어가 있잖아. 게임에서 패했을 경우 결정적이었던 패착수를 둔 상황으로 돌아가 A, B 중 어떤 수를 선택해야 했는지 곱씹어 보는 과정 말이야. 알파고가 놀라웠던 건 A, B라는 선택지 중 하나에 착수를 할 때 어떤 게 더 좋은 선택인지 그걸 수치화했다는 거야. 바둑에 정석, 포석 같은 전략이 있다는 건 익히 알려진 사실이고, 그래서 그런 데이터를 일정한 패턴으로 인식한 후에 패턴 중에 제일 좋은 결괏값을 내는 걸 계산한 거야. 그런데 주가는 랜덤 데이터니 죽었다 깨어나도 안 되는 거지.

A 이세돌을 이길 수 있는 인공지능이 왜 주가 예측에는 적용이 어렵다는 건지 솔직히 잘 모르겠는데?

B 인공지능이 알라딘의 요술 램프나 마법사는 아니야. AI는 결국 패턴 찾는 프로그램인데, 이게 제대로 작동하려면 근본적으로 입력되는 데이터에 '패턴'이 존재해야 한다는 거야. 데이터가 랜덤이고 패턴이 없는데 어떻게 마술처럼 없는 패턴을 찾겠어? 안 되는 건 안 되는 거야. 구석에 꼭꼭 숨어있더라도 패턴이 있다면 인공지능은 손쉽게 찾아낸다는 거지. 결국, 데이터에 패턴이 있는가, 그리고 패턴을 찾을 수 있다면 그걸로 어떤 문제를 해결할 수 있는가, 라는 관점으로 생각하는 게 바람직하다고 볼 수 있어.

정리하기

인공지능은 이세돌을 꺾은 알파고가 점점 진화해서 인류를 지배하고 결국 지구의 멸망을 가져올 괴물 로봇이 아니라, 현대의 강력한 컴퓨팅 파워를 바탕으로 엄청난 연산을 통해 데이터 속의 '패턴'을 놀라울 정도로 정확하게 발견할 줄 아는 프로그램입니다. 우리는 '인공지능'이라는 키워드가 포함된 이야기 속에서 영화 속 미래 세계의 '인공지능'스러운 무언가를 막연히 기대하지만, 현대의 인공지능은 패턴을 찾아 이를 활용하는 데이터 활용 기술에 가깝습니다.

이세돌을 이긴 알파고가 왜 주식 가격 예측에는 활용될 수 없는 걸까요? 주가 데이터에는 패턴이 없기 때문입니다. 패턴이 없는 랜덤 데이터를 아무리 학습해 봐야 없는 패턴을 찾아낼 수는 없습니다. 인공지능이라 불리는 컴퓨터 알고리즘은 스스로 학습$^{self-learning}$하는 개체가 아니라, 단순히 데이터 속의 패턴을 인식하는 여러 가지 계산법 중 하나에 불과합니다. 그리고 우리가 예측 분석이라고 말하는 것 대부분은 과거의 패턴을 가지고 현재를 이해하고 설명하는 일이었습니다. 방대한 데이터 학습을 통해 데이터 속에서 가령 '비가 오면 땅이 젖는다'라는 패턴 규칙을 발견했다면, 이를 통해 이후 비가 내리는 것이 관찰되면 곧 땅이 젖을 것이라는 사실을 굉장히 높은 정확도로 예측할 수 있는 것이죠.

인공지능으로 숫자 이미지를 정확하게 구분할 수 있게 된 이유도 결국 '패턴'이었습니다. 숫자 이미지는 픽셀이라는 화소로 구성되고, 숫자마다 픽셀의 패턴이 다르다는 것이 핵심입니다. 숫자 0을 만드는 픽셀의 패턴은 숫자 1의 픽셀 패턴과는 분명 구분됩니다. 숫자 3을 형성하는 픽셀의 형태와 무늬는 숫자 7의 그것과는 확연히 다른 것이죠.

> " 지금 우리가 만나고 있는 인공지능은 사실 '지능'이 아니라, 데이터 속의 패턴을 인식하는 알고리즘 계산법 중 하나이며, 패턴 인식 자동화 기술에 가깝습니다. 결국, 현대의 AI 기술은 한 마디로 '패턴 찾기'입니다. "

현재의 인공지능이 어디에 와 있는지, 그리고 그 근본 개념과 작동 원리를 알아보았습니다. 거듭 강조하지만, 현대의 인공지능은 방대한 데이터에서 패턴과 규칙을 찾아내는 알고리즘이자 데이터 활용 기술에 가깝습니다. 그리고 그 출발이자 원재료는 결국 데이터라는 사실도 놓치지 않았으면 좋겠습니다.

이번 챕터를 통해 당신이 불을 만지기 전에 불을 다루는 법을 충분히 익히고 배우는 시간이 되었기를, 그 불은 인류를 거침없이 집어삼키고 지배하는 무 서운 존재가 아니라, 인류가 조심해서 유용하게 사용해야 할 굉장한 도구라는 것을 이해하는 의미 있는 시간이 되었기를 바랍니다.

인공지능 소설가의 등장이 인간 소설가에게 미치는 영향

인공지능에 기반한 기계 언어 번역은 이제 놀라운 수준의 서비스를 제공하고 있고, 일본에서는 시와 소설을 쓰는 AI가 등장했다는 이야기도 들립니다. 한 국어나 중국어, 영어 등 우리가 평소에 쓰는 말을 자연어라고 하죠. 이런 자 연어를 컴퓨터에게 이해시키기 위한 기술 분야를 자연어 처리NLP, Natural Language Processing라고 합니다. 그렇다면 컴퓨터는 인간의 언어를 도대체 어떻게 이해하 는 걸까요?

원숭이가 ( )을/를 먹는다, 라는 문장에서 괄호에 들어갈 만한 단어에는 어 떤 게 있을까요? 바나나, 물, 간식, 사과 등이 가능할 겁니다. 그리고 이 단어 들의 공통점은 의미, 맥락, 문법적인 관점에서 괄호에 들어갈 만하다는 것입 니다. 다시 말해 비슷하다는 것이죠. 바나나와 사과는 가깝지만 바나나와 괄 호에 들어갈 수 없는 노트북은 전혀 가깝지 않습니다. 같은 맥락으로 과학이 라는 단어는 실험, 논문, 연구, 과학자 등과 가깝지만 바나나와는 거리가 멀다 는 것도 상식적입니다.

자연어 처리를 목표로 하는 수많은 연구와 이론은 거의 모두가 단 하나의 간 단한 아이디어에 뿌리를 두고 있습니다. 그 아이디어는 바로 '단어의 의미는 주변 단어에 의해 형성된다'라는 것입니다. 즉, 그 단어가 사용된 '맥락context'이 단어의 의미를 형성한다는 것이죠. 물론 의미가 같은 단어들은 같은 맥락에서 더 많이 등장합니다.

예컨대 'I drink beer'와 'We drink wine'처럼 'drink'의 주변에는 음료가 등 장하기 쉬울 겁니다. 또 'I guzzle beer'와 'We guzzle wine'이라는 문장이 있 다면, 'guzzle'은 'drink'와 같은 맥락에서 사용됨을 알 수 있습니다. 그리고 'guzzle'과 'drink'는 가까운 의미의 단어라는 것도 알 수 있죠. guzzle은 '마구 마셔 대다'라는 뜻을 갖고 있습니다.

방대한 데이터 학습을 통해 컴퓨터는 엄청난 양의 텍스트를 읽어 이런 식으로 언어에서의 가깝고 먼 관계 등 관계성을 그림과 같이 분산 표현, 벡터로 표현합니다. 즉, 공간상의 거리로 정의하는 것입니다. 이러한 벡터는 숫자로 바꿀 수 있습니다. 이미지도 숫자였듯이, 언어도 결국 숫자입니다. 언어 학습을 위해서는 단어의 주변 맥락이 인풋 입력, 타깃 단어가 아웃풋 정답이 됩니다. 그러니까 I drink beer에서 I와 beer가 맥락, drink는 타깃이 되는 것이죠. 즉, I drink beer는 말이 되는 정답이지만, I walked beer는 말이 안 되는 오답인 것입니다.

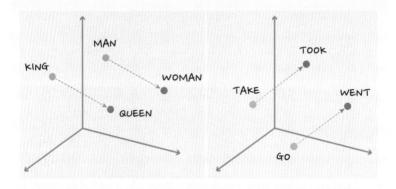

충분한 언어 학습을 마친 컴퓨터는 축적된 구조를 통해 'king : man = queen : ?'에 대해 'woman'이라고 대답합니다. 심지어 'take : took = go : ?'도 'went'라고 답할 수 있습니다. 이는 현재형과 과거형 패턴을 파악하고 있다는 증거라고 해석할 수 있습니다. 딥러닝을 기반으로 한 자연어 처리는 이런 개념을 원리로 확장되어 통역, 음성 인식, 자연어 Q&A 등 다방면에서 이미 생활 속 깊숙이 들어와 넓게 활용되고 있습니다. 어찌 보면 참으로 놀라운 일이 아닐 수 없습니다.

이야기를 전환해 보겠습니다. 자연어 처리 기술을 발전시켜 소설을 쓰는 AI가 세상에 등장했습니다. 로봇 소설가에 대해 소설을 쓰는 작가 김영하는 로봇이 사람 소설가를 대체하기는 어려울 것이라며 그 이유를 이렇게 말합니다.

"글을 잘 쓰는 인공지능 소설가가 있다고 해도 로봇이 사람 소설가를 대체하기가 참 어려운 이유는 우리가 인공지능이라는 걸 아는 순간 마음이 차게 식어요. 넌 안 죽잖아, 부모님이 돌아가신 그 상실감을 네가 알 리가 없잖아, 하는 것이죠. 인간이 느끼는 감정을 흉내 내는 것에 불과합니다. 우리가 인간의 예술을 좋아하는 것은 인간이 기계보다 뛰어나서가 아니라 인간으로서의 한계가 있기 때문이에요. 나와 같이 늙어가고 나와 같이 가까운 사람의 상실을 겪는 사람은 내 마음을 알 거라고 생각하는 것이죠. 그래서 우리가 책을 읽을 때, '오, 잘 쓰네'하면서 평가하면서 읽진 않죠. 어느 순간 몰입해서 작가가 내 마음속에 들어왔다 나간 거 같아, 라고 생각합니다. 그런데 그걸 기계가 하면 네가 알 리가 없잖아, 이거 어디서 베낀 거야, 한다는 것이죠."

이 글을 쓰는 오늘, 저는 오랜만에 영화관에 들러 <탑건2: 매버릭>을 보았습니다. 36년 전 영화에 대한 속편이라기보다는 36년이라는 시간의 간격 뒤에 도착한, 아니 아직 생존한 것들에 대한 애정이 가득한 리메이크 영화로 느껴지더군요. 영화에서 파일럿들의 시대가 기계에 의해 결국 끝날 거라는 상관의 단언에 매버릭(톰 크루즈)은 "언젠가는. 하지만 오늘은 아닙니다."라고 답합니다. 그의 이 말이 유독 애잔하게 들렸던 이유는 '언젠가는'이라는 전제가 깔려 있었기 때문이었던 것도 같습니다.

압도적으로 리얼한 항공 액션 등 볼거리도 많고 몰입감도 빼어나 영화 자체도 무척 좋았지만, 영화의 마지막 장면에서 '낡은' 비행기를 타고 매버릭이 하늘을 날던 모습과 그 정서에 저는 오래도록 여운이 남았습니다. 기계가 인간을 서서히 대체해가는 시대에 아직은 어림없다고, 오늘은 그날이 아니라고 영화가 외치는 것만 같았습니다. 오래된 것이 곧 낡은 것은 아닐 겁니다. 오래된 것만이 가지고 있는 올드함, 시간, 깊이, 아름다움, 그리고 각자의 자리에서 속도와 시간을 견디며 자신만의 방식과 이야기로 인생을 조종하고 있는 사람들이 저는 좋습니다.

당신이 잡고 있는 이 책의 작업을 위해 주말 북한강변의 동네 카페에서 작업을 꽤 많이 했던 것 같습니다. 카페는 적당히 공적이면서 또 동시에 사적인 공간이라 집보다는 좀 덜 늘어지고 적당히 기분 좋은 텐션을 유지하면서 노트북 앞에서 몰입해서 작업하는 데 제법 도움이 됩니다. 그런데 카페 한 귀퉁이에서 비교적 긴 시간을 작업하다 보면 카페에 들어오고 나가는 다양한 사람의 대화를 의도치 않게 엿듣게 됩니다.

카페에 들르는 사람들 중 주류는 역시 남녀 커플인데, 생각보다 커플들은 권태로워 보였습니다. 둘이 멀뚱하게 앉아 커피와 조각 케이크를 먹어대기만 하거나 각자의 스마트폰만 몇십 분째 만지작거립니다. 서로에 대해 더 이상 궁금해하지 않는 무료함과 싫증으로 위태로워 보이기까지 합니다.

요즘은 그래서 시간을 견뎌낸 것들에 마음이 많이 가닿습니다. 잘 관리된 올드 카를 몰고 강변북로를 달리던 멋쟁이 할아버지, 일요일 오전 카페에서 늙은 남편과 브런치를 하면서 여전히 서로에게 궁금한 것이 많은 듯 재잘재잘 끊임없는 대화를 쏟아내던 아줌마가 문득 생각납니다.

인공지능 소설가를 말하다가 이야기가 꽤 멀리 온 것 같아 어수선한 이 글은 여기서 서둘러 마무리해야겠습니다. 참, 인간 파일럿들의 시대가 인공지능에 의해 결국 끝날 거라고 말하던 영화 <탑건>에서 인후암 수술 후유증으로 대사를 말하는 데 어려움을 겪었던 배우 발 킬머는 아이러니하게도 AI 기반 음성 합성, 모방 모델의 도움을 받았다고 전해지더군요.

9

디지털 트랜스포메이션(DT)

" 디지털트윈은 메타를 기반으로 한
실물의 개념화, 가상화의 실현이다 "

디지털이란 무엇인가
IoT라는 가상화, 논리화, 소프트웨어화
디지털 트랜스포메이션의 본질
DT에 스타벅스는 어떻게 성공했고, A사는 왜 실패했나?
카카오 사태로 인한 디지털 셧다운의 진짜 의미

디지털 전환은
한마디로 논리와 물리의 통합이다

선배님, 이번 회사 조직 개편에서 DT(Digital Transformation, 디지털 전환) 부서가 생겼잖아요. 디지털 전환이 기업의 생존 전략이자 혁신 전략이라는 말에는 충분히 공감하지만, 저는 '디지털 전환'이라는 이 단어가 좀 어색하고 불편한 느낌이 들어요.

알못씨

디지털 트랜스포메이션이 요즘 IT 트렌드를 끌고 가는 키워드이고 중요한 화두인 건 확실한 것 같아요. 그래서 디지털 전략을 고민하고 실행하라고 조직도 생겼고요. 그런데 DT가 어색하고 불편하다는 게 어떤 의미예요?

새로 생긴 부서 이름에 '디지털'이 들어가 있는데, 그러면 그동안 기존의 IT가 했던 건 아날로그였던가, 나머지 IT 부서는 디지털이 아니라는 건가 싶은 거죠.

잘알씨

알못씨

아, 알못씨가 어떤 생각으로 불편하다고 말한 건지 이해가 갑니다. 다양한 산업군에서 디지털 솔루션에 대해 모르면 앞으로 우리 기업은 살아남기 힘들겠구나 하는 두려움이 지배적일 만큼 디지털화의 중요함이라는 총론에는 다들 동의하지만, 디지털 전환에 대해서는 학자마다 그 정의가 다르고, 또 기업마다 적용하는 방식이나 관점도 제각각이고, 게다가 조직 내 변화 과정에서 기존 IT 조직과의 이해관계 대립이나 충돌 등 진통도 클 만큼 각론의 디테일에서는 여러모로 논쟁도 많고 어려움이 큰 것 같아요.

잘알씨

네, 회사 내에서도 디지털 전환이 무엇인지에 대한 명확한 정의와 비전을 가지고 있는 사람은 많지 않은 듯해요. DT와 IT를 지나치게 구분하면서 전통적인 IT를 하던 사람들의 소외감도 큰 것 같아요. 게다가 DT를 위해 IT, 비즈니스 부서와의 협업이 중요하다는 말은 많이 하지만 경영진이 '앞으로 잘 협업하세요'라고 말로 지시하면 협업이 잘 될 거라는 기대도 너무 나이브하고 무책임한 것 아닌가 싶거든요.

알못씨

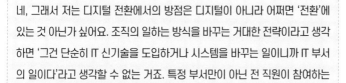

그 말에 충분히 공감이 되네요. 치열하게 경쟁하는 현실의 회사 조직 안에서 모든 부서와 개인의 행동은 어떤 사안이 그 부서와 개인의 이익에 얼마나 부합하느냐로 결정되죠. 그런데 협업할 일의 구조가 전혀 그렇게 세팅되어 있지도 않고, 각자가 상충하는 목표를 부여해놓고는 협업하라고 아무리 얘기해 봐도 소용이 없죠.

잘알씨

네, 그래서 저는 디지털 전환에서의 방점은 디지털이 아니라 어쩌면 '전환'에 있는 것 아닌가 싶어요. 조직의 일하는 방식을 바꾸는 거대한 전략이라고 생각하면 '그건 단순히 IT 신기술을 도입하거나 시스템을 바꾸는 일이니까 IT 부서의 일이다'라고 생각할 수 없는 거죠. 특정 부서만이 아닌 전 직원이 참여하는 전사의 혁신 활동이 되어야 할 거 같아요.

알못씨

알못씨의 생각에 100% 동의합니다. 덧붙이자면, 디지털 전환에서 말하는 '디지털'의 의미가 기존의 IT가 하던 전산화, 자동화, 시스템화와 어떤 차이가 있는지에 관해서도 이야기를 좀 더 나누어보면 좋겠어요.

잘알씨

디지털이란 무엇인가

" 2년이 걸릴 **디지털 트랜스포메이션**이 코로나19가 트리거가 되어 2개월 만에 이루어졌다. " (사티아 나델라/마이크로 소프트 CEO)

" 앞으로 4년간 **디지털 트랜스포메이션**에 의해 약 7조 달러의 새로운 시장이 형성될 것이다. " (빌 맥더모트/소프트웨어 서비스 나우 CEO)

" 소비자의 마음을 사로잡는 기업들은 지속적인 개선을 위해 **디지털 트랜스포메이션**을 적극적으로 추진하고 있다. " (존 도나호/나이키 CEO)

디지털 트랜스포메이션이 무엇이기에 사회, 경제, 산업에 이렇게 큰 변화의 시그널을 던지며 기업의 생존 방식이자 혁신 전략으로 화두가 되고 많은 사람이 주목하는 걸까요?

지금 '디지털'을 이야기하는 것은 어쩌면 무척 생뚱맞은 일입니다. 이미 우리 삶과 일상생활 깊숙이 디지털은 스며들어 있습니다. 오히려 아날로그를 그리워하며 LP 판이나 폴라로이드 카메라처럼 디지털 기술이 발전하기 전 아날로그 감성의 제품을 구해 오래전 추억을 소환하는 사람이 있을 만큼 이제는 아날로그가 희귀하고 반대로 디지털이 일상이고 흔한 시대입니다.

그런데 이제 와서 '디지털 전환'을 하라고 강조하는 것이 어딘가 앞뒤가 안 맞는 듯한 느낌입니다. 마치 친구에게 온라인 장 보기의 편리함을 새삼스레 이야기하며 추천하는 것과 다를 바 없습니다. 그래서 언젠가부터 주변에서 말하는 '디지털 전환'이란 것이 정확히 무엇을 말하는지 그 '깊은' 의미를 따져봐야겠습니다.

디지털로 전환한다는 것의 의미

필요한 정보를 찾기 위해 포털 사이트를 탐색하는 것, 학교에서 인쇄된 책이 아닌 디지털 교과서로 학습하는 것, 음식을 주문할 때 점원 대신 키오스크를 활용하는 것, 물리적 회의실이 아닌 모바일 줌으로 가상의 공간에 모여 회의하는 것 모두 디지털 전환이 일어난 것입니다. 우리 삶에서 중요한 많은 것이 디지털로 이동하고 있고 우리의 일상이 빠르게 디지털로 전환되고 있다는 사실에 의문을 품을 사람은 많지 않을 것 같습니다.

> " 디지털 트랜스포메이션은 IT 기술을 활용해 기존 전통적인 구조에서 디지털의 구조로 전환하는 과정, 디지털의 힘을 통해 문제를 해결하는 것을 말합니다. 인간의 노동력을 기반으로 해결하던 업무를 전산화 및 자동화함으로써 효율을 높이고자 하는 것에서부터 출발했습니다. 뒤에서 자세히 살펴보겠지만, 디지털 전환은 디지털과 현실의 물리적인 세계를 별개로 보지 않고 하나의 시스템으로 생각하는 것을 의미합니다. "

IT 신기술을 포함해 분야를 막론하고 개념이 충분히 성숙하기 전 이론을 정립할 수 없는 초기에는 대부분이 그러하듯이, 디지털 전환에 대한 정의도 학자나 전문가마다 제법 차이가 큽니다. 그런데도 디지털 기술을 이용해 현재의 비즈니스에 가치를 부여하고 성과를 창출한다는 공통분모는 분명 존재합니다. 디지털 트랜스포메이션이라는 용어 자체는 굉장히 추상적인 개념입니다. 디지털 전환은 IT 기술이라기보다는 방향과 전략, 디지털 기술을 활용한 조직 혁신에 가깝습니다. 전문가들은 디지털 트랜스포메이션을 위해서라면 디지털 신기술의 이해보다 변화에 대응하기 위한 '트랜스포메이션'의 의지가 무엇보다 중요하다고 강조합니다. 트랜스포메이션은 사전적 의미로 변화, 변신이지만 완전한 탈바꿈, 형질 전환이라는 의미도 가지고 있습니다.

그래서 디지털 전환을 단순히 IT 신기술 도입이라고 생각하거나 기업 내 IT 부서만의 혁신 활동이라 생각하고 추진할 경우 실패할 확률은 무척 높습니다. 중장기적으로 특정 부서만이 아닌 전 직원이 참여하는 혁신으로 디지털 전환을 인식하는 것이 필요합니다. 디지털 전환을 '시스템을 바꾸는 일이니까 IT 부서의 일이다'라고 생각한다면 큰 오류입니다. 고도화된 디지털 시스템을 통해 일하는 방식, 나아가 조직의 미래 먹거리와 비즈니스 모델을 바꾸는 일이기 때문입니다. 디지털 전환은 조직의 특성, 성격, 나아가 조직의 업의 본질을 바꿀 수도 있는 대단히 어려운 작업입니다. 사람으로 치면 사는 방식과 세계관을 점진적으로 바꾸는 일입니다. 따라서 현장의 현업 부서, IT 부서, 디지털 전환 부서 간 긴밀한 협업이 무엇보다 중요합니다.

그렇다면 디지털 전환이란 도대체 무엇일까요? 디지털 전환은 디지털 기술을 활용해 기업의 디지털화를 촉진하는 것이라는 지루한 사전적인 정의 말고, 세미나에서나 들을 법한 새롭고 우아하지만 알듯 말듯 피상적인 개념 말고 구체적으로 디지털 전환의 실체는 무엇일까요? 그리고 전통적인 IT가 구현하고 있는 전산화, 자동화와는 어떻게 다른 걸까요?

> " 이 챕터의 결론부터 미리 요약해서 말하자면, 디지털 트랜스포메이션은 실물의 개념화, 즉 물리적인 것의 가상화와 디지털화(데이터화)입니다. 그래서 현실 세계와 디지털의 경계선을 모호하게 만들어 이 둘을 별개로 보지 않고 하나의 시스템으로 인식하고 돌아가게 만드는 것입니다. 그래서 현실의 물리적인 세계에 적용하고 가치를 만드는 일입니다. "

디지털이란 무엇인가

가장 먼저 '디지털'이라는 용어를 이해할 필요가 있습니다. 디지털은 손가락(digitus)을 뜻하는 라틴어가 어원인 것으로 알려져 있습니다. 하나, 둘을 셀 때 사용하는 손가락처럼 디지털은 이산적인 숫자를 의미합니다. 숫자는 1, 3, 20처럼 연속적이지 않으면서 딱딱 떨어지는 값만 있는 양, 즉 이산적인 수를 말합니다. 반면 현실의 물리적인 세계의 대다수의 것들은 아날로그입니다. 1과 3 사이에 2도 있지만 1.4, 2.25, 2.98도 존재합니다. 흐르는 시간, 피부에 와닿는 시원한 바람의 속도, 앞사람 목소리의 크기 등 현실의 사물과 사건은 모두 아날로그입니다.

> **추가 설명** 이산적
>
> 서로 단절되는 것을 뜻한다. 연속되는 것과 반대되는 것으로, 0, 1, 2, 3 따위와 같이 서로 단절되는 값들을 의미한다.

그런데 이런 현실 세계의 아날로그 정보는 당연하게도 컴퓨터에 그대로 담을 수가 없습니다. 잠수종과 나비 이야기를 다루면서 살펴봤듯이, 컴퓨터는 본질적으로 전자 장치입니다. 전자 장치일 뿐인 컴퓨터라는 기계는 0을 전류가 흐르지 않는 상태, 1을 전류가 흐르는 상태라고 그저 기계적으로 해석하는 것에 기반하기 때문입니다. 따라서 컴퓨터가 이해하고 표현할 수 있는 0과 1의 숫자 조합으로, 즉 이산적인 숫자로 아날로그 정보를 변환해서 저장해야 합니다.

현실의 물리적인 세계의 아날로그 정보를 디지털로 변환하고 저장해야 컴퓨터가 처리할 수 있습니다. 현실의 어떤 개체, 사물, 사건, 상태가 디지털로 변환되려면, 다시 말해 아날로그 세계와 디지털 세계가 만나고 연결되려면 웹이나 모바일 디바이스, GPS 신호, 5G 고속 통신, 센서와 같은 디지털 세계와의 접점이 무척 중요해집니다. 이들이 결국 아날로그 세계의 정보를 디지털 데이터로 변환하여 컴퓨터로 전달하는 매개체이기 때문입니다. 이처럼 디지털 데이터로 현실 세계를 파악할 수 있도록 물리적인 세계의 사물, 사건, 정보를 변환하여 인터넷에 내보내는 기기나 그 구조를 사물 인터넷(Internet of Things, IoT)이라고 합니다. IoT에 대해서는 바로 이어지는 꼭지로 중요하게 다루게 됩니다.

> "결국, 디지털이란 현실 세계의 물리적인 것들에 대한 상대적인 '개념'입니다. 디지털은 컴퓨터가 이해할 수 있는 0과 1 같은 이산적인 숫자 데이터라고만 말하면 아마추어입니다. 숫자는 도구이자 수단일 뿐입니다. 눈앞의 것 그 너머를 볼 수 있어야 합니다. 전문가는 아날로그의 물리적인 것에 대한 복제 개념이 디지털이라고 말합니다."

앞서 메타데이터를 다루면서 내비게이션을 통해 모르는 길을 찾는 일이 쉬워진 이유는 '맵'이라는 '개념' 때문이라고 했습니다. 인공위성에서 보내주는 GPS 신호가 논리적인 가상의 개념인 지도map와 물리적인 현실 지형을 연결해줌으로써 길 찾기라는 서비스를 완성합니다. 현실의 울퉁불퉁한 물리적 지형에 대한 개념이 바로 지도입니다. 다시 강조하지만 현실 세계의 물리적인 것에 대한 가상 개념이 '디지털'입니다.

IoT라는 가상화, 논리화, 소프트웨어화

사물이 인터넷에 연결된다는 것의 진짜 의미

이 책의 첫 챕터에서 '메타데이터'를 다루면서 핵심은 실물의 개념화, 가상화, 메타화라는 이야기를 했습니다. 디지털 전환의 디지털이 '개념'을 의미하기에, 메타는 그 궤를 같이한다고 볼 수 있는데요, 그래서 처음에 설명했던 그 중요 내용을 다시 한번 가져와 보겠습니다.

"실물과 대응하는 개념으로서의 메타가 중요한 이유는 메타화, 개념화, 대상화, 데이터화, 객관화, 가상화, 디지털화라는 키워드가 모두 동일한 문맥context 안에 있기 때문입니다. 최근 사회와 국가 전반의 '디지털 혁신'이 화두입니다. 물리적인 세계의 사물이나 사건을 디지털로 변환하여 가치를 만들어 내고, 디지털 가치를 물리적인 세계에 다시 적용해 사회와 비즈니스를 변화시키겠다는 것이 디지털 혁신과 전환입니다. 그리고 그 핵심은 실물의 개념화, 물리적인 것의 가상화와 데이터화입니다. 디지털은 결국 데이터입니다. 현실의 개념화, 가상화, 데이터화를 기반으로 현실 세상과 디지털 세계의 경계선을 모호하게 만들어 이 둘을 하나의 시스템으로 인식하고 돌아가게 만드는 것입니다. 현실 세계와 가상 세계가 긴밀하게 결합되어 우리가 발 딛고 있는 아날로그적인 현실 세계를 움직이고 최적화하는 것이 궁극의 목표입니다."

어떤가요? '디지털'이라는 단어의 의미가 이제 좀 더 깊고 풍부하게 전해지는 것 같지 않나요? 앞서 아날로그 세계와 디지털 세계가 만나고 연결되려면 모바일 디바이스, 센서와 같은 디지털 세계와의 접점이 중요하다고 했습니다. 현실의 사물, 사건을 디지털로 변환하여 컴퓨터로 전달, 저장하는 매개체이기 때문이죠. 아파트 주차장에 들어서는 자동차가 IoT라고 불리는 사물인터넷 서비스의 도움을 받아 헤매지 않고 빈 공간을 바로 찾아 주차하는 영화 같은 장면을 상상해 보면서 사물, 사건, 센서, 디지털에 대해 좀 더 알아보겠습니다.

주차 공간을 확보하기 위해 주차장에서 이리저리 왔다 갔다 하며 낭비되는 시간의 총량과 이때 배출되는 이산화탄소의 배출량이 IoT 서비스로 감소되는 양과 비교해 사회적 비용으로 환산한다면 실로 어마어마할 것입니다. 사람들은 평균적으로 전체 수명 중 3개월을 빈 주차 공간을 찾는 데 보낸다는 통계가 있을 정도입니다.

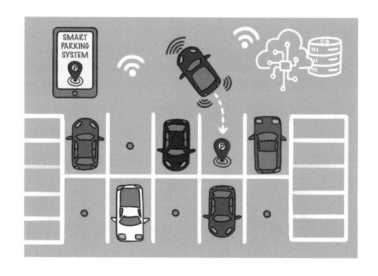

주차장의 각 구역에 설치된 센서와 자동차라는 사물이 인터넷에 연결되어 실시간으로 각자의 데이터를 교환하여 '바로 지금 이 순간 당신 차에서 가장 가까운 빈 공간은 여기'라는 사실을 알려주는 IoT에는 현실 세계와 가상 세계

가 긴밀하게 결합된 시스템이라는 의미의 '가상 물리 시스템'이라는 개념도 반영되어 있습니다. 가상 물리 시스템은 현실 세계를 데이터로 객관적으로 파악해서 현실 세계와 IT가 일체가 되어 사회나 비즈니스를 움직이는 시스템을 말합니다.

주차장에 설치된 센서와 내가 운행하는 자동차라는 개별 사물이 인터넷에 연결된다는 것은 주차장의 공간과 자동차라는 객체가 실시간으로 지금의 사실을 정확하고 빠르게 알려주고, 전달받고, 연결된다는 뜻입니다. '굳이 인간이 개입하거나 신경 쓰지 않더라도' 사물끼리 직접 정보를 주고받는다는 것이 중요합니다.

사물이 인터넷에 서로 연결되어 빈 주차 공간을 찾는 데 활용될 수 있겠구나 하는 데 머무를 것이 아니라, 여기서 얻은 아이디어를 일반화해서 더 넓게 확장하여 다양한 통찰을 얻고 패러다임의 전환을 얻을 수도 있습니다. IoT에 대해 좀 더 알아보겠습니다.

스페인 바르셀로나의 교통체증과 쓰레기통과의 관계

집에서 키우는 개나 고양이가 하는 말을 우리가 조금이라도 이해할 수 있다면 얼마나 좋을까, 라고 생각해 본 분들이 적지 않을 겁니다. 저도 그렇습니다. 집에서 함께 생활하고 있는 귀여운 시바견 두 녀석을 보면서 그런 생각에 문득 잠기다가 가능한 일도 물론 아니겠지만 그런 일이 벌어져도 어쩌면 그건 끔찍한 일일 수도 있겠다 싶더군요. 그 녀석들이 좋아하는 북한강변 동네 산책과 간식 제공에 게으른 우리 가족을 욕하고 있는 게 그대로 전해질 테니 말이죠.

> "그런데 사물이 우리에게 말을 건네거나 굳이 인간의 개입 없이 사물끼리 정보를 주고받는 등 이야기를 나눌 수 있다면 어떨까요?"

일반적으로 사물의 인터넷 연결로 번역되는 IoT는 사물이 인터넷으로 연결되어 내장된 센서로 데이터를 수집하고 보내는 것을 토대로 앞서 주차장 이야기처럼 다양한 서비스를 제공하는 것입니다. 조금 화려하게 표현하면 IoT는 디지털 데이터로 현실 세계를 파악해 그 현실 세계를 최적화하는 구조와 체계로 정의할 수 있습니다. 인간의 시선과 개입이 아닌 IoT적인 상상으로 그런 체계를 구현한다면 어떤 일이 벌어질까요? 정말 놀라운 세상이 펼쳐질 수 있습니다.

IoT는 먼 미래의 이야기가 아니라 이미 진행 중인 현실이기도 합니다. 쓰레기 수거에 IoT를 적용한 국가도 있습니다. 스페인의 바르셀로나는 매년 수백만 명의 관광객으로 늘 분주한 도시입니다. 도로는 좁고 복잡해 차량 정체가 일상인 곳인데요. 이를 해결하기 위해 바르셀로나 시는 스마트 쓰레기통을 설치했습니다. 교통체증과 쓰레기통이 무슨 관계가 있었을까요?

스마트 쓰레기통은 쓰레기통마다 부착된 센서를 통해 쓰레기양을 실시간으로 수거 업체에 전달합니다. 이를 통해 쓰레기통을 비우지 않아도 되는 곳에는 수거 차량이 들르지 않도록 해서 시간과 비용을 크게 절약하고 있다고 보고되고 있습니다. 당연히 1차로가 많은 좁은 도로에 쓰레기 수거 차량이 정차하면 모든 차가 기다려야 하는데, IoT를 통해 차량 정체, 뒤이어 정차한 차들의 환경오염, 운전자의 시간 낭비 등을 어느 정도 해결한 것이죠. 국내에서는 아파트 시장에 IoT가 본격적으로 입혀지고 있습니다.

사실, 여기까지는 구글링 몇 분만 해보면 검색할 수 있는 일반적으로 흐르는 이야기입니다. IoT가 시사하는 보다 중요한 포인트는 '사물의 소프트웨어화'입니다. 인간이 아닌 사물 인터넷의 관점으로 세상을 잠시 바라보겠습니다.

사물의 소프트웨어화, 사물의 서비스화

IoT를 시스템 관점에서 바라보면 현실 물리 세계의 사건이나 현상을 사물에 내장된 센서로 파악해서 인터넷과 클라우드로 보내는 장치나 구조를 의미합니다. 그래서 세상 물정에 무척 밝은 편인 어떤 사람들은 IoT의 기반이 되는 센서 벤더, 네트워크 플랫폼을 가진 자본, 가령 시스코와 같은 회사의 주가를 요즘 한창 공부하고 있다고 합니다. 반면에,

> " IoT를 서비스나 가치 측면에서 살펴보면, 사물로부터 수집된 방대한 데이터를 분석하고 시뮬레이션하고 활용해 다시 실물의 현실 세계에 유용한 정보를 제공하는 서비스를 의미한다고 볼 수 있습니다. "

앞서 주차장에 설치된 센서와 주차 공간 확보를 위해 이동 중이던 자동차의 센서로부터 수집된 데이터를 통해 차에서 가장 가까운 빈 공간에 대한 정보를 제공하여 헤매지 않고 빈 공간을 바로 찾아 주차하는 일이 가능했던 것은 근본적으로는 사물이 인터넷에 연결되어 있고 사물이 자기 자신 혹은 자신 주변의 정보를 스스로 전달할 수 있었기 때문입니다. 주차 공간별 주차 여부, 주차 공간의 위치, 이동 중인 차의 동선 등 아날로그의 물리적인 것들이 IoT 통신 센서를 통해 디지털로 개념화되고 데이터화되어 있기 때문에 가능한 서비스입니다.

아무튼 IoT가 가져오는 패러다임의 전환은 앞서 강남 대로변의 공실을 이야기하면서 온라인과 오프라인이 이제 딱 붙어있다는 설명과 같은 의미로, 현

실 세계와 디지털 세계가 만나고 연결되어 일체화된 새로운 사회 기반의 구현입니다. 그리고 또 하나의 패러다임 시프트shift는 사물의 가치가 하드웨어 실물에서 소프트웨어 서비스로 전환된다는 것입니다. 이 지점이 굉장히 중요합니다.

현실 세계를 충실하게 모방한 디지털 카피, 즉 디지털 트윈을 사용해서 현실 세계에서는 직접 하기 어려운 테스트나 시뮬레이션 등 모의실험을 하려면 사물은 딱딱하고 경직된 하드웨어 형태에서 점점 더 부드럽고 유연한 모습으로 '소프트웨어화'되어야 합니다.

하드웨어가 소프트웨어화된다는 말이 낯설고 이상하게 느껴질 수 있습니다. 지금은 소프트웨어로 구현된 기능도 이전에는 하드웨어였던 것이 많습니다. 예를 들어, 카메라의 셔터 속도는 기어와 스프링으로 조절했고, 사진의 색감과 감도는 필름에 도포된 약제로 처리했었습니다. 그렇지만 요즘의 디지털 카메라는 이 모두를 소프트웨어적으로 처리합니다. 전기차 시장의 강자인 테슬라 역시 과거에는 하드웨어 부품으로 구현했던 많은 것을 소프트웨어적으로 처리하고, 심지어 인터넷을 통해 부품 기능의 업그레이드를 휴대폰에 설치된 앱 업그레이드하듯이 가볍게 완성합니다. 차량 결함의 사후 리콜 처리를 위해 직장인은 휴가를 내어 서비스센터에 방문해야 했던 일이 아마 조만간 아련한 추억으로 남을지도 모르겠습니다.

IoT는 사물의 적극적인 소프트웨어화를 전제하고 가정합니다. 하드웨어라는 사물은 그동안 모듈화되는 것이 중요했습니다. 기능을 표준화하고 부품화함으로써 생산 비용을 낮추고 부품 대체 및 조립 등으로 유지보수성을 극대화하는 것이죠. 반면 'IoT 서비스를 위한' 하드웨어는 통신 기능을 내장하여 인터넷에 연결되어 그 사물을 서비스화합니다. 제품의 기능과 성능에서 소프트웨어가 차지하는 비중이 커질수록 네트워크를 통해 소프트웨어를 업데이트하여 실시간으로 제품 이용 현장에 개입하기 쉽습니다.

사물의 개념화　　사물의 소프트웨어화　　사물의 서비스화　　디지털 트랜스포메이션

"결국, 객체로서의 물건이었던 사물이 IoT를 통해 주체로서 정보를 수집, 공유하면서 스스로를 서비스화하는 이 변화의 본질은 사물을 이용하는 현장과 사물을 제조, 제공하는 현장을 직접 연계시키는 데 있습니다. 그리고 그러려면 사물은 필연적으로 소프트웨어화될 수밖에 없습니다."

사회 전반에 소프트웨어 개발 및 코딩 교육 광풍이 불고 있는 이유도 이와 무관하지 않습니다. 사람들이 소프트웨어에 주목하는 이유는 간단합니다. 그 주변으로 욕망과 자본과 에너지가 흐르고 있기 때문입니다.

≪4차 산업혁명, 미래를 바꿀 IT 트렌드≫(정보문화사, 2017)의 저자 사이토 마사노리는 사물의 소프트웨어화, 서비스화에 대해 같은 맥락으로 이렇게 강조합니다.

"사물 서비스화는 소프트웨어화를 전제로 합니다. 하드웨어 부분을 가능한 한 단순하게 만들면 제조 비용을 절감할 수 있습니다. 게다가 구조가 단순해지면 장애도 감소하므로 유지 보수에 드는 노력이나 비용을 줄일 수 있습니다. 그 대신 기능이나 성능을 소프트웨어로 실현하는 것입니다. 소프트웨어가 제품 기능과 성능에서 차지하는 비율이 커지면 네트워크를 통해 소프트웨어를 업데이트하여 제품을 이용하는 현장에 즉시 개입할 수 있습니다. 또 사용자가 제품을 이용하는 방식을 분석해서 현장 요구를 파악하고, 소프트웨어를 변경함으로써 고객이 제품을 구입한 후에도 사용 편의성이나 기능, 성능을 개선할 수 있습니다. 이것이 사물 서비스화의 본질입니다. 하드웨어, 소프트웨어, 서비스가 하나가 되어 제품 가치를 만들어 내는 것입니다."

"디지털 트랜스포메이션은 사물의 개념화에서 출발합니다. 가상과 현실, 논리와 물리, 개념과 사물을 넘나들거나 분리해서 인식하며 다시 이를 통합할 수 있는 능력이 필요한 시대입니다."

디지털 트랜스포메이션의 본질

그럼, 지금까지 하던 건 아날로그였나

디지털 전환(DT)이라는 화두가 IT 관련 종사자와 비즈니스 기획자들에게 주목받고 중요하게 이야기된 것은 조금 지난 일입니다. 각 기업은 앞다투어 디지털 전환을 준비하고 추진하는 조직을 만들었고 제가 근무하고 있는 직장 역시 비슷한 분위기입니다. 그런데 기존의 IT 개발과 운영을 하던 부서에서 심지어 조직의 디지털 전환을 추진하는 미션을 부여받은 사람 중에서도 '그러면 그동안 IT가 했던 건 아날로그였나?'라는 자괴감과 의구심을 불만스럽게 표현하는 일이 적지 않았습니다.

조직의 부서 이름에 '디지털'을 넣는 순간, 나머지 부서는 '디지털'이 아니라는 의미가 되고, 그 순간부터 '디지털'은 어느 특정 부서만의 성과 목표가 됩니다. 모든 '한정'은 '부정'이기도 합니다. 기업은 DT를 통해 조직 전체의 혁신을 만들고자 시도하지만 실제로는 디지털과 non(비)–디지털로 이분화되면서 오히려 역설적으로 기업의 디지털화를 늦추고 만다는 딜레마를 경계해야 한다고 이야기하는 전문가들도 있습니다.

DT를 적극적으로 추진하는 조직 내에서도 디지털 전환이 무엇인지에 대한 정의를 명확히 내려주는 사람은 많지 않습니다. 학자, 전문가, 현업의 디지털 전환 실무자마다 그 정의가 제각각 다른 것 같습니다. 디지털 전환은 2004년 스웨덴 우메오대학의 에릭 스톨터만 교수가 처음 주장한 개념입니다. 스톨터만 교수는 디지털 전환에 이르는 과정을 다음 3단계로 구분했습니다.

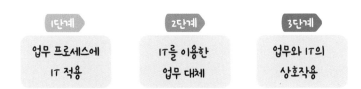

1단계 '업무 프로세스에 IT 적용'은 조직의 업무 절차를 표준화하고 매뉴얼로 만들면서 이 과정에서 정보시스템의 기능으로 대체할 프로세스를 찾아내

어 전산화하는 단계를 말합니다. 다시 말해 말과 문서로 하던 업무 흐름을 정보시스템으로 바꾸는 단계입니다. 국내의 많은 기업은 이미 이 단계를 통과했습니다. 전통적인 IT 조직이 포커싱하고 있는 영역이기도 합니다.

2단계 'IT를 이용한 업무 대체'는 조직의 업무 프로세스를 기본적으로 따르면서도 사람이 하는 반복적인 작업을 로봇이나 기계로 대체하는 것입니다. 대표적으로 RPA$^{Robotic\ Process\ Automation}$가 이 단계에 해당됩니다.

마지막 3단계 '업무와 IT의 상호작용'은 비즈니스 업무가 IT로, IT가 업무로 매끄럽게 변환되는 상태를 의미합니다. 앞서 설명한 IoT, 가상 물리 시스템, 디지털 트윈, 디지털 뉴딜 등이 모두 동일한 방향을 응시하고 있습니다. 업무가 IT로, IT가 다시 업무로 끊임없이 변환되고 영향을 주는 상태가 실현되면 시장 변화에 맞추어 민첩하게 기업 전략을 수정할 수 있는 압도적인 시장 대응력과 파괴력을 갖게 됩니다.

따라서 디지털 전환이라는 변화 속에서 IT의 역할과 책임, 위상은 크게 바뀔 것으로 예상됩니다. 지금까지 IT는 비즈니스를 전산화하고 자동화하는 수단이었습니다. 자연스레 비즈니스의 주체라기보다는 조력자나 보조자 정도의 위치에 놓여 있었습니다. 재주는 곰이 부리고, 성과의 과실은 비즈니스에서 가져가는 게 당연한 듯한 풍경이 펼쳐졌고 가끔은 비용만 쓰는 코스트^{cost} 부서라는 오해도 받으며 조직 내에서 낮은 권력과 위상을 갖는 게 보편적이었습니다.

물론, 업무의 데이터베이스화 등을 위한 전통적인 역할이 없어지지는 않겠지만 이제 IT는 기업의 비즈니스를 차별화하는 무기이자 새로운 경쟁력의 원천 이상으로 주목받고 있습니다. IT가 비즈니스를 단순히 지원하던 시절은 끝났습니다. 카카오뱅크 등 인터넷 은행들만 봐도 IT가 비즈니스 그 자체인 시대입니다. 오히려 IT가 기업의 비즈니스를 끌어가고 리딩하고 있습니다.

어쨌거나, 디지털 전환은 '기업의 일하는 방식'을 바꾼다는 의미에서 무엇^{What}보다는 어떻게^{How}에 가깝습니다. 그리그 그 '어떻게'를 지배하는 핵심 관념은 비즈니스 현장의 사실을 데이터로 수집하고 IT로 파악하여 다시 그 물리적 현장의 문제를 해결하고 최적의 답을 찾아낸다는 것입니다.

"디지털 트랜스포메이션의 본질은 디지털과 현실 세계를 별개로 보지 않고 이처럼 하나의 시스템으로 생각하는 것입니다. 이는 처음의 이야기였던 메타버스를 자연스레 다시 떠오르게 만듭니다."

메타버스를 포함해 지금까지 했던 이야기를 정리해 보겠습니다.

"흐릿해진 오프라인과 온라인의 경계, 계층적 지식의 네트워크화, 물리적인 실물의 논리화와 디지털화, 현실의 탈현실화, 가상화, 하드웨어의 소프트웨어화, 이 모든 것은 일맥상통합니다. 지금까지 언급된 모든 것은 결국 아날로그 세계와 디지털 세계의 만남, 연결, 그리고 공존에 대한 것입니다. 그리고 그것을 향하고 있는 엄청난 가속도에 대한 이야기이기도 했습니다."

속도는 시간의 함수이기도 합니다. 그러니까 첫 번째 챕터의 주제였던 탈현실화된 새로운 우주인 '메타버스'는 시간과 공간에 대한 낯설지만 매혹적인 내러티브였던 셈입니다. 더 흥미로운 것은 디지털 전환 역시 같은 맥락 위에 있다는 것입니다.

물리 세계와 디지털 세계의 상호 작용

스톨터만 교수의 디지털 전환에 이르는 과정 중 마지막 3단계(고도화)에 주목해 보겠습니다. 디지털 전환의 궁극적 목표이자 본질이 바로 3단계(고도화)의 설명과 일치하기 때문입니다.

다음은 중소 벤처기업 진흥공단에서 정의한 스마트 공장의 구축 성숙도 단계입니다. 현실 세계의 기계나 장비, 사물 등을 컴퓨터 속 가상 세계에 구현한 것이 디지털 트윈입니다. 따라서 스마트 공장은 디지털 트윈의 대표적 사례라고 할 수 있겠습니다. 스마트 공장을 중심으로 디지털 전환에 대해 한 발짝 더 들어가 보겠습니다.

기초 단계가 바코드 RFID를 활용한 실시간 데이터 수집과 관리라면 1단계는 스마트 센서를 활용한 설비 데이터 자동 수집 및 불량 원인 분석, 2단계는 유무선 네트워크를 활용한 실시간 자동 제어입니다. 3단계(고도화)에서 비로소 지능화된 설비를 바탕으로 시스템의 자율적 판단과 생산이 이루어집니다.

공장의 물리적인 현장 상황과 사실을 파악하는 것은 스마트 센서, 즉 IoT 시스템입니다. IoT는 개별 사물에 내장된 센서로 '사물' 스스로의 정보나 사물 주변에서 벌어지는 '사건'을 데이터로 수집하는 시스템입니다. 물론, 디지털 전환을 위해 데이터를 수집하는 주체는 반드시 IoT 통신 센서일 필요는 없습니다. 웹이나 모바일 같은 디지털 시스템도 데이터를 수집하고 전송할 수 있습니다.

"IoT 센서는 DT를 위해 데이터를 수집하는 하나의 방법이자 수단일 뿐입니다. IoT 자체가 중요한 것이 아닙니다. IoT가 디지털 전환의 핵심이라고 강조하는 것도 아닙니다. 물리적인 현실 세계에서의 사물의 정보나 사물 주변의 사건을 데이터화하여 수집하고 분석할 수 있는 기반이 무척 중요합니다. 결국, DT의 핵심은 사물의 개념화입니다."

IoT 시스템이 수집, 전송하여 적재된 데이터로 공장 설비와 '개념적으로 동일한 가상의' 디지털 트윈이 만들어집니다. 공장의 제조 장치나 설비에 내장된 센서가 보내온 진척 상황이나 가동 상황 등을 실시간으로 전달받아 그 시점 가장 효율이 높은 작업 순서를 찾아낼 수도 있습니다. 그 순서대로 현장의 제조 장치를 자동으로 제어하면 납기나 작업 시간을 단축하고 비용을 절감할 수 있습니다. 신제품을 제조 라인에 투입하기 전에는 다양한 디지털 시뮬레이션을 통해 최적의 작업 공정을 찾아낼 수도 있습니다. 더 나아가, 설비 부품의 장애나 불량에 대해서도 섬세한 관리가 가능합니다. 부품 불량의 명확한 원인은 알지 못하더라도, 부품 불량에 영향을 끼치는 다양한 패턴을 AI를 통해 인식하고 예측해 사후 조치는 물론 예방적 품질 관리도 가능해집니다.

"이처럼 IoT 시스템을 통해 수집된 데이터로 디지털 트윈을 구성하고, AI로 분석, 예측해 기계를 제어하고 현장을 컨트롤하는 등 문제를 해결하고 최적의 판단과 의사결정을 수행합니다. 이렇게 디지털로 현장이 변화하고, 변화된 현장의 상태 정보를 다시 디지털 데이터로 포착합니다. 이러한 일련의 순환 사이클이 바로 디지털로 전환된 스마트 공장의 풍경입니다."

디지털 트랜스포메이션은 이렇듯 물리 세계와 디지털 세계의 상호작용, 업무와 IT의 매끄러운 상호작용이 이루어지는 구조를 의미합니다. 물론, 그 출발은 물리적인 실물을 가상의 디지털 트윈으로 개념화할 수 있도록 데이터를 스스로 수집하고 전송하는 IoT 시스템이며 수집된 대용량 데이터를 저장하고 처리할 수 있는 클라우드 컴퓨팅, 빅데이터 기술, 그리고 데이터를 활용해 현장의 상황을 분석, 예측할 수 있기 위해 브레인 역할을 할 수 있도록 빅데이터와 결합한 인공지능이 그 기반의 핵심 기술이라 할 수 있습니다.

　노파심에 말씀드리면, 디지털 트윈, 제조업의 스마트 공장이 아니면 디지털 전환이 아닌 것으로 오해해서는 안 됩니다. 디지털 트윈에 스며들어 있는 핵심 개념에 집중해야 합니다. 실물의 개념화와 데이터화를 통해 실물과 디지털이 한 몸처럼, 하나의 시스템처럼 움직일 수 있다는 것이 중요합니다.

DT에는 반드시 비즈니스 수익 모델이 있어야 한다

　인공지능, 디지털 트윈 공장, IoT 시스템, 스마트 센서와 같은 이야기를 늘어놓으니, 디지털 트랜스포메이션은 나와는 먼 얘기이고 삼성전자와 같은 제조 공장, 글로벌 기업인 아마존 혹은 네이버나 카카오와 같은 국내 거대 기업만의 이야기처럼 느껴질 수도 있습니다. 그런데 센서만 하더라도 우리는 이미 센서의 숲속에서 함께 생활하고 있습니다. 당신이 손에 쥐고 있는 스마트폰 안에는 이미 수십 개의 센서가 들어가 있고 길을 걸을 때도 수많은 CCTV와 센서가 당신을 응시하고 있습니다. 심지어 화장실을 갈 때도 문이 스스로 열리고 조명이 자동으로 켜집니다. 센서 덕분이죠.

　우리 생활을 관찰해 보면, 아침에 눈 뜨자마자 휴대폰 앱으로 지난밤 미국 증시 등 밤사이 세상이 돌아간 상황을 살피고, T맵을 켜고 T맵이 추천해 준 최적의 경로를 따라 운전해 회사에 가면서 스타벅스의 사이렌 오더로 모닝커피를 주문하고, 회사에서는 실물 문서가 아닌 전자결재를 하고, 오프라인 회의실에서의 대면 회의가 아닌 화상회의를 합니다. 그리고 다가오는 주말을 위해 오후에는 에어비앤비로 잠시 여행지를 탐색합니다. 집에 들어가면 비어있는 냉장고를 채우기 위해 잠들기 전 쿠팡 새벽 배송으로 간단히 장보기를 마칩니다. 이렇듯 DT는 우리 개인의 삶 속에 단단하게 자리를 잡아 이미 생활과 문화가 되었습니다.

물론 DT는 개인보다는 기업에 더 큰 의미가 있을 겁니다. '상품을 디지털화'하는 건 예전부터 진행되어 왔습니다. 필름 카메라를 디지털카메라로 만든다든지, 아날로그 브라운관 TV가 디지털 TV가 되고, 테이프가 CD가 되더니 MP3 바뀌는 것, 백화점 지류 상품권을 모바일 상품권이나 카드형, 충전식 앱 쿠폰으로 전환한다든가 하는 것이죠. 이렇게 물건, 상품을 디지털화한 다음에는 전자 결재, ERP, SCM처럼 회사의 주요 의사결정, 자원 관리라든가 제품 생산과 유통 과정을 통합해서 관리하는 등 '일하는 방식을 디지털화'합니다. 우리는 이를 정보화, 전산화라고 불렀습니다.

> " 상품의 디지털화 이후에는 이처럼 업무처리 방식의 디지털화가 전개되었습니다. 그다음에는 무엇일까요? '비즈니스 모델'이 있어야 합니다. 디지털 전환을 통해 효율성을 얻어야 하며, 그 효율성을 따라 수익성이라는 가치가 뒤따라야 DT라고 할 수 있습니다. 기업에게 결국 돈이 되지 않는 일은 아무런 의미가 없습니다. "

추가 설명 ERP, SCM

ERP(Enterprise Resource Planning, 전사적 자원관리)는 기업 내 생산, 물류, 재무, 회계, 영업, 구매, 재고 등 경영 활동 프로세스를 통합적으로 연계해 관리해 주는 시스템을 말한다. SCM(Supply Chain Management, 공급망 관리)은 제품의 생산과 유통 과정을 하나의 통합망으로 투명하게 관리하는 경영전략 시스템이다.

그래서 DT와 비즈니스 모델과의 관계와 관련해서, A. T. Kearney라는 컨설팅 그룹에서 정의한 DT에 대한 정의에 주목해야 합니다. 그들의 정의에 따르면 'DT는 코어 기술이나 신기술을 먼저 적용해야 하고, 그래서 그것이 반드시 기업의 이윤으로 연결되어야' 합니다. 기술과 기업 혁신은 수단이고 도구입니다. 근본 목적은 결국 비즈니스 성과입니다. 수단이 목적을 삼켜버릴 수는 없습니다. 같은 맥락으로, 이런 성과가 국가와 인류에 나타나면 그게 바로 '4차 산업혁명'입니다. 4차 산업혁명과 DT는 본질적으로 동일합니다.

DT로 중무장한 온라인이 오프라인을 침공하고 있다

예전에는 가령 동네에서 슈퍼마켓을 성실히 잘 운영하고 있다가 인터넷으로 확장해서 온라인에서 판매를 하면 플러스알파의 더 많은 수익을 얻을 수 있었습니다. 그렇지만 이제는 슈퍼마켓을 하면서 온라인화를 안 하면 온라인 플랫폼 기업이 동네 골목까지 치고 들어오기 때문에 마트의 생존 자체가 위협받는 상황입니다.

" 예전에는 오프라인이 중심이고 오프라인의 플러스알파인 옵션으로 온라인화를 추진했는데, 지금은 온라인이 오프라인으로 내려오고 있습니다. 온라인과 오프라인이 스와핑swap을 하고 온라인과 오프라인이 하나로 합쳐지고 있습니다. 로봇, 줌 화상회의, e-러닝, 무인 슈퍼, 인터넷 쇼핑, 쿠팡 새벽 배송 등이 의미하는 것은 온라인의 오프라인화입니다. 지금은 오프라인이 정교하고 강력하며 지치지 않고 성실하기까지 한 온라인에 무차별 공격을 당하고 있습니다. 온라인과 오프라인에 대한 구별을 굳이 할 필요도 없어졌습니다. "

앞서 디지털 트랜스포메이션의 본질은 디지털과 현실 세계를 별개로 보지 않고 하나의 시스템으로 생각하는 것이라고 했습니다. 디지털 전환을 통해 구현된 스마트 공장은 IoT 시스템을 통해 수집된 현장의 데이터로 가상의 디지털 트윈을 구성하고, 디지털 트윈을 통해 현장의 물리적인 환경에서는 수행하기 어려운 시뮬레이션과 테스트를 자유롭게 하고, AI로 분석 및 예측한 결과를 다시 현장에 적용하고 반영하는 선순환을 통해 물리적인 현실과 가상의 디지털을 통합해서 인식하는 개념이었습니다.

오프라인과 온라인의 경계가 흐릿해지고 있습니다. 현실의 탈현실화, 물리적인 실물의 디지털화가 가속되고 있습니다. 그리고 정교하고 세련되고 강력해진 디지털 온라인은 오프라인에 강력한 영향력을 끼치고 있습니다. 디지털 대전환은 결국 메타버스라는 디지털 신도시에 도착할 것입니다. 아날로그 세계와 디지털 세계가 만나고 연결되어 공존하는 이 흐름은 바꿀 수도 없고, 가지 않겠다고 저항할 수도 없어 보입니다. 이럴 땐 상황을 먼저 이해하고 잘 활용하는 쪽이 살아남을 뿐입니다.

개인의 디지털 전환

개인의 일상 속 문제를 수치화하여 데이터로 해결할 수 있다면 이것 또한 디지털 전환이라 말할 수 있습니다. 누구나 현실 속에서 처한 문제를 생활 데이터로 객관적으로 바라보고 해결책을 고민해 볼 수 있고 이런 개인 역시 디지털 전환의 주체가 될 수 있습니다.

A는 당뇨를 치료하기 위해 최근 1년간 식이요법을 하고 있습니다. 의사 선생님이 시키는 대로 하긴 하는데, 나아지는지는 잘 모르겠습니다. 어떤 음식과 어떤 운동이 내 몸에 어떤 영향을 미치는지 궁금합니다. B는 다이어트를 위해 해독주스를 매일 만들어 먹기도 하며 갖은 노력을 하고 있지만 도대체 다이어트를 하지 않는 날이 없는데 늘 그대로이거나 더 찌는 것 같아 답답하기만 합니다.

데이터가 마법은 아니지만 생활 데이터를 수집, 축적, 활용해 지금 A와 B가 겪고 있는 현실의 문제를 객관적이고 세밀하게 들여다볼 수 있습니다. 그리고 이를 바탕으로 생활을 변화시킬 수도 있습니다.

DT는 반드시 회사 업무가 그 대상이어야 하는 것도 아닙니다. DT는 물리적인 현실 삶과 디지털을 별개로 보지 않고 하나로 생각하는 것을 의미합니다. 현실 삶에서 한 개인을 둘러싼 다양한 사건, 상태, 정보를 데이터화하고 이를 분석하여 다시 현실의 물리적인 세계에 적용하고 의미와 가치를 만드는 일도 DT입니다.

DT를 고민한다고 하면 먼저 시작해야 하는 것은 어떤 기술을 도입하고 적용할 것인가에 대한 고민이 아니라, 우리 기업의 비즈니스에 좀 더 효율적이고 효과적으로 적용할 수 있는 '디지털 관점의 비즈니스 모델 정의, 상품화, 디지털화된 고객 경험의 강화, 업무 프로세스 재설계와 같은 접근'입니다. 디지털 기술은 활용법이어야지 그 자체가 목적이고 주제가 되긴 어렵습니다. 기업에서 디지털 전환을 위해 IoT, 클라우드, 빅데이터, AI라는 기술과 도구가 수단으로 사용되는 것이지, DT는 디지털 기술을 도입하는 IT 전략도 아닙니다.

《헬로 데이터 과학》(한빛미디어, 2016)에 소개된 미국 워싱턴대학 치대 구강학과 교수이자 의사인 마크 드랭숄트의 흥미로운 사례를 잠시 알아보겠습니다.

보통 의사라고 하면 흰색 가운을 입은 점잖은 이미지를 떠올리지만, 마크는 취미로 철인 3종 경기에 출전하곤 했던 활동적인 인물입니다. 하지만 그가 항상 건강했던 것은 아닙니다. 2008년 마크는 간헐적인 심장의 불규칙 박동과 함께 경미한 심장 발작을 경험하기 시작했습니다. 마크는 의사와의 상담에 더해 자신의 건강 상태에 대한 데이터를 직접 수집하여 분석하는데요. 심장 발작이 올 때마다 그 직전에 어떤 일이 있었는지, 발작의 강도는 어땠는지를 기록했습니다. 그는 이 분석을 바탕으로 자신의 심장 발작이 대부분 심실상성 빈맥의 유형이라는 점, 그리고 격렬한 운동이나 카페인 섭취가 이런 증상의 발생과 관계가 깊다는 사실을 알게 되었습니다. 그는 이러한 자가 진단 결과를 주치의와 공유했고, 그의 주치의는 이를 바탕으로 큰 수술 대신에 간단한 절제 시술로 증상을 개선할 수 있었습니다.

2013년 마크는 다시 건강 문제를 겪습니다. 이번에는 어떤 특정 단어를 기억하는 데 어려움을 겪는 증상으로, 의사들과 상담해 보았지만 아무도 뚜렷한 원인을 발견해 내지 못합니다. 그래서 그는 직접 해결책을 찾아보기로 마음먹습니다. 우선 유전자 검사를 통해 자신이 지방 소화력이 취약하며 치매의 위험을 증가시키는 유전자를 가지고 있음을 알게 됩니다.

이윽고 그는 자신의 인지능력과 관련된 식습관, 체중, 콜레스테롤 수치 등 모든 변수를 매일 기록하기 시작합니다. 유전자 검사 결과에 따라 자신이 포화지방을 잘 분해하지 못한다는 사실을 발견했기에, 그는 포화지방이 낮은 음식으로 식단을 바꾸고 콜레스테롤 수치를 낮추는 약물을 복용하면서 자신의 인지능력을 꾸준히 관찰합니다. 몇 주 후 그는 콜레스테롤 수치가 꾸준히 낮아졌고, 몇 달 후 인지능력 역시 예전 수준으로 회복되었음을 확인합니다. 마크의 주치의도 이런 결과에 놀라움을 감추지 못했습니다.

물론, 의학 교수이자 의사인 마크 개인의 특수성도 있었겠습니다만, 개인의 일상 속 문제를 생활 데이터를 수집하고 축적해 섬세하게 들여다보면서 그 문제를 해결하는 데 효과적으로 활용하는 것도 DT입니다. 이때, 데이터를 수집하기 위해 IoT 통신 센서가, 데이터를 축적하기 위해 클라우드나 빅데이터 관련 기술이, 문제를 분석하고 해결 방법을 찾기 위해 AI 기술이 꼭 필요한 것은 아닙니다. 마크도 본인의 문제 분석과 해결을 위해 엑셀 프로그램을 간단히 활용했다고 합니다.

DT에 스타벅스는 어떻게 성공했고 A사는 왜 실패했나?

스타벅스의 DT 성공 사례

에어비앤비는 단 한 채의 숙소 건물도 보유하고 있지 않지만, 하얏트 호텔 그룹의 기업 가치를 넘어섰습니다. 우버는 단 한 대의 택시도 없지만, 이미 옐로캡을 무너뜨렸습니다. 아디다스의 독일 공장은 연간 50만 켤레를 생산하는데, 직원은 단 10명이라고 알려져 있습니다. 이런 놀라운 일이 벌어진 배경에는 디지털 트랜스포메이션이 있습니다.

그런데 디지털 트랜스포메이션을 성공으로 이끌 수 있는 완벽한 정답지나 모범 답안 같은 것은 세상에 없어 보입니다. 그럼에도 불구하고 그 실패를 줄여주는 공식 같은 것이 하나 있어서 소개합니다. Digital Initiative Group 김형택 대표의 저서 ≪그들은 어떻게 디지털 트랜스포메이션에 성공했나≫(윌컴퍼니, 2021)의 내용 중 핵심을 요약하면 다음과 같습니다.

첫째, 성공적인 디지털 전환을 위해 가장 중요한 것은 CEO의 강력한 의지와 철학입니다. 디지털 전환은 보텀업의 상향식이 아닌 톱다운의 하향식으로 이루어져야 한다는 것이 전문가들의 일반적인 조언입니다. 거대한 예산과 시간 등 자원을 대규모로 투입해서 조직의 일하는 방식과 비즈니스 모델을 새롭게 찾아내는 여정이기 때문에 경영진의 인식과 비전, 드라이브가 무척 중요합니다. 둘째는 인재 영입과 DT를 추진할 실무 전담 조직의 세팅입니다. 그리고 셋째는 이 조직이 길을 잃고 헤매지 않도록 지속해서 평가하고 방향을 제시해 줄 브레인 역할을 할 위원회를 구성하는 일입니다. 여기까지가 DT의 전략에 대한 준비입니다.

그리고 그다음 네 번째는 구체적인 비즈니스 모델을 설정하는 것입니다. 이어서 다섯 번째는 예산을 투입하고 사업 과제로 실행하는 것입니다.

디지털 전환에 큰 성공을 거두었다고 평가받는 스타벅스의 사례가 이 공식에 딱 맞아떨어집니다. 스타벅스의 하워드 슐츠 회장은 DT에 대한 관심이 굉장히 컸다고 알려져 있습니다. 슐츠는 자서전인 ≪스타벅스, 커피 한 잔에 담긴 성공신화≫(김영사, 2022)를 통해 스타벅스는 단순히 커피 전문점이 아닌 공간과 장소, 경험을 판매하는 곳이라는 인사이트를 강조한 바도 있습니다.

숄츠는 막대한 연봉을 들여 IT 전문 기업인 시만텍(현 노턴 라이프록)에서 스테판 질렛을 스타벅스의 부사장으로 스카우트합니다. 그리고 곧 회사 내에 디지털 벤처부라는 조직을 만듭니다. 바로 인재 영입과 전담 조직 세팅이었습니다. 벤처 정신을 가지고 스타벅스를 디지털화해달라는 강력한 주문을 했고 이후 디지털 위원회를 만들어 디지털 전략과 관리, 통제 등 거버넌스를 맡깁니다. 여기에서 결과물로 나온 것이 주문, 결제, 리워드, 개인화라는 흐름으로 거대하게 움직이는 '사이렌 오더'입니다. 시장 기획, 매장 개발 앱인 '아틀라스', 그리고 스타벅스를 어지간한 금융기관 이상으로 생각하게 만든 '지불 시스템' 같은 것들도 이러한 구조의 연장선상에서 튀어나왔습니다.

특히 모바일 스타벅스 앱인 사이렌 오더는 주문하려는 매장에서 구매할 커피나 음식을 미리 결제하고 주문하는 것인데요. 앱에서 샷, 시럽, 휘핑크림 등의 추가 유무를 비롯해 무지방/저지방/일반 우유와 두유 선택 등 기호에 맞게 즐겨 마시는 음료를 '나만의 음료'로 저장하고 선택해 등록된 스타벅스 카드로 선결제가 가능해 주문 대기 시간을 단축하면서 편리하게 서비스를 받을 수 있습니다. 물론 음료 제조나 딜리버리 준비 완료 등 순차적인 과정이 팝업 메시지로 자동으로 스마트폰에 전달되며 '진동벨'의 기능도 수행합니다. 무척 편리하고 흥미로운 경험이 될 수 있습니다.

코닥과 A사는 디지털 전환에 왜 실패했나?

필름 카메라 시절을 지배했던 '코닥'이라는 대단한 기업이 있었습니다. 물론 지금은 망해버렸죠. 디지털카메라를 세계에서 최초로 만든 회사가 어디였는지 혹시 알고 있으신가요? 바로 코닥이었습니다. 소니나 후지가 아니라 필름으로 아날로그를 지배하던 회사 코닥이 놀랍게도 디지털카메라를 처음 만든 기업이었습니다. 70년대에 코닥의 한 연구원이 디지털카메라를 만들어서 사내에 먼저 발표합니다. 그런데 회사의 경영진은 디지털카메라 발명을 비밀로 하라고 지시합니다. 잘 나가던 필름을 계속 더 팔기 위함이었죠. 그 이후 소니 등의 회사가 디지털카메라를 개발하고 시장에 내놓습니다. 그리고 코닥은 이내 몰락했습니다.

이 이야기가 전하는 서늘한 메시지는 디지털 전환을 포함한 모든 혁신 활동은 자기 파괴적인 속성을 갖는다는 것입니다. 기존의 익숙하고 잘나가던 자기 것을 파괴하고 새로운 질서와 법칙을 찾아 나가야 하는데, 지금은 잘 되니까 누구에게도 얘기하지 말라, 가 된 것이죠. 그러니까 스스로 혁신하지 않으면 경쟁 업체에 의해 혁신을 당하게 된다는 것이 시장이 전하는 엄중한 메시지인 것입니다.

국내 A 기업은 CEO의 지시로 디지털 전환을 추진하기 시작했습니다. TF^Task Force도 조직하고 보고서도 만드는 등 어수선했지만 결국 실패한 것으로 알려졌습니다. 여러 가지 배경과 이유가 있었지만, 그 이유 중 하나였던 '조직 내 충돌하는 이해관계'의 관점에서 DT가 실패하는 맥락을 잠시 살펴보겠습니다. 실패하는 주된 이유를 알아야 실패를 줄일 수 있습니다.

A 사는 디지털 전환을 위해 IT 부서에 미션을 부여했습니다. 사실, DT와 IT를 명확히 구분하는 것은 쉽지 않습니다. DT가 디지털 전환을 위한 정보 전략, 기업 혁신 활동이라면 IT는 정보기술을 기반으로 한 정보시스템 개발과 운영 업무에 가깝습니다만, 그 경계를 구분하기는 꽤 어렵습니다. 그래서 디지털과 IT를 같은 카테고리로 생각하며, 디지털 전환의 방점은 디지털을 기반으로 한 '탈바꿈 전환'이 아닌 '디지털 기술'에 있다고 판단하여 IT 조직에 DT를 맡기기가 쉽습니다. 그런데 분명한 것은 태생적으로 보수적이고 안정을 추

구하는 IT 업무와 개혁적이고 변화를 추구하는 DT 업무는 지향점이 완전히 다르다는 것입니다. 그래서 물리적으로 한 지붕 아래에 있지만, DT와 IT는 일이 진행될수록 본격적으로 충돌하게 됩니다.

기업, 정부 조직, 군대, 심지어 취미를 공유하는 동호회 조직을 포함해서 인간이 만든 그 어떤 조직도 기존 구조를 그대로 유지하면서 혁신적인 방법을 수용할 수는 없습니다. 게다가 DT가 제대로 이루어지려면 IT와 비즈니스 현업 부서까지 포함하는 전사적 협업이 필요합니다. 협업이 중요하다는 말은 당연한 말입니다. 하지만 현실에서는 그 당연한 말이 말처럼 잘 이루어지지 않습니다. 더 큰 문제는 경영진이 '앞으로 잘 협업하도록 하세요'라고 지시하거나 요구하면 협업이 잘 이루어질 것이라고 기대한다는 것입니다. 기업은 동호회 커뮤니티가 아닙니다. 욕망과 불안을 품고 있는 개개인으로 구성된 경제적 공동체이자 이익 집단입니다. 다른 부차적인 이유도 있겠지만, 결국 그 이익을 위해 함께할 뿐입니다. 그런 이익 집단 속에서 이기적인 개인 구성원 모두가 항상 전체 최적화 관점의 전체 이익 위주로만 거룩하게 판단하고 행동하게 만드는 것은 불가능합니다. 그런 생각은 왕자님과 공주님은 그 이후로 오래오래 행복하게 살았답니다, 라고 이야기하는 동화 속 엔딩처럼 비현실적인 판타지에 가깝습니다. 기업 안의 모든 부서와 개인의 행동은 어떤 사안이 각 부서와 개인의 이익에 얼마나 부합하느냐로 결정됩니다.

따라서 협업할 일의 구조가 얼마나 각 부서와 개개인의 이익에 부합되게 세팅되어 있느냐 그렇지 않느냐에 협업의 성패가 달라집니다. 각자 상충하는 목표를 부여해 놓고는 협업하라고 아무리 얘기해도 소용이 없습니다. 업무를 하는 것은 결국 마음이라는 것을 가진 존재인 사람들입니다.

업무 혁신을 위해서는 그 적용과 운영의 과정에서 각 조직과 개인의 업무가 어떻게 달라지는지, 누가 누구와 같은 목표를 가져야 하는지, 어떤 사람들이 소외당하고 희생되는지, 어떤 부서와 어떤 사람이 구조적으로 비협조적으로 변할 수밖에 없는지 등을 세심하게 관찰하고 판단해 목표와 책임, 권한을 재정의하는 것이 반드시 필요합니다. 조직 행동학 전문가들이 경영인들은 인문학자가 되어야 한다고 강조하는 이유도 이것입니다.

"충돌하는 이해관계를 조정하고 조직 구조와 목표를 섬세하게 설계하는 일이 혁신보다 선행해야 합니다. 그런데 A 사는 이 지점에서의 고려와 배려가 전혀 없었습니다."

그래서 겉으로는 협업하는 척하면서 필요한 것 있으면 편하게 요청하라고 상냥하게 말하지만, 진실한 속마음은 경쟁자인 당신과 당신 부서가 잘 되는 것을 내가 왜 도와주지, 라는 생각을 하는 것이죠. 조직을 제로섬 게임처럼 설계해서는 절대로 DT는 성공할 수 없습니다.

추가 설명 조직 행동학

조직 내에서 인간의 행동, 조직과 인간 행동의 접점, 그리고 조직 자체에 대한 연구를 말한다.

태평양 한 가운데에서 배가 멈추었을 때 사람들이 하는 말

기업의 디지털 전환은 막대한 예산과 인적 자원 등의 리소스 투입이 필요하고, 기업의 일하는 방식과 목표, 체계를 변화시키는 거대한 혁신 작업이라서 큰 리스크가 따릅니다. 그래서 일반적으로 기업이 잘 나갈 때나 위기의식을 느끼기 전까지는 적극적으로 DT를 시도하지 않습니다. 그러다가 전통 기업이 디지털 기업에 밀려 성장의 돌파구를 찾기 어려울 때 비로소 '우리도 디지털'을 외치면서 강력한 변화를 모색하는데요. 마치 태평양 한가운데에서 엔진 고장으로 배가 멈추어서 새로운 엔진을 급히 만들어야 하는 상황이지만, 같이 배를 탄 사람들은 이때 보통 이런 말을 하기 시작합니다.

선장(CEO): 지금 바로 엔진을 만들어야 합니다. 새로운 엔진에 대해 다양한 의견이 있을 수 있겠습니다만, 이렇게 표류하다가는 폭풍우를 만나거나 암초에 걸려 배가 난파당할 수도 있습니다. 우왕좌왕할 시간이 없습니다. 제가 주문하는 대로 하향식, 톱다운으로 바로 만들어 갑시다.

선주(주주): 꼭 엄청난 비용을 들여서 엔진을 새로 만들어야 합니까? 가까운 섬에 도착해서 기존 엔진을 고쳐 봅시다. 이 배는 몇 년 후 매각할 거라서 굳이 큰돈을 들이고 싶지 않아요

경영지원 부서: 선장님 얘기는 너무 이상적이고 돈이 많이 듭니다. 하고 싶은 것과 할 수 있는 것을 구분할 줄도 알아야 합니다. (선장을 바라보며) 당신 주머니에서 나오는 돈이라면 그렇게 막 쓸 수 있겠어요? 엔진을 완벽하게 고쳐 쓸 수 없다면 최소한의 비용을 들여서 배가 움직이게만 해봅시다.

인사팀: 선장님 말씀대로 엔진을 만들면 디지털 전문 인력이 우리 배에 새로 탑승해야 하는데, 쉽지 않을 것 같은데요. 게다가 기존 선원들도 다른 배로 갈아타려고 나가고 싶다고 하는데, 어떻게 해야 할까요?

IT본부: 그런데요. 우리가 그동안 만들었던 건 엔진이 아니었나요?

> **추가 설명** 엔진 고장
>
> 위의 엔진 고장에 대한 대화는 Digital Transformer's Dilemma라는 책을 소개하고 있는 네이버 브런치 Manho Won 님의 글을 기초로 재구성했다. 디지털 전환과 혁신을 위해 노력하는 기업에는 기업 구성원, 이해관계자별로 디지털을 이해하고 수용하는 관점이 다르기에 상호 이해와 공감대를 바탕으로 실행 전략을 수립해야 한다는 메시지를 전하고 있다. 조직 혁신이라는 작업은 결코 쉽지 않다.

카카오 사태로 인한 디지털 셧다운의 진짜 의미

디지털의 근본 속성

2022년 10월 15일, 카카오톡 등 카카오 서비스를 위한 서버가 집중되어 있던 SK C&C 데이터센터에 화재가 발생했습니다. 화재로 카카오가 다운되니 서로 연락을 주고받지도 못하고(카카오톡), 택시도 움직이지 않고(카카오택시), 은행도 멈추고(카카오뱅크), 행안부나 질병청 등의 안내 메시지도 전달되지 못했습니다(카카오 알림). 주변의 많은 것이 순식간에 함께 다운되어 버렸습니다. 카카오톡, 카카오T, 카카오페이, 포털사이트 다음 등 다수의 서비스에 장시간 장애가 계속되다가 회복된 큰 사건이었습니다.

4,000만 명이 넘는 사용자가 가입한 국민 메신저 카카오톡 서비스가 마비된 이 사태를 이해하기 위해 '디지털'에 대해 잠시 다시 한번 생각해 보고자 합니다. 앞서 디지털은 손가락(digitus)을 뜻하는 라틴어가 어원으로, 하나, 둘을 셀 때 사용하는 손가락, 즉 '숫자'를 뜻한다고 했습니다.

" 그래서 디지털화digitalization는 '수'가 되었다는 의미이기도 합니다. "

인공지능을 배우면서 이미지, 목소리, 언어는 모두 숫자라고 했습니다. 사진 이미지의 가장 작은 구성단위는 픽셀이고 픽셀에는 R(Red), G(Green), B(Blue)라는 컬러값의 조합으로 구현된 숫자가 들어가 있습니다. 즉, 픽셀에는 숫자가 매핑되어 있습니다. 결국 디지털 이미지의 실체는 숫자이고 모든 이미지는 숫자로 표현할 수 있습니다. 그래서 방송국은 숫자를 보내지만, 당신은 TV로 드라마를 볼 수 있는 것입니다.

소리도 비슷합니다. 소리에는 크기가 있습니다. 이를 데시벨이라고 부릅니다. 소리에는 파동을 뜻하는 주파수도 있습니다. 이는 헤르츠라고 합니다. 사람의 귀에는 한계가 있어서 귀로 들을 수 있는 주파수에는 일정 범위가 있습니다. 지나치게 높거나 낮은 소리는 듣지 못하는데, 16~20,000Hz를 통상 사람이 들을 수 있는 가청 주파수라고 합니다. 그래서 16Hz보다 낮은 초저주파로 우는 고래의 울음소리를 인간은 듣지 못한다고 합니다. 그리고 인간에게는 소리를 구분할 수 있는 최소한의 시간 단위도 있습니다. 0.001초와 0.002초 사이의 소리를 인간은 구분할 수 없습니다. 그래서 시간을 인간이 구분할 수 있는 최소 단위로 나눈 후 그 시간에 데시벨과 주파수를 매핑시킵니다. 그러면 나의 목소리나 그의 노래를 숫자로 표현할 수 있게 됩니다. 그래서 스마트폰에 저장된 숫자로 당신은 음악을 들을 수 있습니다.

" 여기서 중요한 것은 디지털이 되기 전 현실 세계에서는 이미지와 소리는 전혀 '다른 것'이었는데, 컴퓨터가 볼 때는 이미지와 소리가 '똑같은 것'이 되었다는 점입니다. "

디지털 기계가 볼 때는 이미지와 소리 둘 다 숫자입니다. 디지털이 세상을 집어삼킬 수 있게 된 이유는 세상의 모든 것을 숫자, 즉 데이터로 만들었기 때문입니다. 이미지, 소리, 언어, 상품, 사람, 사람의 욕망까지 이 모든 것이 데이터가 되었습니다. 이것이 디지털의 본질입니다. 그리고 이를 알아야 카카오 사태를 제대로 이해할 수 있습니다.

디지털 전환은 이미지와 소리처럼 현실 세계의 서로 다른 것을 숫자로 똑같이 데이터화한다는 속성이 있습니다. 이런 이유로 디지털 전환은 근본적으로 승자독식의 '자연독점적'이기 쉽습니다. 데이터를 많이 다룰수록, 이를 매끄럽게 잘 다루고 통합할수록 시장에서 이기기 수월합니다. 게다가 사용자가 많을수록 가치도 높아집니다. 우리가 인스타그램, 카카오톡, 페이스북을 사용하는 이유는 여러 가지가 있겠지만, 결국 사람들과 그들이 만들어 놓은 콘텐츠가 많이 모여 있기 때문입니다. 인스타그램의 사용자가 100명이라면 굳이 가입하여 사용하려고 할까요? 많아서 다른 경쟁자들을 이기는 것입니다. 사람들은 다른 메신저 앱에 없는 특별한 기능이 카톡에 많아서 카톡을 사용하는 것이 아닙니다. 다른 사람들이 카톡을 많이 사용하기 때문에 카톡을 사용하는 것입니다.

그런데 데이터 독점과 이에 따른 서비스 '집중'은 필연적으로 단일 실패점 single point of failure을 만들게 됩니다. 단일 실패점은 제품이나 서비스의 중단을 초래할 수 있는 유일한 접점을 말합니다. 다시 말하면, 다른 '대체' 접점이 없어서 '유일'한 접점이 끊어지거나 상실되는 경우, 제품이나 서비스가 중단된다는 의미입니다.

가령 서울에서 부산까지 가는 도로는 10개지만 톨게이트는 오직 한 개인 경우입니다. 그리고 그 하나뿐인 톨게이트가 제 기능을 수행하지 못하는 상황입니다. 서울에서 부산으로 갈 수 있는 옵션이 10가지가 있는 것처럼 보이지만, 사실은 '하나의 길목'만이 존재하고 그 길목에 문제가 생겨 모든 도로가 멈추고 셧다운된 것이지요.

" 모든 것이 데이터가 되는 디지털은 본질적으로 자본주의적, 자연독점적인
속성이 있고, 그래서 단 하나의 길목을 형성할 수도 있습니다. 그 길목 하
나가 심각한 단일 실패점이 될 수 있다는 것을 목격한 것이 바로 2022년
가을 카카오 장애입니다. "

22년 카카오 장애는 디지털 대전환의 시대가 한국 사회에 던지는 경고장

카카오라는 서비스 하나가 장애였는데, 온 세상이 막힌 것 같은 느낌이 들
었습니다. 개인 간의 커뮤니케이션뿐만 아니라, 행안부, 경찰청, 질병청, 국세
청 등의 공공 민원 카톡 알림 서비스도 사흘 동안 다운되었습니다. 국민 비서
구삐와 연계된 카톡 교통 범칙금이나 과태료 안내, 백신 정보, 재난 지원 정보
알림 등 공공 민원 서비스도 중단되었습니다. 카카오가 멈추었는데 주변 일상
이 멈춰 버린 것 같은 착각이 들 정도였습니다.

그런데 문제는 이런 일은 앞으로 반복될 확률이 꽤 높다는 것입니다. 디지
털 대전환은 본질적으로 자연독점적이라서 하나의 길목, 즉 단일 실패점을 만
들어 놓기 쉽습니다. 카카오 장애는 이를 피해 안전하게 살려면, 즉 '단일 실
패점을 만들지 않으려면 무엇을 어떻게 해야 할까?'라는 묵직한 질문을 우리
에게 던지고 있습니다.

박태웅 한빛미디어 이사회 의장은 카카오 장애에 대해 한 유튜브 방송에서
이렇게 말합니다.

"카카오 장애는 새로운 게임의 룰에 대한 이야기다. 사고가 났으니 뭔가 또
규제해야 한다고 생각해서는 안 된다. 규제가 아니라 새로운 질서 말이다. 축
구라면 '너 공을 손으로 잡으면 안 돼, 골키퍼만 만질 수 있어'가 맞다. 그런데
농구라면 '너 왜 공을 손으로 잡냐'라고 말하면 안 된다. 새로운 경기의 룰이
필요한데, 우리가 '디지털 플랫폼 기업에 대한 룰을 가지고 있냐'라고 질문해
야 한다. 플랫폼 기업과 플랫폼 노동에 대해 한국 사회가 어떻게 대응해야 할
지를 모르고 있다. 그 사이에 플랫폼 기업은 이익만 가져가고 있다. 규제가 아
니라 새로운 규칙이 필요하다. 농구 할 때 5명이 뛰어야 한다는 게 규제인가?

아니다. 룰이다. 한국 사회는 갑자기 나타난 디지털 플랫폼 기업을 어떻게 대해야 할지 룰을 가지고 있지 않다. 그걸 한국 사회가 머리를 맞대고 공론화해서 새로운 질서를 만들어야 한다."

카카오 장애는 '모든 것이 데이터가 되는 디지털 대전환의 시대는 시장이 자연독점화되기 쉽다'는 것을 새삼 강렬하게 보여주었습니다. 그리고 숨 가쁘게 앞만 보고 달려온 우리 사회가 '백업이 없는 사회'라는 것도 선명하게 드러냈습니다.

> " 카카오 장애가 우리에게 주는 근본적인 질문과 숙제는 갑자기 나타난 디지털 플랫폼 기업에 대한 새로운 질서를 만들어야 한다는 것입니다. 우리는 산업 사회와 기업에 대한 룰은 가지고 있지만, 디지털 플랫폼 기업에 대해 충분히 알고 있는지 스스로 물어야 합니다. "

거대해진 디지털 플랫폼 기업들이 서비스를 사실상 독점하는 환경과 구조에 대해 진지하게 깊이 생각해 봐야 합니다. 카카오 사태 이후 국회에서는 더는 이런 디지털 플랫폼 재난에 속수무책이 되지 않도록 신속히 대책을 마련하고 디지털 산업 전반을 더욱 체계적으로 관리할 수 있는 대대적인 규제 입법화에 나서야 한다는 의견이 강조되기도 했습니다만, 박태웅 의장의 견해처럼 '디지털 전반에 대한 새로운 규칙과 질서'를 더 늦기 전에 우리 사회가 마련해야 합니다.

옛말에 새 술은 새 부대에 담아야 한다고 했습니다. 기존의 원칙과 기준, 문법이라는 형식으로 담아낼 수 없는 새로운 콘텐츠와 개념이 들어왔을 때, 본질이 형식을 압도할 때, 참고할 것이 더는 없을 때는 기존의 낡고 오래된 것을 폐기하고 완전히 새로운 정의를 내리고 새로운 질서를 만드는 것이 필요합니다. 한국은 산업화의 후발주자였습니다. 한국 전쟁의 잿더미 위에서 미친 속도로 선진국들을 하나둘 따라잡았습니다. 언제나 카피하고 참고할 선례가 있었기 때문입니다. 그러나 디지털 대전환에서 앞서가는 IT 강국 우리에게는 앞서가던 사람들이 충고하고 공유해 준 참고 사례가 이제는 거의 없습니다. 디지털이라는 새로운 게임에 대한 스스로의 룰 정의가 필요합니다. 잘 정리된 정답은 없습니다. 문제를 해결하기 위한 최선의 해답만이 존재할 뿐입니다. 그리고 해답보다 질문이 더 중요하다는 것을 깨달을 때 우리는 앞으로 더 멀리 빠르게 나아갈 수 있습니다. 그래서 22년 가을 카카오 장애는 디지털 대전환의 시대가 한국 사회에 던지는 날 선 경고장이자 묵직한 질문입니다.

반복해서 강조하는 당연한 말입니다만, 디지털 전환의 시대에는 빅테크 기업이 선점 기술로 SNS, 금융, 전자상거래 등 다방면에서 독점적인 지위를 차지하게 됩니다. 따라서 이렇게 성장한 기업이 시장 지배에만 몰두하고 위험 관리에 소홀하지 않도록 기업의 자구적인 노력이 최우선으로 필요합니다. 더불어 디지털이라는 새롭고 빠르게 진화하는 시장에 대한 관리와 통제 등 거버넌스 역시 중요합니다. 무엇보다 카카오 장애라는 실패로부터 디지털을 배우는 사회, 백업이 있는 사회가 되어야 합니다.

라이프 트랜스포메이션

저마다 인생의 부침, 각자의 이야기, 크고 작은 굴곡과 터닝 포인트가 있을 텐데요. 저 역시 되돌아보면 그런 변곡점이 몇 군데 있었던 것 같습니다. 그중 삶의 배경을 크게 바꿔 놓았던 것 하나는 서울 도심을 벗어나 경기도 양평에서 전원생활을 시작한 것인데요.

회사가 서울 여의도에서 경기도로 이전하면서 오래전부터 꿈꿔왔던 교외 전원주택에서의 삶을 용기를 내어 결심할 수 있게 되었습니다. 사실 양평도 꽤 넓은 지역인데, 제가 사는 곳은 양평의 서종이라는 곳입니다. 서양평에 위치해 서울에서의 접근성도 좋은 편이고 주변에 예쁜 레스토랑과 카페도 많고 북한강과 중미산이 앞뒤로 펼쳐져 흐르고 있어서 풍광이 무척 아름답기도 합니다. 한 달에 한 번 외국의 파머스 마켓 비슷한 분위기의 리버마켓이 열리는 동네기도 하고요.

물론, 세상만사가 그렇듯 얻는 게 있으면 내려놓아야 하는 것들도 있습니다. 한적하고 외딴 시골 마을에서는 어디서 들어왔는지도 모를 벌레들이 스멀스멀 거실을 기어 다니는 것에 놀라지 않아야 하고, 쓱배송이 안 되는 불편함도 참아야 하며, 도미노 피자가 집으로 배달되지 않는 것도 견뎌내야 합니다.

그럼에도 불구하고, 이른 아침 창문을 열면 그린 그린한 잔디밭과 저 멀리 원경과 중경의 명암이 다른 산세가 포근하고 다정하게 펼쳐져 있고, 새벽이슬을 품고 있는 맑고 차가운 공기가 폐부로 밀려 들어오는 게 느껴질 때, 아득한 어둠과 고요함이 내려앉은 늦은 밤 세상에는 순식간에 나 혼자만 남아 비로소 우주와 대면하고 있는 듯한 기분이 들 때, 서울이라는 대도시의 욕망, 세상의 소음과 번잡함에서 조금은 비켜 나 있는 안도감이 들 때면 이제 서울의 아파트로 돌아가기는 어렵겠구나 싶기도 합니다.

사람이 처한 주변 환경과 맥락이 확실히 사람의 일상에 미치는 영향이 크다는 것을, 사람을 바꾸어 놓는 면이 많다는 것을 시골 생활을 하면서 서서히 알게 되었습니다. 하루 종일 사무실 컴퓨터 모니터 화면을 구부정한 거북목이 되어 노려보는 게 일상인 저로서는 집 앞 마당의 조그마한 텃밭을 가꾸면서 삽질도 하고 몸도 움직이면서 잔근육도 쓰고 땀도 흘리는 게 무척 기분 좋은 일입니다. 하루하루 다르게 성장하는 연둣빛 채소를 바라보며 흙을 만지는 것만으로도 기분전환이 되는 듯하고, 텃밭에 물을 주면서 20~30분 잡념 없이 멍한 상태로 텅 빈 기분을 느끼는 것도 묘한 행복감을 가져다줍니다. 무엇보다 농약 없이 자연의 햇살과 비, 바람, 그리고 정성으로만 키운 채소를 식탁에 올려서 가족과 함께하거나 아끼는 분들께 나누어 드리는 흐뭇함과 즐거움도 빼놓을 수 없습니다.

계절이 바뀌는 동안 동네 여기저기 들판에 야생화가 피고 지는 것들이, 햇살과 나뭇잎의 아름다움이, 마을 고양이 가족에게 태어난 새 식구가 눈에 들어오기 시작했습니다. 하늘을 좀 더 자주 바라보게 되었고 좀 더 많이 느끼게 되었습니다. 어쩌면 이 세상에서 가난한 사람은 빚이 많은 채무자가 아니라 새소리, 야생화, 밤의 달빛, 시원한 바람, 산책의 풍요로움을 느끼지 못하는 사람이 아닐까 싶습니다.

삶의 속도가 느려지니 우주의 호흡으로 보면 지금의 시간 따윈 불면 날아가는 먼지 같다고 생각하며 뭔가를 급하게 쫓아가려는 마음도 쉽게 내려놓습니다. 그렇다고 자기만의 동굴로 들어가는 게 아니라 그저 내 길을 세상의 속도가 아닌 나의 페이스로 산책하듯이 뚜벅뚜벅 걸어갑니다. 매일 벌어지는 좋은 일도, 안 좋은 일도 날씨처럼 그냥 받아들입니다.

"성이 난 채 길을 가다가, 작은 풀잎들이 추위 속에서 기꺼이 바람맞고 흔들리는 것을 보았습니다. 그만두고 마음 풀었습니다."

이철수 판화집의 "길에서"라는 글입니다. 일상의 모든 것이 나에게 말을 걸고 있구나 싶고, 그 말을 들을 여유랄까 조급함과 분주함에서 벗어난 어떤 변두리 정서 같은 것이 생긴 기분입니다.

행복은 특정 조건과 사건이 아니라 내가 그것을 행복으로 느낄 수 있는가 하는 마음의 상태로 결정된다는 것을, 행복은 쫓아가 추구하는 대상이 아니라 그저 느끼고 발견하는 주관적인 영역이라는 것을 알게 되었습니다. 한가로운 주말 오후 열어놓은 창문 사이로 시원한 바람이 불어 피부에 와닿고, 양평이와 서종이(집에서 함께 생활하는 시바견 두 녀석)는 우리 가족 옆에 누워 곤히 잠들어 있고, 스피커에서는 Getz&Gilberto의 서정적이고 나른한 멜로디가 들리는 그런 순간처럼 행복은 단순하고 소박한 것임을 이해하게 되었습니다.

어쨌거나 콘크리트로 뒤덮인 회색빛 공간이 아니라 자연을 온전히 느끼고 호흡할 수 있는 조용한 시골 마을에서 마음이 그전보다는 촉촉하고 말랑말랑해진 건 분명합니다. 그리고 삶의 배경이 바뀌다 보니 삶의 방향도 조금은 달라진 것 같다는 생각입니다. 인생은 명문 중, 특목고, 서울대, 대기업, 임원을 목표로 행복을 유보하며 달리는 힘든 경주와 경쟁에서 이겨야 하는 살벌한 레이스가 아니라 나만의 조그만 텃밭과 화단을 혼자서 조용히 소박하고 아름답게 가꿔가는 것이라는 생각으로 조급했던 마음이 내려앉고 느려졌습니다. 애정하는 것들이 바뀌니 사람의 마음도 따라서 변하는 것 같습니다. 이제는 천천히 가는 것이 불안하지는 않습니다. 저보다 빨리 달려가는 사람들이 앞서간다고 생각하지도 않습니다. 오히려 무리하고 오버페이스하는 듯 보이는 사람들이 위태롭다고 생각됩니다.

결국 일상을 어떻게 보느냐에 따라 삶은 달라진다는 개똥철학을 얻었습니다. 그리고 그 일상을 빠르게 바꾸고 전환하는 방법 중 하나는 삶의 배경과 맥락을 바꾸는 일인 것도 같습니다. 노를 젓다가 노를 놓쳐버린 그 순간 비로소 넓은 호수를 돌아다볼 수 있습니다. 그런 의미에서 특별히 대단한 전략과 계획이 있었던 건 아니지만, 아직도 현재 진행 중인 저의 라이프 트랜스포메이션은 역설적이게도 아날로그로 비교적 성공적으로 전환된 것도 같습니다.

책을 마무리하고 있는 9월의 맑은 어느 날, 그럴 일은 거의 없겠지만 깜찍한 상상을 한 가지 해봅니다. 주말 북한강변의 교외 카페로 드라이브를 나온 당신이 커피를 마시며 손에 쥐고 있는 책이 바로 이 책이고, 그리고 어슬렁거리며 동네 산책을 나온 제가 그 모습을 물끄러미 흐뭇하게 바라볼 수 있는 놀라운 행운, 마법 같은 일이 주어지는 상황 말이죠.

책은 한 사람의 생각이 다른 사람의 생각과 가장 내밀하게 이어지는 통로라고 합니다. 저는 한두 권의 책으로 누군가의 인생이 바뀌었다는 말은 신뢰하지 않습니다. 몇 권의 책으로 바뀔 만큼 삶은 간단하지 않으니까요. 그럼에도 불구하고 좋은 책 한 권은 삶을 응시하는 누군가의 세계를 확장하고 그 시선과 각도를 조금은 전환시킬 수도 있다고 믿습니다.

이 책이 어떤 이의 언어와 세계를 좀 더 풍요롭게 해서 작은 용기를 주고 위로가 된다면 더 바랄 게 없겠습니다. 제 손을 떠나 지금 있는 자리에서 더 나아지려고 노력하는 많은 사람에게 사랑받는 책이 되었으면 합니다. 생의 한 움큼을 베어 이 책을 읽는 일에 써주신 당신과 함께한 짧은 여정이 저도 소중하고 행복했습니다. 고맙습니다.

참고도서

노에 게이치, ≪과학인문학으로의 초대≫(오아시스, 2017)

김정운, ≪에디톨로지≫(21세기북스, 2014)

김정운, ≪노는 만큼 성공한다≫(21세기북스, 2012)

김찬호, ≪모멸감≫(문학과지성사, 2014)

윤선웅, ≪Data Catalog 만들기≫(좋은땅, 2021)

김상래, ≪프로젝트 성패를 결정짓는 데이터 모델링 이야기≫(한빛미디어, 2015)

한근태, ≪리더의 비유≫(올림, 2018)

박상길, ≪비전공자도 이해할 수 있는 AI 지식≫(반니, 2022)

브라이언 커니핸, ≪1일 1로그 100일 완성 IT 지식≫(인사이트, 2021)

정도희, ≪인공지능 시대의 비즈니스 전략≫(더퀘스트, 2018)

조영호, ≪객체지향의 사실과 오해≫(위키북스, 2015)

존 맥코믹, ≪미래를 바꾼 아홉 가지 알고리즘≫(에이콘, 2013)

사이토 고키, ≪밑바닥부터 시작하는 딥러닝≫(한빛미디어, 2018)

박해선, ≪정직하게 코딩하며 배우는 딥러닝≫(이지스퍼블리싱, 2019)

최인철, ≪생각의 지도≫(김영사, 2004)

박태웅, ≪눈 떠보니 선진국≫(한빛비즈, 2021)

이동진, ≪밤은 책이다≫(예담, 2011)

임백준, ≪임백준의 대살개문≫(한빛미디어, 2016)

임경선, ≪태도에 관하여≫(한겨레출판, 2015)

유발 하라리, ≪사피엔스≫(김영사, 2015)

김대식, ≪김대식의 빅퀘스천≫(동아시아, 2014)

김대식, ≪김대식의 인간 vs 기계≫(동아시아, 2016)

송길영, ≪상상하지 말라≫(북스톤, 2015)

송길영, ≪여기에 당신의 욕망이 보인다≫(쌤앤파커스, 2012)

김동환, ≪빅데이터는 거품이다≫(페이퍼로드, 2016)

박웅현, ≪책은 도끼다≫(북하우스, 2011)

박웅현 외, ≪일하는 사람의 생각≫(세미콜론, 2020)

김진영, ≪헬로 데이터 과학≫(한빛미디어, 2016)

니시오 히로카즈, ≪IT에 몸담은 이들을 위한 지적생산기술≫(제이펍, 2019)

장세형, ≪비트코인·블록체인 바이블≫(위키북스, 2021)

마틴 파울러, ≪NoSQL≫(인사이트, 2013)

에릭 시겔, ≪빅데이터의 다음 단계는 예측 분석이다≫(이지스퍼블리싱, 2014)

그레거 호프, ≪기업 통합 패턴≫(에이콘, 2015)

한국데이터산업진흥원, ≪데이터 분석 전문가 가이드≫(글리제, 2014)

강준만, ≪독선사회≫(인물과사상사, 2015)

최원영, ≪비전공자를 위한 이해할 수 있는 IT지식≫(티더블유아이지, 2020)

로버트 루트번스타인, ≪생각의 탄생≫(에코의서재, 2007)

에자키 타카히로, ≪데이터 분석을 위한 수리 모델≫(위키북스, 2020)

김영민 외, ≪컴퓨팅적 사고와 문제해결≫(중앙대학교 출판부, 2020)

김형경, ≪사람풍경≫(사람풍경, 2012)

유현준, ≪공간의 미래≫(을유문화사, 2021)

이일훈, ≪제가 살고 싶은 집은≫(서해문집, 2012)

알베르토 사보이아, ≪아이디어 불패의 법칙≫(인플루엔셜, 2020)

강양석, ≪데이터 리터러시≫(이콘, 2021)

다이코쿠 다케히코, ≪정보사회의 철학≫(박영스토리, 2021)

김지수, ≪일터의 문장들≫(해냄, 2021)

야마구치 슈, ≪일을 잘한다는 것≫(리더스북, 2021)

조지 레이코프, ≪삶으로서의 은유≫(박이정출판사, 2006)

찾아보기